本书为国家社科基金重大项目结项成果

国家出版基金项目
NATIONAL PUBLICATION FOUNDATION

“十三五”国家重点出版物出版规划项目—构建和谐劳动关系理论研究丛书

和谐劳动关系论

全球发展与中国实践

On Harmonious Labor Relations

Global Development and China's Practice

赖德胜 吕国泉 孟大虎 李长安 等 著

中国工人出版社

图书在版编目（CIP）数据

和谐劳动关系论：全球发展与中国实践 / 赖德胜等著. —北京：中国工人出版社，2019.7

ISBN 978-7-5008-7262-7

Ⅰ. ①和… Ⅱ. ①赖… Ⅲ. ①劳动关系－研究－中国 Ⅳ. ①F249.26

中国版本图书馆CIP数据核字（2019）第204366号

和谐劳动关系论：全球发展与中国实践

出 版 人	王娇萍
责任编辑	罗荣波
责任印制	栾征宇
出版发行	中国工人出版社
地　　址	北京市东城区鼓楼外大街45号　邮编：100120
网　　址	http://www.wp-china.com
电　　话	（010）62005043（总编室）
	（010）62005039（印制管理中心）
	（010）82075935（工会与劳动关系分社）
发行热线	（010）62033018　62004002　62005996
	（010）82081553（传真）
经　　销	各地书店
印　　制	天津嘉恒印务有限公司
开　　本	880 毫米 × 1230 毫米　1/32
印　　张	19.375
字　　数	450 千字
版　　次	2020年1月第1版　2020年1月第1次印刷
定　　价	98.00 元

目　录

绪　论

一、研究背景、研究意义和价值

（一）选题背景

劳动关系，是劳动者与用人单位为实现生产过程所结成的社会经济关系。在现代经济社会中，劳动关系是一种最重要、最基本的经济关系，构成了“我们全部现代社会体系所围绕旋转的轴心”[①]。新中国成立70年来，伴随经济体制和经济结构的变化，我国的劳动关系状况在不同历史阶段展现出了不同的特点。在行政主导的计划经济体制下，资本处于被抑制的状态，基于市场契约的传统劳动关系失去了存在的土壤，由于劳动用工制度是统包统配的，劳动关系的运行和调整主要通过中央和各级地方政府的行政指令来实施，表现出计划性、行政性、单一性的特点；自1978年启动改革开放进程以来，尽管在早期曾出现过“工资侵蚀利润”现象[②]，但伴随增量改革的推进和国有企业改革的不断深化，资本从被抑制的状态中释放出来。同时，自中国式财政分权体制形成后，在以GDP为主

---

① 恩格斯．卡尔·马克思《资本论》第一卷书评——为《民生周报》作，1868年；马克思恩格斯选集（第二卷）．北京：人民出版社，1995

② 戴园晨、黎汉明．工资侵蚀利润——中国经济体制改革中的潜在危险．经济研究，1988（6）

要指标的政绩考核机制影响下，地方政府为吸引内外资以促进本地经济增长而展开了“标尺竞争”，放松了对劳动的保护，并将其作为引资“优惠政策”的重要手段①，劳动者应有的权利受到忽视，劳动逐渐进入被抑制的状态。也就是说，40 多年来，我国的劳动关系总体上呈现出一个从资本抑制向劳动抑制演变的趋势，出现了“强资弱劳”现象。当前，我国的劳动关系领域呈现出以下四个方面的新特点。

第一，劳动关系冲突加剧，成为社会稳定的重大隐患。基于历年统计年鉴数据的分析表明，1996—2018 年，全国各级劳动争议仲裁委员会立案受理的劳动争议案件大幅增加，1996 年为 4. 8 万件，而 2018 年仅上半年即达到了 83. 1 万件。劳动争议案件和集体上访事件的大幅度攀升，折射出劳动关系不和谐的社会现实，给改革发展稳定带来直接影响。

第二，劳动关系矛盾的主体已由国有部门向非国有部门转化，劳动关系调整已经处于从个别劳动关系向集体劳动关系转型的关键时期。伴随经济结构的变化和国有经济的战略性调整，非国有部门已经成为吸纳劳动力就业的主要领域——截至 2018 年底，在城镇就业人员中，就职于非国有部门的比重高达 83. 6%。与此同时，非国有部门也成为我国劳动关系矛盾的主体。从劳动争议的表现形态来看，集体性劳动争议事件不断发生，引起了社会公众的广泛关注。

第三，劳动力供求的新变化和劳动者受教育程度的增加，

---

① 杨其静．分权、增长与不公平．世界经济，2010（4）；祁毓、李祥云．财政分权、劳动保护与劳动收入．南方经济，2011（11）

导致劳动者的人力资本价值明显提升，维权意识提高，要求对劳动者提供更多的保护。目前，新生代农民工已成为我国产业工人的主体，与父辈相比，他们的受教育程度更高，与城市同龄人有着同质的需求取向。在全国各地普遍出现“招工难”的劳动力市场环境下，他们的诉求已从基本权利转向了利益诉求，以分享经济增长的成果和争取有尊严的体面劳动为目标[①]。另外，在新一轮高等教育大规模扩招以后，近年来，每年都有 800 多万名大学毕业生涌入劳动力市场，他们要求为已积累的人力资本投资争取合理的经济回报，对就业质量更为看重，权益诉求更为明显。

第四，国内和国际社会对企业社会责任的期待不断提高，也要求用人单位对劳动者提供更多的保护。从国内的情况来看，随着《中华人民共和国劳动法》《中华人民共和国劳动合同法》《中华人民共和国劳动争议调解仲裁法》等的进一步实施，加强劳动保护、解决劳动关系中的劳动者弱势地位问题已具备良好的法律基础，政府重新承担起了要求企业履行相应社会责任的职能，这也标志着在政府、企业、劳动者三方力量中，政府作为劳动关系协调者的地位的重新回归。从国际社会的影响来看，由于欧美国家从 2004 年开始强制推行 SA8000 标准（即“社会责任标准”，是全球首个道德规范国际标准。它以保护员工福利为根本出发点，其宗旨是确保供应商所供应的产品，皆符合社会责任标准的要求），跨国公司普遍要求与其进行供应链合作的中国公司执行 SA8000 标准，接受 SA8000

① 路军等．我国劳动关系转型与集体劳动关系治理——中国人力资源开发研究会劳动关系分会 2010 年年会观点综述．中国人力资源开发，2011（1）

认证，这也会带动国内企业开展社会责任建设，从而为劳动者提供更好的保护。

党的十九大报告在回顾过去五年的工作和历史性变革时指出，过去五年，我国就业状况持续改善，城镇新增就业年均1300万人以上。报告指出，就业是最大的民生。要坚持就业优先战略和积极就业政策，实现更高质量和更充分就业。要完善政府、工会、企业共同参与的协商协调机制，构建和谐劳动关系。当前，中国的经济发展已经走上一条追求高质量发展的道路，而构建和谐劳动关系无疑是实现高质量发展的重要推动力。

（二）本书研究的意义

从上述背景可以看出，集中智力资源，系统深入地分析我国劳动关系问题已显得刻不容缓。开展构建和谐劳动关系问题研究，具有重要的理论和现实意义，集中体现在以下四个方面。

第一，构建和谐的劳动关系，是转变经济发展方式和实现高质量发展的必要条件。随着市场化改革的深入和国民经济的快速发展，我国工资性劳动者所占比重不断上升，已成为就业人员的主体力量。基于统计数据的分析结果表明，1978年，全国城乡工资性就业人员为1.23亿人，占全部就业人员的30.74%；而到了21世纪的第一个10年，工资性就业人员就增加了2.65倍，达到4.5亿人，占比提高至60%。这说明我国劳动关系涉及的劳动群体十分庞大，使劳动关系越来越成为我国最基本、最重要的经济社会关系。然而，已有文献的实证研究结果却告诉我们，改革开放以来的经济增长主要是由资本的增长推动的，其次是 TFP 的增长，劳动的贡献最小。[①] 因此，构建和谐劳动关系，实现从劳动抑制到劳动深化的转变，提高劳动要素之于经济增长的贡献度，是转变经济发展方式和促进包容性增长的必要条件。

第二，构建和谐的劳动关系，是建设创新型国家的关键基础。我国正致力于推进创新型国家的建设，而创新的基础是企业，企业的技术进步缓慢，则会在很大程度上影响创新型国家的建设。在改革开放以来的很长一段时期内，在劳动力“无限供给”和劳动抑制的条件下，我国制造业企业主要依靠低劳动成本优势参与国际竞争。然而，历史经验表明，劳动成本过低不利于企业自主创新，如果企业主要依靠压低用工成本来获得高利润，可能会忽视以技术进步提升劳动生产率。通过构建和谐的劳动关系，使得企业用工成本回归正常水平，可以在很大程度上推动企业进行技术研发。而且，在当前的欧美发达国家，技术进步路线与人力资本实现了很好的匹配，即普遍体现为一种技能偏向型的技术进步[②]。通过近 20 年的大学扩招，我国新增劳动力素质普遍提高，已经积累了庞大的人力资本，但是从目前来看，我国并没有出现明显的技能偏向型技术进步，这说明已积累的人力资本并没有得到有效释放，使得人力资本无法发挥其之于技术进步的应有价值。因此，从多方面入手来释放人力资本，发挥人力资本的应有价值，是企业面临的一个重要任务，而构建和谐劳动关系无疑是其中的重要一环。

---

① 林毅夫、苏剑．论我国经济增长方式的转换．管理世界，2007（11）

② Acemoglu D. Directed Technical Change. Review of Economic Studies，2002，1969 (4). 781 - 809

第三，构建和谐的劳动关系，是跨越中等收入陷阱和实现中国梦的战略举措。从就业和收入分配角度来看，我国劳动关系不够和谐主要表现为三点：一是劳动者的就业质量不高，远未实现体面就业、尊严就业①；二是劳动收入占比偏低，而且未得到根本扭转②；三是劳动者的实际工资增速明显低于劳动生产率的增速③。如果任由这种就业和收入分配上的“资强劳弱”格局继续存在，势必会妨碍我国成功跨越中等收入陷阱，也不利于大国崛起战略目标的实现。而要从根本上改变这种格局，当然需要深入微观层面，从构建和谐的企业劳动关系入手，实现企业利益和劳动者利益之间的均衡发展。仅从这一点来看，研究如何构建和谐劳动关系，也是十分必要的。

第四，构建和谐的劳动关系，是与国际标准接轨和降低国际贸易壁垒的现实选择。应当说，改革开放以来中国经济发展成绩的取得，在很大程度上受益于全球化的影响。过去，在放松对劳动者保护的“资强劳弱”环境下，主要基于低劳动力成本优势，我国积极参与国际分工，成了“世界工厂”。在由制造大国向制造强国转变的过程中，继续积极参与国际分工、更好地融入国际分工体系仍是我国所必须倚重的发展方式。但要实现这一点，需要大力改善员工福利，以实现与 SA8000 标准

---

① 赖德胜等. 中国各地区就业质量测算与评价. 经济理论与经济管理，2011（11）

② 白重恩、钱震杰. 谁在挤占居民的收入——中国国民收入分配格局分析. 中国社会科学，2009（5）；罗长远、张军. 劳动收入占比下降的经济学解释——基于中国省级面板数据的分析. 管理世界，2009（5）

③ 卢锋. 我国工资与劳动力成本变动及国际比较（1978—2004）——人民币实际汇率长期走势研究之二. 北京大学中国经济研究中心讨论稿. No. C2006008，2006

的对接。否则，我国出口企业就无法逾越 SA8000 这一“蓝色贸易壁垒”的限制。因此，研究如何构建和谐劳动关系，对于降低国际贸易壁垒和加快我国的对外开放步伐，有着重要的现实意义。

（三）本书研究的价值

第一，为政府决策提供科学依据。通过理论和实证研究，本书将展现典型大国崛起过程中劳动关系的演变规律，对我国现阶段的劳动关系所具有的新特点进行归纳总结，并建立起全国和地区层面的劳动关系指标监测体系，从而为政府决策提供科学依据，有利于实现政府的劳动关系管理工作从被动执法向主动预防的转变。

第二，为劳动权益保护提供可操作的政策建议。面对“资强劳弱”的格局，加强劳动权益的保护已成为社会共识。通过对典型地区、典型企业和典型群体的调研，本书将提炼和归纳总结已有的构建和谐劳动关系方面的成功经验，并通过对比和评估不同的政策干预手段的有效性、适用性，针对不同地区、企业、群体的实际来提出实施劳动权益保护的政策建议。这方面研究工作的开展，势必会丰富政府、企业在劳动权益保护手段和方式上的选择。

第三，为企业履行社会责任提供新的指导。一方面由于劳动力供求的新变化和劳动者受教育程度的增加，另一方面由于国内法律制度的不断健全和国际社会通行标准的不断提高，我国企业履行社会责任的主动性和迫切性明显增强。通过对国内外不同类型企业在履行社会责任方面的经验总结，本研究将为企业履行社会责任的实践提供新的指导。

第四，丰富现有劳动经济学研究内容。中国的劳动关系问题有其自身的特殊性，既不同于工业化国家，也与其他发展中国家有所区别，是现有劳动经济学理论无法解释的。这既对现有劳动经济学理论提出了挑战，也为之提供了理论创新的机遇。例如，如何在现有体制下有效发挥工会的作用，如何调节劳务派遣中的劳动关系，对中国这样一个既在经历体制转轨，又处于快速工业化进程的发展中大国来说，可能并没有现成的答案，需要我们以探求真理的科学态度，了解真实世界状况，利用规范的方法予以研究，从而发现答案和规律。有很多类似的问题，都是劳动经济学在中国的用武之地，也为推进劳动经济学发展提供了良好素材。

二、国内外研究现状述评

劳动关系是现代工业社会中最复杂的问题之一，也是市场经济的核心问题之一。当然，劳动关系也是研究者们关注的重大课题。从已掌握的文献资料来看，国内外对这一问题进行了卓有成效的研究，产生了丰富的成果。本部分拟对国内外相关研究进行简要的回顾并进行相关评述，以找出未来进一步的研究方向。

（一）国外劳动关系研究进展及述评

劳动关系问题随工业化发展而产生，对劳动关系的研究首先兴起于早期工业化的西方国家。本部分主要从劳动关系理论、劳动关系的发展、工会与三方机制的作用以及劳动关系的转型等角度，对西方国家已有劳动关系研究进行简要的概括，并做初步评价。

1. 劳动关系理论

马克思主义劳动关系理论。马克思主义劳动关系理论认为，随着资本主义生产方式的兴起，生产资料越来越集中在少数人手中，社会日益分化为两大对立的阶级：资产阶级和工人阶级。两大阶级之间存在不可调和的矛盾，资本主义制度下的劳动关系是一种剥削关系，劳动者获得的工资仅仅是集体劳动成果的一部分，剩余部分都以利润的形式被资本家占有。对此，马克思和恩格斯的《共产党宣言》、恩格斯的《英国工人阶级状况》中已有论及。此后，Hyman 延续了这一理论，认为劳动关系本质上属于一种利益对抗的关系，企业攫取了大量利润，而工人生活在痛苦的边缘，劳资冲突不可避免，工会是工人反抗资本剥削的必要手段。①

劳动关系一元论。劳动关系一元论（Unitarism）认为，劳动关系中各主体是一个统一的、各成员相互协作的整体，雇主和雇员之间的利益不存在显著差异；劳资冲突被视作管理不善而导致的不正常结果，可以通过改善管理的办法加以解决。一元论并不支持雇员工会的存在，认为工会可能导致雇主和雇员之间的正常关系的瓦解，主张限制工会的权力并集中管理决策。

劳动关系多元论。多元论（Pluralism）强调劳动关系构成的多元性，认为企业内部存在工人组织和管理层组织之分，不同的组织有不同的目标。工人组织追求工人的工资和福利最大化，而企业管理层的目标是追求效率和利润最大化，企业的削

① Hyman·R. Industrial Relations：A Marxist Introduction. London：MacMillan Publishing Company，1975

减成本、升级技术以及关闭分支机构等行为是劳资关系冲突的重要原因。该理论认为，劳资冲突并不是一件坏事，可以通过集体谈判和协商加以解决，并认为企业内部的工会组织和集体协商机制有其存在的价值和意义。持这一理论观点的主要以Clegg① 为代表。

劳动关系系统论。系统论（Systems）认为，劳动关系是由管理者、雇员（及其工会）以及政府（处理劳动关系的政府部门）三个相关主体构成的一个系统。这些参与主体和他们相应从属的组织都处于一定的技术、劳动和产品市场环境之中，三方相互影响、相互作用。劳动关系规则和系统结构由参与各方的经济和政治力量的对比决定。该理论认为，作为劳动关系系统参与方的雇主、劳动工会和政府，没有任何一方能够独立自主地运作起来，都要受到各自面临的竞争、技术和社会背景的影响。三方协商出来的规则，支配着劳动关系的发展和演变。持这一理论观点的以 Dunlop② 为代表。

2. 劳动关系的发展

自工业革命以来，西方国家的生产方式经历了深刻的变化，从小规模工厂生产发展到后来的大规模流水线生产，劳动生产组织形式的变化诱发了劳动关系的变化。自 19 世纪中期以来，罢工和消极怠工成为劳资冲突的主要形式。学者们也发现了劳资关系从剧烈对抗走向逐步缓和的过程，其间经历三次对抗的高峰，第一次是 19 世纪中期，第二次是 20 世纪二三十年代，第三次是 20 世纪六七十年代。典型的研究有：Edwards

① Clegg · H. A. Pluralism in Industrial Relations. British Journal of Industrial Relations，1975，13（3）：309 –316

② Dunlop · J. T. Industrial Relations Systems. New York：Holt，1958

（1981）（美国：1881—1974），Martin and Dixon （2010）（美国：1984—2002），Cronin （1978）（英国：1888—1974），Shorter and Tilly （1974） （法国：1830—1968），Brandl and Traxler （2010）（OECD 国家：1971—2002），Snyder （1975） （美国、法国、意大利比较：1876—1966），Rimlinger （1959） （美国、英国、法国、德国比较：1910—1955）。[①]

那么，如何理解西方工业国家劳资关系出现的这种波动式发展呢？已有研究分别从经济周期、现代化理论等角度进行了解释。

现代化转型与劳动关系。Kerr 等认为，劳动关系的变化贯穿于社会现代化全过程，激烈的劳资对抗是社会现代化转型的结果。[②] 由于工业化刺激了大规模的人口迁移，加速了旧有社会网络的破坏。工人要融入新的社会结构，必须经历一个适应和调整的过程，劳动关系也需要转型。当社会融合进程逐渐完成，产业劳资冲突也将下降。

产业结构与劳动关系。随着社会分工的不断深化，经济越

---

① Edwards · P. K. Strikes in the United States, 1881—1974, Oxford: Basil Blackwell, 1981; Martin · A. W. and M. Dixon. Changing to Win? Threat, Resistance, and the Role of Unions in Strikes, 1984—2002. American Journal of Sociology, 2010 , 116 (1): 93 - 129; Cronin · J. E. Theories of Strikes: Why Can't They Explain the British Experience? . Journal of Social History, 1978, 12 (2): 194 - 220; Shorter, E. and C. Tilly. Strikes in France, 1830—1968. London: Cambridge University Press, 1974, 1830—1968; Brandl · B and F. Traxler. Labour Conflicts: A Cross - national Analysis of Economic and Institutional Determinants, 1971—2002. European Sociological Review, 2010, 26 (5): 519 - 540; Snyder, D. Institutional Setting and Industrial Conflict: Comparative Analyses of France, Italy and the United States. American Sociological Review, 1975, 40 (3): 259 - 278; Rimlinger · G. V. International Differences in the Strike Propensity of Coal Miners: Experience in Four Countries. Industrial and Labor Relations Review, 1959, 12 (3): 389 - 400

② Kerr · C, et al. The Labour Problem in Economic Development - A Framework for a Reappraisal. International Labour Review, 1955, 71: 223 - 235

来越结构化为不同的产业，结构化产业形成了结构化的产业工人。Lockwood 指出，由于工人工作环境的社会关系结构和技术结构不同，不同产业下的工人群体对劳动关系的处理态度也不相同。[①] 具体来说，不同产业的工人具有不同的罢工倾向，一个与社会生活联系越密切、整合程度越高的产业里的工人，罢工倾向越低。因此，一个国家在不同时期具有不同的产业结构，从而也具有不同的劳动关系。

经济周期与劳动关系。许多研究将劳动关系的变动归因于经济景气的变动，即在经济发展的过程中，由于存在繁荣和萧条的周期，从而使劳动关系出现变化。以 Ashenfelter and Johnson（1969），Cronin（1978），Brandl and Traxler（2010），Devereux and Hart（2011）等人的研究为代表，这些研究的关键论点在于劳动者的要价能力与经济繁荣（高增长和低失业）程度成正比。[②] 而且，Cronin 的研究在康德拉季耶夫经济周期理论的基础上，提出了解释劳动关系变化和罢工行为的长周期理论。由于劳动者对经济变化做出反应存在一个滞后期，因此，罢工的行为周期滞后于经济周期，通常具有反经济周期的规律。

除此之外，还有研究者将变化归因于制度因素，即劳资双

---

① Lockwood · D. Sources of Variation in Working Class Images of Society. Sociological Review，1966，14（3）：249 – 267

② Ashenfelter · O and G. E. Johnson. Bargaining Theory，Trade Unions，and Industrial Strike Activity. American Economic Review，1969，59（1）：35 – 49；Cronin · J. E. Theories of Strikes：Why Can't They Explain the British Experience？. Journal of Social History，1978，12（2）：194 – 220；Brandl · B and F. Traxler. Labour Conflicts：A Cross – national Analysis of Economic and Institutional Determinants，1971 – 2002. European Sociological Review，2010，26（5）：519 – 540；Devereux · P. J. and R. A. Hart. A Good Time to Stay Out？Strikes and the Business Cycle. British Journal of Industrial Relations，2011，49：70 – 92

方的结构属性和谈判系统①，以及政治因素（劳工政党在政府中的地位）②。

3. 工会与集体协商机制的作用

制度背景在劳动关系变化的过程中发挥着非常重要的作用。从整个劳动关系发展史来看，工会与集体协商制度在缓和劳动关系方面发挥了不可替代的作用。研究者们也注意到，工会和集体协商机制能够有效地提高工人的工资待遇③。Ashenfelter 和 Hyslop（2001）对美国仲裁制度的研究发现，实行仲裁制度缩小了工资差别。④ 而且，这些制度保障了劳动者权益，有利于改善劳动关系和激发劳动者的工作热情，提高劳动生产效率。⑤

第二次世界大战以后，西方各国纷纷建立社保系统，加强对劳动力市场的干预，提高就业保护强度和工会覆盖率。虽然这些措施在缓解紧张的劳动关系方面取得了较好的成效，但是却日益显现出矫枉过正的缺点。对劳动力市场的过度干预严重损害了劳动力市场的灵活性，工会和集体协商制度也带来了未

---

① Clegg · H. A. Pluralism in Industrial Relations. British Journal of Industrial Relations, 1975, 13（3）：309 –316；Snyder · D. Institutional Setting and Industrial Conflict：Comparative Analyses of France, Italy and the United States. American Sociological Review, 1975, 40（3）：259 –278

② Korpi · W. and Shalev · M. Strikes, Industrial Relations and Class Conflict in Capitalist Societies. British Journal of Sociology, 1979, 30：164 –187

③ Blanchflower · D. G and R. B. Freeman. Unionism in the United States and Other Advanced OECD Countries. Industrial Relations：A Journal of Economy and Society, 1992, 31（1）：56 –79

④ Ashenfelter · O and D. Hyslop. Measuring the Effect of Arbitration on Wage Levels：The Case of Police Officers. Industrial and Labor Relations Review, 2001, 54（2）：316 –328

⑤ Morikawa · M. Labor Unions and Productivity：An Empirical Analysis Using Japanese Firm – level Data. Labour Economics, 2010, 17（6）：1030 –1037

预料到的不利影响：一是过于强大的工会力量可能导致失业率的上升。如 Nickell 等就发现，工会覆盖率与失业率正相关，降低工会覆盖率能够降低失业率。① 二是过于强大的工会力量可能会限制企业投资和研发的积极性。工会是工人的集体组织，其目标之一是就工资与企业进行讨价还价。因此，在企业进行投资的过程中，很可能发生合同理论中所指出的“敲竹杠”问题，即当企业做出重大投资之后，工会将与企业进行再谈判，要求提高工资。预期到这一点，企业在进行投资决策的时候会更加谨慎。对美国②和英国③的经验研究显示，工会对实物资本投资产生了显著的负影响。

4. 劳动关系转型

20 世纪 70 年代以来逐步增强的全球化趋势，给劳动关系带来新的挑战。各国为了提高产业竞争力，鼓励创新，纷纷改革劳动力市场制度，各国劳动关系也开始进入了一个转型期。Kochan 等观察到，美国劳资谈判层次开始出现分散化趋势，工会参与率逐渐降低，企业的生产经营决策也逐渐分散和团队化，并认为美国的劳动关系正在转型。④ Katz 通过对瑞典、前

---

① Layard · R and Nickell · S. J. Labour Market Institutions and Economic Performance. in O. Ashenfelter and D. Card (eds.). Handbook of Labor Economics, Amsterdam North – Holland, 1999, 3029 – 3084; Nickell · S. J. L. Nunziata and W. Ochel. Unemployment in the OECD since the 1960s: What Do We Know. Economic Journal, 2005, 115: 1 – 27

② Bronars · S. G and D. R. Deere, et al. The Effects of Unions on Firm Behavior: An Empirical Analysis Using Firm - Level Data. Industrial Relations: A Journal of Economy and Society, 1994, 33 (4): 426 – 451

③ Denny · K. and S. J. Nickell. Unions and Investment in British Industry. Economic Journal, 1992, 102 (413): 874 – 887

④ Kochan · T. A, et al. The Transformation of American Industrial Relations. New York : Basic Books, 1986

西德、意大利、英国、澳大利亚等国的集体谈判的跨国分析，也发现了谈判分散化的趋势，证实了劳动关系的转型。[①] Lee进一步分析了15个OECD国家经济的去工业化给劳动关系转型带来的影响。[②]

越来越多的学者赞同劳动关系的转型，但是关于转型方式的讨论还在不断深化。Erickson和Kuruvilla描述了劳动关系的增量转型（逐渐演化）和断点转型（由某些重大事件引发）两种方式。[③] 增量转型是一种达尔文演化式或适应性转型，非连续转型是一种革命性的或断点均衡的变化。Bhattacherjee利用这一视角分析了印度的劳动关系转型，并根据历史和结构背景将其划分为四个阶段，认为印度的劳动关系转型属于适应演进型，而不是间断或革命式的演进。[④]

5. 对国外现有文献的述评

在一个均衡状态的社会里，劳动关系不会发生变化，工人、雇主以及政府三者之间的关系保持相对平衡，因而不会存在不和谐的问题。然而现实社会更多的情况是非均衡的，劳动关系也处于不断的变化之中。一旦原有的平衡状态被打破，就进入了非均衡状态，即我们通常理解的不和谐状态，这种状态更多地体现为劳动冲突。这些冲突可能是潜在的、个体的行为

---

① Katz · H. C. The Decentralization of Collective Bargaining: A Literature Review and Comparative Analysis. Industrial and Labor Relations Review, 1993, 47 (1): 3 – 22

② Lee · Cheol – Sung. International Migration, Deindustrialization and Union Decline in 16 Affluent OECD Countries, 1962 – 1997. Social Forces, 2005, 84: 71 – 88

③ Erickson · C. L and S. Kuruvilla. Industrial Relations System Transformation. Industrial and Labor Relations Review, 1998, 52 (1): 3 – 21

④ Bhattacherjee · D. The Evolution of Indian Industrial Relations: A Comparative Perspective. Industrial Relations Journal, 2001, 32 (3): 244 – 263

（如流动、缺勤或怠工等），也可能是显性的、集体的对抗。西方国家劳动关系发展多年的历史过程表明，从单一的视角、运用单一的方法对劳动关系进行研究，可能会片面地误解劳动冲突产生的原因，甚至导致执行错误的政策而加剧社会矛盾。正如我们前面所总结的，西方学界对这一问题进行了富有成效的研究，为我们更好地理解劳动关系问题打下了良好基础，但也有不足之处需要在日后研究中加以补足。

一方面，要更好地理解人力资本与劳动关系变化之间的关系。社会学家将劳动关系的发展变化主要归因于现代化对工人的心理冲击，经济学家将其主要归因于经济周期，制度学者则将其归结为劳工组织势力或产业关系系统的变化。这些方法在解释19世纪70年代以来的劳资冲突时遭遇了一定的困难。我们认为，要理解整个工业化历史中劳动关系的变化，尤其是近年来变化的新趋势，就必须考虑人力资本的因素。这是因为，劳动关系运行的微观个体是劳动者或者管理者，运行的制度环境和技术环境取决于劳动者和管理者的人力资本水平，劳动关系的发展也是对人力资本积累提高的回应。

另一方面，要更深入地分析转型国家劳动关系的转型机理与方式。发达国家当前的劳动关系转型，其背景是国家财产权利、市场制度和法律体系基本保持稳定，但这些背景因素在转型国家（如中国）却不是如此。当前，中国的劳动关系深层结构正在发生深刻变化，如对财产权利定义和态度的变化、雇主雇员相对地位的变化、个人主义与集体主义的变化、劳动力市场交易性质的变化等。在经济转型的背景下，分析劳动关系的转型机理与方式对完善现有劳动关系转型理论具有非常重要的意义。

（二）国内劳动关系研究现状

我国的工业化起步较晚，相应地对劳动关系的研究也较晚。改革开放前我国实行计划经济体制，劳动关系受到行政计划的集中干预，相关研究并不多见；改革开放后，劳动关系研究才得以正常发展，相关研究也逐步丰富起来。本部分将以时间为主要脉络，分三个时间段对改革开放以来有关劳动关系的研究文献进行简要回顾。

1. 第一阶段：1978—1994 年

改革开放后，我国资本的活力开始得到释放，计划经济时代对城乡劳动力的严格限制逐步松动，劳动关系也开始具有了市场经济特征。这一阶段的研究，主要关注的是市场化转型背景下的劳资关系，如徐政辉讨论了市场经济环境下的劳动关系，发现了我国劳动关系的企业化、契约化、多元化和复杂化的重要趋势，并注意到了不同所有制企业劳动关系的差异。① 石美遐也通过借鉴德国和美国的集体谈判的经验来分析市场经济中的劳资关系。②

2. 第二阶段：1995—2007 年

随着我国经济的不断发展，酝酿多年的《劳动法》终于在 1994 年第八届全国人民代表大会常委会第八次会议获得通过，并于 1995 年正式实施。这对我国劳动关系的发展具有里程碑式的意义，研究者们也开始注意到劳动关系发展过

---

① 徐政辉. 社会主义市场经济条件下的劳动关系探讨. 经济研究参考，1993（Z6）

② 石美遐. 市场中的劳资关系：德、美的集体谈判. 北京：人民出版社，1993

程中的法制化特点[1]。2000 年通过的《工资集体协商试行办法》进一步为协调劳动关系打下了基础。随着《工会法》在 2001 年的修订，李滨生等所强调的通过三方平等协商（集体谈判）机制与签订集体合同相协调，发挥政府和工会组织重要作用的调整劳动关系中的法律制度环境[2]，至此已经初步具备。劳动者、企业与政府的三方协调机制在构建和谐劳动关系中具有非常重要的作用[3]。但是，也有研究认为，实行工资集体协商机制以后，我国协调劳动关系不能仅仅依赖于单一的三方协商机制，还需要借助法律调节、政策调节、经济调节和道德调节等手段，需要建立一个既符合现代市场经济要求，又能适应中国传统文化的劳动关系协调机制。[4]

与此同时，向市场经济体制转轨过程中产生的大量职工下岗问题，逐渐对先前稳定的劳动关系形成了较大的冲击。一方面，企业在减员增效的同时还要保持稳定；另一方面，政府的经济补偿和社会保险相关政策措施没跟上，加之下岗职工再就业的能力不高，导致下岗职工的劳动关系处理面临较大难题。经济体制改革改变了计划经济时代僵化的管理体制，国有企业、民营企业和三资企业的劳动关系都出现了新的变化。而姚

---

① 乔健．略论我国劳动关系的转型及当前特征．中国劳动关系学院学报，2007（2）

② 李滨生、阎宇平、蔡毅德．对当前我国劳动关系状况的对策与建议．经济研究参考，1996

③ 陈晓云．劳动关系的和谐发展观——三方协调的体制与机制创新．社会主义研究，2007（6）

④ 董克用．中国经济体制改革以来劳动关系的变化与调节机制．经济理论与经济管理，2001（4）

先国以浙江的经验发现，私营企业的劳资争议发生频率越来越高，也最为集中。[①]

加入世界贸易组织，标志着我国对外开放进入了一个新的阶段，劳动关系也呈现出全球化的新特点。然而，在经济全球化的背景下，国际公认的劳工标准与相关 WTO 成员方的劳工法规和标准，给我国劳动关系的发展带来了新的挑战。李芸讨论了 SA8000 认证标准对我国劳动关系的影响，并认为将企业社会责任运动纳入劳动法制轨道，将有利于提高企业国际竞争力，也有利于构建和谐劳动关系。[②] 黄河涛、赵健杰也讨论了经济全球化对我国劳动关系带来的冲击。[③] 未来，加强劳工保护和积极开展 SA8000 认证，是增强企业竞争力的必由之路。[④]如何在国际劳工权益保护特别是 SA8000 标准的框架下，构建和谐劳动关系，将是一个重要的课题。

3. 第三阶段：2008 年至今

全国人大常委会于 2007 年通过了《劳动合同法》《就业促进法》《劳动争议调解仲裁法》，并于 2008 年正式实施。同时出台的《劳动合同法实施条例》进一步细化了对劳动关系法制化管理的规范。在这一阶段，一个鲜明的特点是中央对劳动关系的关注和重视程度越来越高。中央自 2004 年提出构建和谐社会的构想以来，2015 年，中共中

---

① 姚先国．民营经济发展与劳资关系调整．浙江社会科学，2005（2）

② 李芸．从企业社会责任看和谐劳动关系的构建——SA8000 引发的思考．世界经济与政治论坛，2006（6）

③ 黄河涛、赵健杰．经济全球化与中国劳动关系重建．北京：社会科学文献出版社，2007

④ 李文臣．国际劳工权益保护及其对中国企业的影响．中国工业经济，2005（4）

央、国务院印发《关于构建和谐劳动关系的意见》，要求要“坚持正确处理改革发展稳定关系，推动中国特色和谐劳动关系的建设和发展，最大限度增加劳动关系和谐因素，最大限度减少不和谐因素”。2017 年 10 月 18 日，习近平总书记在党的十九大报告中指出，要“完善政府、工会、企业共同参与的协商协调机制，构建和谐劳动关系”。劳动关系实践的发展带动了研究的发展，也取得了较为丰硕的成果，我们将其分为四类进行概括。

第一类研究强调了《劳动合同法》的实施对劳动关系的重要意义。张车伟认为，该法的实施不会增加正规企业的劳动成本和加剧失业，长期而言还会大大促进就业的稳定性，从而有助于构建和谐劳动关系。① 杨伟国、代懋通过测量我国的就业管制水平，发现《劳动合同法》实施以后我国的就业管制水平有了较大程度的提高，这从侧面印证了法律对稳定我国劳动关系所发挥的积极作用。② 然而，也有研究认为，《劳动合同法》的实施扭曲了劳务派遣，影响了劳动者正当权益，从而扭曲了劳动关系③。

第二类研究关注了我国当前劳动关系呈现的一些新内容。一是农民工已经成为劳动关系的主体因素，农民工和非公企业成为我国劳动关系处理主体④；二是劳动密集型小企业的用工

---

① 张车伟.《劳动合同法》将开启劳动关系的新时代.经济管理，2009（9）

② 杨伟国、代懋.中国就业管制的变迁与测量——基于 1978—2011 年国家层面数据，中国人民大学学报，2012（1）

③ 姜颖、杨欣.论劳务派遣中劳动者权益保障——基于“劳动合同法调研问卷”的实证分析.国家行政学院学报，2011（2）

④ 曾湘泉、唐鑛.战略劳动关系管理：内容、挑战及展望.中国劳动关系学院学报，2011（4）

形式和劳资关系更为复杂，劳动关系的变化和冲突更直接①；三是我国以工资形式体现的劳动力价值实现程度较低，劳动报酬未能与国民收入增长保持同步，导致劳动争议数量增加②；四是认为当前我国劳动关系越来越复杂，进入矛盾易发期和多发期，正从个体劳动关系向集体劳动关系转变。③

第三类研究尝试构建劳动关系评价指标体系。主要以企业劳动关系指标研究为主，如杨河清、陈天学（2011），袁凌、许丹（2012），左静、王德才、冯俊文（2018）。④ 文魁等通过对劳动关系的缔结、运作及调整的过程分析，构建了一套劳动关系和谐度的测评与预警机制，并发现我国劳动关系正处于报警状态，不过作者的指标中并没有考虑国际因素。于桂兰等基于对企业人力资源经理和雇员的调研，构建企业和谐劳动关系理论模型，开发设计企业相对和谐关系指数，设定和谐劳动关系的判别标准。⑤

第四类研究强调了工会与集体协商机制对劳动关系的重要作用。研究发现，由于我国劳资双方的代表组织发育不健全，三方协商会议机制的职能过窄，导致三方协商机制没能发挥应

---

① 苏海南、胡宗万．我国劳动密集型小企业劳动关系问题研究．华中师范大学学报（人文社会科学版），2012（2）

② 于桂兰、宋冬林．我国劳动力价值实现程度与劳动争议关系的实证研究．马克思主义研究，2009（6）

③ 常凯．利益之争露峥嵘．当代工人，2012（1）

④ 杨河清、陈天学．基于决策树的劳动关系和谐度评判．中国劳动关系学院学报，2011（1）；袁凌、许丹．中国企业劳动关系评价指标体系的改进．统计与决策，2012（4）；左静、王德才、冯俊文．伙伴关系视角下的和谐劳动关系评价指标体系构建．经济管理，2018（4）

⑤ 文魁等．走向和谐——市场型社会主义劳动关系新探．北京：经济科学出版社，2012；于桂兰、渠邕、孙瑜、梁潇杰．我国企业劳动关系和谐指数构建与应用研究．北京：人民出版社，2018

有的作用[①]。张时明、封开许以及张鸣起的研究指出，构建和谐劳动关系应当成为劳企双方的共同追求目标，也是全社会的共同责任，工会应当发挥重要作用，也能够发挥重要作用。[②]此外，李琪、周畅通过分析加拿大的集体谈判与劳资利益争议处理机制，认为我国应多途径建立政府介入利益争议的机制。[③] 政府介入劳资关系并形成三方协商机制，有利于打破劳资双方的僵局和实现三方共赢[④]。

（三）对国内已有研究的评价

由于我国的工业化起步较晚，劳动关系发展时间不长，对劳动关系问题的研究还刚刚兴起。近年来，随着实践的发展和中央构建和谐劳动关系目标的提出，有关劳动关系问题的文献成果开始增加，对社会主义市场经济条件下劳动关系的认识也逐渐深入。总结国内研究的这些文献，我们发现了以下几个特点。

第一，社会学范式研究多，经济学范式研究少。劳动关系本身是一个非常复杂的问题，涉及政治、经济与社会的方方面面，这需要借助多学科的研究方法与工具，从不同角度去深入分析。从西方发达国家对劳动关系进行研究的历史与现状来看，既有社会学的研究，又有经济学的研究，还有政治学的研

---

① 李丽林、袁青川．国际比较视野下的中国劳动关系三方协商机制：现状与问题．中国人民大学学报，2011（5）

② 张时明、封开许．充分发挥工会在构建和谐劳动关系中的作用——兼谈广西的实践．红旗文稿，2008（3）；张鸣起．构建和谐劳动关系促进企业和谐发展．中国党政干部论坛，2010（12）

③ 李琪、周畅．集体谈判中利益争议的处理——加拿大模式的借鉴与讨论．中国人力资源开发，2011（4）

④ 郭庆松．论劳动关系博弈中的政府角色．中国行政管理，2009（7）

究，多学科交叉比较普遍。不过，就目前国内的研究现状来看，研究者们主要是从社会学的角度研究劳动关系问题，从经济学角度对其进行的研究还不多。诚然，这些社会学范式的研究为认识我国劳动关系的现状、发展特点等问题，打下了坚实的基础，也对构建和谐劳动关系的实践做出了重要贡献。但是，考虑到我国经济处在转型升级的重要时期，劳动关系不稳定的关键来源是经济利益的冲突，因而迫切地需要以经济学的视角进行解析。而且，以间接的经济手段干预和协调劳动关系更符合社会主义市场经济的要求，这也需要我们从经济学的角度提出更多有价值的政策建议。

第二，定性分析多，定量分析少。劳动关系的实质是劳资关系，但由于政府的介入，实际上演化为劳动者、雇主与政府的三方关系。在经济增长和转型的背景下，三方关系面临持续的调整，劳动关系将在很长一段时间内处于非均衡状态。从我们掌握的这些文献来看，研究者们在定性地分析劳动关系调整以及政府如何采取措施方面，取得了较多的进展。但是，定量分析的还不多。诚然，定性分析是定量分析的基础，没有足够的定性分析我们也无法准确一致地对问题进行定量分析。在经济社会转型的过程中，不同时期的主要矛盾不同。在影响劳动关系的诸多因素里面，仅仅依赖定性分析，还不足以使我们发现重要程度较高的因素，缺乏定量分析证据可能导致最终的政策建议没有抓住主要矛盾。而且，为了有效协调劳动关系，政府近年来不遗余力地推出多项政策措施，规范劳动关系的法律体系也逐渐健全。但是，对这些措施收到的效果方面的研究，也主要是少量的定性分析，定量分析更少。比如工会和集体协商机制推行多年，是否收到了预期的效果，对经济又产生了哪些非预期的影响？从我们掌握的文献来看，较少的文献进行了定量评估。劳动关系日益复杂化的现实，要求我们必须由定性分析深化到定量分析。通过收集大样本数据，定量地找出各变量与劳动关系之间的经济联系；通过使用政策评估的分析方法收集数据，评估工会、三方协商以及规范劳动关系的相关法律的实施效果，为进一步完善政策提供说服力更强的证据。

第三，封闭经济条件下的分析多，开放经济条件下的分析少。在我国经济转型崛起的过程中，一个鲜明的外部特征是经济全球化趋势加强。自改革开放以来，我国经济逐步融入经济全球化的潮流，而加入世界贸易组织加速了这一进程。经济全球化对劳动关系理论与运行的研究都产生了巨大影响，学术界需要积极探索新的适用于全球化背景下的劳动关系理论①。然而，就我们整理的文献资料来看，虽然一些学者已经关注到了经济全球化和随之而来的劳工标准全球化对我国的影响②，但在开放经济背景下对劳动关系及其变化的研究还不够多，更缺乏一个在开放经济背景下研究劳动关系问题的理论框架。在开放经济条件下，劳动者、雇主以及政府对全球化因素的反应不尽相同，因此各主体行为的调整方向势必影响到劳动关系的状态变化。忽略全球化因素可能导致我们的分析结论有所偏颇，得出的政策建议也可能是低效的。因此，在开放条件下分析劳动关系显得更有紧迫性和必要性。

---

① 赵炜、郑桥．全球化视域下的劳动关系研究．当代世界与社会主义，2009（5）

② 沈琴琴．全球化下的劳动关系调整路径变化及其启示．中国劳动关系学院学报，2011（3）；王阳．我国劳动关系发展趋势研究．劳动经济评论，2012（1）

三、本书的总体框架、预期目标和主要研究内容

（一）总体框架

本书将主要利用经济学的分析方法，将理论和实证相结合，通过归纳和提炼国内外劳动关系的发展规律，在此基础上分析影响我国和谐劳动关系构建的主要因素，最终提出一系列针对性和实用性强的政策建议。因此，本书的总体框架可以分为三大部分。

第一部分将总结典型发达国家在崛起过程中有关劳动关系发展的历史规律，并对照分析我国的劳动关系发展历程，作出关于我国劳动关系现状与主要矛盾的基本判断。要构建和谐的劳动关系，我们需要借鉴成功的经验。世界主要强国在工业化发展的过程中，都曾经遇到过我国当前所面临的类似问题，但都成功地实现了转型。因此，本部分要考察的问题是，世界主要大国在崛起过程中劳动关系状况是如何演变的，是否共同展现了一个先恶化后改善的“倒 U 型”规律？导致恶化的原因是什么？劳动关系是如何得以改善的？相对而言，我国改革开放 40 余年的时间就实现了欧美发达国家五六十年甚至上百年所实现的经济跨越，劳动关系的发展规律既与发达国家有共性，也有特性。在分析国际经验的同时，我们需要进一步回答的问题是，新中国成立 70 年来，在不同历史阶段，劳动关系领域面临的突出问题是什么？为什么顺次出现了资本抑制和劳动抑制的现象，政府在其中扮演了何种角色？当前我国劳动关系领域面临的主要矛盾是什么？在分析我国劳动关系演变的过程中，我们将提出劳动抑制与劳动深化在其中所扮演的重要角

色。改革开放以来，我国逐渐形成“资强劳弱”的局面，劳动的作用逐渐被资本抑制，这种状况在加入世贸组织以后被进一步强化。随着中国经济全球化的程度越来越深，国际因素对我国劳动关系发展的影响也在加大。本部分也将分析全球化对我国劳动关系的影响，并识别全球化对劳动关系的不同影响路径与机制。

第二部分将监测和评估我国劳动关系和谐度的现状。要构建和谐劳动关系，必须对我国劳动关系的发展现状有清晰的认识和判断。对此，需要通过构建和谐劳动关系的监测指标体系，并对其展开实证研究，用以讨论影响我国转型时期劳动关系和谐度的主要因素。考虑到我国劳动关系的发展受全球化因素的影响越来越深，本部分将在基于全球化劳动关系理论的指导下构建科学的和谐劳动关系监测指标。在此基础上，收集相关数据，进行实证分析。为了使指标体系能够对劳动关系进行动态跟踪，我们也将对典型地区、典型企业和典型群体进行实地调研，及时发现问题，总结经验，不断完善指标体系。

第三部分将研究和提出构建和谐劳动关系的政策建议。由于我国已经推出一系列旨在协调劳动关系的法律法规和政策措施，工会和三方协商机制也在不断发展和完善，因此提出的政策建议要立足于当前的机制和架构。这就需要先对已有的政策措施进行效果评估。特别是要回答，在当前我国工会组织发育不平衡、工会组织自身尚处于转型期的条件下，依靠政府、工会和企业间的三方协商机制是否能从根本上改变劳动抑制状况，从而有利于和谐劳动关系的构建？通过上述理论和实证分析，本书最后提出构建和谐劳动关系的政策建议。

（二）预期目标

本书将在设定的总体框架下，围绕拟解决的研究问题展开理论和经验研究，以实现如下研究目标。

第一，展现世界主要大国在崛起过程中的劳动关系演变规律。以国际比较研究为基础，本书将讨论劳动关系由冲突向和谐转变是否对世界主要大国的崛起具有很好的解释力。目前世界上还有很多国家迟迟未能实现崛起，其是否与未能很好地处理好劳动关系问题有相关性，从而为我国成功跨越中等收入陷阱和实现大国崛起的战略目标提供经验借鉴。

第二，探索我国劳动关系的历史流变，并对当前劳动关系领域面临的主要矛盾做出判断。观察新中国成立以来 70 年的历史，可以明显地感受到资本经历了一个从抑制到深化、劳动则经历了一个从深化到抑制的历史流变。因此，以资本和劳动的抑制或深化为逻辑线索，不但有助于我们更好地理解为什么不同历史时期的劳动关系具有不同的特点，而且也有利于我们清楚地判断我国当前劳动关系领域面临的主要矛盾是什么，并为处理好这些主要矛盾提供一个清晰的思路。

第三，构建我国转型期和谐劳动关系的评价指标体系，发现和筛选出影响劳动关系和谐度的主要因素。为了完成这一研究目标，我们将重点开展两项工作：一是建立和谐劳动关系评价指标体系，用于对近些年来我国的劳动关系变动情况进行评价和分析；二是通过对典型地区、典型企业和典型群体的实地调研和专项研究，为深化我国劳动关系的研究提供中观、微观案例参考。

第四，提出对构建和谐劳动关系有针对性、可行性的政策建议。对于一项应用经济学研究项目而言，这是一项具有重要价值的工作。我们将对现有研究成果进行细致整理，充分挖掘各项实证研究成果的政策含义，结合转轨时期中国的实际，提出一系列政策建议，并对其可行性进行合理化论证。

（三）主要研究内容

本书不但从历史层面讨论世界主要大国崛起过程中的劳资关系演变规律和我国劳动关系状况的演化历程，而且还从现实层面探讨我国现阶段劳动关系领域面临的主要矛盾。不但利用实证分析方法构建和谐劳动关系的监测指标体系，从而发现影响劳动关系和谐度的主要因素有哪些，而且还会对全球化影响和谐劳动关系构建的作用机制进行经验检验，据此分析我国转型期劳动关系方面的相关问题，提出构建和谐劳动关系的政策建议。研究的内容主要包括以下几个方面：

1. 典型大国的劳动关系演变规律研究

本部分研究的内容主要包括英、美、德、法、日等发达国家崛起过程中的劳动关系演变，以及后工业化时期劳动关系变化的新趋势。从18世纪中期到20世纪中期，英、美、德、法四国普遍经历了劳动关系的动荡和激烈的社会对抗，工人运动广泛兴起。经过第二次世界大战的洗礼，各国普遍加强了对劳动力市场的干预，更加注重保障劳动者权益，从而在20世纪下半叶实现了劳动关系的改善。在此过程中，英、美两国在坚持市场经济的道路上顺利实现崛起，而德、法两国则走上了不同的道路。英、美两国处理劳动关系的总体特征是坚持市场经济导向，以雇员与雇主的自主平等协商为主，以政府的立法保障和间接干预为辅；德国强调不同层面的工人联盟与雇主联盟的谈判协商，包括企业、产业与国家三个层面；而法国则着重强调政府的干预作用。不同的模式各有利弊，但从英、美两国当前的综合竞争力来看，坚持市场为导向的模式似乎更有生命力，更能促进经济的持续增长和劳动关系的长期和谐。日本劳动关系的发展，则深受其文化传统与终身雇佣制的影响。另外，发达国家崛起的过程也是人力资本积累不断增加的过程，通过分析人力资本积累与劳动关系的相互作用，本书也能为人力资本理论做出新的贡献。

总体来看，劳动关系经历了从激烈对抗走向缓和的发展过程。因此，我们提出理论假说：在经济发展和人力资本积累过程中，劳动关系呈“倒 U 型”发展规律。其中，人力资本起着非常关键的作用。没有人力资本积累的经济增长必然无法持续，而积累起来的人力资本需要进一步释放，否则会损害经济增长和劳动关系的和谐局面。需要说明的是，劳动关系“倒 U 型”发展规律与库兹涅茨曲线具有内在一致性的机理。在收入差距拉大的同时，劳动关系也将趋于不和谐的状态；反之，劳动关系则趋于和谐。

2. 我国劳动关系的历史流变与现状

新中国成立初期，我国采取新民主主义经济政策，着力保护民族工商业，此时劳动关系的显著特点是“劳资两利”。随着社会主义改造的完成，我国实行计划经济体制，资本活力受到抑制，劳动关系在政府的强力计划下非平衡地偏向劳动一方。经历了 40 多年的改革开放，我国经济体制发生了巨大变化，资本也从计划经济时代的抑制状态转向了释放和自由流动。我国劳动关系的历史流变发生在资本相对地位变化的背景下，因而具有非常鲜明的时代特色。我们的研究将表明，改革开放以后，随着资本活力得到释放，稀缺的资本成为各地竞相争夺的焦点，这使得人力资本的作用受到抑制，而对外开放继续加深了劳动抑制的程度。相对而言，我国劳动关系非和谐化发展的关键原因是资本深化背景下的劳动抑制。

本部分的研究也将表明，我国劳动关系呈现多元化、复杂化和国际化等特点，劳动抑制的局面没有得到根本改变，劳动关系也逐渐出现不和谐因素。加上我国体制改革不彻底，劳动力市场制度性分割还没有被完全打破，劳动关系的和谐化调整受到劳动力市场分割的极大阻碍。

3. 全球化对构建和谐劳动关系的影响

随着经济全球化的不断深入，我国的劳动关系受全球化因素的影响越来越深，传统封闭经济条件下分析劳动关系的思路可能是有缺陷的，开放经济环境下的劳动关系实践需要开放条件下的理论视角来分析。我们将提出一个分析开放经济环境下劳动关系的理论框架，在分析劳动关系各方主体的决策目标和约束机制时均包含国际因素，如国际经济形势、国际劳工标准、联合国相关框架公约与国际劳工组织的协定等。不同主体对同一外部因素变化的行为反应不同，如在国际经济形势下滑的条件下，工会希望保留工作岗位与维持工资，企业则可能希望削减劳动成本甚至裁员以渡过危机，而政府此时需要从社会利益最大化的角度全盘考虑，即如何在尽可能地保留工作岗位的前提下促进结构调整和企业转型，以增强经济竞争力。

本部分将开放条件下的劳动关系分析框架应用于现实分析，并以此解释在我国对外开放的条件下，各地为招商引资而展开的竞争如何使得劳动关系复杂化。实际上，资本的流动性要大大高于劳动，各地为吸引外资而竞相放松劳工标准，劳动力市场建设在某种程度上遭到了忽略，从而导致劳动者权益受到资本损害，原有的劳动关系平衡被打破，从而陷入劳动关系不和谐的状态。为了构建和谐劳动关系，必须要加强对劳动者的权益保护。然而，有观点认为，强调劳动保护可能会损害我国低劳动力成本优势，从而使我国经济增长的前景受损。本书将指出，这种担忧完全是不必要的。对劳动者的保护有利于人力资本积累，长期来看有助于提升经济的内生增长动力。另外，随着“走出去”和“一带一路”倡议的实施，中国已经成为第三世界国家的外来投资的主要来源与发展伙伴。如何有效处理中国海外投资企业长期存在的以上劳动关系问题，也是本书的关注重点。

4. 和谐劳动关系评价指标体系的构建与实证检验

在本部分内容中，我们将对劳动关系的本质含义进行重新理解，提出构建和谐劳动关系评价指标体系的核心原则，并遵循这一原则，建立中国和谐劳动关系评价指数，对近年来我国劳动关系和谐度状况进行评价。在上述总体评价工作完成后，接下来，本部分还会深入地区层面，一方面测量和描述劳动关系和谐度的地区差异，另一方面还将利用计量分析方法，基于省级面板数据分析和推断导致劳动关系地区差异的重要因素是什么，随着时间变化其趋势又会如何发展，从而帮助我们在纷繁复杂的现实世界中发现事实和规律，进而为制定相关政策提供客观依据。另外，为了能够及时跟踪到劳动关系的动态变化，本部分还会对典型地区或典型行业进行实地调研和现场访谈。

5. 构建和谐劳动关系中三方协商机制的有效性研究

本部分将评估已经在全国各地推行的三方协商机制的有效性，兼论工会对改善劳动关系的贡献。当前我国劳动关系的运行现状表明，三方协商机制在构建和谐劳动关系中发挥了一定作用，但是也存在一些不足。本部分将利用政策评估方法，从定量的角度评估三方协商机制在多大程度上发挥了作用，还有哪些地方可以进一步加以改进，并讨论社会组织能够在其中发挥的作用。

6. 构建和谐劳动关系的政府职责研究

基于前文的分析，本部分将重点分析政府在构建和谐劳动关系中所承担的具体职责。第一，根据不同阶段劳动关系的主要矛盾，厘清政府职责，以适当的方式干预劳动关系，而不是对市场机制的完全替代。第二，总结我国改革开放 40 多年来劳动关系法律发展的得失，从经济学的角度提出未来进一步完善法律体系的对策建议。第三，针对促进高质量就业的发展趋势，从改善就业质量的角度提出构建和谐劳动关系的政策建议。第四，针对我国要素收入分配和个人收入分配领域出现的问题，提出通过收入分配体制改革促进劳动关系和谐的对策建议。第五，针对我国劳动力市场分割、地方保护主义以及与国际劳工标准存在差距的现实，提出通过加速劳动力市场改革和制度建设来增强对劳动者权益保护的政策建议。

第一章

迈向高收入国家进程的劳动关系及其治理

本章首先描述高收入国家发展历程与现状，然后基于英、美等国劳动关系的演变历史，提出劳动关系的“倒 U 型”发展规律。劳动关系演变的基本动力，来源于技术进步与人力资本之间的竞争。虽然技术与人力资本是互补的关系，但是技术进步会引起人力资本与物质资本之间的螺旋式替代。从人力资本深化的三大阶段来看，第一阶段（普及初等教育）和第二阶段（普及中等教育）分别对应劳资关系激化和加剧的阶段，因为快速的技术进步和资本积累加速了对低层次人力资本的替代，从而使低层次人力资本所对应的劳动者群体利益受损。第三阶段（普及高等教育）是劳资冲突缓和与转型的阶段，在这一阶段，人力资本深化推动的技术进步、产业转型与劳动者技能的互补性越来越强，提升了技能型劳动力的要价能力，也推动劳动关系趋于缓和与转型。

第一节　高收入国家的经济发展过程

一、国家间收入水平差异的历史与现实

统计分析发现，世界上最富裕国家的人均产出和人均收入已经达到了最贫穷国家的数十倍。在已经过去的整个 20 世纪里，世界上最富裕国家与最贫穷国家之间的收入差距不仅没有

缩小，反而进一步持续拉大。

根据 Maddison 的统计，纵观 2000 年的世界经济发展史，不难看出第二个千年（1000—1998 年）的人口增长了 22 倍，人均收入增长了 13 倍；而第一个千年（1—1000 年）的人口仅仅增长了1/6，人均 GDP 也略微下降。第二个千年的经济发展状况要远好于第一个千年[①]。而根据世界经济发展的特点，第二个千年又可以分成两个时期，第一个时期（1000—1820 年）的经济增长呈现出发散的特点，人口增长了4 倍，经济总量的大部分增长被用于养活新增人口，因此该时期人均收入增长缓慢，并低于人口增长速度；第二个时期（1820—1998 年）的世界经济发展开始变得较为活跃，人均收入的增长速度快于人口增长速度。截至 1998 年，世界人均收入水平已经达到了 1820 年的 8.5 倍，人口也增长了 5.67 倍[②]。可以说，世界经济增长最具活力的时期主要集中在过去两个世纪。

在全球经济总量跨世纪增长的背后，不同区域的增长进程与收入差距问题贯穿了整个世界经济发展史。如果将西欧国家、西方分支国家（美国、加拿大、澳大利亚、新西兰）和日本等经济增长最活跃的国家和地区划归为第一组国家（21 世纪已经增长为高收入国家），将世界其他国家和地区划归为第二组国家，那么大约在 1000 年，西欧国家的收入水平处于历史最低点，显著地低于公元 1 世纪的水平，也低于亚洲、非洲等区域的经济总量水平。但此后，西欧国家的经济开始显著

① Maddison · A. The World Economy：Volume 1：A Millennial Perspective and Volume 2：Historical Statistics. Development Centre Studies. OECD Publishing. Paris. Table 1 - 1，Table 1 - 2，2006

② 同上

增长，尤其到了 19 世纪，西欧国家的经济开始腾飞。自 1820 年以来，第一组国家的人均收入已经增长了 19 倍，其他国家的增长也超过 5 倍。过去半个世纪的世界经济状况超过了世界经济史有记录以来的其他任何时期。1950—1998 年，全球 GDP 以每年 3.9% 的平均速度增加了 6 倍，而 1820—1950 年、1500—1820 年的增长速度分别为 1.6% 和 0.3%①。与此同时，不同地区通过频繁的贸易往来加强了经济联系，商品贸易量增长速度快于 GDP 增长速度，出口占世界 GDP 的比重从 1950 年的 5.5% 上升到 1998 年的 17.2%，而国际旅行、通信和其他服务贸易也呈现大幅度增加趋势。以上这些都推动了国际分工的发展，促进了创新思想、制度和技术由高收入国家向低收入国家的迅速扩散。为了更好地了解 1820 年以来世界经济史的发展过程，我们可以根据经济增长状况将世界主要经济史分为五个不同增长阶段进行分析：第一阶段（1950—1973 年）是世界经济发展的黄金时代，也是迄今为止增长状况最好的阶段，全球各国经历了普遍而显著的经济增长和人均收入提高；第二阶段（1973—1998 年）是世界经济增长秩序重构时期，西方各国经历了普遍的自由化结构改革，该阶段是世界经济增长状况排名第二的阶段；第三阶段（1870—1913 年）是古典自由经济秩序增长阶段，此时西方各国普遍经历了第二次工业革命，该阶段的平均经济增长速度略低于当前的增长速度；第四阶段（1913—1950 年）由于两次世界大战和世界贸易倒退、资本市场干预崩溃，导致该阶段的增长速度明显低于潜在水

① Maddison · A, 2006, The World Economy: Volume 1: A Millennial Perspective and Volume 2: Historical Statistics. Development Centre Studies. OECD Publishing: Paris. Table 1 - 3

平；第五阶段（1820—1870 年）为世界经济增长最慢阶段，该阶段属于资本主义发展的初始阶段，工业革命刚刚在西方各国兴起，该时期显著的经济增长趋势很大程度上仅仅局限于欧洲国家及其殖民地。

21 世纪以来，经济全球化进入新的阶段，以中国为代表的发展中国家经济持续增长，国际经济格局也进入持续重整的阶段，各国的经济联系也越来越紧密。然而，此时世界经济总体增长势头却突然出现了减速，全球不同地区之间的经济状况呈现出严重差异。黄金时代最富有和最贫穷地区之间的人均收入差距从 15∶1 下跌到 13∶1，但到 20 世纪末又上升到 19∶1。数据显示，49 个经济体（包括西欧国家、西方分支国家和日本等发达资本主义国家以及中国大陆地区、中国香港地区、中国台湾地区、马来西亚、新加坡、韩国、泰国、孟加拉国、缅甸、印度、印度尼西亚、尼泊尔、巴基斯坦、菲律宾和斯里兰卡 15 个复苏的亚洲国家和地区）贡献了超过 3/4 的世界 GDP，涵盖了 2/3 的世界人口。发达资本主义国家共同贡献超过一半的世界 GDP，这些国家在 1973—1998 年的人均收入增长跌至远低于黄金时期的水平，但明显好于 1870—1913 年的情况；15 个复苏的亚洲国家和地区以世界一半的人口创造了 1/4 的世界 GDP。除了发达资本主义国家和复兴的亚洲国家以外，世界其他国家和地区拥有世界 1/3 的人口，总共创造了 1/5 的世界 GDP①。

---

① Maddison · A. The World Economy：Volume 1：A Millennial Perspective and Volume 2：Historical Statistics. Development Centre Studies. OECD Publishing：Paris，2006

二、“大分流”时代与国家间收入差异的形成起源

亨廷顿以“大分流”（the Great Divergence）一词描述了西方世界（西欧各国及其部分殖民国家）克服增长约束后的增长奇迹。西方世界在 19 世纪普遍经历了迅速的经济发展，国力与日增强，迅速拉开了与亚洲、美洲和非洲的大部分国家和地区的经济发展差距。对于“大分流”时代，目前学术界还存有争论。一些研究者认为其发生在 1800 年前后工业革命兴起的时期，也有一些研究者认为其要追溯到大航海时代甚至更早。对于“大分流”出现于不同时期的讨论，其潜在含义是对“大分流”发生原因的不同认知。经济学家们常常用以人均 GDP 计算的经济发展和以人均收入计算的生活水平来衡量世界的“大分流”，因此经济学家们更倾向于主张“大分流”发生在 18 世纪末 19 世纪初，而这正是工业革命蓬勃兴起的时期。在这一阶段，西欧世界的人均 GDP 迅速提高，此后世界经济和人口分布格局经历了重大调整。此阶段的两个世纪以后，西欧各国的人均收入超过了亚洲国家人均收入的 3 倍，而亚洲国家的人口却是两倍于西欧各国①。

为什么“大分流”之后，西方世界能够保持持续稳定的经济增长，不同的研究者从不同的视角给予了解答。

生产要素积累差异说。经济学家们一般基于生产函数研究经济增长问题，将经济过程视作生产者投入生产要素并获得产出的过程。因此，经济增长的实质就是要素投入和产出不断增

---

① Galor · O and A. Mountford. Trade and the Great Divergence：The Family Connection. The American Economic Review，2006，96（2）：299－303

长的过程。后来，经济学家们发现，在生产要素既定的前提下，全要素生产率是决定产出水平的关键因素。以索洛经济增长理论为基础，Mankiw 等人作为增长计量分析的代表①，将国家间收入水平的差异归因于人力资本和物质资本积累的差异，以及生产率的差异。从生产要素说出发，研究者们一般认为西方世界早在“大分流”之前的文艺复兴时代，就在科学和文化方面取得了长足的进步。大航海时代开拓的贸易航线，为科学文化的传播奠定了市场基础。技术创新以科学为基础，随着科学积累和丰富到一定程度之后，技术创新和发明便接踵而来。为了获取更丰厚的回报，技术创新发明者不断将新技术和新发明应用到生产过程中，不断地追加投资，扩大生产规模和销售市场。这样一来，技术发明者和资本家的追逐利润的行为提升了资本积累水平，为社会再生产的进一步扩大奠定了基础。而且，随着工业生产中新技术和新发明的扩大应用，技术创新和发明提升了对人力资本和技能的需求，激励着劳动者积累更多人力资本。

人口转型说。有学者将经济增长历史划分为三个阶段：马尔萨斯阶段、后马尔萨斯阶段以及可持续增长阶段②。在马尔萨斯增长阶段③，技术进步非常缓缓，经济总量的增长引起人口规模快速扩张，而人口增长又阻止了人均收入的提高；在后马尔萨斯增长阶段，技术进步开始加速，人口增长仅仅吸收了

---

① Mankiw · N. G, D. Romer and D. N. Weil. A Contribution to the Empirics of Economic Growth. The Quarterly Journal of Economics, 1992, 107 (2): 407 – 437

② Galor · O and D. N. Weil. Population, Technology, and Growth: From Malthusian Stagnation to the Demographic Transition and Beyond. The American Economic Review, 2000, 90 (4): 806 – 828

③ 马尔萨斯增长阶段对应于马尔萨斯陷阱

部分的产出增长，人均收入开始出现一定程度的增长；在可持续增长阶段，经济体实现了人口转型，人口出生率和增长率下降，人均资本积累量上升，人口转型逆转了收入和人口之间的正向关系，经济进入了可持续增长阶段，人口增长速度缓慢下降，人均收入持续上升。研究者们认为，在后马尔萨斯阶段向现代增长阶段转变的过程中，能否实现人口转型是推动经济持续增长的关键。这是因为，高人力资本积累率、低人口增长率能够推动生产率和人均产出不断增长。成功的人口转型能够将要素积累、技术进步和生产率提高所推动的增长收益转换为人均收入的增长，以及生活水平的提高。而人口转型是如何开启的呢？研究发现，对童工需求的下降、预期寿命的上升、贸易全球化、对子女后代质量偏好的演化、性别工资差异的下降等，都是触发人口转型的因素，其中，性别工资差异缩小是推动人口转型的主要因素①。

制度说。为什么有的国家富裕，而有的国家贫穷？为什么西方发达国家的人民普遍能够获得良好的公共教育、医疗和卫生保障等各种公共服务，而诸如非洲的部分最贫穷国家的人民却什么都无法享受？为什么有的国家具有优良的生产环境和资源条件，却依然贫穷且战乱不断？阿西莫格鲁等人的研究表明，政治经济制度是决定一个国家长远经济社会发展绩效的关键。他们将制度分为汲取性制度和包容性制度，并构建了一个分析框架来讨论为什么有些国家在历史的发展长河中取得了成功，

---

① Galor · O. The Demographic Transition：Causes and Consequences. CEPR Discussion Papers DP8249，2011

而有的国家虽然在初始阶段取得了成功，后来却失败了[①]。汲取性制度包括汲取性政治制度和经济制度：汲取性经济制度主要是指缺乏法律和秩序，没有可靠的财产权利保护，各种进入障碍和管制措施，以及不公平的市场交易环境阻碍了市场功能的发挥；汲取性政治制度主要是指极权主义政治制度，政治权力集中在少数人的手中而不受约束，没有权力分立制衡或者“法治”。同样的，包容性制度也分为包容性经济制度和政治制度：包容性经济制度主要指有可靠的财产权利保护，良好的法律秩序和市场环境，政府对市场的充分支持（公共服务和监管），市场可以自由进入或者退出，大多数公民能够得到教育和各种机会；包容性政治制度主要指在政治领域允许广泛的民众参与，对政府官员施加约束和实行权力制衡。一旦一个国家建立了包容性制度，投资将会得到有效保护和激励，市场的“创造性破坏”效应将会不断提高生产率和促进经济增长；反之，一个国家将在贫穷陷阱中恶性循环，无法得到长期持续的增长。即使一个国家在起步阶段建立起了包容性经济制度，但如果没有建立有效的包容性政治制度，汲取性政治制度也会破坏包容性经济制度赖以运行的市场基础，从而产生财富的逆转，陷入增长陷阱。以英国和美国为典型的西方世界之所以能够保持长期经济增长，很重要的一点就在于英国早在光荣革命时期就建立起了包容性制度，而美国宪法也为美国的包容性制度奠定了关键基础，形成了市场经济与法治共同发展的制度框架。此后，西方各国纷纷效仿，由此推动了长期持续增长。

---

① Acemoglu · D, J. A. Robinson and D. Woren. Why Nations Fail: The Origins of Power, Prosperity, and Poverty. SciELO Chile, 2012

文化与地理分割说。文化对长期经济增长具有重要的影响作用，在经济的不同发展阶段，文化同化和文化扩散的冲突效应决定了经济体在农业社会和工业社会的不同增长轨迹①。在农业社会和相应的技术范式下，社会专有型人力资本的边际生产率更高，那些在地理上处于分割状态的社会，更容易形成高度同化的文化环境，从而具有更高的运行效率，更容易达到生产技术可能性边界，实现经济繁荣。然而，在向工业社会转型的过程中，在缺乏外来文化扩散的封闭同化社会里，过度僵化的文化环境降低了社会适应新技术、新变化的能力，从而不利于工业技术范式的经济增长和社会进步。因此，地理分离虽然有助于农业社会的发展，但是在农业社会向工业社会转型的过程中，地理封闭和文化僵化反而会阻碍经济的可持续发展。

三、跨越中等收入陷阱向高收入国家迈进

20 世纪下半叶以来，一些中等收入国家通过持续不断的经济发展，国民收入水平提升到高收入阶段；也有一些国家没有实现持续的经济发展，甚至出现经济停滞或负增长，最终与高收入国家的收入水平差距越拉越大。这一现象被世界银行定义为中等收入陷阱。当然，学界对中等收入陷阱概念的内涵与外延还有争论，有学者认为中等收入陷阱本质上是增长陷阱②。不同经济体处于不同的增长阶段，有的经济体处于从低收入水平向中等收入水平迈进的阶段，有的经济体则处于中等收

① Ashraf · Q and O. Galor. Cultural Diversity, Geographical Isolation, and the Origin of the Wealth of Nations. NBER Working Paper Series. No. 17640, 2011

② 姚枝仲．什么是真正的中等收入陷阱．国际经济评论，2014（6）

入水平向中高收入、高收入水平发展的阶段。因此，广义上的增长陷阱不仅包括中等收入陷阱，还包括低收入陷阱和高收入陷阱。而且，根据收入范围界定的绝对标准和相对标准，中等收入陷阱还可以区分为绝对标准和相对标准下的中等收入陷阱。绝对标准下的中等收入陷阱，是指在某个预设的中等收入范围（可以是世界银行的标准）之内的经济体出现经济增长停滞甚至是负增长的现象；相对标准下的中等收入陷阱，是指选择某个发达经济体（通常是美国）作为参照系，某个中等收入范围之内的经济体的经济增长率低于参照经济体经济增长率的现象。

世界银行和中国国务院发展研究中心共同发布的一份报告指出，1960 年全球范围内的 101 个中等收入经济体，只有 13 个经济体在 2008 年时发展进入高收入经济体行列，分别是欧洲的西班牙、葡萄牙、爱尔兰和希腊，中东地区的以色列，美洲的波多黎各，亚洲的日本、韩国、新加坡，中国香港地区和中国台湾地区，非洲的赤道几内亚和毛里求斯①。而其余的经济体或继续停留在中等收入阶段，或发生负增长而倒退至低收入国家行列。这样一来，在近 60 年的时间里，全球范围内的中等收入经济体成功跨越中等收入陷阱的比例不足 20%，足见跨越中等收入陷阱的难度之大。

第二节　典型大国的劳动关系演变历史

19 世纪，欧美主要国家的工业化迅速推进，越来越多的

---

① World Bank. China 2030：Building a Modern，Harmonious，and Creative Society. http：//documents. worldbank. org/curated/en/2013/04/18821678/china – 2030 – building – modern – harmonious – creative – society，2013

产业工人加入工会组织来寻求就业保护，而劳动关系随着技术进步和经济结构转型发生了激烈的对抗和冲突。20 世纪中期以后，随着劳动者人力资本水平的不断提高，在经济结构的转型升级带动下，欧美国家经历了普遍的去工会化进程，就业人员的工会化率不断下降，而劳动关系也在总体上不断趋向缓和。

一、英国劳动关系演变：从工业革命到福利国家

由于第一次工业革命发源于英国，英国的劳动关系发展历史相对较早，因此系统总结英国劳动关系发展历史具有重要的意义。总体而言，英国从前工业化时期到工业革命，再到现代，劳资关系的演进呈现出“合作—对抗—合作”的波浪形发展特征①。在 19 世纪之前，英国的劳动关系总体缓和，但潜在的对抗和冲突正在酝酿之中；19 世纪上半叶，工业革命和快速的技术进步打破了原有生产模式，熟练工人与工厂主之间的对抗开始升温；19 世纪中期，正值维多利亚前期时代的英国开始全面崛起，受益于快速的产业扩张和劳动需求增长，劳动者加入工会的需求能够得到雇主的满足，因此劳资关系有所缓和；由于 19 世纪晚期英国没有继续引领新技术革命，导致英国工业产品在全世界的市场份额开始萎缩，经济危机的来临引发了劳资关系的对抗与冲突。19 世纪晚期，新工会大量吸纳半熟练和非熟练工人，工会逐渐实现了对劳动者的全面覆盖，英国劳资关系开始走向全面化、普遍化和常态化。20 世纪初，英国政府开始加强对劳动关系的干预。随着社会保

---

① 刘金源等．英国近代劳资关系研究．南京：南京大学出版社，2012

障体系的逐步建立健全，英国也建立起“从摇篮到坟墓”的保障体制，劳动关系逐渐走向缓和。在20世纪70年代，由于受到石油危机的影响，英国的劳动关系又一度再次紧张。但总的来说，英国最近几十年呈现劳动关系不断趋向缓和的状况。

（一）英国崛起时代的行业工会与劳动关系

光荣革命之后，英国开始稳步崛起，并成为欧洲乃至世界强国，到1763年七年战争结束时，英国已经成为无可撼动的世界性强国[①]。研究者们多强调君主立宪制度、运行良好的国债体系、不断壮大的海军力量以及贸易殖民双向战略在促成英国崛起过程中的重要作用[②]，但是鲜有研究关注到经济内部的结构稳定，尤其是劳动关系稳定发展对英国经济平稳发展并实现工业革命和经济崛起的重要贡献。

英国早期经济中的劳动者，是由大量独立的技工、制鞋匠、裁缝、建筑工人、织工或者工作在其他小作坊的劳动者组成。18世纪乃至更早的时期，英国经济内部的技艺劳动者群体盛行组织行业技艺公会（craft guilds），这些公会由自雇型熟练工和手艺人组织起来，为成员及其家属提供必要的支援与帮助。随着市场规模的扩大，一些工匠开始雇佣部分学徒和熟练工来满足业务扩张的需要。而商人开始组织起来购买小作坊生产者的制造成果并寻求控制原材料的供给，并逐渐形成了对独立工匠的控制。由此，独立工匠开始变成了受雇于商人的熟

---

① 计秋枫．近代前期英国崛起的历史逻辑．中国社会科学，2013（9）

② 同上

练工人，失去了大量自主性。这样一来，商人（雇主）和技艺工人之间的关系开始变得紧张起来，工作成果的质量、生产步骤、支付的价格和工作的时间等方面都是双方分歧的来源。于是，技艺工人开始组织形成了技艺公会。公会成员相互独立地提供援助，控制价格。与此同时，公会也协助那些失去工作的成员重新找到一份新工作，或者联合起来对雇主施加压力以提高工资和改善工作时间。这类公会组织一般会设计出比较具有理性和公平的程序来妥善解决分歧。值得指出的是，行业公会为了有序发展，还设定加入组织和进入工艺职业的门槛，来控制进入工艺职业中的人员规模，确保技艺工人供给规模在合理的范围内以保持较高的收入。到了 18 世纪末，跨行业之间的互助活动开始增加。公会具有了保护劳动者的功能，公会开始发展形成了早期的雇主—雇员关系，一度被学者认为是现代工会制度（trade union）的原始形态，但是也有研究者认为早期的公会与现代意义上的工会并不是同一个概念①。

随着市场规模的不断扩大和分工的深化，越来越多的自由劳动者寻求进入特定行业工艺，因此实现对行业工艺的进入控制已经成为许多公会组织的中心目标。熟练技艺者希望限制技艺工人的数量以维持较高的工资水平，而雇主则需要不断增加雇佣劳动力。此外，为了降低经济波动对收入和工作带来的不利影响，技艺工人希望获得更多的工资和就业保障。而雇主希望消除技艺工人的工资和雇佣方面的限制。由此，公会与雇主之间的矛盾愈演愈烈。

① Fraser · W. H. A History of British Trade Unionism, 1700—1998. Macmillan, 1999 (1)

（二）工业化、技术进步与劳动关系恶化：18世纪末至19世纪初

随着工业革命的逐步推进，技术进步和机械的广泛应用，半熟练工人开始取代之前由大量的熟练工人和工匠所占据的工作岗位，熟练工人的失业危机和生存危机开始迅速爆发。处于危机中的熟练工人，又激烈组织起来反抗雇主，抵抗新技术、新机械的应用，由此导致了劳动关系的进一步恶化。统计表明，1741—1760年间，英国劳资冲突达到57起，此后到1780年的20年间猛增到113起，而1781—1800年的20年间上升到153起①。而破坏机器、破坏原材料和中间产品、损毁雇主私有财产等抗争方式，逐渐取代早先的和平协商方式，成为劳资关系冲突的主要形式。

事实上，18世纪英国议会就已经陆续出台了一些法案，禁止行业内的结社活动。例如，1725年的一项法案明确禁止纺织业的梳毛工和编织工结社。在整个18世纪上半叶，一般只有雇主利用对价格和工时的法律管制，作为限制熟练工各项要求的手段。对需要获得雇主财政支持的政府而言，雇主所掌握的经济资源使得雇主在议会里有更多的发言权，因此18世纪大部分时间内，议会更多的是通过各种立法限制和取消行业技艺公会，压制公会的活动，公会的要求很少能够得到满足。因此，劳资关系中雇佣者处于强势地位。

通过压制熟练工的结社行为来维持雇主的利益，显然不能维持劳动关系的长久稳定，雇主和受雇者之间的冲突开始增

---

① 刘金源．《反结社法》与英国工业化时期的劳资关系．世界历史，2009（4）

加。愈演愈烈的冲突，引发了政府与雇主对生产过程的不安，进一步推动了压制公会有组织活动的立法的出台。1799 年英国颁布了反对工人自由结社的《结社法案》（*Combination Laws*），1800 年进一步出台修正案，规定任何工匠或工人，在法案颁布之后彼此订立契约的行为都被认为是非法活动，雇员组织起来对雇主提出要求也被认为是非法。同样地，法案也规定雇主之间订立契约来削减工人工资或增加工作量的行为也是非法的。法案颁布后，不少原先由熟练工人组织成立的公会被宣布违法和取缔，一切工人和手工业者的社团活动都被“非法化”，虽然这被部分历史学家认为是确保英国不受法国大革命波及的关键举措，但事实上却进一步激化了由工业化和技术进步所带来的对抗性的劳动关系。

尽管法律压制了工人的结社权利，在一定程度上限制了工人有组织的公开活动，但很快工人的活动转为秘密状态，劳资冲突开始以秘密对抗与暴动的方式展现出来。尤其是在约克郡、诺丁汉郡以及兰开郡等纺织业中心，濒临破产的手工业工人开始积极参与反对和破坏工厂机械和生产的运动。工厂主为了保护工厂和私有财产，也开始组织起来抵抗工人的暴动，由此引发了暴力流血冲突事件①，这成为这段时期英国劳动关系冲突剧烈的典型特征。

事实上，激烈的对抗运动使得英国社会开始认识到，在自由的社会里，政府的地位应当是中立而不偏袒劳资任何一方。一味地保护雇主利益而压制工人的权利主张，将劳资关系的天平向雇主倾斜，并没有在根源上解决劳资关系冲突。而部分雇

① 刘金源.《反结社法》与英国工业化时期的劳资关系. 世界历史，2009（4）

主也开始认识到，拒绝工人的要求并不一定最符合企业自身发展的利益，与工人组织开展适度的对话有利于企业。1814 年前后，英国社会开始掀起了废除结社法案的运动，最终到 1824 年，英国议会接受来自劳工阶层的要求，废除了《结社法案》。

在结社法案被废除的同时，大量的新型工会（Trade Unions）开始跨职业行业建立起来。不过，初期所有的工会几乎都是规模较小的地方性组织，但是在全国层面上进行组合的呼声越来越高，推动了地区之间工会的整合。除了寻求工会之间的联合，如何更有效地组织全国层面的抗议，也成为工会运动的重要组成部分。1842 年前后成立的“矿工协会”，成为大不列颠和爱尔兰七万多名矿工的利益代表；1844 年成立的“博尔顿机械行业委员会”，涵盖了机械工种的诸多方面。由于工会组织与工人运动被纳入法律框架之下，雇主开始向劳动者有所让步，此后英国的劳动关系有所缓和。

（三）维多利亚辉煌时代的劳动关系：1850 年至 1900 年

维多利亚女王（1819. 5. 24—1901. 1. 22）时期，是英国走向强盛辉煌顶峰的时期，英国工业资本主义扩张方兴未艾，国力日益鼎盛，最终奠定了英国“日不落帝国”的全球霸主地位。在这一阶段，英国的劳动关系总体由之前的激烈对抗走向相对缓和。但在 19 世纪末，受到技术革新的创造性破坏影响，英国经济结构调整伴随着经济下滑，又重新掀起了新的工人运动与劳资对抗的新高潮。

1850 年前后，英国的工业生产能力逐渐达到了巅峰，全球近 40% 的金属制成品、50% 的棉布和铁、2/3 的煤炭都由英国生产①。据统计，从1856—1873年的这段时间内，不列颠的GDP年均增长率达到了2.2%，人均GDP的增长率达到了1.3%②。从1850年开始的经济持续繁荣，大大提升了劳动力需求，工人在与雇主进行讨价还价过程中的地位也不断改善，为劳资关系缓和创造了良好的环境。技能型工人开始要求降低工作时间强度，实行每日9小时工作制，每周的工作时间从59小时缩短至54小时，工资也得到了提升。工会通过罢工等形式不断努力争取，最终周工作时间降到了54小时。

工会的有效性取决于两方面，一方面是作为工人群体利益的代表如何尽可能地维护和保障工人权益，另一方面是雇主对工会的接纳程度，是否愿意与工会开展协商。总体上，从1860年代开始，雇主越来越愿意与工会接触和谈判。向工人部分地妥协符合雇主的利益，有助于得到有序和稳定的工厂内部环境，更好地组织生产，而工厂仅仅需要牺牲部分经济利益和管理工人的权利。而工会团体也意识到，稳定的劳动关系系统对自身的发展有利，毕竟经常开展罢工活动对工会本身的代价也很高。随着工会运动发展，工运领袖越来越意识到跨区域联合行动的重要性，自1850年之后各行业全国性工会联合会开始不断发起成立，工联主义兴起。但是，由于区域性工会的行动纲领与利益目标并不完全一致，全国性的工会联合并没有显著地改善工会联合一致行动成功的可能性。

---

① Roberts · C. , D. Roberts and D. R. Bisson. A History of England: Volume II (1688 to the Present) . Pearson Higher Ed, 2013

② Matthews · R. C. O, C. H. Feinstein and J. C. Odling - Smee. British Economic Growth, 1856 - 1973. Stanford University Press: table2. 1, 1982

处理劳资纠纷的调解和仲裁方式也开始发展起来。还有很多雇主不愿意向工人的压力妥协，因而需要更多的办法解决争端。争端的仲裁方式，适应了雇主和工会之间解决争端的客观需要。实际上仲裁的方式早就存在。例如，在斯塔福德郡的陶瓷行业，自 1836 年开始，所有的劳资纠纷都是通过一个由三名雇主和三名工人组成的委员会来处理，如果双方无法达成一致，就可以付诸仲裁。随着劳资纠纷的扩大化与普遍化，仲裁的方式也开始慢慢地盛行起来。1860 年诺丁汉针织业罢工持续了 11 周之后，劳资双方僵持不下，需要新的争端解决方式。诺丁汉仲裁委员会就在这样的背景下成立，委员会成员包含了六位由雇主协会选择的代表，以及六位由工会投票选出的工人代表。劳资争端仲裁委员会的成立，为和平处理争端提供了更多可能性，也为那些倾向于选择罢工方式解决问题的工会树立了良好榜样。

鉴于工会活动越来越公开，对劳资关系稳定大局越来越重要，1871 年英国通过了工会法案（Trade Union Act 1871），这是首部现代意义上的工会法，明确规定任何在职能范围内活动的工会都不应被视作违法，也不得认定工会会员犯有同谋罪，同时使得正式注册的工会的资金受到永久保护。

1873 年开始的经济危机，使得原本稳定的劳动关系系统，重新变得更具风险，冲突也开始增多。在 1873—1913 年的时间段里，英国 GDP 总量和人均 GDP 的年均增长率分别为 1.8% 和 0.9%①。经济危机的背后是英国工业经济的优势逐渐

① Matthews · R. C. O，C. H. Feinstein and J. C. Odling - Smee. British Economic Growth，1856 - 1973. Stanford University Press：table2. 1，1982

被美国、德国和日本所取代，英国的工业霸权和海外市场遭到美国、德国与日本等国家越来越强有力的挑战。海外市场份额的萎缩，对以贸易立国的英国来说无异于致命的打击，工厂的利润随着市场份额的下降而下降。为了应付经济寒冬，雇主开始抱怨工资受到工会约束无法削减，难以为工厂节约开支，而这引起了工会与工人的极大不满，劳资冲突加剧，工会运动此起彼伏。

但是，经济的下滑与市场竞争的加剧，使得工会运动也无法阻止工资的削减。一些向会员支付失业保险的大型工会（如 ASE），在 1879 年前后失业潮来临时变得不堪重负，会员大量流失。不过，ASE 的会员规模很快从 1880 年的 45000 人，上升到 1888 年的 54000 人。所幸食品类价格下降的幅度要快于工资，因此在 19 世纪七八十年代，实际生活水平不仅没有下降，反而有所上升。这无疑会增强工人进行罢工运动的信心，因为实际生活水平的提高意味着工人有更多的资源用于缴纳工会会费。尽管经济危机影响了工人运动，但是工会会员的规模在这一段时间内稳步上升。有数据显示，1892 年工会会员规模大约为 150 万人，到 1900 年前后上升到 200 万人[①]。

在传统熟练工人组成的工会规模扩张的同时，非熟练工人和妇女劳动者开始被更多地组织起来加入新型工会，这被称为新工会主义（New Unionism）。社会主义运动也在经济危机的背景下复兴，社会主义理论也不断传播。早期的工会成员大都是技能型劳动力，具有较高的收入，因此工会也收取较高的会

---

① Bain · G. S and R. J. Price. Profiles of Union Growth：A Comparative Statistical Portrait of Eight Countries. Blackwell，1980

费，并为会员提供较完备的互助服务。大量新工会对会员收取较低的会费，因此新工会的规模开始如雨后春笋般兴起，如码头工人、火柴工人、瓦斯工人组织的工会等。这部分工人的群体规模大，工作不稳定，容易受到经济波动的影响。新工会兴起改变了英国工人运动的走向，它把大多数工人都组织到工会中来，激烈的罢工和劳资对抗此起彼伏。1889 年著名的伦敦码头工人大罢工，获得了意外的成功，从而迅速提升了新型工会的谈判能力。

新工会组织之所以能够快速成长，主要有两方面的原因。一是工业技术进步，使得原有的劳动者技能逐渐被新的经济结构所淘汰，一些技术技能型工人也变为非技能型劳动者，这部分群体的要价能力降低，必须要寻求新的组织参与谈判。二是没有接受过良好教育的青年劳动者，他们工作在新型产业形态下，必须要组织起来，才能对抗积累厚度更深的雇主，才能形成强大的谈判能力。

（四）英国工党成立之后的政府干预与劳动关系：1906—1950 年

1906 年由职工代表大会发起创立的劳工代表委员会，改称工党，积极参与英国议会选举，在国会中代表职工利益。由此，政府对劳动关系的干预开始强化。而在此之前，无论是雇主协会，还是工人组织的工会，都不愿意接受政府的干预，实际上这一阶段的劳动关系也处于自由放任的状态。1893 年英国成立了劳工处（Labour Department of Board of Trade），成立之初劳工处的主要职能是收集劳动者、工会和罢工等方面的信息，随着工人运动的形势发展，劳工处很快非官方地参与到劳资争端处理中来。1896年保守党政府出台调停法案（Conciliation Act），政府开始正面积极介入劳动关系。在20世纪早期的1903—1905年，劳资争端案件相比1899年有了大幅度的下降，这与政府的积极干预不无关系。

大选之后成立的自由党政府，通过了工会争议法，工人组织的罢工又开始大量增加。如1907年铁路工人组织罢工，1908年机械工人组织了历时7个月的罢工，1910年部分地区的矿工开始长达3个月以上的罢工。1911年开始新的一轮罢工，从南安普敦港口码头工人希望提高工资的罢工开始，英国全国各地的罢工运动此起彼伏。1912年全国运轮工人联盟呼吁开展全国性的罢工。由于缺乏统一的全国性集体行动，上述罢工最终失败了。

第一次世界大战的爆发，给英国劳动关系的发展带来新的冲击。英国参战后，对军需物资的需求大大增加，没有广大劳工的积极配合，军需物资的生产无法保障。而且，战时征兵也需要得到工会的配合，才能够顺利进行。因此，政府一改以往偏向雇主的劳工政策，开始积极改善与工会的关系，邀请工会领袖参与政府决策咨询，这为工会的发展带来了新机遇。总体而言，两次世界大战期间，英国总体的劳资关系因政府对工会的积极态度而得到改善。需要指出的是，战时部分工会的罢工也不被政府所容忍。例如，1917年5月，从兰开夏郡蔓延到谢菲尔德和伦敦的工程工人大罢工，直接导致八名罢工领袖被捕。与此同时，集体谈判制度逐渐确立起来，这是一种新型的制度，为合理解决劳资冲突提供了更有效的制度框架。

战争结束后，工会会员规模从战前的100万人一跃超过了800万人，到1919年工会密度（Union Density）达到了

43.1%。而随着英国400万军人从战场归来，就业安置成为重大问题。由于很多士兵参战前是工会会员，在工会的鼓励下参军，从战场归来后也需要工会给予就业安置。而降低在岗员工的劳动时间能够提供更多工作岗位，工会开始组织罢工争取降低周工作时间，推行每日8小时工作制。在多种因素的作用下，“一战”结束后，英国劳资关系转而开始趋向对抗状态，工人为了争取更高的工资、更合理的工作时间，与雇主展开了长期周旋。

从1920年冬天开始，英国经济开始进入资本主义经济萧条周期，失业率迅速攀升，铁路、矿山、煤矿工人全国性的罢工此起彼伏，严重影响了英国国内正常的经济社会发展秩序。而1925年英国宣布恢复金本位制，提高英镑的汇率，这导致英国出口商品的价格大涨，引发出口贸易危机，企业纷纷要求削减工资或裁员以降低成本，由此劳资关系再次进入冲突加剧期。1926年，以煤矿工人为开端的大罢工，很快获得工会代表大会的支持，罢工一度使得英国陷入数天的瘫痪状态。

“二战”爆发以后，英国政府充分吸取了“一战”期间劳资关系不稳定可能造成不良后果的教训，以更加积极的合作姿态协调处理工会要求。1940年，英国首相丘吉尔任命杰出的工会领袖贝文（Bevin）为劳工大臣，由其主导制定劳工制度，改善劳工工作条件，提高劳动者待遇。

（五）20世纪50年代以来的劳动关系发展趋势

“二战”结束以后，工会的影响力空前提高，1974年颁布的《工会和劳资关系法》，授予工会较高的法律地位和调节工人与雇主之间关系的特权，并享有一定程度的免于承担合同或侵权责任的豁免权[①]。政府鼓励工会与雇主展开集体谈判，解决工资设定和就业条件等方面的问题，而政府保持一定的中立地位。据统计，1951 年工会会员人数为 928.1 万人，到 1977 年迅速增加至 1271.9 万人[②]。

随着福利国家建设的推进，政府主导的福利项目实现了广泛覆盖，英国逐渐建立起“从摇篮到坟墓”的社会保障体系，劳动者权益得到了充分保护。然而，过高的社会保障水平极大地增加了政府负担，政府负债规模不断增长。在 20 世纪 70 年代石油危机的冲击下，英国经济陷入空前的滞胀，通货膨胀与经济停滞并存。而工会的强势被认为是导致经济停滞的重要原因，改革工会、调整劳动关系的声音开始逐渐升温。

撒切尔政府上台伊始，便在社会保障、公共支出、劳工政策等领域展开了一系列大刀阔斧的改革。尤其是在对待工会罢工行动方面，一改“二战”期间妥协合作的态度，转而采取强硬不妥协的方式，迫使工会让步。从 1980 年开始的一系列劳资立法，不断限制工会享有的特权，限制并废除工会罢工附属行动的豁免权与合法性，降低工会在工资设定和劳动者管理方面强大的垄断力，增强就业的灵活性。在一系列改革的促动下，英国工人罢工的次数开始下降，持续时间也不断缩短。20 世纪 80 年代后期，1987 年到 1991 年，全国罢工次数比前五年减少了 70%[③]。进入 21 世纪后，英国工会还在积极探索复兴之路。工

---

① 柴彬．从工会法律地位的演进看工业化时期英国政府劳资政策的嬗变（1799—1974）．史学理论研究，2012（2）

② 高高倩、李兆友．撒切尔政府劳资政策分析及对我国劳资关系的借鉴．哈尔滨商业大学学报（社会科学版），2013（4）

③ 同上

会在有可能提高会员密度的产业、雇佣部门组织大量的招募工作。合作协议被认为是促进工会发展的有效形式，而这种合作建立在管理和工会双方愿意承诺为组织的发展做出努力的基础上[①]。

二、美国劳动关系演变：从冲突到缓和

美国崛起于19世纪下半叶，真正成为世界强国是在20世纪。在美国的崛起过程中，劳动关系的发展演变，与美国崛起息息相关，这是本部分的关注重点。

（一）内战后美国工人运动的兴起

在1860年以前，美国工业经济仍不发达，贸易结构表现为出口农产品和进口工业制成品。随着1875年美国开始掀起了第二次工业革命的浪潮，以电力电气技术为基础的工业发展开始引领经济发展。到了1894年，美国超过英国一跃成为世界第一工业化强国。

美国内战结束，工业化进程开始加速，城市化飞速发展，劳资利益对抗开始趋于激烈。主要原因在于，工业化加速了资本积累，劳动力不断从农业部门向工业部门和服务业部门转移，形成了劳动力市场的买方市场，资本家的谈判地位不断上升，劳动者的谈判能力趋于下降，由此形成了劳资利益的对抗。据统计，美国在1881年到1890年间，共发生了9668起罢工或停工事件，而1886年罢工和停工事件分别达到了1432起和40起，超过60万名劳工卷入相关事件[②]。在当时，抵制

---

① 刘彩凤．英国劳动关系的发展．当代经济研究，2010（3）

② 参见：美国工人运动史，https：//www. marxists. org/chinese/reference - books/labormovementinus1865 - 1920/2. htm#2

雇主在美国大部分州都是非法的。因此，劳动者的罢工和停工遭到政府和雇主的联合反对。州政府和联邦政府不惜动用军队处理劳资纠纷和罢工事件，引发冲突升级。而雇主积极联合起来，共同设定统一的价格，对工会实施打压策略。在政府和雇主的联合行动下，许多劳工抗争事件都以失败告终。

劳资关系冲突背后，美国工会也在不断扩张和加强联合。1886 年，美国劳动者成立了“全美劳工联合会”（American Federation of Labor），简称“劳联”，成立之初是由美国熟练工人组成的行业工会联合组织。劳联的第一任主席是龚珀斯（Samuel Gompers，1850—1924），其推行的工会主张被后人称为龚珀斯主义，追求“黄油和面包”的务实主义和折中主义。而美国的“产业工会联合会”（Congress of Industrial Organizations），简称“产联”，是 1935 年从美国劳联内部分裂出来的，由半熟练和非熟练工人组成的联合组织。劳联成立伊始，就积极地为维护工人权利而开展活动。这受到美国各行各业工人的广泛支持，到 20 世纪初，AFL 发展到了 175 万名成人会员，分别隶属 115 个国内和跨国联合会，广泛分布在各州各行业。实际上，劳联是一个以行业工会为基础而组建起来的工会联合体，比如在铁道行业中，有司机工会、售票员工会、餐车工会等。

工业化加剧了劳资关系的紧张，而劳资冲突对社会整体利益的破坏性也越来越严重，这就要求政府必须出台相关的干预机制，平衡劳资双方的谈判能力，将对抗的劳资关系调整为和解的劳动关系。1890 年美国国会制定了第一部反托拉斯法《谢尔曼法》，工会的活动开始遭到企业主的反对和起诉，劳联因其要求企业只能雇佣工会会员，有垄断劳工供给的嫌疑，被认为是一个劳工托拉斯组织。对此，《美国劳工联合月刊》

发表评论称，将劳动者组织起来的劳工联合会并不是一种托拉斯组织，组织工人运动的目标是改善生活水平；根除无知和愚昧，培养教育；培养会员的高尚品格、男子汉气概和独立精神；追求建立一个正常的工作时间，将儿童带离工厂，并给予儿童教育的机会①。自 1892 年美国佛罗里达州霍姆斯特德罢工以来，罢工、抵制和非法活动使得美国钢铁公司开始排斥工会。公司并不是反对雇佣工会工人，但是反对排他地唯一使用工会工人。在钢铁产业内部，80% 的冶炼鼓风炉所使用的工人是外国劳工，既便宜，又方便雇佣。一周工作七天，每天工作 12 小时。

（二）20 世纪上半叶的劳动关系

进入 20 世纪以来，美国经济进入快速发展的快车道，与此同时工会运动也开始大量兴起。研究显示，经济发展的繁荣期为工会的扩张提供了良好的机遇。20 世纪上半叶，美国工会会员规模的扩张可以分为几个明显的周期：1917—1920 年，1933—1937 年，1941—1945 年。1917—1920 年工会规模的快速扩张，与当时物价的快速上涨密切相关。物价上涨导致工人的实际工资下降，为了提高实际工资，工人必须联合起来，或者借助工会的力量与雇主展开集体谈判。通货膨胀率很高，就业增长很快。1924—1929 年物价水平增长相对平缓，就业增长缓慢，因此工会成员规模的发展也比较缓慢。1933—1937年工会规模的快速扩张，是有利政治环境的结果。1935 年，美国通

---

① Baker · J. N. The American Federation of Labor. The Yale Law Journal，1912，22（2）：73－95

过《全国劳动关系法案》（也称瓦格纳法案），覆盖了除《铁路劳工法案》所覆盖的劳工群体，有效地保障了工人加入工会的权利。总体上，经调整的非农就业人员的工会化率（经调整的非农就业：总非农就业减去在金融、服务和政府部门就业的人员），从1900年的7.22%上升到1960年的47.6%①。

1919年开始的大罢工运动，将美国劳资冲突和工人运动推向了新的高潮。第一次世界大战爆发，欧洲主要国家先后被卷入了战火，美国国内正常的发展秩序受到干扰，转而发展军需工业。这为美国工业发展提供了难能可贵的市场机遇。受益于战争时各国的订单增长，美国的采矿、冶炼、制造等产业链纷纷发展起来，资本家的利润成倍扩张。生产的扩张带动了对劳动需求的提升，但工人的工资待遇和工作条件没有同步得到改善，这引发了劳工群体的不满。劳资冲突和工人运动由1919年初的码头工人罢工拉开序幕，迅速波及其他相关行业。2月开始，西雅图工人开始举行总罢工，响应码头工人大罢工。7月、8月开始，芝加哥、波士顿和费城等地区的铁路工人开始罢工。9月，钢铁工人开始罢工。11月，50万名矿工开始组织罢工运动。在这波工人运动新高潮中，先后参加罢工行动的工人达到了400多万人，标志着美国劳资冲突处于空前的紧张状态②。

（三）20世纪50年代以来美国劳动关系的缓和化

第二次世界大战结束，美国进一步巩固了世界超级大国地

---

① 数据来源：Mancke · R. B. American Trade Union Growth, 1900 - 1960: A Comment. The Quarterly Journal of Economics, 197185 (1): 187 - 193

② 资料来源：美国历史上第一次工人运动高潮，http://www.people.com.cn/GB/historic/1101/3672.html

位，经济总量遥遥领先于其他国家，工人工资不断提高。随着美国劳动成本的提高，美国经济结构进入了持续转型期，第三产业所占比重不断上升，现代服务业发展迅速。

相比于20世纪上半叶一波接一波的罢工潮，20世纪50年代以来，尽管仍然有一些罢工和劳资冲突事件，但美国劳动关系总体处于平稳的发展态势。1959年7月到11月，美国钢铁工人为了争取工资增长而开展罢工，涉及全国50多万钢铁工人，最终工会的要求得到满足。1970年3月开始的邮政工人大罢工，因不满工资福利和工作环境而起，从纽约开始最终波及全国。罢工取得了明显效果，邮政工人工会的权利要求大部分得到了满足。

当前，随着技术创新对新商业模式、劳动力市场的影响，工会与企业的关系也逐渐发生变化。市场对技术创新周期和组织柔性都有了更高的要求，组织更加虚化，更富柔性或弹性。

三、西班牙劳动关系演变：跨越中等收入陷阱

20世纪60年代的西班牙属于典型的中等收入经济体，历经半个世纪的发展，西班牙实现了快速的工业化，顺利跨越中等收入陷阱进入高收入国家行列。在西班牙转型与迈向高收入进程中，劳动关系演变及其治理值得研究与借鉴。

（一）西班牙经济发展过程与跨越中等收入陷阱

根据2017年的统计数据显示，西班牙人约为4650万人，其中15岁以下人口占14.7%，65岁以上人口占19.4%；近5年经济增长率平均为1.9%；劳动年龄人口中的就业率为61.1%，低于OECD 67.7%的平均水平，平均每个工人的年工

作时间为 1687 小时；失业人口中长期失业人口所占比重为 44.5%，自我雇佣率为 16.5%。[①]。

通过整理世界银行的经济发展数据，我们画出了西班牙经济发展与人均收入水平的增长趋势图（见图 1.1）。图 1.1 清晰地显示，自 1960 年以来，西班牙的人均 GDP 水平从 0.627 万美元（2005 年不变价格）上升到 2007 年的历史最高水平 2.766 万美元（2005 年不变价格），顺利从中等收入国家跨入高收入国家行列。2008 年以来，受全球金融危机的影响，西班牙的经济发展陷入衰退，人均 GDP 也开始负增长。2014 年以来，西班牙的经济出现复苏的迹象，人均 GDP 增长率从 2013 年的 -1.38% 上升至 2014 年的 1.683%，此后逐渐复苏至 2017 年的 2.73%。

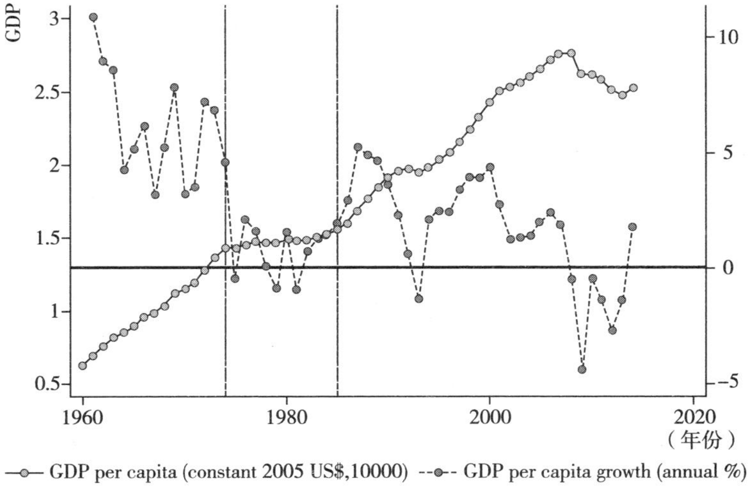

图 1.1　1960 年以来西班牙的人均收入增长与跨越中等收入陷阱

数据来源：根据世界银行官方 wbopendata 统计数据整理而得

---

① 数据来源：OECD（2018）．“Spain”．in OECD Labour Force Statistics 2018. OECD Publishing：Paris

图 1. 1 清晰地显示，1974—1985 年这 12 年，是西班牙由中等收入向高收入迈进的关键阶段。在长达十余年的时间里，人均收入水平增长非常缓慢，1974 年人均 GDP 仅为 1. 43 万美元，而到了 1985 年人均 GDP 仅仅上升至 1. 554 万美元，其中 1976 年、1980 年和 1982 年的人均 GDP 增长甚至为负。1985 年开始，西班牙经济重新启动显著的增长势头，顺利实现 20 多年的持续增长。因此，既然 1974—1985 年这 12 年里，是西班牙经济克服困难、重新转换引擎的关键阶段，我们有必要重点分析这一阶段西班牙的劳动关系发展状况，总结政府治理劳动关系的政策。

（二）劳动关系演进与政府治理

一个国家的劳动关系及其发展演变，受到国内和国际两个大局的影响，西班牙也不例外。受到西班牙国家政治经济制度、文化历史传统、人口结构发展的影响，同时受到欧洲战后开始启动的一体化进程，西班牙劳动关系的发展，在共性趋势下呈现出西班牙的特性。

西班牙劳动关系系统许多特征的起源要追溯到佛朗哥独裁统治时期（1939—1975）。战后西班牙经济发展道路很大程度上受到佛朗哥政权的影响。自 1939 年佛朗哥在内战中胜利正式就任国家元首以来，西班牙国内一直处于威权政治的统治之下，经济发展较为缓慢。“二战”结束后，西班牙经济发展水平落后于欧洲主要国家，20 世纪 50 年代初其人均 GDP 水平甚至不及西欧国家的 40%。随着国际货币基金组织开始援助西班牙，而西班牙国内的一些制度和政策改革不断得以实施，西班牙的经济开始得到较快发展。20 世纪 70 年代中期，西班牙经济发展与西欧国家的差距不断缩小。受佛朗哥独裁统治的影响，西班牙劳动力市场逐渐变成了一个垂直的系统，治理方式也越来越集权化和官僚化。尽管出台了劳工保护法律，政府仍然禁止不受政府控制的自由罢工和集体谈判，任何独立的劳工代表都是非法的。劳动工资是由政府劳工部通过强制性政策规范设定的，劳动就业的其他方面也由政府的行政强制命令加以执行。企业解雇员工的行为受到政府法律的诸多限制，而劳动力的自由流动也受到许多约束。1958 年出台的集体谈判法律，虽然允许开展集体谈判，但要在官方当局的控制下开展。由此开始，西班牙逐渐形成了一个二元结构的集体谈判体制，一是区域层面的集体谈判，由一个地区的许多企业与垂直工会展开谈判；二是个体企业和工厂层面的集体谈判，由雇员代表与企业管理层进行谈判。佛朗哥政权时代，西班牙劳动关系的发展基本取决于政府的规制政策。由于佛朗哥政权的独裁统治引起了社会较大不满，反抗独裁政权的斗争不断兴起，混合在工人运动中。因此，佛朗哥时代的劳动关系与工人运动，是工人的经济诉求、政治诉求和社会诉求的综合产物。

1975 年是西班牙政治经济发展的重要分水岭。政治上，随着 1975 年佛朗哥去世，胡安·卡洛斯一世继任国王并实行君主立宪和民主改革，西班牙政治制度发生重大变化，西班牙开始启动新的政治民主化进程。随着西班牙政治民主化进程的加快，西班牙劳动关系系统也逐渐走向了民主化和现代化。1977 年西班牙立法确认了工会的合法地位和罢工的权利。与此同时，劳动力市场一些僵化的制度和过度政府管制也得到了改革，引入了灵活性。1985 年工会自由法律进一步保障了工人的结社自由和对工人不当行为的限制，有关工人代表权和工会分支机构的设定也有了更多法律保障。在政治民主化带动下，西班牙国内劳动关系也随着国内政治经济形势的变化而调整，劳动关系集体化趋势非常明显。

表 1.1　西班牙劳资双方集体谈判发展统计

年份	集体协议数（例）	涉及雇员数（千人）	涉及公司数（家）
1977	1349	2876	557
1980	2564	6070	878
1984	3796	6182	837
1988	4039	6805	958
1992	5010	7921	1055
1994	4581	7502	950

数据来源：Martínez Lucio Miguel. Spain：Regulating employment and social fragmentation. in：Ferner Anthony，Hyman Richard. *Changing industrial relations in Europe*. 1998. 426 – 458

从表 1.1 报告的西班牙劳资双方集体谈判达成的协议数量来看，从 1977 年到 1992 年的 15 年时间里，集体协议数从 1349 例上升到 5010 例，涉及的雇员人数从 287.6 万人上升到 792.1 万人，参与的公司企业数也从 557 家增加到 1055 家，数量增长了近一倍。与此同时，工会罢工活动也变得更加频繁。

表 1.2　西班牙工人罢工事件统计（1976—1995 年）

年份	罢工事件（起）	参与工人数（千人）	工作日损失（千天）
1976	1568	3639	13752
1977	1194	2956	16642
1978	1128	3864	11551
1979	2680	5713	18917
1980	1365	1710	6178
1981	1307	1126	6154

续表

年份	罢工事件（起）	参与工人数（千人）	工作日损失（千天）
1982	1225	875	2788
1983	1451	1484	4417
1984	1498	2242	6358
1985	1092	1511	3224
1986	914	858	2279
1987	1497	1881	5025
1988	1193	6692	11641
1989	1047	1382	3685
1990	1231	863	2442
1991	1552	1944	4421
1992	1296	5169	6246
1993	1131	997	2012
1994	890	5427	6254
1995	827	511	1261

数据来源：Martínez Lucio Miguel. Spain：Regulating employment and social fragmentation. in：Ferner Anthony，Hyman Richard. *Changing industrial relations in Europe*. 1998. pp449

表 1.2 报告了 1976—1995 年这 20 年时间里，西班牙劳资关系冲突和罢工事件的统计数据。这些数据进一步表明，1976—1995 年，西班牙劳动关系总体经历了一个由缓和走向冲突，再由冲突走向缓和的总体规律。客观上，1976 年开始劳动关系冲突加剧和罢工运动的兴起离不开西班牙国内外经济大背景。20 世纪 70 年代开始席卷西方世界的经济危机，西班牙也没能幸免，经济下滑带来失业增加，长期失业率居高不下，加剧了劳动关系的对立和冲突。失业率从 1976 年的

4.7%剧增到1981年的14.4%，尽管20世纪80年代开始出现经济复苏，但是失业率仍然居高不下，一度在1995年达到了22.9%。根据西班牙劳工部的数据统计，女性失业率更加严重，1995年甚至达到了30.6%的峰值[①]。与失业相伴随的还有通货膨胀，导致工人实际工资不断下降。1979年前后，工人罢工活动达到了顶峰状态，当年罢工事件高达2680起，比1976年增加了1112起，参与工人数达到了571.3万人，损失的总工作日达到1891.7万天，平均每个参与罢工的工人最少损失了三个工作日。罢工活动造成了巨大的社会损失，也使得西班牙政府认识到协调劳资关系的重要性。政府开始改革劳动力市场制度，更加以法律手段保护劳动者合法权益，从直接政府干预转为间接干预。为了有效改善就业，政府不得不顺应雇主的要求，鼓励企业以短期合同或临时合同雇佣工人。20世纪80年代中期，西班牙经济顺利实现复苏，这与劳资关系成功协调处理是分不开的。随着经济的进一步发展，西班牙的经济和就业结构开始与欧洲发达国家接近，大量中小企业在经济危机后崛起，到了1991年前后约41%的工人在小企业（不超过10个雇员）就业，仅仅8%的工人工作在拥有500雇员以上的企业中。中小企业的工人组织比较弱小，也很分散。这也推动了西班牙劳动关系总体从对抗走向缓和，因为工会很难组织大规模的罢工运动。加之西班牙的外资流入比例比较高，国内资本实力比较弱，使得西班牙劳资关系呈现出非常复杂的局面。

---

① 数据来源：Martínez Lucio Miguel. Spain：Regulating Employment and Social Fragmentation. in：Ferner Anthony，Hyman Richard. Changing Industrial Relations in Europe，1998：431－433

四、大国的历史经验：劳动关系的“倒U型”演变趋势

（一）大西洋贸易的兴起与劳动关系兴起

在农业社会时期，大部分劳动力在农业部门谋生，还有一部分劳动人口成为自谋职业者或手工业者。手工业者大部分具有专门的劳动技能，开设家庭作坊和小工厂，比如纺纱、制鞋、制衣、工匠等，满足国内市场的需求，成为自雇型劳动者。因此，现代意义上的劳动关系还没有开始兴起。

大航海时代开启，欧洲的不列颠、法国、荷兰、葡萄牙、西班牙等国的商人开始通过大西洋与欧洲之外的国家进行贸易往来，获得了丰厚的回报。Acemoglu 等人的文章也指出，16 世纪之后西欧世界的增强，直接或间接地要归因于国际贸易引起包括产权等一系列制度变化，从而促进经济增长（大西洋贸易与中世纪政治制度交互作用，从而推动私人财产权保护制度的建立）[①]。但是，制度变革会遭到既有利益集团的抵制，那些在贸易扩大中损失经济和政治权力的阶层会联合起来抵制制度变革。因此，制度变革过程就会涉及不同利益团体之间的冲突。在当时欧洲的背景下，这样的冲突包括君主政体及其联盟与皇室之外商业利益集团之间的冲突，商业利益团体与手工业者之间的利益冲突。与皇室及其联盟进行的斗争，促进了私有产权制度的建立。而新兴商业利益集团（资产阶级）与劳动者之间的利益冲突，形成了早期的劳动关系。

---

① Acemoglu · D，S. Johnson，J. Robinson. The Rise of Europe：Atlantic Trade，Institutional Change，and Economic Growth. The American Economic Review，2005，95（3）：546 – 579

商人利益集团开始垄断手工业者和工匠所生产产品的商业销售渠道，从而获得了产品的定价权，相对损害了手工业者和工匠的权益。早期的技艺型劳动者普遍属于自雇型，随着商业资本实力的扩大而逐渐沦为受雇于商业资本家的被雇佣者。在失去了产品定价优势的条件下，需要垄断产品的供给，才能相对获得更好的优势。而垄断技能型劳动供给，就相当于垄断了产品的供给。因此，早期的手工业者与工匠开始组织成行业公会（Craft Guilds）。首先，公会严格限制成员规模和限制新进入者获得各项技能的机会，以垄断市场的技能供给；其次，公会成员之间开展各种形式的相互帮助，成员之间进行原始形态的行会内部转移支付；最后，公会代表成员与商人集团进行谈判，获取更好的价格。

（二）第一次工业革命激化了劳资矛盾

航海技术进步扩大了市场范围和贸易规模，大大提升了产品需求。手工业者的交易条件开始有所改善，谈判能力也不断增强。这引起了商人利益集团的不满，一方面与行业公会展开谈判，并联合政府限制或破除公会的垄断。例如，在 1725 年的一项法案，明确禁止纺织业的梳毛工和编织工结社。在整个 18 世纪上半叶，一般只有雇主利用对价格和工时的法律管制，作为限制熟练工各项要求的手段。另一方面，商业资本集团开始寻求替代性技术，以替代手工业者的生产功能。由此，公会与商业资本家之间的利益冲突愈演愈烈。

统计表明，18 世纪中期以后英国的劳资冲突慢慢激化，到后来反对工人自由结社的结社法案（*Combination Laws*）出台，都说明了英国劳资关系的冲突状况，以及政府对劳工利益的压制。从技术与劳动者技能的关系来看，劳资关系冲突的根源在于技术进步取代了劳动者技能的作用。早在 1733 年，机械师就已经发明了“飞梭”，大大提高了织布的速度。1765 年，织工哈格里夫斯发明了“珍妮纺织机”，引发了技术革新的连锁反应。在棉纺织业、采煤业、冶金业等领域都陆续有了技术发明。1785 年瓦特改良了蒸汽机，为生产提供了更加便利的动力，从而使得蒸汽技术得到了迅速推广。1814 年英国人史蒂芬孙发明了“蒸汽机车”，人类从而进入蒸汽机车时代。技术的发明和应用，降低了传统手工业者和工匠在生产过程中的重要性，原来需要由手工技能完成的程序和工艺，逐渐被机器和低技能劳动者之间的分工所取代。技术进步的创造性破坏效应，极大地影响了高技能型劳动者和工匠的利益，并且威胁到这部分群体的生存机会。一些极端的斗争措施开始出现，比如打砸工厂和破坏机械等。

因此，在第一次工业革命前后，劳资关系的冲突主要体现为带有一定职业技能的劳动者与公会，与新兴商业资本家雇主之间的利益冲突，而工业革命为低技能型劳动力创造了更多的就业机会，这部分群体与雇主之间的利益冲突并没有得到放大和激化。

（三）第二次工业革命加剧劳资冲突全国化

第二次工业革命前夕，英国的劳动关系有所缓和，这受益于英国国际地位的上升和海外市场的扩展，英国工业生产能力达到了巅峰，劳动者处于相对有利的地位，雇主不断向工会做出妥协。在此过程中，英国的工会组织也逐渐发展壮大，开始有了更多的诉求。

19 世纪中后期开启的电气化革命，将人类带入电气化时代。在理论基础上，电的发明使得人类对机器的操作提升到一个新的时代，以电力为基础的科学技术纷纷被发明出来并投入生产，大量电气设备被生产出来，工业生产从此进入工业 2.0 时代。随着钢铁生产变得更便宜，蒸汽机和内燃机技术不断改进，铁路、电力、化学、电器、石油生产等行业都发生了巨大创新。

技术进步改变了生产模式和企业内部的生产组织方式，从而改变了要素的相对回报率，适应旧有技术和生产方式的劳动要素，在新技术条件下的边际生产率下降，其竞争力也因技术进步而相对变弱，由此形成了新技术对原有劳工的替代，从而加剧了雇主与雇员之间紧张的劳动关系。加之社会法律法规和社会保障体系还很不健全，劳资关系中资方总是处于有利的位置。第二次工业革命期间，英美等国的劳资冲突不断加剧，罢工事件层出不穷，工会组织开始集体化、区域化、行业化和全国化。1886 年由美国熟练工人成立的“全美劳工联合会”（即“劳联”），反映了美国工人运动全国化的趋势。20 世纪初成立的工党，便是英国劳工运动集体化和全国化的产物。

两次世界大战期间，西方国家劳资冲突全国化发展达到了高峰。第一次世界大战之后，英国矿工发起了此起彼伏的全国罢工运动，一度使得英国全国陷入瘫痪的状态。随着第二次世界大战的爆发，为了更好地协调劳动关系，鼓励工人参军和鼓励工人努力投入军需物资的生产，英国政府不断采取与劳工团体和解姿态，吸收工会重要领导人加入政府机构和参与政府决策。在美国，第一次世界大战使美国从债务国一跃成为债权国，积累了大量的财富。战争物资需求刺激了美国国内的工业生产，生产管理的变革使得企业内部分工达到了新的层次，催生了垄断企业和产业托拉斯组织。生产方式的变革，为企业创造大量利润的同时，也为工人斗争创造了更大空间。1919 年到 1922 年爆发的工人运动，是美国工运史上最大规模的罢工斗争，几年间罢工人数累计达到数百万人，几乎所有重要工业生产部门都被卷入了工人运动的浪潮。仅 1919 年当年就发生了 3577 次罢工，参加罢工的工人数达到了 400 多万人①。欧洲战事扩大刺激了钢铁消费需求，美国钢铁得到的订单大大增加，钢铁公司的利润迅速翻番。与钢铁行业资本家赚得盆满钵满不同的是，钢铁工人的工作时间非常长，工资待遇非常低，工人的生活非常艰苦。于是，钢铁行业的工会组织和工人群体酝酿着罢工行动，以争取每周六天八小时工作制，并提高加班工资等。值得指出的是，钢铁工人罢工并没有得到美国劳联组织的一致支持，美国国会也开始调查工人运动，一些工人领袖也遭到打击。最终，在企业雇主和政府联合反对下，1920 年美国钢铁工人无条件结束了罢工。钢铁工人的罢工，声势浩大，影响深远。

（四）后工业化时代的劳资冲突缓和与劳动关系转型

两次世界大战给欧美国家造成了无可估量的损失，各国纷纷对经济增长和社会制度建设进行了一系列反思。“二战”结束后，各国相继出台了一系列缓和社会矛盾的政策措施。在英国，代表工人阶级利益的工党上台执政，开始推行具有民主社

① 童少华．一九一九年美国钢铁工人大罢工．西南师范大学学报（人文社会科学版），1984（1）

会主义特色的社会福利政策，并逐渐建立起发达的“从摇篮到坟墓”的社会福利制度。1946 年开始，英国建立起国民保险制度，由政府直接经办社会保险。1948 年英国首相宣布“英国建成世界第一个福利国家”，由此掀起了西方工业国家建设福利国家的浪潮。由此，养老保险、失业保险、工伤保险等一系列社会保障政策相继出台，最低工资制度、五天和八小时工作制等保护劳动者权益的制度也不断建立健全，有效地保障了劳动者权益。此前激烈的劳资冲突，得到了极大的缓解。不过，美国是福利国家建设的例外。与欧洲国家相比，战后美国并没有建立起国家医疗保险制度，公共救济和失业保险的覆盖率也不高，州与州之间的差别也比较大；但是，美国的公立教育发展非常迅速，公共教育投入水平比较高，教育普及速度快。早在 19 世纪中期，美国就已经在青少年人口中普及了初等教育，20 世纪 40 年代进而普及了中等教育；第二次世界大战后，美国政府没有过度地要求企业雇主解决退伍士兵的就业，而是将退伍士兵大量地送入学校接受更多教育，从而为美国战后经济进一步腾飞积累了更丰富的人力资本。

与此同时，西方国家历经上百年的工业化进程，在 20 世纪 50 年代后，相继进入了持续的经济转型阶段。与经济结构转型相伴随的，是产业的“去工会化”进程。图 1. 2 给出了 1960 年以来的工会化率（获得工资的就业人员中加入工会的比例）的动态变化。从图中我们不难发现，美国自 20 世纪 60 年代以来，就业人员中加入工会的比例不断下降，根据美国劳工局的统计，2014 年美国工会化率为 11. 1%（union membership rate—the percent of wage and salary workers who were members of unions）。而欧洲主要国家如英国、法国、德国、荷兰等国的工会化率，经历了短暂的上升和平稳过程后，先后于20 世纪80 年代中后期，开始经历与美国类似的变化。工会化率的这一变动趋势，也被学界称为“去工会化”（Deunionization）。

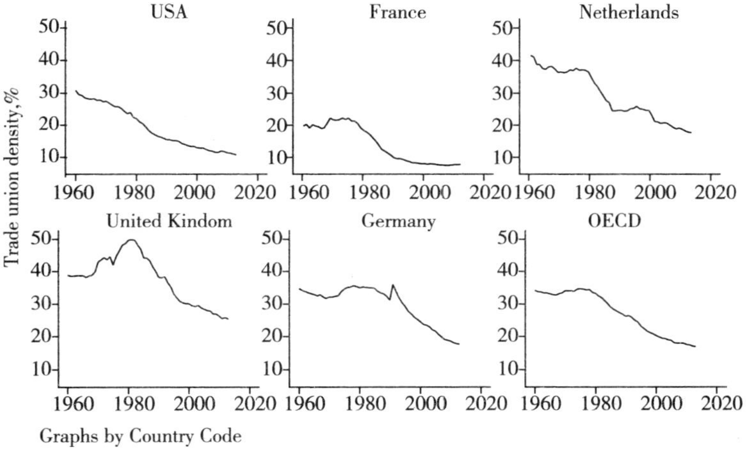

图 1.2　1960 年以来欧美主要国家的工会化率变动趋势

数据来源：根据 OECD 官方统计网站数据整理而得

“去工会化”的同时，欧美国家的劳动关系开始不断转型，跨行业、跨地区的工会，在劳动者工资决定中的作用开始有所下降。取而代之的是，公司人力资源管理的兴起，原先由工会承担的部分劳动关系管理职能，开始向企业内部人力资源管理部门转移。

美国的“去工会化”进程中，有两点值得我们关注。首先，新进入劳动力市场的青年人口，受教育程度非常高。而那些接受了高等教育的青年劳动力，更倾向于进入那些工会化率比较低或不存在工会的部门工作。其次，不断有工会成员选择退出工会。在这两大趋势的推动下，美国工会化率不断降低。

许多研究显示，工会有助于降低工人之间的工资不平等。随着工会化率的降低，工会在降低工资不平等方面的作用越来越微弱。有研究显示，如果经济中的技术进步更有利于技能型劳动力提高技能溢价，那么技能型劳动力将会选择退出工会，评估显示技能溢价的上升解释了美国近40%的工会化率下降[①]。

20世纪70年代以后，逐步增强的全球化趋势给劳动关系带来新的挑战。在此背景下，各国为了提高产业竞争力，鼓励创新，纷纷改革劳动力市场制度，各国劳动关系也开始进入转型期。Kochan等人通过对美国劳动关系进行分析，观察到美国劳资谈判层次开始出现分散化趋势，工会参与率逐渐降低，企业的生产经营决策也逐渐分散和团队化，指出美国的劳动关系正在转型[②]。Katz通过对瑞典、西德、意大利、英国、澳大利亚等国的集体谈判的跨国分析，也发现了谈判分散化的趋势，证实了劳动关系的转型[③]。Lee进一步分析了15个OECD国家经济的去工业化给劳动关系转型带来的影响[④]。学者们从不同视角进行了大量相关分析。

虽然越来越多的学者赞同劳动关系的转型，但是关于转型的方式的讨论还在不断深化。例如，Erickson和Kuruvilla描述了劳动关系的增量转型（逐渐演化）和断点转型（由某些重

---

① Ackgöz · Ö. T. and B. Kaymak. The Rising Skill Premium and Deunionization. Journal of Monetary Economics, 2014, 63: 37 - 50

② Kochan · T. A, H. C. Katz and R. B. McKersie. The Transformation of American Industrial Relations. Cornell University P, 1986

③ Katz · H. C. The Decentralization of Collective Bbargaining: A Literature Review and Comparative Analysis. Industrial & Labor Relations Review, 1993, 47 (1): 3 - 22

④ Lee · C. S. International Migration, Deindustrialization and Union Decline in 16 Affluent OECD Countries, 1962 - 1997. Social Forces, 2005, 84 (1): 71 - 88

大事件引发）的方式[①]。增量转型是一种达尔文演化式或适应性转型，非连续转型是一种革命性的或断点均衡的变化。Bhattacherjee 则利用这一视角分析了印度的劳动关系的转型，并根据历史和结构背景划分为四个阶段，并认为印度的劳动关系的转型是属于适应演进型的，而不是间断或革命式的演进[②]。这些研究为劳动关系转型分析带入新的研究视野。

第三节　基于人力资本和技术进步的劳动关系

一、人力资本深化

（一）人力资本深化的衡量

人力资本与长期经济增长息息相关，人力资本的积累主要依靠人力资本生产部门来实现。但是，如果生产人力资本的部门或者机制本身被扭曲或抑制，就会阻碍人力资本积累和经济的可持续发展。在人力资本生产部门发展薄弱的地区，经济中积累的人力资本相对比较匮乏，经济就会更多地依赖物质资本投资和非技能型劳动力，生产廉价的不具有高技术含量的产品或服务。在劳资关系失衡的条件下，人力资本短缺形成恶性循环，经济增长中的人力资本回报受到物质资本积累的抑制，无

---

① Erickson · C. L and S. Kuruvilla. Industrial Relations System Transformation. Industrial & labour Relations Review, 1998, 52 (1): 3 -21

② Bhattacherjee · D. Organized Labour and Economic Liberalization: India: Past, Present and Future. International Institute for Labour Studies, 1999

法进行更多的人力资本再生产。人力资本深化则会减轻投资驱动型增长模式的压力，使得经济更多地投入人力资本要素，内生出更多适合人力资本驱动型增长模式的制度。

劳动者的平均受教育水平，可以很方便地用来衡量人力资本深化。人力资本的生产和积累途径非常广泛，包括教育、在职培训、健康改善等，而教育是主要的人力资本积累方式。现代教育体系涵盖了从学前教育到高等教育的一系列过程，经过教育体系全过程培养的劳动者，一般已经具备了相当高的人力资本积累。从现代教育的发展历程来看，教育普及有显著的先后顺序，总是先普及初等教育，根据社会经济人口发展的需要再普及中等教育，由教育需求带动而普及高等教育。因此，劳动者的平均受教育水平，既能够反映教育扩展的广度，又能够反映教育扩展的深度。用作衡量人力资本深化的指标，我们也能够观察到人力资本生产部门的短板和限制所在。受到政府教育财政投入力度和教育部门自身发展水平的限制，劳动者的受教育机会各不相同，人力资本深化也相应地受到影响。

适龄人口的入学率，也可以用作衡量人力资本深化。如果劳动者的平均受教育年限作为衡量人力资本深化产出方面的指标，则入学率可以作为一个投入方面的指标。人力资本深化的过程，也是非熟练劳动力转换为熟练劳动力的过程。有了入学率指标，我们可以很方便地得到各阶段人口接受教育的比例，从而推断出未来新进入劳动力市场人口的受教育水平。

（二）人力资本深化的过程：以美国为例

美国在 19 世纪末 20 世纪初崛起为世界第一大经济体，而且一直保持着全球经济领头羊的地位，与美国不断的人力资本深化过程密切相关。统计数据显示，2010 年美国 25 岁及以上人口的平均受教育年限达到了 13.42 年，其中受过的高等教育年限达到了 1.76 年；2015 年 25—64 岁人口的平均受教育年限上升到 13.6 年，其中受过的高等教育年限达到了 1.86 年①。那么，美国人力资本积累经历了怎样的过程，才达到了当今的成就，这是本部分所要重点阐述的。

1. 公立教育兴起与初等教育的普及：人力资本深化的第一阶段

在 19 世纪早期，美国的公立教育还很缺乏，人力资本积累的主要渠道是依靠教会学校和私立学校。本质上，教会学校也属于私立学校的范畴。

1820 年前后，美国开始划分学区，推行公立教育制度。各学区负责为本学区的公立学校筹集教育发展所需的资金。在公立学校兴建的初期，政府通过出售公共土地来为教育筹资。随着入学规模的扩大，土地出售所得收入不足以支撑教育的持续扩张，各州各学区纷纷颁布法令，规定家庭必须为子女教育承担部分成本。随着人口的不断增长，各学区之间就教育发展而逐渐开展竞争，学区逐渐建立了以房产税为主的教育筹资制度。房产税收入极大地缓解了地方学区的经费压力，使得公立学校能够较快地普及，从而为工业技术的扩散奠定坚实的人力资本基础。以美国白人为例，我们可以看到美国初等教育普及状况。

1850 年前后，美国东北部青年白人群体 8—14 岁人口的初等教育入学率达到了 80%，到了 1880 年前后则超过了

① Arro · R. J. and J. W. Lee, "A New Data Set of Educational Attainment in the World, 1950 - 2010". Journal of Development Economics, 2013, 104: 184 - 198. Educational Attainment for Total Population, 2015 - 2040

90%。中西部地区的初等教育普及进度稍稍落后于东北部地区，1850 年前后青年白人群体 8—14 岁人口的入学率接近 70%，到了 1880 年前后入学率基本与东北部地区持平。与东北部和中西部较高的入学率不同，美国南部地区的初等教育普及水平较低，1850 年前后入学率不足 50%，1880 年前后超过了 60%[①]。不过，在美国内战期间，南北各州的入学率都有不同程度的下降。表 1.3 给出了美国部分州最早颁布义务教育法律的年份。

表 1.3　美国部分州最早颁布义务教育法律的年份

州	颁布年份
新罕布什尔	1871
缅因州	1875
马萨诸塞州	1852
宾夕法尼亚	1895
威斯康星	1879
印第安纳	1897
俄亥俄	1877
伊利诺伊	1883
爱荷华	1902
佛蒙特	1867
纽约	1874
康涅狄格	1872
密歇根	1871
新泽西	1875

资料来源：Goldin · C. D. and L. F. Katz，2009，The Race between Education and Technology，Harvard University Press，pp. 143

① 数据来源：Goldin · C. D and L. F. Katz. The Race between Education and Technology. Harvard University Press. Figure 4. 3 A B C，2009

相比而言，欧洲部分国家的初等教育普及则要晚得多，比美国滞后二三十年。在丹麦、法国、瑞典、英国等国，直到19世纪晚期才开始迅速普及初等教育。

2. 高中阶段教育的普及：人力资本深化的第二阶段

随着初等教育的普及，19世纪中期以后，美国逐渐建立起发达的初等教育体系，适龄儿童的初等教育招生率不断提升，进入大众化的初等教育发展阶段。初等教育入学率的提升进一步促进了技术的快速扩散和应用，加速技术进步和经济发展。到了20世纪初，美国一跃成为全球第一大经济体。美国工业化的推进，进一步增加了对高技能劳动力的需求。而初等教育的普及，使得适龄儿童进一步接受高中阶段教育的需求激增。初等教育完成普及化与工业化腾飞对高技能劳动力的需求，交织在一起，催生了美国高中阶段教育的普及。

实际上，美国高中教育的发展比较早。早在1838年，美国费城建立了第一所公立高中（Central High School）。不过，早期经济发展水平较低，工业化程度不高，对高技能劳动力的需求也不旺盛，高中阶段教育和高等教育的需求也非常低。进入20世纪以来，美国高中阶段教育的发展开始进入快车道。1900年前后，美国的青年人口普遍得到了普通初等学校教育，等价于6—8年级的水平。但是到了1940年，美国青年人口基本都接受了高中教育。除美国南方地区的高等教育普及较慢以外，其余地区的高中阶段教育扩张普遍非常迅速。1930年前后，新英格兰州和部分西部州的青年人都完成了高中教育。而高中阶段教育也被视作美国教育的第二次大转型。

表1.4报告了美国高中毕业生占劳动力的比重，我们可以看到1920—1930年，是高中毕业生占比上升最快的10年。

表 1.4　美国高中毕业生占劳动力的比重（14 岁及以上年龄人口）

年份	行政管理机构的记录	人口普查
1890	0.040	0.063
1900	0.044	0.080
1910	0.054	0.102
1920	0.079	0.150
1930	0.123	0.212
1890—1910（增加）	0.014	0.039
1910—1930（增加）	0.069	0.110
高中毕业生与高中以下学历人员之比（取对数）		
1890—1910	0.315	0.523
1910—1930	0.899	0.857

资料来源：Goldin · C. D. and L. F. Katz，2009，The Race between Education and Technology，Harvard University Press，table 8.7

高中阶段教育扩张的背后，是美国经济中的技能需求的变化。19 世纪大部分时间里，大量的美国工人仅仅就职于那些不需要多少正式教育的工作岗位上。1870 年前后，美国大约 53% 的劳动力在农业部门工作，10% 的劳动力在棉纺织业和个人劳务提供部门工作。制造业的操作者和劳动人员占总劳动者的 13%。制造业的产业工人大部分工作在那些第一次工业革命扩张形成的产业中，比如棉花、丝绸和羊毛纺织业、靴子和制鞋业，仅仅很小一部分劳动者工作在那些需要高中学历的部门。因此，社会对高中学历毕业生的需求也较小。

随着第二次工业革命的兴起，到 1920 年前后，美国经济中超过四分之一的岗位需要具有高中及以上学历的劳动者。大量新性质的工作岗位随技术进步而涌现出来，包括办公室和销售工作。从 1870 年到 1920 年的 50 年时间里，在新兴部门就业的劳动力比例提升了 4 倍。工作性质的变化带来了工作报酬的变化，那些受过良好教育的劳动者（高中及以上教育层次）的工作岗位和收入，相对低教育水平劳动者都有较大程度的改善。受过良好教育的劳动者更多的是在办公室等轻松体面的白领工作岗位上，而低教育水平的劳动者更多的是承担体力方面的工作，高中及以上阶段教育的溢价上升，由此推动了高中阶段教育的扩张。

3. 高等教育的大众化普及：人力资本深化的第三阶段

美国高等教育发展也经历了一个漫长的历史过程，受到诸多因素的影响，其中经济发展和产业结构调整的影响尤其重要。19 世纪末 20 世纪初的技术进步对知识产业造成了新的冲击，由此引起了高等教育结构的重大转变，高等教育的入学规模、机构类型、公立高校的招生率等，都处于不断地调整①。

20 世纪 40 年代后，美国普及了高中阶段教育，对高等教育的需求激增，由此推动了美国高等教育的大众化发展历程。图 1.3 给出了 20 世纪 70 年代以后美国高等教育毛入学率的变动情况。

图 1.3 显示，美国自 20 世纪下半叶以来，高等教育大众化进程取得了显著的进展。高等教育毛入学率，从 1970 年的 47.05% 上升到 2010 年的 93.29%，入学率接近翻番。2016 年前后毛入学率稳定在 88% 以上。而 1981—1990 年的十年间，

---

① Goldin · C and L. F. Katz. The Shaping of Higher Education: The Formative Years in the United States, 1890 to 1940. Journal of Economic Perspectives, 1999, 13 (1): 37 - 62

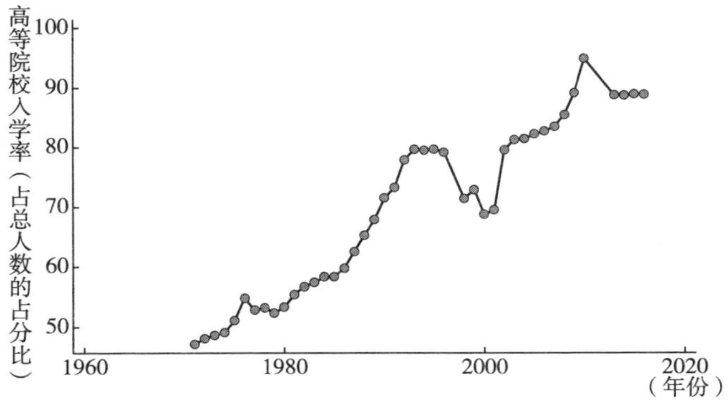

图 1.3 美国高等教育毛入学率：1970—2016 年

（资料来源：World Development Indicators）

美国高等教育在已经实现大众化的基础上，进一步实现了大扩张，入学率从 1981 年的 55.59% 上升到 1990 年的 70.80%。

美国高等教育具有强大的国际竞争力，吸引着世界各地优秀的学生进入美国。美国国际教育协会的统计数据显示，2017—2018 学年，在美学习的国际学生总规模达到了 109.4792 万人，其中前两位生源国分别是中国和印度，来自中国的学生 36.3 万人（不含中国港澳台地区，下同），印度的学生 19.6 万人。在美所有的国际学生中，本科生为 44.2746 万人，其中中国学生 14.8593 万人，印度学生 2.3346 万人；研究生为 38.2953 万人，其中中国学生 13.0843 万人，印度学生 9.5651 万人[①]。目前，对于大多数美国适龄入学人口而言，至少可以不用直接付费而接受完整的初等和中等教育（高中

① 数据来源：美国国际教育协会（Institute of International Education）官方网站. Open Doors Data on International Students by Places of Origin

教育），不论学生的身份和住址。中等及其以下阶段教育是由公共资金筹集并免费提供。

（三）人力资本深化提高劳动者谈判能力

不管是劳动关系走向对抗还是缓和，起主导作用的是劳资双方力量的对比。劳动者的谈判能力，是决定劳动者工资报酬和工作地位的重要因素。一般而言，劳动者的谈判能力取决于两方面的因素，其一是劳动者对于企业雇主的可替代性和重要程度，其二是劳动者在劳动力市场的竞争力。从企业内部资本、劳动各要素之间的关系来看，如果工人的可替代性非常强，那么工人个体在与企业进行谈判时具备的谈判能力则比较弱，因为企业很容易重新雇佣替代劳动者来填补工人流失所留下的空缺，企业的正常运行基本不受影响。反之，如果工人的可替代性非常弱，企业需要在工人的讨价还价与可能的损失值之间进行权衡，那么工人的谈判能力则比较强。从工人在企业内部的价值和劳动力市场价值的对比来看，如果劳动力市场能够为工人提供更好的工作机会和更高的工资，使得工人实现更高的就业效用，那么工人对原企业具有较强的谈判能力，因为工人很容易在市场上找到效用更高的工作。劳动力市场工人转换工作的均衡在于，劳动者无论去哪个企业就业，都能实现相同的效用，没有套利机会。

人力资本提升了劳动者的谈判能力。在任何一家制造业工厂的生产中，劳动者技能与资本之间具有一定的互补性，互补性越强，劳动者的可替代程度就越弱，劳动者所具备的技能对于企业而言，就越是无可替代的要素，技能型劳动者与雇主进行讨价还价的能力也越强。一旦掌握了一定技能的劳动者具备外部自由选择，可以提高其对雇主的谈判能力。从市场整体来看，如果劳动力的人力资本水平提高，也更加具有市场竞争力，相对更容易找到合适的工作替代原有工作岗位。

工会的起源，与劳动者的人力资本关系非常密切。不论是英国早期的公会，还是美国早期的各种劳工团体的小型组织，都是由技能型自雇或受雇劳动者组成，表明在当时的历史背景下，组织起来形成团体更有利于技能型劳动力提高要价能力，保护自身利益。在英国，早期的手艺工人包括铅管工人、印刷工人、木匠、鞋匠等类型，这些工匠由于具有良好的技能，从而具备独立的谈判能力。而联合起来的技术工人，常常能够实现更大化的收益。为了较好地实现集团的排他行动和最大化收益，行业技术技艺工会通常限制入会会员规模，并严格限制会员不能受雇于雇佣非会员的工厂或作坊。英国作为工业革命的起源国，美国作为后工业革命时代崛起的超级大国，生产力的发展推动了劳动关系的变革。劳动关系的发展变革与劳动者的人力资本积累的联系非常密切，从总体缓和走向激烈的对抗，再走向缓和，都体现出物质资本与人力资本的相互竞争关系。而劳动者为了保护人力资本收益，必须采取各种措施最大限度地降低物质资本和技术进步的创造性破坏效应。如果有必要，具有强人力资本的劳动者，首先会组织起来形成集团，与雇主展开讨价还价行为，以保护自身的利益。

人力资本深化降低了工会组织在协调劳资关系中的重要程度。21 世纪的工会，都是大型组织，尤其是高度工业化的国家里，工会一般都涵盖整个产业链，或者是全国或者区域范围内的大型工会。很明显，工会会员规模并不是衡量工会发展和工会影响力的一个很好的指标。根据奥尔森的集体行动理论，规模越大的集团，其成功采取集体行动的可能性越小①。而小规模的行会往往能够较好地组织集体行动，从而能够提高人力资本的集体谈判能力，实现人力资本收益的最大化。

二、技能偏向型技术进步

随着对技术变化偏向性特征认识的加深，研究者们提出了偏向型技术进步，即技术变化只提高部分要素的边际生产率而不是全部。考虑到劳动者依技能水平可以分为技能型劳动力与非技能型劳动力，如果技术进步相对提高了技能型劳动力的边际生产率，那么可以认为技术进步是技能偏向型的。

那么，引起技能偏向型技术进步的原因是什么呢？希克斯已经指出，生产要素相对价格的变化，本身就是刺激生产者创造一种节约使用相对昂贵要素技术的因素，这暗含了技术变化偏向的起因②。一般来说，生产要素的相对价格，既取决于生产要素的边际生产力，也取决于要素的相对供给。因此，偏向的技术进步可以从要素供给和要素需求两方面来分析。

高技能劳动力供给相对增加，是引起技能偏向型技术进步的重要原因。高技能劳动力供给增多，直接扩大了与这类劳动力相匹配的技术需求。当一种要素供给变得相对丰裕，技术会内生地偏向这种要素。在研发成本固定的前提下，市场规模决定了创新的收益。高技能水平劳动力供给的增加，使得研发与其互补的技术和机器有利可图。而且，随着高技能劳动力相对供给增加，短期而言，必会降低这类劳动力的相对价格，吸引

---

① ［美］奥尔森著，陈郁、郭宇峰、李崇新译．集体行动的逻辑．上海：上海人民出版社，2014，64—65

② Hicks · J. R. The Theory of Wages. London：Macmillan，1932，1－200

企业雇佣更多的高技能劳动力。对从事研发的企业而言，高技能、高教育水平的雇员比例增加，其新技术研发成功的概率增加，新技术研发的利润更高，新技术应用的成本更低，从而有利于企业研发和推广与高技能劳动力相关的新技术。由劳动力相对供给的变化导致技术偏向的变化，在历史经验上也得到了相关证明。19 世纪英国的技术变化更多的是非技能偏向型（Unskill Biased）技术进步，因为在18 世纪末19 世纪前中期，圈地运动过后，英格兰和苏格兰的农村地区大量非熟练劳动力涌入城市和工业生产部门，使得非技能偏向型技术进步有利可图。结果，当时技能型生产作坊被机械化、分工细致的大工厂所替代，而工厂中所使用的劳动力都是低技能含量①。而有研究发现，近20 年普遍发生在欧美发达国家中的技能偏向型技术变化，则主要是因为20 世纪下半叶以来，发达国家劳动力的教育水平大大提高，高技能劳动力相对供给增加，诱发技能偏向型技术进步②。

技能偏向型技术进步会对劳动者的就业和收入产生影响。发生技能偏向型技术变化后，可能导致对高技能劳动者需求的增加，以及对低技能劳动者需求的减少。来自企业层面的研究发现，信息技术应用、新型组织结构和新产品与服务的出现，增加了对高技能水平劳动力的需求③，偏向型技术进步是技能

---

① Acemoglu · D. Why Do New Technologies Complement Skills? Directed Technical Change and Wage Inequality. The Quarterly Journal of Economics, 1998, 113 (4): 1055 - 1090

② Berman · E, J. Bound and S. Machin. Implications of Skill - Biased Technological Change: International Evidence. The Quarterly Journal of Economics, 1998, 113 (4): 1245 - 1279

③ Bresnahan · T. F, et al. Information Technology, Workplace Organization, and the Demand for Skilled Labor: Firm - Level Evidence. The Quarterly Journal of Economics, 2002, 117 (1): 339 - 376

型劳动力需求不断增加的主要来源。即使相对工资增加（20世纪80年代和90年代），但产业内和企业内部发生技能偏向型技术变化，对受过更高教育水平和更高技能工人的需求也会增加[①]。若发生的是外生非预期性的技能偏向型技术进步，则这种冲击会给低技能劳动者的就业带来不利影响，不同技能群体之间失业率的差异显著增加。美国1940—1996年劳动力的相对供给、相对需求以及大学毕业生相对工资份额的变化趋势显示，近50年来出现了一种有利于高教育水平工人的强长期需求增长。1960—1970年产业内部技术升级加速，员工计算机使用率指标、每个工人配备的计算机资本和计算机投资率都处于较高的水平，20世纪90年代保持在较高水平；与此相应地，20世纪80年代对高校毕业生需求增长的速度提升，但在20世纪90年代前半期出现了一些下滑的趋势[②]。

技能偏向型技术进步会提升技能溢价水平，高技能劳动力与低技能劳动力之间的收入差异会被拉大。研究普遍发现，技能偏向型技术变化是近年来工资差异扩大的重要原因，显示出劳动力禀赋影响了技术知识的变化方向[③]，进而驱动着工资差异的动态变化。例如在美国，大学溢价（College Premium）——大学毕业生相对于高中毕业生的工资在1979年到1995年间上

---

① Dunne · T, J. Haltiwanger and K. R. Troske. Technology and Jobs: Secular Changes and Cyclical Dynamics. Carnegie – Rochester Conference Series on Public Policy, 1997, 46: 107 – 178

② Autor · D. H, L. F. Katz and A. B. Krueger. Computing Inequality: Have Computers Changed the Labor Market? . The Quarterly Journal of Economics, 1998, 113 (4): 1169 – 1213

③ Acemoglu · D and F. Zilibotti. Productivity Differences. The Quarterly Journal of Economics, 2001, 116 (2): 563 – 606

升了25个百分点，总体收入差异程度迅速上升[①]。总之，技术变化与迅速上升的工资分配差距之间有直接的因果关系，技能偏向型技术进步提高了技能溢价，并增加了组内不平等。若供给弹性增加足够大，低技术型企业可能消失，最终低技能劳动力之间的工资不平等消失。

但是，最近有研究认为，技术进步特征远比宏观总量观察到的要复杂，低技能劳动力再配置到与计算机互补的职业范围，比计算机部门大学毕业生再配置的范围要大得多。其他私人部门职业的复合结构向相反方向转移[②]。因此，技能偏向型技术进步的潜在影响，可能更多、更复杂。

三、技术进步如何影响劳动关系：人力资本深化的作用

技术进步对劳动关系的影响，很大程度上取决于劳动者人力资本积累的存量与结构。在任何制造业生产过程中，机器都需要掌握机器性能的劳动者来加以操作和维护，因此资本和技能型劳动力之间是互补的关系，但是在技术变化条件下，从原有生产过程向新生产过程的转换中，技能型劳动者和物质资本之间存在一定的替代关系，具体取决于技术变化的性质[③]。为了分析的方便，我们假定劳动者可以分为高技能型劳动力和低技能型劳动力。

---

① Acemoglu. D. Technical Change, Inequality, and the Labor Market. Journal of Economic Literature, 2002, 40 (1): 7－72

② Reshef · A. Is Technological Change Biased towards the Unskilled in Services? An Empirical Investigation. Review of Economic Dynamics, 2013, 16 (2): 312－331

③ Goldin · C and L. F. Katz. The Origins of Technology－Skill Complementarity. The Quarterly Journal of Economics, 1998, 113 (3): 693－732

当技术发生变化，新的生产模式下高技能型劳动力与资本之间的互补关系，替代了低技能型劳动力与资本之间的互补关系，低技能型劳动力的工作岗位和生存空间受到技术进步的不利影响，那么技术变化将加剧低技能劳动力与雇主之间的劳动关系冲突，而高技能型劳动力与雇主之间的劳动关系则相对比较缓和，反之亦然。

在第一次工业革命时期，技术进步更有利于低技能型劳动力，机械生产代替了手工制作，因而破坏了高技能劳动者的工作机会（这里的高技能主要是指手工业者、工匠、制鞋匠等）。随着市场规模的持续扩大和分工的深化，大企业工厂生产代替了小作坊工厂的生产，对半熟练和非熟练劳动力的需求大大增加，由半熟练和非熟练劳动力组成的新型公会开始快速发展，劳动关系开始转型，雇主与雇员之间的劳动关系变得越来越复杂，而技能型劳动力与非技能型劳动力之间联合行动的难度也越来越大。技术的快速进步，使得原有的生产模式和相应的生产技能逐渐被淘汰，而掌握旧技能的劳动者在新技术条件下变成了非熟练型劳动者，其技能的市场回报也快速下降甚至变为零。比如，织布工所具备的技能，在工业革命之前能够获得较高的市场收益，随着利用新型蒸汽动力的纺织机械出现，织布工大部分技能被机器所取代而失去了市场价值，面临生存危机。因此，旧技术下的熟练工人为了维持其技能垄断地位和人力资本回报，选择采取激烈的斗争方式与雇主进行抗争，比如破坏机器和设备，烧毁厂房等。而新进入劳工队伍的半熟练和非熟练工人的利益目标与熟练工人并不完全一致，他们更多的是想提高工资、降低工时和改善工作环境，因此与熟练工人的联合行动并不紧密。不同技能劳动者之间的行动并不一致，因此导致工人运动虽然此起彼伏，但更多的是以失败告终。

第二次工业革命，建立在人力资本深化第一阶段基础之上，更多的是技能偏向型技术进步。在新技术业态和生产模式下，资本与高技能劳动力之间的互补关系，替代了原先低技能劳动力与资本之间的互补关系，由此引起新技术应用下被淘汰的劳动力与雇主之间的利益纠纷越来越多。我们注意到，美国在19世纪中期基本在青年适龄人口中（白人）普及了初等教育，而20世纪40年代左右普及了中等教育。因此美国第二次工业革命的发生，更多的是受到人力资本深化的推动。

人力资本深化推动的技术进步，提升了高技能劳动力的要价能力，从而降低了这部分劳动力对工会组织和工人运动的依赖。而受到技术进步不利影响的低技能劳工群体，在与雇主谈判的过程中逐渐失去了要价能力，因此更多地需要借助工会和集体谈判的机制，以集体的力量与雇主进行讨价还价，争取更有利的谈判地位。从劳动关系发展的历史来看，那些劳资冲突剧烈的行业，主要集中在低技能密集型和高资本密集型行业，比如码头、采矿、钢铁冶炼等，这与技术进步的技能型偏向关系密切。

20世纪50年代以来，西方发达国家持续的去工会化进程，与人力资本深化第三阶段引发的技能偏向型技术进步关系密切。随着战后人力资本理论的兴起，发达国家越来越重视教育的作用，纷纷加大教育财政投入力度，扩大公立教育机会，在普及中等教育的基础上，不断推进高等教育大众化进程。从图1.4我们可以看到，20世纪70年代开始，OECD主要国家的高等教育毛入学率不断提高，平均毛入学率从25%左右上升到2010年的70%左右，2017年进一步上升到74.4%，高收入组的入学率普遍要高于平均水平，青年人口中大学毕业生所占比重越来越高。

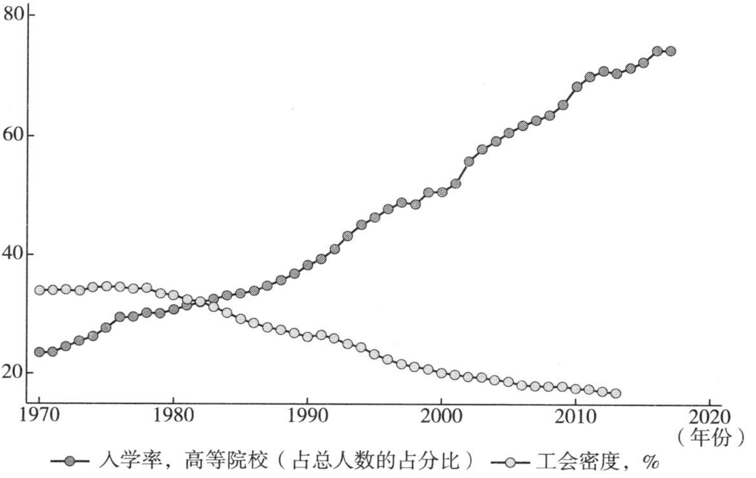

图 1.4　OECD 高等教育毛入学率 Vs 工会化率：1970—2017 年

资料来源：World Development Indicators

对比图 1.4，我们不难发现，OECD 国家在高等教育入学率不断提升的同时，工会化率不断下降。我们可以由此推断，在人力资本深化的第一阶段和第二阶段，劳动关系矛盾会不断加剧；在人力资本深化的第三阶段，劳动关系会不断缓和。OECD 国家 20 世纪 70 年代以来的数据便表明了这一点。

总之，技术进步与人力资本深化之间的竞争，推动劳动关系不断发展演变。虽然技术与人力资本互补，但是技术进步会导致人力资本与物质资本之间的螺旋式替代。在第一次工业革命时期，技术和物质资本替代了原有手工业者具备的技能。随着技术进步与人力资本互补关系的增强，技术进步总是有利于高技能劳动力，而相对不利于低技能劳动力，因此加剧了低技能劳动力与雇主之间的紧张关系。从人力资本深化的三大阶段来看，第一阶段（普及初等教育）和第二阶段（普及中等教育）分别对应劳资关系激化和加剧的阶段。第三阶段（普及高等教育）是劳资冲突缓和与转型的阶段，人力资本促进了技能偏向型技术的进步，提升了劳动者的要价能力，使得技能型劳动力在劳资关系中处于更有利的位置，从而推动劳动关系趋于缓和转型。

第二章

中国劳动关系的历史流变

在历史传统上，劳动关系是现代西方工业化与市场经济发展的产物，最初典型形态表现为资本主义企业制度下的“资本雇佣劳动”关系，习称“劳资”（Labor－Capital）关系。回看中国，特别是近百年来内忧外患的坎坷曲折发展路径，虽然早在明清封建帝制时代就已出现资本主义萌芽，但中国社会经济的发展历经种种磨难，被列强侵略成为半殖民地、半封建社会，通过艰苦卓绝的抗争才完成了新民主主义革命，其间经济的发展也受到阻挠和破坏。为恢复中国的经济而实行的计划经济，却又随着时间的推移显示出弊端，直到20世纪七十年代末才开始走上改革开放道路。这样的历史现实，使人们长期对于中国劳动关系这个社会经济的“基本矛盾”没有正面系统认识，有关统计数据、纪实史料、学术文献即使有所涉及也是“支离破碎”“雾里看花”。鉴于此，我们首先需要聚焦关注的问题是：百年来中国劳动关系是怎么萌芽并发展演化的？其现实路径和历史趋势与西方市场经济国家有什么根本性或方向性的差异？儒教文化、官权人治、计划经济与公有体制这些具有中国特色的因素究竟是如何左右着百余年来中国工商企业（家）、雇佣劳动者的坎坷命运及劳动关系曲折走势？为回答这样的问题，本章基于马克思“历史的与逻辑的相统一”的方法论，全面、系统、客观、清晰地勾勒与梳理中国近百年来劳动关系历史演化的脉络和走势。

第一节　明清晋徽商帮与中国劳动关系萌芽

中国自古以来就有商业文化传统，特别是源远流长的各地商帮（如晋商、徽商、浙商、潮商、赣商、鲁商、秦商、闽商等）经过数个朝代更迭而绵延传承下来，虽历经沧桑、蜿蜒曲折乃至穷途末路但未曾断绝，成为中国近现代市场经济萌芽、商业萌动发展和企业劳动契约文化觉醒的历史渊源和原始动力。在中国古代各大商号中，晋商与徽商最具实力与代表性，两者都在明清时期达到鼎盛状态，其经营管理过程中劳动关系形态及问题表现得最为周详和突出。鉴于此，我们通过聚焦明清晋商与徽商两大商系的兴起、发展历史脉络，对中国近现代劳动关系萌动情态特征给予一个粗线条的梳理和描述，以过往历史寻找今鉴基因。

一、明清晋商、徽商崛起发展

晋人经商，历史久远。明代“开中法”的实施，并将“纳粮制”改为“纳银制”，为晋商崛起发展提供了契机。在击退蒙古残部之后，明政府在东起鸭绿江、西至嘉峪关共设置了九个军事重镇，其中两个要塞位于山西，并派重兵驻守。由于军人大量聚集，粮、盐需求很大，这为晋商崛起发展提供了契机，大批商人云集，贩运各种生活必需品给将士。为此，明洪武三年（1370 年），政府颁布“开中法”给供应军粮的商人一种贩运盐的特权：商人可以通过供粮从政府手里获取凭证即“仓钞”，拿“仓钞”换取贩盐特权的证明，即“盐引”。由于贩盐可以获得丰厚的垄断利润，大批山西人由此纷纷走上了商路。明弘治五年（1492 年），政府进一步实施“开中折道”法，放开了获取“盐引”的条件，改“纳粮制”为“纳银制”，即商人不缴纳粮食也可以通过向政府缴纳银两来获得“盐引”，于是出现了一批靠贩粮贩盐而发家的大商人，“散见于各类史籍的有蒲州范世奎、洪洞李映林、临猗阎天杰、太原阎居暗、大同薛氏和李氏”。[①] 除“开中法”外，明朝还颁布实施了其他有利于从商的政策。首先在税收政策上，为了民众在战后休养生息，明政府实行轻简的税收政策，具体表现在税率下降到 1/30，课税机关部门裁撤了 364 处，甚至在诸如部分民用商品、农具等商品实行过免税政策；后期，明政府进一步放松了专营管制政策，允许私人进行铁矿开采加工、酒醋酿造销售等。清朝，自康熙开始，逐渐放松了对采矿业的管制，在乾隆五年（1740 年）又颁布政策准许在直隶、山东、山西等省份通过招商来开采煤矿，山西煤窑业获得极大发展。自清顺治起，改变了盐业官办生产模式，取消了盐丁徭役劳动、强制征召劳动力入盐丁编制的做法，推行“畦归商种”政策，即允许由商人雇佣盐工经营种植及商品行销，只向盐商课以盐税。这些政策为晋、徽商人崛起发展提供了必要的宽松环境及条件。

徽商，又称“新安商人”，俗称“徽帮”。徽商萌生于东晋，成长于唐宋，兴盛于明朝。徽商，亦儒亦商，辛勤力耕，赢得了“徽骆驼”的美称，鼎盛时期其资产规模曾占有全国商号总资产的七分之四。齐梁时，休宁人曹老常往来于江湖间，从事贾贩。唐宋时期，徽州不仅贩运竹、木、瓷土和生漆

---

① 红艳．中国古代名商．北京：中国科学技术出版社，2010

等土特产品，而且营运茶及歙砚、徽墨、澄心堂纸、汪伯立笔等文化产品。唐代，祁门茶市，十分兴盛。南唐，休宁人臧循便行商福建。宋代，徽纸已远销四川。南宋，开始出现拥有巨资的徽商，祁门程承津、程承海兄弟经商致富，分别被人称为“十万大公”“十万二公”，合称“程十万”；朱熹的外祖父祝确经营的商店、客栈，曾占徽州府的一半，人称“祝半州”；一些资本雄厚的大商人，还在徽州境内发行“会子”。元末，歙县商人江嘉在徽州发放高利贷，牟取暴利。南宋迁都临安（今杭州）后，政治经济中心南移，促使其临近地区经济得到快速发展，中原文化也随之被引入江南。徽州正处在东南经济活跃带苏浙的中心、南来北往的要塞，具有便捷的水路交通条件，但农业生产条件则不理想，“咸有溪山之胜，然岭谷险陋，壤地硗瘠，水湍悍，少潴蓄。不雨易枯，骤雨则山涨暴至”，恶劣的自然地理环境，使这一地区的主要经济走向商业化。明代，尤其是明中期以后，随着明代漕运疏通，长江、京杭大运河等重要航运干线通航能力大大提升，并与陆路相联系形成纵横交错的交通运输网络，使“千里不贩米，百里不贩樵”的传统商运模式有所改变，以“白银动以数万计，多或数十万两”的晋徽商为典型代表的商人资本空前活跃。① “平阳、泽（州）、潞（安）豪商大贾甲天下，非数十万不称富。”② 明万历年间徽商“藏镪有至百万者，其他二三十万，则中贾而”。③ 史料载：“（严嵩儿子）严世藩……尝与所厚屈

---

① 叶梦珠．阅世编（卷七：食货五）．上海：上海古籍出版社，1981

② 沈思孝．晋录．载于四库全书存目从书本．济南：齐鲁书社，1997

③ 谢肇淛．五杂俎．载于续修四库全书本（卷四，地部二）．上海：上海古籍出版社，2002

指天下富豪，居首等者凡十七家……积资满五十万以上者，方居首等。”① 也就是说，在嘉靖、万历年间，积资满五十万两以上才称得上天下头等富豪，而在严所列举的十七家中，王公宗室、勋戚、大官僚、土司、太监之外，大商人则有五姓与其并肩，另外，他还特别指出正德年间尚有两个资产各百万、五十万的大商人，明代商人普遍性资本积累数量之大、富商大贾数量之多，可见一斑。而在明清众多商帮之中，最著名的莫过于晋商和徽商了。

和其他商帮一样，晋商、徽商从行贾到坐商，再到涉足封建金融业开办票号和典当行，使得相距千里之外的生产者和消费者产生联系，在区域间互通有无、物产流动，尤其对于诸如盐、粮、布、棉、铁、木等许多关系国计民生的生产生活资料区域流动优化配置，起到了举足轻重的作用。明代初期，政府颁布并实施针对食盐等军需物资运送活动的“开中法”，而山西和安徽商人凭借临近河东盐场、两淮盐场的地理优势，在产地和行销地牵桥搭线，一方面通过运输粮食到边关地区来垄断边关的粮食运输，另一方面又通过加紧开垦荒地提高粮食产量来换取更多的“盐引”，逐渐在食盐生产运输销售领域脱颖而出并发展壮大起来；到明后期，不论是山西商人还是安徽商人，都以地缘乡土关系为基础把同乡或同族聚集到一起，组成各种形式的商人联合体开展贸易往来，并在此基础上不断扩大势力范围，最终成长为实力雄厚、势力范围覆盖大半个中国的大商帮。晋商、徽商活跃于明清两代，各自纵横驰骋长达上百

① 王世贞．弇州史料后集．载于四库禁毁书丛刊本（卷三十六）．北京：北京出版社，1997

年，他们“官商结合、垄断经营，典当票号、长途贩运”，成为中国封建社会商品经济经营模式的典型代表。通过“长途贩运”利用地区间的差价赚取利润积累营业资本、增长见识、开拓市场，并迅速崛起；随着从事贩运商业者人数增加、利润降低，到后期进一步与官府结合获得垄断地位，使他们可以轻而易举攫取高额收益，短期内达至鼎盛状态；但是长期看，行政垄断地位不仅没有为商帮注入新的发展动力，反而使之丧失创造力、竞争力，面对不确定的政治风险，加上其经营模式本身具有强调宗族和血缘关系的封建性、保守性，灭迹于封建尘埃必然最终成为中国商帮的宿命。

二、晋徽商帮与会馆的宗法血亲特性、运作模式及功能

“商帮”，可以理解为是一种以地缘、血缘、宗族为主要纽带而自发形成的商人群体；在外经商的同乡、同族人通常会建立“会馆”，以便相互联络、平等协商、共谋合作和解决纠纷。晋徽商帮会馆组织具有典型的宗法血亲特征，在实际商务管理活动中发挥着重要的商业自律、行业协同和劳动关系协调等作用。“会馆”，是商帮出外行商的时候，为协调解决一些内部或外部的商业事务而成立的组织，在清代尤为盛行。徽商会馆、晋商会馆几乎遍布全国，一个城镇甚至设立多个会馆，例如，在京师兴建的山西会馆至少有 40 处。1560 年，杨忠、鲍恩创立的北京歙县会馆，可能是最早的徽商会馆；而最有名的徽商会馆，要算湖北汉口镇的新安会馆，从扩建道路到兴修码头，逐渐形成了一条“新安街”。康熙年间，在九省通衢的汉口建有“山陕会馆”。雍正五年（1727），山西商人在北京

成立“河东烟行会馆”；乾隆三十五年（1765），在苏州建立了“全晋会馆”；乾隆四十五年（1780），在广东佛山市建立了“山陕会馆”。[①]

徽商、晋商在各处商贸重镇建立的会馆，基本都带有明显的商业合作或行业协会性质，并不是一种旨在调解劳动关系的“雇主组织”，但也在协商劳动关系方面发挥着重要作用。早期，会馆的性质还大多是“仕子会馆”，主要功能是为了解决同乡进京（省）城赶考仕子的食宿问题，多在省或州府建立，诸如山西的山右会馆、太原会馆、平阳会馆等，会馆组织者也多半是功名在身者；后来，随着经济发展、人口特别是商业流动人口剧增，会馆功能逐渐发生变化，转为主要向同乡商人活动提供服务，徽商会馆、山西会馆开始着重针对同乡商人提供帮助、咨询等服务，演化成为在异乡商海打拼的同乡人联络感情、促进交流、促成合作、自我管理并且团结一致与外部势力抗争的群体组织。就商业组织劳动关系协同作用来看，会馆主要有如下几个方面的功能。

首先，会馆是联络商会成员同乡情谊、促进内部友好团结的联谊型组织。徽商、晋商背井离乡、跋山涉水远行千百里行商贾之事，难免遇到力所不能及的难题，同乡商人或伙计通过会馆俱乐部组织可以联络情感以解乡愁，并基于乡情互相帮助；而徽商会馆、山西会馆正是秉承着“联乡情，结友谊”的理念和主旨，开展各种有利于同乡商人结识、交流的活动，比如集体供奉神祇、设宴摆席聚会等。会馆经费由众商承担、会馆事务由众商合议，会馆把同乡商人紧密整合在一起，巩固

① 张正明．晋商兴衰史．太原：山西古籍出版社，1995：98

了众商间的情谊、加深了众商间的认同。此外，对于客死异乡的朋友，同乡商人们通过会馆为朋友处理后事，安抚家人，这一点对重视家族家庭、注重落叶归根的中国人来说，极大地增强了他们之间的凝聚力。例如，山西会馆“实以敦睦谊，联感情，本互相而谋福利”[①]，每逢过年过节或其他有特殊纪念意义的日子，同乡商人总要聚集在会馆共同“联乡情于异地”；另外，山西会馆还帮助行商出现困难的商人周济货物、流转资金等，对于客死异乡的同乡商人特别设一处或数处“义园”葬之，真正做到“四海之内，以义相投，皆为兄弟，然籍同里井者，其情较洽，籍同里井，而他乡遇之尤洽”。[②]

其次，会馆是约束同行竞争、协调处理竞业争端的民主协商组织。徽商、晋商在外地设立的同乡会馆，既有非同业性质的，也有同业性质的。同业性会馆具有明显的行业协会性质，通过定期举行聚会组织同乡商人共同商讨本行本业的商业经营事务，集思广益、达成共识，以规范同业竞争行为、协调处理同行竞业事务，这有利于更好地树立本行本商帮的集体威望和信誉。例如，杭州徽商公所在协调处理徽州木商内部争端方面，其章程明确规定“木帮有纷争等事，董事秉公排解，毋得怀私袒护”[③]，要求同业木商之间的争端理应交由公所商议解决，不得以此损害内部的团结性，破坏会所的凝聚力。以“搁置内务，一致对外”为原则，凡是通过集合众商力量谋求来的商业权益只提供给公所内部的木商使用，即使同在杭州从事木业经营但未加入公所的徽商也不能享用，由此形成了一股

---

① 李华．明清以来北京工商会馆碑刻选编．北京：文物出版社，1980
② 李华．明清以来北京工商会馆碑刻选编．北京：文物出版社，1980
③ 参见：清宣统《徽商公所征信录·凡例》，清宣统刻本

很强的区域和行业性垄断势力。山西商人在异乡设立的会馆，也有相当一部分带有同业性质，在管理约束同业商业行为、处理同行内部问题上发挥着重要作用。例如，当时经营货物普遍使用的度量衡工具是戥秤，而市场上除了官府衡量用具官秤达到统一标准外，民间戥秤标准五花八门。为了维护交易的公平性、避免不正当竞争，会馆通常会统一制定戥秤的标准，会内各商家必须按照会所规定统一衡量标准，这不仅体现了会所处理会内同业事务的权威性，也凸显了会所在规范商户行为方面的公平正义性。除戥秤之外，中国古代流通的货币银两在成色、含量上也存在标准不一的问题，对此，北京的山西票号会所《汇兑庄商会章程》规定："中国汇兑银两，应以本地通行银色交收，一律两不相亏。北京向以足色通行，近有外行应交我行之项，搭凑低色银两，我行瞻徇情面，明知故问，日久成例，吃亏不少。此后无论收交，彼此务要足色。如有我行收入次色银，交人次色银两等事，均从严议罚核办。"①

再次，会馆是对外交流抗争、维护集团利益的商业协商性组织。例如，杭州木业徽商公馆为维护商人权益而抗争的"徽河取树案"就是一个典型案例。当时，木商普遍通过水路运输木材，但由于风向、水向不是人为可控的因素，在上游捆绑好并顺水而下的木排往往被湍流冲散，结果被沿河而居的村民捞走，对此，公馆普遍的做法是出面为众商赎回。清光绪二十八年（1902 年），新安江发大水，此年损失的木材较多，同乡木商恐面临巨大损失，且"近河村坊捞获漂木者，董等往取，因被土棍从中把持，措不肯赎，将木截解藏匿，前向理

① 黄鉴晖．明清山西商人研究．太原：山西经济出版社，2002：308

阻，持械逞凶”①，后通过徽商公所，向歙县、休宁官府报呈情况，请求发布告示，严禁村民借机勒索，规定按照以往的惯例，正木每根酬英洋三分、尖木每根酬英洋一分，严厉打击了妄图借机发横财的投机者，极大地维护了木商共同的权益。山西会馆也为维护在外经商的同乡合法权益做过很多工作。按照山西票号的惯例，票据虽然列有抬头，但是取钱换贷时，往往以票据作为依据，而不认持票者是否与票据抬头人一致，即只要持有票据，任何人都可以来票号领钱。为了加强商品资本流通的便利性，某些声望较高、信誉优良的票号所开出的票据甚至可以在货币资本市场流通，得到商人的普遍承认。但高流通性可能会导致遗失率增加，而拾得票据的洋商或得到洋商支持者要求票号强行兑付时，会导致票号损失，不法商人则借此牟求暴利。光绪二十四年（1898 年），上海晋商票号会馆“山西汇业公所”董事白云纬等人呈请官府批准更改规则，将“认票不认人”改为“认票又认人”，这一举动，显然会影响票号接收客户票据业务的运营效率和实际操作便利性，但确实起到了一致对外维护商人权益的作用。

最后，会馆是弘扬乡土精神文明的文艺俱乐部组织。徽商是典型的“儒商”，徽商会馆在处理商业事务之余，也常常从事社会公益事业。例如，杭州木商徽商公所曾为水灾地区筹集善款，使徽人“重义”的文化价值得到了很好的传播。同样，晋商创造了大量的会馆和馆藏碑刻，虽然由于年代久远所剩不多（例如苏州三晋会馆、聊城山陕会馆、开封山陕会馆、洛阳山陕会馆等），但对于后人来说仍是宝贵的精神文化财富，

① 参见：清宣统《徽商公所征信录·徽河取树告示》，清宣统刻本

含有极高的历史文化和艺术价值。这些大型会馆，在建筑风格上具有山西特点，其中用于众商集会的大型戏台具有极高的艺术价值，尤以苏州“全晋会馆”为典型，当年的会馆已经改装成为苏州“中国戏曲博物馆”，其绝妙的舞台设计和建筑风格，已成为晋商文化的代表之一。

三、晋徽商铺票号劳动关系形成基本状况

正如清著名经济思想家王茂荫所言，“以商贾之道言之，大抵能创一肆守一业者，其人必工心计，习俭勤，且旦夕以身入其中而又知人而善任，非是则败”，晋徽商人在商海取得巨大成功与其独到的引人之道是分不开的。在晋徽商帮各类商号组织中，“任人看乡亲，学徒要保荐”是基本通识的引人用人原则，也是当时商号劳动关系形成的基本模式和惯例。但是，关于“任人看乡亲”，晋商徽商略有差异。晋商强调“用乡不用亲”，“用乡”是为了利用乡情加强凝聚力，“不用亲”是为了严格管理制度，尤其不用“三爷”(少爷、姑爷、舅爷)。与晋商所不同的是，徽商在用人上比较偏好同乡、同族之人，哪怕雇佣伙计也是如此。

晋商票号对学徒的选择是非常严格的。新学徒的来源，原则上只在票号财东或经理的同乡人中选择。学徒入号，必须有保荐人推荐和保证，即所谓“铺保制度”。“使用同人，委之于事，向采轻用重托制，乃山西票号之通例。然经理同人，全须有殷实商保，倘有越轨行为，保证人负完全责任，须先弃抗辩权。倘保证人中途疲歇或撤保，应速另找，否则有停职之虞。”①

① 颉尊三．山西票号之构造．1936 年末刊稿，转引自山西票号史料（增订本）．太原：山西经济出版社，2002

在有“殷实”的保荐人推荐和保证之后，还要满足很多条件才能被“请进”票号做学徒。“当练习生，求人说项之时，恐有不良遗传，必先问其三代以上做何事业，出身贵贱，再侦讯本人履历资格，认为可试，再分口试和笔试两种，如属合格，择日进号，名为‘请进’。”①

徽州年轻人常常十几岁就去长辈、亲戚的店里做事学本事。这一现象可以在胡适先生的口述著作里得到印证：“我们徽州人通常在十一二岁时便到城市里去学生意。最初多半是在自家长辈或亲戚的店铺里当学徒。在历时三年的学徒期间，他们是没有薪金的；其后则稍有报酬。直至学徒（和实习）期满，至二十一二岁时，他们可以享有带薪婚假三个月，还乡结婚。婚嫁期满，他们又只身返回原来店铺，继续经商。自此以后，他们每三年便有三个月的带薪假期，返乡探亲。所以徽州人有句土语，叫‘一世夫妻三年半’。那就是说，一对夫妇的婚后生活至多不过三十六年或四十二年，但是他们一辈子在一起同居的时间，实际上不过三十六个月或四十二个月——也就是三年或三年半了。”② 由此可见，徽州人在外从商经历了种种辛苦，甚至还要面临家庭生活的不健全，少年自幼出外谋生，哪怕是在长辈、亲戚的手底下做事，也受到店里规定的约束，假期可返乡探亲的机会少之又少。也许正是有这种辛苦磨炼的经历，徽商才能发展壮大，最终成为一支实力雄厚的商帮。

无论是晋商还是徽商，当时很多著名的大商人，都是通过

---

① 卫聚贤．山西票号史．转引自山西票号史料（增订本）．太原：山西经济出版社，2002

② 胡适．口述自传．南京：江苏文艺出版社，1995

当学徒起家的。比如胡雪岩等，就是从当钱庄学徒起家，凭借自己聪明的经商头脑、好学肯干的勤奋精神，在实践中学习经商之道，逐渐成长为一代大商贾，在徽商史上书写了传奇故事。

四、晋徽商帮组织职位设置及人员聘用配置原则

明清晋徽商号，由于经营的规模较大，商业涉及面比较广泛，雇佣伙计数量庞大，商户组织层次多，工作职位体系比较健全，员工隶属及劳动关系相当复杂。例如，徽商内部人员可以分为商人、代理人、副手、掌计、伙计、雇工和学徒等多个层次，多半采用同族之人担任以上这些角色，通过宗法制度对店铺进行管理约束，将族规当作“号规”，并紧密融入日常从商行为和商业活动之中。“商人”相当于店铺的“财东”，同时拥有经营权、所有权，直接参与经营管理；“代理人”则是受财东委托帮助店铺管理日常营业而设，类似于晋商组织中的“大掌柜”，但是经营却相对独立，多由与财东本人亲近的族人担任；“副手”是比代理人稍微低一个级别的职位，充当的是“商人”之助手，主要是扮演财东商人与掌计之间的联系交流角色，并为财东收集商业信息，起到一定的参谋作用，同时也在店铺日常经营中充当监督的角色，使“商人”可以充分利用商业信息作出最有利于店铺的决策，此外还充当店铺里主要的应酬角色，联络官府、联系同行，均是副手的分内之事；“掌计”是财东手底下各个铺子具体的管理人员，一般由能力超群的伙计擢升，担负采购、销售、谈判等实际业务，相当于商号“分公司经理”一职。至于“伙计”“雇工”和“学徒”则是徽商普通雇员，工作职能比较类似，主要是处理

店内的日常事务；“学徒”相当于“实习生”或“试用期员工”，从“学徒”到“伙计”“雇工”的转变，往往要经历一个长达三年之久的学习考察期。

在“选人看乡亲”的同时，晋徽商组织管理者在用人上都特别注意“择优保荐，破格提拔”。“择优”就是选择优秀的人才，“保荐”即实行担保制度，即所用之人必须有一定地位的人担保，被保人的问题由保荐人负责；对优秀人才打破常规，破格任用。明代晋徽商号对员工的选择很苛刻，注重挑选德才兼备者为用。比如：徽商之副手（也称掌计），“其人皆铢两不私，故能以身得幸于大贾而无疑”；[①] 晋商之伙计，“其人以行止相高，……虽不誓而无私藏。祖父或以字母息丐贷于人而道亡，贷者业舍数十年矣。子孙生儿有知，更焦劳作以还其贷。则他人有居积者，争欲得斯人以为伙计，谓其不忘死，肯背生也”；[②] 洞庭商之伙计，“平日勤俭忠信有余，虽无立锥之地而千金重托不以为异……富家欲以资本托人谋利，求之唯恐不得也”；又如“素无浮浪之名而适遭蹇厄之时者，……人人慷慨，不待其告贷求领也；至若游手不羁以无行致困者，则虽求告亦无从耳”。[③] 这都反映出晋徽商人们在选择人才时的慎重和理性。

晋商票号的东家，也通晓“审慎选人，疑人不用，用人不疑”的奥妙，并采取定期人事考核的办法，优胜劣汰、奖优罚劣。职员一旦被选用，就成为“伙计”，商号将以诚相待、共同成长、共谋发展，日常管理严格操守“用人不疑”

---

① 顾炎武、肇域志．续修四库全书本（江南十一·徽州府）

② 沈思孝．晋录．四库全书存目丛书本

③ 王维德．林屋民风．四库全书存目丛书本（卷七）

原则。晋商票号普遍实行“总号大掌柜独裁制”，也就是说，东家会授大掌柜以全权，不设监事会，大掌柜一个人决定资金运用、业务往来、人员进出和内部管理；大掌柜则“受人之托，忠人之事”，绝不侥幸冒险。东家还自定制约，不能随便让“三爷”（即少爷、姑爷、舅爷等直系亲属）参与号事，同时也很注意通过严格的“号规”来对员工进行约束，进而规范其日常从商行为，降低了用人不当的风险。

五、晋徽商帮组织劳动关系中的宗法规制及激励机制

在组织制度层面来看，劳动关系的形成包括两个层面：一是人伦关系上的“方圆”（非正式制度安排），二是行为规范上的“规矩”（正式制度）。二者相辅相成，在修炼次序上往往前者要以后者做基础，“建章立制”在先，“文化融合”跟后。但是，从组织制度常态运营来看，彼此互为因果，“建章立制”又要有一定的“文化融合”为前提和指引，而且实际情况千变万化、错综复杂，难分先后，你中有我、我中有你。尤其是在宗法人伦关系盘根错节的晋商徽商组织中，这种“没有规矩，无以成方圆”的情况就更为微妙了。徽商将宗法制度移植融合到商业贸易活动，其组织劳动关系的协同调控主要是以宗族规制为基础，所雇佣职位基本都由宗族内相关人员担任，宗法家规对员工行为具有极大约束力。徽商多在经商之地修建宗祠，除了平日祭祀祖先之外，对商户内各级人员的调用、分配、擢升等均在此进行，伙计、雇员同时也是“族人”身份，同族之人往往“知根知底”，便于沟通交流，形成和谐劳动关系。如在浙江桐庐县经商的徽商吴荣，“立宗祠，祠本

宗，置田以共祀事如向法……召门内贫子弟，悉授之事而食之。诸弟子若诸舍人，无虑数十百指”。[①] 这种宗族化的劳动关系治理模式，有利于维系商人宗族群体的相互认知，也有利于加强商户内部的凝聚力，对员工形成有效的激励惩罚约束机制，从而最大可能地降低了商业运营成本。晋商企业选择雇员一律从本乡本省挑选，并且还需保荐人提供雇员的人品保证，一旦出事，保荐人负有连带责任。同时雇员多为本乡本省之人，如果出现问题，还有家眷在本地，企业可向家眷追讨。“欲为实习生，先托人向票号说项，票号先向保荐人询问练习生的三代做何事业，再询其本人履历……练习生有保荐人而无押金，将来如有舞弊情事，由当日保荐人赔偿损失。”“如有卷款潜逃，家眷在本地，似可做相当保障……由是观之，山西票庄……清一色地雇佣山西人，不但为本省人谋生计，而且是为了就近监督其家眷，作为保障。”[②] 正是这样的连带责任约束，使得掌柜不会选择短期行为，而是希望这种委托代理关系持续下去。在长期的经营实践中，晋徽商号由有形的“规矩”到无形的“方圆”，循序推进劳动关系契约化管理规范，大力倡导职业信用，注意员工职业精神培养，通过素质、文化和职业教育培训将严格的制度约束内化为职员内在的忠于职守、爱岗敬业精神。

所有权、控制权与剩余索取权制度安排及资本要素组合方式，是反映工商企业组织中人和人之间的劳动关系之重要方面。明清晋徽商帮组织资本运营模式，不仅有自本经营与贷本

---

① 太函集（卷四十七，明政处士吴公儒人陈氏舍葬墓志铭）

② 陈其田．山西票庄考略

经营、独资经营和合资经营、委托经营与非委托经营之分，而且有劳动与资本相互融合实现对人力资本要素长期激励的先进制度安排，说明其劳动关系协同管理已经达到相当完善的制度化程度，其成功经验很值得深入研究和借鉴。从企业产权制度创新角度来看，晋商似乎比徽商举措和贡献更大些，特别是在劳资融合、人力资本股权激励和劳动关系协同调控方面，晋商票号采用具有股份合作制性质的“东伙合作制”，总号与分号之间采用类似现代跨国公司“母子公司”性质的“联号制度”，以及具有针对职业经理人和员工人力资本股权给予长期激励性质和功能的“人身顶股制”，还有在薪资方面采用的准日式“年序工资制”等，都有许多可圈可点之处。

早在明代开始，山西商人就开始运用财东、伙计均可以入股的“东伙合作制”来组织企业，通过合伙投资扩大经营股本、提高市场竞争地位。这种股份制是一种“股份合作制”性质的制度创新，它不仅仅局限于财东与财东之间合成股本扩大经营层面，而是将股东身份扩大到票号员工群体，店铺里的掌柜、伙计，都可以在积累一定积蓄之后，加入票号总股本，即资本—劳动融合，身份合二而一，雇工也可以成为票号股东。这种制度安排，不仅将任何细小的资金流也纳入运营总股本，以“百川纳海”般的效应极其有效地扩充票号总股本规模，也巧妙地将员工个人利益与票号利益紧密地捆绑在一起，对员工具有长期激励效应，从而极大地提高了票号运营的长期可持续性。例如，于清朝道光年间创立的著名平遥票号，“由本城雷履泰最先发明，创办日升昌第一家票号，并设外省各分庄，该号财东系本县西乡达蒲村，其少东前清拨资李五云。该号屡年接管总经理者程大佩、程清胖、郝可久、王启云、张兴邦、郭树柄、梁怀文。该号昔年股本银屡年增加，每股一万两，共三十股，总共资本三十万两，有人力股俸三十余股，人银股共和六十余股。该号屡年所得之利，以四年一账期为开股俸之期，每账每股昔年初开为数百两，后一二千两、四五千两，八九千两至一万余两，最多开过一万六七千两。”① 在东伙合作制下，合伙人股份有“正本”和“副本”以及“银股”和“身股”之分，其入股资本占总运营资本的比重是分享经营利润、分摊亏损份额的依据，是一种基于人力资本与非人力资本产权平等理念、具有长期股权激励功能和效应的制度安排。

人身股制，更大程度上保证了经理人利益与票号利益的高度相关性，也在财东与经理人之间结成了“出资者为银股，出力者为身股……有钱出钱，有力出力，出钱者为东家，出力者为伙计，东伙共而商之”的利益共同体、命运共同体，建立了一种相互信任、彼此制衡的激励约束机制。财东通过身股制对经理人更加信任，愿意给经理人更大经营自主权，使票号运营更加高效、有竞争力且具有长期可持续性；而财东之所以会对经理人更加信任，是建立在经理人对票号具有了“连股连心”的长期激励，极大地降低了“内部人控制”的委托代理风险。加之，晋商用人讲究“用乡不用亲”，形成了一种类似于现代职业经理人市场的声誉约束机制，使经理人行为得到更进一步的规范和约束。既是“用乡”，大掌柜的人选通常是

① 孔祥毅、张正明．晋商研究早期论集（一）．北京：经济管理出版社，2008

同乡之人，一旦出现大掌柜中饱私囊、背叛东家的恶劣现象，那么大掌柜的人格信用毁于一旦，不会再有其他任何东家愿意雇佣，大掌柜面临非常大的背叛成本；又是“不用亲”，那么大掌柜和财东之间没有家庭、宗族关系的羁绊，一旦大掌柜不用心经营导致财东亏损，财东可以严格地惩罚掌柜，而不必碍于亲戚关系网开一面，这就确保了一旦大掌柜背叛东家，一定会付出相当大的代价，不存在侥幸逃避的可能。这样一来，掌柜经营管理行为就得到了更进一步的外部职业市场强制约束。

六、明清晋徽商帮组织劳动关系特点及其借鉴意义

晋徽商帮驰骋中国大江南北、称雄近代商界数百年，取得了辉煌的商业成就。按照传统说法，晋徽商帮是中国“资本主义萌芽”的典型组织形态，既是如此，作为“资本主义基本矛盾”的劳资（资本雇佣劳动）关系，就不能不表现出典型的“萌芽”甚至某些相当“成熟”的形态。我们可以从现代工商企业组织劳动关系“三方协调解决机制”视角，对晋徽商帮组织中劳动关系协同机制、特殊形式、规制特征及制度困境给出条分缕析。

（一）晋徽商帮组织劳动关系主要表现为商号财东及掌柜伙计纵向隶属晋级与横向利益协调过程中，围绕货物贩运贸易或钱庄典当生意活动而展开的错综复杂的宗法族亲关系

在封建官僚体制下，一切社会经济政治关系都是以宗法血亲关系为基础展开的，从“国”（政府官僚组织）到“家”

都由宗法血亲关系“同构”得到，介于“国”与“家”之间的商业组织，诸如晋徽商帮、会馆和商号这样的典型商贸金融组织，其劳动关系的形成和发展无不依托宗法血亲关系，或与宗法血亲关系有着千丝万缕的联系，或者干脆就是宗法血亲关系在地域范围上的扩展、社会经济活动范围上的放大。晋徽商号组织内部的劳动关系，包括财东与职员之间的劳资雇佣关系、委托代理关系、收益分配关系，从财东到大掌柜、二掌柜、三掌柜乃至账房、伙计及学徒等之间的纵向隶属关系和横向利益竞争关系等，都是密切依托商帮、会馆这样的外部社会环境形成和展开的；而晋徽商帮、会馆都是一种以地域、血缘、宗族关系为主要纽带而自发形成的商人利益集团和群体组织，不仅在不同商号同乡、同族的商人间商贸活动中，而且在商号内部劳动关系管理方面，都发挥着信息沟通、情感交流、平等协商、共谋合作和解决纠纷等重要功能。以宗法血亲关系为主要纽带形成的劳动关系，如果通过巧妙的制度安排和管理策略，如晋商票号所实施的“东伙合作制”“顶身股制”“用乡不用亲”等，具有很好的正面效应，以此劳动关系为基础可以形成一种和谐、凝聚、有竞争实力且长期可持续的员工关系。当然，由于宗法血亲关系固有的封闭性、排外性和局限性，以地缘、血缘、宗族为主要纽带形成的劳动关系，也会异化为“任人唯亲”“身份歧视”“近亲繁殖”“逆向淘汰”等负面问题。总之，历时数千年累积形成的宗法血亲关系盘根错节、根深蒂固，时至今日，都对中国各类组织劳动关系的形成、演化和发展有着潜移默化而无法消解的重要影响，这也是我们研究中国劳动关系历史与现实问题不能不聚焦关注的一条主要线索。

（二）晋徽商帮组织劳动关系具有典型而神奇的“非对称稳定性”，商号雇员在强势而人性化的帮会组织管控下表现出很强的归属感和忠诚度，员工在稳定预期下流动性较低

在晋徽商帮组织中，雇员个人是“淹没”在宗法血亲关系网络之中的，他们从工作到生活、从言谈到举止，都被各种强势乃至苛刻、甚至带有某种“黑社会组织”性质的会章号规所约束，在劳动关系中处于一种绝对弱势、被动无助的状态。一个人选择走艰辛经商路，少小离家背井离乡，进店学徒做生意，包括成家立业后“一世夫妻三年半”①，沿着学徒—雇工—伙计—掌计—副手—代理人—商人类似“年功序列制”的职业生涯阶梯一路走来，基本上意味着将自己（的人身自由乃至身家性命）“卖”给商号了。如晋商“号规”规定，员工在票号工作期间，一律不准携带家眷，不准长借短欠，不得兼营他业，不准接待亲友，不准号外串门，不得互相借钱，不得在外惹是非……若有过失不得互相推诿包庇，打架斗殴者开除，拨弄是非者开除，不听指挥调动者开除；学徒5年内不能回家，出师后每3年（或1年）探亲一次，从业人员不得在营业地结婚。有的票号在招录员工时定下很多苛刻甚至不可理喻的条件，“如志成信所定招伙友规则，年龄必须十五以上，二十以下，身高须满五尺，家世清白，五官端正，毫无残缺，语言辩给，举动灵敏，善珠算、精楷书，而保证人必须与总号有利害关系。又如协成乾招收伙友规则，不惮远行者方为合

---

① 胡适．口述自传．南京：江苏文艺出版社，1995

格。然此尚系普通条件，最可笑者，如存义公于普通条件之外，更有创业老板所遗鞋子一双，欲入该庄学业者，必须本人之足，与此鞋适合，方肯收录，此则匪夷所思矣”。[1] 在这样严苛的“号规”管制下，员工个人几乎没有什么“讨价还价”的能力，从业期间也几乎没有什么个人自由、闲暇生活和私人空间可言，劳动关系呈现出典型的“非对称性”。但是，以宗族血亲关系为纽带形成的晋徽商帮组织，其所有者和管理者大都与伙计、学徒一样是“穷苦出身”，很多自己也是从学徒、伙计干起，靠着自己吃苦耐劳、勤勉奋斗才晋升到掌柜经理位置上来的，因此天然地具有某种“人性化”的价值取向，往往能够在运营管理中“设身处地、将心比心”地对待员工，在实行严苛管控的同时能够采取一些“恩威并举、软硬兼施”的管理策略和手段。例如丰厚的薪水待遇、“顶身股”乃至“故身股”激励，或像胡雪岩那样“送你二百两银子一年，年底还有花红”以解员工生活后顾之忧，外加各种“诚信重义，艰苦奋斗”教育培训等，给予雇员以“富有人情味”的外在安抚和内在激励。因此，晋徽商帮组织劳动关系，在极度“非对称性”的同时，又呈现出典型的“非对称稳定性”。

（三）晋徽商帮组织劳动关系调控管理具有显著的契约化制度规范性，以及长短期兼顾、内外在激励约束、软硬兼施的多样化策略和手段，有着很重要的现实借鉴意义

晋徽商帮通过招募甄选人员“铺保制”、基于宗法血亲关

---

① 李渭清．山西太谷银钱业之今昔．中央银行月报，1937（2），转引自山西票号史料（增订本）．太原：山西经济出版社，2002

系的“号规”、具有“年功序列制”性质的职业生涯通道设计，以及旨在培养职业素养和技能的“学徒制”及各种子弟学校教育和培训活动，建立了一整套较为规范的契约化管理体系。特别令人称道的是，晋商票号基于劳资长期合作、共谋发展主旨而实施的“东伙合作制”及“人身顶股制”，具有现代“股份合作制”和“人力资本股权化激励”的典型形态，其在制度设计理念上着眼于“劳资长期合作、和谐可持续发展”的先进理念，在委托代理关系上为预防“内部人控制”并给予内部员工“连股连心”长期激励的现实针对性，以及操作实施系统上的细致周到性、整体完备性和可行性，并且在实施效果上富有成效、确实实现了制度设计的初衷和预期，这在如今看来都是“前无古人、后无来者”的伟大成就。据考，若干年前山西秦嘉集团探索实行的“劳动力持股”股份合作制，就是借鉴模仿百年前晋商“人身顶股制”的做法，而且实施效果未必达到当时晋商所取得的成就，更不要说超越了。考虑到当时的制度大环境——基于宗法血亲关系形成的封建帝制，在这样的时代背景下能够在商帮组织层面设计出这样一种具有长期激励效应和可持续发展指向的契约化制度安排，实在难能可贵，具有很深刻的管理经验体悟和深邃高妙的管理智慧。

此外，值得一提的是，在封建帝制时代，政府对晋徽商帮劳动关系的直接干预和影响极其有限，而且“微乎其微”的作用还主要是通过扶植“红顶商人”，塑造其特殊行政垄断经营地位的角色来间接体现的，而且官商勾连而形成的行政性垄断经营性组织形态，对于其内部劳动关系的平衡协调未必起到正面效应。

第二节　民国时期劳动关系的现代转型

从1912年中华民国临时政府成立以来，一直到1949年中华人民共和国成立，这段内外战乱持续、封建军阀割据、政局动荡变迁、阶级激烈斗争的历史时期，史学界一般统称为“民国时期”。这一时期，在军事、政治方面，表现为内战、革命和抗战；在经济、社会和文化方面，表现为调整、变革和发展。[①] 随着近代工业、手工业、交通运输业、商业等实业发展，共处同一经济协作体中的劳资双方，因经济利益不同而矛盾、冲突；又因互利、共生而合作，劳资合作、矛盾和冲突，构成当时除民族紧张关系外社会政治经济关系的一条主线。其走势、特征、典型事件、特殊困境及出路，往往有着复杂的“问题域”，涉及劳动立法、金融经济政策、党政关系、社会网络、民族矛盾、地域文化、城乡关系和工商管理策略等诸般复杂因素，可以说，劳资关系是所有社会经济关系的综合反映和主要表征。在这样的时代背景下，劳工、资本家、政府以及相关的社会组织、阶级群体、外部势力各方主体还扮演着多重复杂的社会角色，在相互博弈中有冲突斗争，也有妥协合作，形成了错综复杂、千变万化的社会经济关系，需要认真条分缕析才可以辨识之。

一、民国时期的政局、经济及社会状况

中华民国，别称民国，是从清朝灭亡至中华人民共和国建

---

① ［美］费正清．剑桥中华民国史（1912—1949）（上卷）．北京：中国社会科学出版社，1994

立期间的国家名称和年号。这是中国近代历史上一个大动荡大转变时期，一个终结半殖民地半封建帝制王朝、经历资产阶级民主革命转向无产阶级斗争，同时伴随着外族入侵、抵御外敌的“内忧外患”历史阶段。

从民国政局变迁整合历程来看，大致可以分为五个阶段：1912 年 1 月至 1912 年 4 月，中华民国初建，孙中山为首任临时大总统，南京为临时首都；1912 年 4 月至 1927 年，北洋政府统治时期，以袁世凯为首任，北京为首都；1927—1937 年，多元内战时期，南京国民政府统治，南京为首都，其间混战包括北伐张作霖、国民党内战、军阀势力对抗及国共内战；1937—1946 年，国共合作抗战时期，重庆国民政府，重庆为陪都；1946—1949 年，国共内战时期，南京国民政府，南京为首都。另外，1931 年 11 月 7 日至 1937 年 9 月 6 日，中国共产党领导成立了“中华苏维埃共和国”；还有两个伪政权，即伪满洲国（1932 年 3 月 1 日至 1945 年 8 月 15 日）和汪伪国民政府（1940 年 3 月 30 日至 1945 年 8 月 16 日），这两个伪政权虽然不被当时中国国民党政府和中共政权及国际社会所承认，但对该时期中国社会、经济、政治和文化乃至劳动关系等都有一定的影响。

辛亥革命以后至北洋政府统治结束，是中国资本主义经济初步发展的时期，北洋政府为鼓励“实业救国”，增强自身的财政能力，制定了一系列有利于工商企业发展的法规则例（根据初步统计，共计 76 项，其中有 47 项是 1915 年 9 月以前颁布）。1927 年，国民党政府成立后，着手清理和整顿经济，制定经济法规和政策措施，进行经济领域的法制建设，恢复和维持经济秩序，加强和规范经济管理，以巩固政权的经济基础，其经济政策核心主题就是建立和扩大国家垄断资本，为推行和强化集权统治提供物质后盾。

在政府干预下，民国时期整个社会经济状况大致呈现出如下几大特点：一是经济总量略有增长，但人均产值没有变化；二是经济结构以农业/农村经济为主体（大约占75%的人口、65%的产出），非农业经济（以半现代的通商口岸城市为主要基地）为辅助，并在区域、行业间表现出一系列不平衡特征；三是人口结构出现非农转化，城市化发展趋势渐显；四是受外部国际环境因素影响，中国沿海局部区域逐步开放，但政府对经济干预及调控力度有限，未能根本改变广大农村贫穷落后的经济社会面貌。

二、民国时期工商企业劳资关系总体特征

鸦片战争后，随着西方列强入侵、封建王朝解体和民族资本主义发展，外国商品和资本大量输入，中国传统自然经济解体，各地出现了许多贫困破产的农民和手工业者，成为没有资产、只有靠出卖劳动力维生的雇佣工人；与此同时，外来资本借助封建买办渗入中国市场，传统士绅与商人转身投资工业，纷纷建厂兴办实业，由此形成一种新型的社会经济关系，即劳资雇佣契约关系。按照传统习惯，民国时期的工商企业主多被视作资本家或资产阶级，简称为“资方”；而劳动者多是失去土地和生产资料的务工农民与苦力工人，简称作“劳工”。民国时期，由于劳动关系受政府干预、外国势力、民族战争、阶级斗争和暴力革命等多种因素影响，劳动关系各方主体都在民国社会经济舞台上扮演多重复杂的身份与角色，因此工商企业劳动关系实际表现形态也极其错综复杂，其总体态势和特征可

以归纳为：劳资主体多元，雇佣模式多样，劳资关系复杂，资方无比强势，劳工地位卑微，矛盾冲突激烈。

旧中国资本主义企业中的雇佣模式，大致有两类：一类是自由雇佣制，其主要形式有招工头制、私人推介或招考制、聘用制以及临时工制；另一类是特殊雇佣制，包括包工制、学徒工制、养成工制及包身工制等。后一类雇佣制度具有超经济强制性质，劳工社会地位更为低下，劳动生活更为悲惨；后经工人运动，20 世纪三四十年代以后，包工制和包身工制逐渐减少，学徒制和养成工制也有所调整，劳工所受的压迫和束缚有所减轻和放松。由于近代中国劳动关系主体多元，雇佣方式多样，劳资之间的关系结构表现得极其复杂。①

从劳动者方面来看，所谓“劳工”，即在工厂从事生产以谋生计者，或泛指以劳动换取工银维持生计者。民国时期，有学者将工业劳动者、农业劳动者与居间工作者，统归于“劳工”之列，其中，居间工作者包括运输工、码头苦力、店铺店员等。还有学者将一切“自食其力者”或“劳动分子”，凡执其艺发挥其本能而为社会劳动服务者，乃至学校教授、报馆记者皆称为劳工。南京国民政府实业部劳动年鉴编纂委员会曾将农民也列入“劳工”范畴。采用劳动关系界的共识，我们将“劳工”界定为除农民之外所有以劳动换取工钱者，劳工群体涉及男女民工、未成年童工、军队劳役、海外宗主国及其殖民地来华劳工等。

从资本方面来看，凡雇佣劳工、职员者，即为“雇主”

---

① 吴大昌、刘克祥．中国近代经济史（1927—1937）．北京：人民出版社，2012

或“资方”，代表雇主行使管理权者亦涵盖在内，雇主方涉及的群体有外国资本家、封建王朝、民国政府、军阀、政府官员、民族资本家、封建地主等群体。从企业资本属性论，民国时期的“资”分外国资本所有者、民族资本，后者又分为中央国有资本、地方政府所有制资本和私人资本，而私人企业中还有一种私人创办但有党政官员入股的企业。有关研究表明，抗战爆发以前，中国工矿企业中民营经济占有绝对优势地位，除了交通邮政以及军工行业以外，国有工矿企业不仅为数甚少，而且基本上没有什么大型的国有企业和大规模的国有企业系统。[①]

从居间调节的政府角色来看，也具有多元性，包括各侵略国政府在华机构、民国政府（北洋政府和南京国民政府）、地方军阀政府、解放区政府等，都在各自辖区（主要聚集在军事、加工、制造和轻工业等产业以及沿海港口等大中城市）的外资企业、政府经营企业、官商合办企业和民族资本主义企业劳动关系及其管理中发挥着某些调节作用，并发生错综复杂的交织关系。[②]

无论是何种类型企业的劳动关系，由于政府角色普遍具有偏态干预倾向，劳工地位通常都极其低下，无论是政治权利还是经济利益都得不到有效保障。例如，帝国主义列强在华企业的劳动关系，往往受到签订的“不平等条约”约束，中国劳工在劳动关系中处于偏态的受压迫、受歧视地位；清政府或民国政府直接经营企业中的劳动关系，往往由代表封建统治阶级

---

① 田彤．民国时期劳资关系史研究的回顾与思考．历史研究，2011（1）

② 田彤．民国时期劳资关系史研究的回顾与思考．历史研究，2011（1）

或资产阶级利益的政府出资，劳工往往在政治权利上被打压、在经济利益上受盘剥；政府官员和民间资本合营企业的劳动关系，具有官僚买办性质，劳工被剥削的情况依然很严重；典型民间私人资本开设企业的劳动关系，其雇主受封建宗法思想影响很大，对劳工有着严苛的管制和约束。

随着中国近代工业迅速发展，工人阶级队伍也不断壮大。据统计，1912 年，全国煤矿工人已有 152459 人（不包括外资煤矿），约占当时全国产业工人的 15%；1919 年前后，中国产业工人总数约为 288.5 万人，其中矿业工人约 70 万。[①] 但是，面对低微的工资收入，超长的工作时间，过高的劳动强度，恶劣的工作条件，以及经常性的劳动事故和家常便饭般的工头严酷打骂，劳工身心备受摧残。受到十月革命和五四运动的影响，劳工革命运动日益频繁，各地罢工事件此起彼伏，劳资关系日趋紧张。据统计，从 1914—1919 年五四运动爆发前，各地工人群众举行经济性质的罢工即达 185 次；1923—1927 年，仅广东地区举行罢工就达 105 次，企业劳动关系越来越表现出对抗性。

激烈的劳资矛盾和冲突多因人事权（雇佣、解雇权）、工资待遇及工作制度而起。在此情况下，虽然有很多外部政治因素影响，但仍有不少雇主及管理者在劳资纠纷中注意体恤工情、为工人主动加薪，力图通过双方磋商解决劳资争议（纠纷、停工、怠工、罢工）。在劳资争议中，资方或主动或被动实行惠工举措、提高待遇、采纳工人建议，一些雇主开办医院、俱乐部、图书室、浴室，采纳八小时工作制，以福利劳

---

① 刘明逵等．中国工人运动史（第 1 卷）．广州：广东人民出版社，1998：73

工。例如，申新三厂甚至营建工人新村，极力营造劳资和谐的企业氛围；商务印书馆、英美烟草公司也曾以米价上涨幅度为加薪标准。也有很多冲突的解决，是通过劳资双方彼此妥协商定契约达成的。[①] 比如，1933—1936 年上海市因团体协约而罢工停业案件，半数以上均是劳资双方互有让步而结束；此外，五卅惨案、五三惨案、九一八事变、一·二八事变和一二·九运动所触发起来的民众爱国反帝浪潮，往往以“民族认同”代替“阶级利益冲突”，在化解劳资矛盾方面也起到很重要的影响作用。[②]

民国时期，企业劳工劳动环境和条件往往非常恶劣，劳动条件很差，劳动时间很长，劳动强度很高，安全卫生设施极为简陋。据 1929 年《全国工人生活及工业生产报告》记载：“广州 23.94 万工人中，有 1.84 万工人实行每天 14 小时工作制，0.65 万人实行每天 13 小时工作制，2.93 万人实行每天 8 小时工作制，其余实行每天 10 小时或 9 小时工作制。”当时，70 万矿业工人中绝大部分应是煤矿工人，其劳动时间一般都超长。据开滦煤矿 1919—1920 年度各矿工人平均全年工作日数统计：唐山矿 349 天，林西矿 354 天，马家沟矿 351 天，赵各庄矿 355 天。[③] 煤矿终年不见阳光，空气污浊，时刻面临瓦斯爆炸、冒顶、透水、烟尘等危险，导致工伤事故频发、矿难不断。仅以当时中国最大的开滦煤矿为例，井下“大路阔十

---

① 田彤．南京国民政府时期（1927—1937）劳资争议总体概述．近代史学刊．武汉：华中师范大学出版社，2006：127－128

② 汤宜庄．1927—1937 年民族工业命途浅探．苏州大学学报（哲学社会科会版），1988（2）

③ 薛毅．中国近代经济史探微．北京：商务印书馆，2010：348－362

一尺，高十尺，途中昏黑没灯火及种种设备，非常泥泞，路旁有水沟，水深过膝。路中设轨，用骡车运煤。小路阔只七尺，高只四尺半。走的须俯伏行走。顶和两旁用木桩上撑，身首偶触之，煤块纷纷从上下坠。工作的地方非常狭窄，且煤层向上作斜坡，矿工赤身涂炭，屈曲如猬，借一定灯光，在内工作。这种情状，看见的都要想这是宗教里的地狱……空气里夹着煤气、水汽、硫磺气和种种重浊的臭气。气温高至摄氏八十三度，气压大到水银柱三十二寸十分之七（在第八层1466尺下），地面都是水，伸腰须覆在地上”。1907年7月13日《时报》报道："山东新城地方机械局内爆炸，计炸去房屋多间，炸死工匠26名，其中最惨者八九人，皆飞至半天落地。”同年，山东坊子煤井炸药爆炸，炸死华工100余人。①

总之，民国时期劳动关系是复杂多元的，本来是劳工与资方之间的关系，但是由于“内忧外患”特殊历史时期的诸多干扰影响，劳资关系主体身份多重、角色复杂，彼此关系盘根错节。劳资关系及其影响不仅仅局限在工商企业中，也在某种程度主导着全面的社会政治经济关系之走势，再加上当时的帮会、工会、外敌势力、军阀势力、各种夺权内战与抗日战争的影响，使整个民国时期劳动关系显得尤为错综复杂，但在复杂、多元、多样、激烈的劳资冲突中，也表现出以契约协商、协调合作的倾向。

三、民国时期劳工及工商雇主组织发展状况

1840年鸦片战争以后，随着外国廉价商品的大量倾销和

---

①　许元启．唐山劳动状况（二）．新青年，1920（7），第6号，转引自薛毅：中国近代经济史探微．北京：商务印书馆．2010：57

封建剥削的日益加剧，中国自给自足的自然经济开始瓦解，大量农民和手工业者破产，成为中国近代产业的后备军。19世纪中叶，帝国主义列强为倾销其商品和掠夺利用廉价原材料，开始在租界开办轮船修理、原料加工等工厂，由此产生了中国首批产业工人；19世纪60年代，清政府洋务派打着“自强”“求富”的旗号，先后创办一批军事工业和“官办”“官商合办”“官督民办”的民用事业，由此产生了中国第二批产业工人；19世纪70年代开始，在西方科技及工业文明刺激影响下，沿海地区部分绅商也开始投资办实业，于是在中国民族资本企业中诞生了中国第三批产业工人；19世纪90年代，世界资本主义过渡到帝国主义时代，对外侵略方式由商品输出转变为资本输出，外国资本在华投资办厂，产业工人群体进一步扩展。到1914年第一次世界大战前，中国产业工人迅速增加到120万人左右。第一次世界大战爆发后，由于欧洲列强忙于战争无暇东顾，日、美乘机扩大中国市场，中国民族工业进入了一个迅速发展的“黄金时代”。到1919年五四运动前夕，中国产业工人总规模约计260万人，再加上1800万手工业的工人、店员和城市苦力，已经形成一支具有特色的中国近代工人阶级队伍。

中国近代工商组织大体分为三类，即外资企业、官办（国有、国营）企业和民办（私人）企业。鸦片战争后，西方列强在中国开办了大量外资企业，至1936年，除日本占领的东北地区外，各种类型的外国工厂达820多家。以帝国主义在华获取垄断利益而论，抗战爆发之前，外国资本几乎垄断了全部的铁矿、76%的煤矿、60%的电力和50%的棉纺工业。[①] 民

① 李福英．民国时期民营企业集团衰亡的原因探析．浙江社会科学，2008（4）

国时期，中国企业的特点如下：第一，规模较小，中资工厂规模常小于外资工厂，据调查每个工厂资本额平均5万美元左右，动力功率200匹马力，人员规模约200人。第二，组织方式较传统，合股公司占25%左右，长期投资动力不足，对于民族资本家来说，购置农田和城市房地产总是具有很强的吸引力。第三，专业技术及管理人才缺乏，1931年82家纱厂的4000名技术人员中，只有500名接受过正规训练。高层管理一直停留在“官督商办”时期的水平，工头总想摆“长衫客”架子，委托“承包人”（监工、工头）招募童工、苦力干活。① 第四，受政府干预影响较大，特别是1935年后，政府开始大规模直接参与企业活动，强化统制经济，许多民营企业转制为国有企业，经济命脉基本上掌握在政府手中。②

19世纪中叶，在中国从事经济活动的各国商人，便组成各种利益共同体性质的商会。甲午战争以后，民族资本家先后成立了自己的商会组织，其中以“上海总商会”最具影响力。其前身是“上海商业会议公所”，成立于1902年，这是上海也是国内成立最早的商会组织。上海总商会属于近代中国商人自治组织，其势力日益增强，不仅能够摆脱政府限制，而且还有了相当的政治影响。③

“中华全国商会联合会”是民国初年组建的全国性商会组织。1907年，上海、汉口及外洋华商商会发起成立未果；

---

① 以上三个表现特征的相关数据，参见：剑桥中华民国史1912—1949（上卷）．北京：中国社会科学出版社，1994：62－63

② 刘军．晚清和民国时期南北方的企业与政府．财经问题研究，2008（12）

③ 吴大昌、刘克祥．中国近代经济史（1927—1937）．北京：人民出版社，2012

1912 年 6 月，汉口商会重新倡议建立；最终于 1913 年才在上海正式成立。该会章程宣布："本会完全由各省区总商会暨华侨各商务总会所组织。对外则伸张国势、维护商权，对内则振兴工商，抵抗外人经济侵略，为全国商界唯一之最高法团。"①由于时处北洋军阀统治时期，军阀混战、各自为政，商联会很少能聚在一起议事。1918 年前，几乎每年召开全国代表大会，1920 年以后仅开过两次会，1925 年后则从未开过大会。1927 年 12 月，上海三商会（上海总商会、闸北商会、南市商会）发起召集国民党统治下的各省商会代表到上海开会，成立各省商会联合会，并在此基础上重新成立全国商联会，各地商会迅速自动改组并加入，使一度涣散的商人组织重新整合，以应对形势的变化。商会组织模式由议董制改为委员制。议董制下，商会会员分五等：会友、会员、议董、协理、总理，主要决策机构是议董成员，会员、议董、协理、总理构成商会的实体部分，会友则是其延伸的外围部分；委员制下，总理改称为会长，议董则分为监察委员、执行委员。议董制下的权能组织比较简单，权力主要集中在总理、协理手中，议董会成为主要决策的执行机关，专制色彩较浓，对会员的要求以道德和资产两方面为准；委员制下，对会员要求以资产为主，权力行使以集体领导为主，而且还有一定的监察机构，监察委员的权力行使过程、构成机制都较复杂，因而具有较强的现代社团组织气息。在组织结构上，新商会原本力图更新组织、团结力量，但始终摆脱不了封建亲缘、地缘关系的掣肘和纠结。例如，以上海总商会为首的南方各省商会主张设商联会总机关于上海，以

---

① 天津商会档案汇编（1928—1937）. 天津：天津人民出版社，1996：525

北京为首的北方各省主张设总机关于北京，最后经折中，在北京成立商联会总部，在上海设立商联会总事务所，结果，一个组织设两个总机构且相隔千里，显然不利于统一展开工作。商联会历届选举都存在派系之争，由于各商会由本地的各行业行帮和企业自愿联合组成，商会对他们没有行政统制能力。更重要的是，南京政府建立后，随即对以商会为首的民间社团进行了强制性整顿，先后颁布《商会法》《工商同业公会法》，改组上海总商会，倡建商民协会来分割其权力甚至取而代之。中国商会最后一次现代化努力失败之后，只得回复到传统的“绅商”地位。①

商会作为工商业主组织，在中国早期现代化过程中发挥着双重作用：一是促进了资产阶级本身从分化到整合的现代化转型；二是促进了经济和政治向资本主义工业化和民主化的现代化转型。② 总的来看，民国时期中国商会组织的自治效率及其对劳动关系的社会化调控功能呈现出一个由强减弱的过程。

四、民国时期政府在协调劳动关系方面的政策导向

国际劳工标准及其对民国劳动立法的影响。1919 年 6 月，国际劳工组织（International Labor Organization，简称 ILO）正式宣告成立，国际劳工大会（International Labor Conference）是其最高权力机关。国际劳工组织通过大量公约和建议书，为各国的劳动及社会保障立法设立国际基准。1927 年，国际劳

① 王仲. 民国时期商会自身的现代化（1927—1937）——以苏州商会为例. 苏州大学学报（哲学社会科学版），2006（1）

② 虞和平. 商会与中国早期现代化. 上海：上海人民出版社，1993

工组织发起并组建了国家互助救济金会与疾病保险金国际会议。与此同时，国际劳工组织又相继通过了劳动工伤补偿公约（1925 年）、疾病保险公约（1927 年）、残疾、养老及遗属保险公约（1933 年）、失业给付公约（1934 年）、移民年金权保有公约（1935 年）等国际劳动保障立法性文件，尽管都不具有强制执行性，但为国际鼓励、学习立法保护劳工权益提供了平台、机会、准则和榜样。一旦成员国批准了相关劳工公约，不能随时废改，而且实行上要接受监督。依照国际劳工组织的有关规定，凡是国际联盟的会员国，同时为国际劳工组织的会员国，由此中国也就成为国际劳工组织的原始会员国之一。从 1919 年到 1928 年，国际劳工组织先后召开了 11 届国际劳工大会，除 1920 年第二次大会外，民国政府都派有代表参加。国际劳工组织通过或提出的关于国际劳动及社会保障的公约和建议书，为民国政府劳动保障立法提供了可资参照的国际标准，也推动了中国劳动保障的法制化进程，在很大程度上影响和推动了民国政府的劳动及社会保障立法进程，使得中国劳动及社会保障法治制进程迈入现代化的门槛。

北伐前后国民政府的劳工立法及政策。1923 年，民国北京政府颁布了《暂行工厂通则》。虽然内容极其简单，标准很低，而且没有实施的切实保证，但开创了中国劳动立法之先河，也是北洋政府第一项关于劳工社会保障的正式法规。1925 年 4 月，北京政府又根据第 5 次国际劳工大会的建议，在农商部设立工厂监察官，任命汤鹤逸等 6 人为中国第一批工厂监察官。在劳工问题上，孙中山反对阶级斗争，主张在阶级利益调和原则下，通过政府制定劳工立法，以改良工人之生活。1924

年国民党改组，孙中山确立了“联俄、联共、扶助农工”三大政策，积极“制定劳工法，改良劳动者之生活状况，保障劳工团体，并扶助其发展”，并于同年11月，以大元帅令颁布了中国历史上第一个工会立法《工会条例》（21条）。[①]但孙中山“劳资协调”的思想并没有改变。[②] 1926年6月，国民政府即以“巩固后方”为名，颁布了一系列限制工人运动的法令，如：同年8月16日颁布的《劳资仲裁会议组织条例》，声称为了“解决劳资间的一切纠纷，以免事件扩大，而影响到整个的革命运动的进展”，[③] 实质是限制工人罢工；同时颁布的《劳工仲裁条例》，声称旨在“解决劳工组织间之争执”，规定工人无论何时，不得有“聚众携械斗殴”，“违反警律”或“危害公安”的行动；[④] 同年12月，国民政府政治委员会临时

---

① 据有关研究，孙中山早在1922年2月23日就在广东颁布了一部《工会条例》。见王玉平：《关于我国第一部工会法的产生、内容与评价》，载于《中国工人运动史研究文集》，北京：中国工人出版社，2000年版，第439页。另外，1923年2月24日，北洋军阀政府大总统黎元洪发表总统令，责主管部门拟定工会法案，当农商部草拟的《工人协会法草案》提交国会后，护法战争爆发，黎元洪被驱逐，国会被解散，该法案遂成为废案。见 Lin Tung – hai. The Labour Movement and Labour Legislation in China，Shanghai：China United Press，1933

② 从《中国国民党第一次全国代表大会宣言》、孙中山以大元帅令颁布的《工会条例》二十一条，以及孙中山对工人团体和其他社会团体的一些重要演说，如《工人救国的途径：民国十三年劳动纪念日对各国工团演说词》《民生主义与工人：对桂林七十六团体欢迎会演说词》《实行社会革命的必要：元年四月对同盟会饯别演说词》《社会主义派别及批评：元年对中国社会党讲演词》《社会问题的谈话：民国八年六月与戴季陶氏社会问题之谈话》等文献中，可以看到孙中山始终强调“劳资协调”。这些演说收录于《总理关于工人的遗教》，中国国民党中央执行委员会宣传部印，1929年。转引自冯同庆：《劳动关系理论研究》，北京：中国工人出版社，2012年版，第310页

③ 骆传华．今日中国劳工问题．上海：上海青年协会书局，1933：161

④ 参见国民政府劳工仲裁条例（1926年8月16日通过）。转引自刘明逵：中国工人阶级历史状况．北京：中共中央党校出版社，1985：744

会议通过的《关于工人运动决议案》规定：金融、交通、军用事业、粮食及与公共生活有直接关系的事业，“一律不准罢工”。[①] 客观地说，当时工人运动演化过程中确实有“左”的倾向，但国民政府颁布法令总的出发点不是规范而是限制工人运动。这个时期，在国民政府控制地区还颁布了一些区域性工厂条例，如《湖北临时工厂条例》（1926 年 12 月 21 日湖北政务会议第 16 次会议通过）、《工厂法草案》（1927 年 4 月广东农工厅拟）、《陕甘区域内之临时劳动法》（冯玉祥 1927 年在西安公布）等，其宗旨都是为解决劳资纠纷“以资准则”。[②] 但是，由于当时政局混乱，这些劳工法律基本上没有得以实施。

南京国民政府劳工立法及政策。国民政府定都南京后，为确保社会安全，以适应国防民生需要，为发展劳工组织、提高劳工地位、改善劳工生活、促进劳资合作、调节劳力供求、增进劳动效能及加强国际劳工组织合作联系，先后颁行了工会法、工厂法、团体协约法、劳资争议处理法、工厂检查法、职业介绍法及最低工资法，形成了一整套劳工法规政策体系，并在社会部下专设劳动局、工矿检查处及社会保险局，以掌理劳力供求调节、技工调查登记等事项。[③]

相继批准履行国际劳工组织立法公约。南京国民政府颁布的各项劳工法规，其中不少内容参考了国际劳工公约和建议书

① 转引自刘明逵．中国工人阶级历史状况．北京：中共中央党校出版社，1985：745

② 参见湖北临时工厂条例．转引自刘明逵．中国工人阶级历史状况．北京：中共中央党校出版社，1985：697

③ 参见中华民国史档案资料汇编（财政经济：四）．南京：江苏古籍出版社，1994

的有关规定。从 1930 年起，国民党政府相继批准了 14 个国际劳工公约，包括关于最低工资的公约、工业工人每周应有一日休息之公约、农业工人集会结社权之公约、外国工人与本国工人关于灾害赔偿应受同等待遇之公约、确定准许使用儿童于工业工作的最低年龄的公约、妇女受雇于各种矿场井下工作的公约，以及关于海员和船舶装卸工人的几个公约。基于关于最低工资的公约，1934 年颁布了《国营企业最低工资暂行办法》，1936 年又正式颁布了中国历史上第一部“最低工资法”，即便未被批准的公约和建议书也对国民政府劳动及社会保障立法产生了很大影响。1934 年，国民政府代表李平衡在第 18 届国际劳工大会上演讲时说：“目前中国，虽未达到工业发达之阶段，但工业工人已达二百万左右，而且其人数增加极速。因此，中国政府无论如何困难，必尽力设法保护此辈工人，除已实行工厂法、工会法、劳资争议处理法、团体协约法外，更于一九三四年公布工人储蓄暂行办法，尤恐储蓄办法尚不足以资救济工人之生活，现已着手拟订劳工保险法。”如果不问其实际社会效果，而仅仅从法律层面看，这段话基本上反映了在国际劳工组织影响下国民政府劳动及社会保障立法的实际状况。①

继承孙中山“劳资协调主张”，实施“劳工控制”导向政策。南京政府建立后，国民党的劳工政策一方面继承了孙中山劳资协调理论衣钵，另一方面在限制工人运动、控制劳工组织方面走得更远，完全抛弃了孙中山“扶助农工”的政策。首

---

① 岳宗福、吕伟俊．国际劳工组织与民国劳动保障立法．烟台大学学报（哲学社会科学版），2007（1）

先，大力宣扬“劳资协调”，反对阶级斗争，始终强调“工人地位低下、生活痛苦，只是由于国家受帝国主义的侵略和压迫，生产不发达所致”，宣扬劳资协调，阶级调和；① 其次，继续践行孙中山以劳工立法解决劳工问题的政策，在中国历史上第一次以政府名义颁布了一系列劳工法规体系，② 这反映了国民党政府以“法治主义原则”对劳工问题进行常规化治理的努力；但是，国民党劳工政策在导向上逐渐放弃了孙中山“扶助农工”倾向，关于工会的组织结构、工会与政府的关系、工会与执政党的关系、劳工的政治权利、劳工的经济权益等规定，无一不是为方便政府严密控制劳工组织为出发点的。③

民国政府工会立法历程。民国时期工会立法历程可分为三个阶段。1912—1924 年，工会立法从无到有，1912 年《暂行工会条例》第一次系统规定了工会的组织条件和审批程序，工会的职务和监管，工会会员、职员、会费及工会财产的保护

---

① 参见《总理关于工人的遗教》附录中收录的《工人运动目前的纲领——录中央常委会民众训练大纲》《帝国主义压迫下之中国工人——录中央告诫全国工会及工友书》《要阶级调和才能救国——录中央告邮务工友》《工人团结起来——录中央第 175 次常会关于上海邮务罢工问题之决议》等；张德荃所著《农工运动之理论与策略》，所收录的《周佛海氏论民众组织民众运动和民众训练》《陶希圣氏论民众组织的理论和方案》《梅思平氏论民众运动的理论和方案》《萨孟武氏论民众训练的理论和方案》等

② 从 1927 年 7 月南京国民政府设立劳动法起草委员会，到抗战爆发前，国民党政府相继颁布了《工会法》（1929 年颁布，1931 年、1932 年、1933 年修订）、《团体协约法》（1930 年颁布）、《劳资争议处理法》（1930 年颁布、1932 年修订）、《工厂法》（1929 年颁布，1932 年修订）、《工厂检查法》（1931 年 2 月颁布）、《职业介绍所暂行办法》（1931 年 12 月颁布）、《个人储蓄暂行办法》（1932 年 4 月颁布）、《劳工教育实施办法大纲》（1932 年 2 月颁布）、《最低工资法》（1936 年 2 月颁布）、《矿场法》（1936 年 6 月颁布）等

③ 冯同庆. 劳动关系理论研究. 北京：中国工人出版社，2012

措施等，对工会的法律规制初步形成；1924 年修订《工会条例》扩大了工会会员的范围、工会的职责权利，并提高了会费，加强工会财产的保护。1925—1942 年，工会立法上升到国家法立法层面，1929 年《工会法》颁布，提高了工会的设立门槛，增加了对工会团体协约权和罢工权的限制，增加了工会、工会职员及会员的行为禁止条款，同时扩大了主管机关的权力。1943—1949 年，工会法进入嬗变时期，短短几年颁布了三部《工会法》，工会立法更加成熟，相关法律规定更具体，并增加了总工会和联合会的规定。同时，工会立法呈现目的多样性、超前性和波动性等特征。民国时期工会法中最重要的内容，是对劳工结社权、团体协约权和罢工权的规定。劳工结社权是工会组织和进行一切活动的基础；团体协约权是工会维护工人权利的重要方式；罢工权则是保障工会各项权利得到尊重的重要手段。①

中国共产党人在苏区革命实践中，在“新民主主义”理论指导下，不断纠正工人运动的“左”倾错误，逐步形成了一整套“劳资两利”的劳工政策。

五、民国时期劳动关系的时代特征及现实启示

民国时期，劳资双方及其代表团体（工会、商会）围绕劳工工资待遇、雇佣关系、劳动条件及环境等内容，通过直接谈判协商或在中介组织如帮会、政府等调节下谈判协商，为维护自身权益做出了一系列积极抗争，但由于内外战乱及政局动

---

① 朱本霞．民国时期工会法律制度研究．华南理工大学硕士学位论文，2011

荡的复杂原因，劳资双方在矛盾斗争的过程中产生了合作共赢与冲突双输的双重结果。

民国时期政局不稳，国民政府、苏区政府、日伪政权及国外敌对及资本势力，同时控制着中国社会、政治、经济及文化，呈现出“内忧外患，军阀割据，战争不断，阶级斗争，暴力革命”的动荡局面。在这样的时代背景下，劳资双方通过“博弈式”的竞争与合作，孜孜以求各自政治经济利益最大化。就劳工一方来看，有农民、工人、帮派成员等多重身份；资方也同时扮演商人、政员、军人、商会成员等多重角色；政府同样是政出多门、各自为政、多元施权，因此，劳资关系及其治理调和显得错综复杂、风云变幻。劳、资、政及相关的社会团体与阶级群体之间形成了多元多样的利益制衡关系，劳动关系也不仅仅是劳工和资方在工商企业管理领域里的单纯经济关系，而是延伸到社会政治文化各个层面、各个领域，以劳资关系为起点，经过平等契约、集体谈判和多元对抗，形成了包括阶级斗争、工人运动乃至暴力革命等多种极端方式在内的盘根错节的关系网络图景。

尽管如此，虽然民国时期劳动关系是中国劳动关系现代化转型的关键时期，劳资双方的斗争理念、组织与手段呈现出现代劳动关系斗争与合作的双重特性，或者说呈现出向现代劳动关系转型调整的种种迹象。因技术条件、制度环境、经济结构、传统文化及外部环境等因素的影响，民国时期生产方式突破了传统自给自足的农业生产主导状态，开始出现农业生产、手工作坊式生产、简单机器生产和现代机器大生产并存的现代化转型新局面，现代意义上的劳资关系开始在中国广泛出现。

从劳工及劳工组织方面来看，手工业、工业、交通运输业等非农产业的逐步发展壮大，必然导致非农就业人口的增加，并且向大城市、沿海港口城市及铁路干路沿线聚集转移。受西方产业革命、孙中山“三民主义”“五四”新文化运动及共产党革命思想的影响，工人在思想上逐步从封建走向开化、从自发走向自觉，对社会组织化需求越来越迫切。于是，工会等工人组织应运而生，工会发展呈现出从无到有、从小到大的发展趋势，而工人对雇主的人身依附关系、对帮会的依附关系逐渐弱化，并作为独立而庞大的社会群体开始登上历史舞台。

从资方及企业管理者方面来看，受上述因素，特别是民国初期实业救国、救亡图存思想和政策的影响，大量工业企业包括外资企业、国有企业和民营企业大量出现且并存发展，特别是“一战”期间，中国经济迎来了短暂的“黄金时代”，食品加工、纺织、能源、交通等产业快速发展，许多新兴实业家，如穆藕初、荣德生、范旭东、宋棐卿等人将西方先进管理思想与中国企业实践相结合，提出并身体力行地进行了有关科学管理、劳工自治、民主文化等具有现代性意义的管理试验，为构建现代和谐劳动关系提供了难能可贵的早期经验。

从政府及社会第三方力量来看，政府作为中介人对于劳资协调与合作在法规政策上做了一系列努力，其“劳资协调与合作”的治理思想以及以此为指导出台的一系列劳工政策法规，都起到了积极的调整作用。民国初期，百业待兴，受“实业救国”思想和孙中山“三民主义”思想影响，也是为了“广开税源”，北洋政府积极支持兴办实业，支持成立雇主组织——商会、同业工会，同时也支持工人成立工会，以缓解劳资矛盾、维护政局稳定。南京国民政府成立后，政府开始重视劳资关系问题，加强了劳动立法，对企业和工人的行为进行法律规范；但是，受五四运动及共产党领导的“工人运动”冲击，特别是进入抗战时期，蒋介石开始在全国实施经济统制，将金融、能源、铁路等收归国有，大量民营企业发展受到限制，企业商会组织、工人工会组织都受到政府集权管控，国民党政府对工人组织总的来说是保持压制态度，劳资关系调控政策完全以服从于维护国民党政府统治集团利益而转移。总的来看，民国时期政府对劳资关系的治理与调解，基本上坚持了“劳资协调与合作”的思想导向与政策主张，陆续出台了一系列具有现代劳资协调意义的劳工法规政策，而且注意兼顾劳资双方利益，出于巩固政权、稳定社会的目的而扮演中立调和的角色。

尽管有学者指出，国民党政府主张劳资协调与合作是为了巩固统治政权和稳定社会秩序，但抛开政治权力动机，从劳动关系调节与管理的角度来看，国民政府这种“劳资协调与合作”的思想导向与政策主张，对于促进构建和谐劳动关系是有积极推动作用的。民国是中国近代工业与商业迅速崛起和发展的重要时期，但仍然处于从农业国到工业国转型演变的初期，工商企业组织各方面的管理，包括关于劳动关系问题的应对和协调，在相当大的程度上处在一种“试错”式的试验探索期，各方在劳资关系及其协调过程中，为了维护各自切身利益而采取竞争、妥协、合作、调整、治理乃至激励斗争冲突的行为，都是可以理解的，也是社会利益关系调整及现代化转型必须经历的一种博弈过程。

国民党政府在协调与治理劳资关系的过程中，并不是仅仅站在资本家立场来反对和控制工人，也不是站在工人立场来打击和压制资本家，而是兼顾双方利益、促进劳资合作，以实现经济增长、社会稳定、政权巩固和财政充盈为目的。据相关历史资料显示，当时的国民党政权对社会各种阶级和利益群体的管控能力并不强大，劳资矛盾与冲突以及由此带来的无产阶级和资产阶级、工会与帮会及资本家商会团体、本国经济与外资势力之间的一系列社会矛盾，足以撕裂其政权基础，无论劳资哪一方出现有碍于劳资双方协调合作发展的行为，都会直接危及国民党统治集团切身利益。因此，面对劳资矛盾，政府更多扮演的是一种“家长”角色，不想偏袒任何一方，只想让双方在协调合作的过程中良性发展；当出现纠纷与冲突时，往往会动用其法律强制力乃至社会第三方组织力量来加以调和解决。民国时期的很多劳资纠纷与冲突案件史料都显示，政府与劳资双方都有利益一致与冲突的情况，有政府站在劳工立场打压资本家的史实，也有站在资本家的立场管控劳工的史实。简言之，无论出于什么具体动机，国民政府对劳资关系的治理与调整，往往是兼顾劳资双方利益的。

难能可贵的是，基于国际劳工组织的倡导和国内各种社会关系的客观需要，国民党政府出台的很多政策法规已具有现代劳动法的意义。当然，当时很多政策法规，是在孙中山“三民主义”劳资协调理论思想的引导下，结合国际劳工组织的法律导向，针对中国工商企业在初级发展阶段的劳动关系状况而制定的，并没有经过多么严密科学的论证，劳工政策与法规自然有很多与现实不符的地方。而且，劳工政策法规缺乏系统、公正、统一的法律基础做保障，再加之内外战乱与阶级斗争等因素影响，以及国民政府在财力、物力、人力等方面的资源不足，当时很多看似有效合理的法规政策其实仅仅停留在了法律文本上，并没有得到有效的实施，很多时候往往是在劳资协调的大原则下“哪里有火哪里灭”，没有形成系统性的“一揽子”解决对策。

对于劳工和资方集体行动，如工会与商会的合法正规的集体谈判、罢工等运动，政府出台了相关法规政策给予了保障，但没有较好地掌控“自由斗争”的度，往往造成“失控”状态。民国时期，劳工与工会组织的请愿、谈判、罢工等行为频繁发生，乃至帮派争斗、群体冲突、武力对抗行为也为数不少。劳工群体不愿意忍气吞声地工作，往往借着“发扬民族团结、抵抗外敌入侵、抵制外资洋货、支持民族工业、打击封建剥削、倡导三民主义”形成高度凝聚力，对资方各种剥削欺压采取直接抗争行动。资本家和企业主们，虽然代表着资产阶级利益，但面对国民党政府管控及其他各种政权及势力的影响，似乎并没有强大的政治后盾和社会基础。因此，在面对劳工对抗行为时，往往采取企业内部教育、科学管理、契约谈判等方式积极协调劳资关系的策略。有些管理举措已经较为人性化，取得了双赢效果；当然，面对来自劳工的“利益侵害”行为，资本家通常也毫不手软，会采取停工、解雇员工、借助流氓势力镇压等进行还击，有时甚至不惜以对抗政府为代价。在调整和治理劳资双方的矛盾、纠纷及冲突时，政府面对相互对峙、“自由斗争”的劳资两方，只能进行“博弈权变式”的调控处置，往往导致“里外不是人，两面不讨好”的混乱尴尬局面。

此外，帮会在调处民国时期劳动关系中发挥了一定的积极作用，政府通过帮会平息工潮，资方通过帮会寻求法律制度之外的保护，工人也通过帮会维护自身微弱的利益；但受帮会自身封建宗法性质的局限和影响，依靠帮会力量调控劳动关系，正常劳动力市场机制必然遭到扭曲，劳资双方都可能成为其盘剥的对象，尤其是工人一方，其对帮会形成超越法律契约的封建人身依附关系，使之在劳资关系更处于被动、弱势和无奈的状态，如此，要形成现代和谐劳动关系根本无从谈起。

总的来看，民国时期劳资关系在“冲突斗争”中有“协调合作”，冲突中有合作的愿望，合作中有冲突的隐患；在内外战乱和多元社会变革中，各种错综复杂的政治力量和利益群体，以劳动关系为主线形成了多元复杂的竞合关系。民国时期劳动关系及其调控实践具有非常重要的现实启示意义。其难能可贵的经验有：政府等中介组织在劳资关系处理中发挥着重要作用；完善的劳动立法是有效处理劳动关系的重要保障；企业可以通过科学的管理、人性化的关怀，积极缓解劳资矛盾；工人可以通过工会组织表达意见、维护利益，协调同资方的矛盾。在错综复杂的外部环境影响下，民国时期劳资关系调控实践也有不少值得汲取的教训，诸如：无论对于资方还是劳工来说，明晰的产权保护制度是调解利益关系的关键，今天通过合法劳动、诚信经营得来的财产，明天就可能被他人剥夺；政府权力如果得不到有效的约束或控制，再完备的法律制度也将形同虚设，劳动者合法权益得不到有效保护；劳资是一体两面的关系，谁都离不开谁，相互敌对，双方都会受损。平等协商、真诚合作是处理劳资矛盾、化解劳资冲突、构建和谐劳动关系的必由之路。

第三节　新中国计划经济体制与劳动关系

一、新中国成立初期劳动关系管理的主导思想、聚焦点及成效

中国共产党人在领导新民主主义革命的进程中，逐步形成和完善“劳资两利”的劳动政策主张。其核心思想是：在新民主主义社会条件下的劳资矛盾是非对抗性的，处理劳资矛盾的基本原则是劳资两利，既要保护劳动者利益，同时也要使资本家有利可图；实现劳资两利的主要途径是劳动立法和集体合同；解决劳资纠纷的主要手段是协商、谈判、调解、仲裁；工会要站在工人的立场上进行协商和谈判，而不是站在两个阶级之间进行调解和仲裁。[①] 这些思想和做法，在新中国成立初期中国劳动关系调控和管理实践中曾发挥过重要指导作用。

新中国成立初始，由于连年战争破坏、帝国主义掠夺、国民党政府腐败以及自然灾害的影响，国民经济已濒临崩溃。在劳动关系方面具体表现为：一是由于封建残余制度影响，如搬运行业的“把持制度”、旧煤矿中的“把头制”、纺织业中的“搜身制”等，在国（公）营企业中社会主义新型劳动关系难以建立，劳资双方新旧矛盾交织在一起，处理难度较大。二是存在大量失业人员，据不完全统计，截止到 1950 年 9 月全国

① 冯同庆．劳动关系理论研究．北京：中国工人出版社，2012

失业工人、失业知识分子的总数约有 150 万人，并有不少工人处于半失业状态，还有相当多的旧机构官吏职员需要安置。[①]三是劳动报酬体系极为混乱，工资制度不统一，工资等级及变相名目繁多，工资调整改革难度大。四是工人劳动条件比较恶劣，职工生育、年老、疾病、死亡、负伤、残废缺乏保障。这种情况如不尽快改变，将直接动摇新政权的社会根基。[②]

1949 年 9 月 29 日，中国人民政治协商会议通过了《共同纲领》，确立了工人阶级当家作主的社会地位。人民政府根据《共同纲领》，以毛泽东提出的“发展生产、繁荣经济、公私兼顾、劳资两利”，作为解决劳动工资问题的基本政策指针。在此指导下，中央人民政府颁布了一系列法律、法令和指示，提出：要在企业实行民主改革，废除封建残余制度和欺压工人的陈规旧章，建立新型的人际关系；在国营、公营企业中建立工厂管理委员会和职工代表大会，实行民主管理，增强工人的主人翁责任感，充分发挥工人的积极性和创造性，提高生产能力；在私人企业中调整劳资关系，在“劳资两利”的原则下，达到发展生产、繁荣经济的目的。为了便于发展生产，改善职工各项生产条件和劳动待遇，劳资双方设立劳资协商会议组织，以平等、自愿、协商为原则，订立集体劳动合同，合理规

---

① 毛齐华．一年来救济失业工人工作的成绩．人民日报，1951 年 5 月 1 日

② 1950 年 4 月 14 日发布的《中共中央关于举行全国救济失业工人运动和筹措救济失业工人基金办法的指示》指出，最近几个月来，各地工商业由于物价稳定及其他种种原因，发生了相当严重的萧条现象，有不少工厂停工，商店倒闭，大大增加了工人的失业痛苦，特别是上海因为受到敌人的封锁和严重轰炸，失业现象最为严重。据不完全统计，上海最近三个月中新失业的工人将近十二万人。失业工人的生活极为困难，已连续发生因生活无出路而自杀的现象……如果我们不能稳定工人群众的情绪，争取工人群众对我们的坚决无保留的拥护，将会造成我们在城市工作中的重大困难，甚至可以动摇到城市中人民政权的基础

定和履行双方的权利义务；在劳资双方发生矛盾和争议时，按劳动争议问题解决程序，通过协商、调节或由法院仲裁处理，力求使矛盾和争议得到公正合理、实事求是地解决，以促进经济的发展。

在国民经济恢复时期，企业职工劳动报酬分配形式基本上有两种。一种是供给制，这是从长期革命战争历史条件下形成的军事共产主义分配制度沿袭而来的，在恢复时期部队和机关工作人员普遍实行，起先实行全国统一的供给标准，并经过调整，实行了“包干制”的供给办法，即将伙食、服装、津贴费用合并发给个人包干使用。另一种是工资制，这是一种由供给制经由“包干制”过渡的办法。新中国成立初期，除了东北地区有比较统一的工资制度外，其他各地工资虽经过若干次调整，但基本上沿袭了国民党政府遗留下来的工资制度。其基本状态是：在产业结构上，轻工业的工资高于重工业；地区结构上，沿海城市、大工业城市的工资水平，过分高于内地和不发达地区；在等级结构上，职工工资等级多、级差小，特别是工作技术性、熟练性及强度性级差极小；工资制度混乱，同一产业部门甚至同一企业内部工资制度不统一，同行业各地工资差别很大，同一职位工资高低差达到 2 倍到 3 倍，有不少企业单位内部同时存在几种工资序列和发放办法，甚至职工任用与工资标准不依据技能和工作成绩，而取决于与主管的私人关系。新中国成立后，各地人民政府为了迅速安定职工情绪，促进生产发展，在对旧人员基本执行“原职原薪”的基础上，对工资制度进行了初步的改革。

总体来看，我国国民经济恢复时期劳动关系调控管理方面有很多可圈可点的地方。这里主要强调两点：第一，在战争还没有结束、阶级矛盾尖锐的大环境下，能够注意按客观经济规律办事，将企业劳动关系问题尽量纳入有关经济政策、法规框架中去解决，坚决贯彻执行“发展生产、繁荣经济、公私兼顾、劳资两利”的基本劳动政策指针，这是难能可贵的。第二，在百业待兴、千头万绪的紊乱情况下，能够充分发挥各级人民政府、司法部门以及工会的立法、执法和监督作用，坚持“按劳分配，同工同酬”原则，并因应实际情形而变实施各种劳动管理手段，形成了一个良好、安定的社会经济环境，很好地调动了企业职工的生产积极性和创造性，大大促进了生产发展、经济繁荣和社会稳定，其成效是前所未有的。

二、“一五”“二五”时期劳动关系及其计划管控模式

从 1953 年开始，国家正式制定和实施五年计划，国民经济与社会发展全面实施行政指令性计划经济体制模式。1953—1957 年的第一个五年计划，主要以苏联援建的 156 个建设项目为中心，实施由 694 个大中型建设项目组成的工业建设，以奠定社会主义工业化初步基础，并在此基础上发展部分集体所有制的农业生产合作社，对手工业、私营工商业进行社会主义改造，将之纳入各种形式的国家资本主义轨道，并取得了举世公认的经济成效。1958—1962 年的第二个五年计划，本来是一个稳健而积极的计划，规定了五项基本任务：继续进行以重工业为中心的工业建设，推进国民经济的技术改造，建立中国社会主义工业化的巩固基础；继续完成社会主义改造，巩固和扩大集体所有制和全民所有制；在发展基本建设和继续完成社会主义改造的基础上，进一步发展工业、农业和手工业生产，相应地发展运输业和商业；努力培养建设人才，加强科学研究

工作，以适应社会主义经济文化发展的需要；在工农业生产发展的基础上，增强国防力量，提高人民的物质生活和文化生活的水平。但是，后来受“大跃进”和“反右倾”运动影响，在制定和执行中出现了严重的冒进倾向，许多计划指标不断修正和大幅度提高。1958 年 8 月的北戴河会议提出可以在“二五”间完成“社会主义建设”，为“向共产主义过渡创造条件”，到 1962 年建成“强大的独立完整的工业化体系”，在若干重要产品和产量方面“超过英国，赶上美国”。结果不仅没有实现“赶超”目标，反而导致国民经济主要比例关系失调，连年出现财政赤字，人民生活遇到很大困难。对此，1960 年 9 月，中共中央提出了国民经济“调整、充实、巩固、提高”的“八字方针”，接着进入三年困难及调整时期，五年计划工作及正常的计划经济运作模式被打乱。

1953 年“一五”计划开始实施，国家开始了大规模经济建设，亟须大量劳动力，这为社会创造了大量的就业机会。为了适应国家有计划的经济建设需要，全国范围内进行了劳动就业登记。在登记的失业人员中，具有技术或业务知识、比较容易就业的只占少数，大多数都是就业条件差、难以安置的。针对当时的就业形势，政府提出了“除根据国家建设和经济发展的需要及失业人员的就业条件逐渐介绍就业外，要鼓励失业人员自行就业，自谋生活出路”的方针。为了给自行就业开拓道路，随着劳动就业方针的调整，相应地缩小了统一调配的范围，改变了无所不包的统一调配方法，规定行政机关、团体、学校、军队招用工人、职员，各单位招用临时工，手工业作坊招收学徒，小城镇的工商企业招用工人、店员，私人雇佣保姆、厨师等，均不属于统一调配范围。同时，政府从中央到地方都建立了救济失业人员和介绍就业的专门机构，如救济失业工人委员会、劳动就业委员会等，还在城市普遍设置了劳动介绍所，负责对失业人员进行全面登记，开展就业训练、介绍就业以及救济工作。经过各方努力，到 1957 年，旧社会遗留下来的失业问题基本得到了解决。

当时的企业用工制度，以无限期固定工为主，以临时合同工为辅。在计划经济体制下，企业用工制度大体可以分为两类：一类是固定工制，没有规定使用期限，职工可以根据国家需要在地区、部门和单位之间调配，一般不辞退；另一类是临时工制，包括短期合同工、季节工、农村协议工等，一般都规定一定的试用期，试用期满可以辞退，如果生产（工作）需要经过批准也可以延长试用期。计划经济时期，企业用工制度基本上是以固定工为主，其他用工形式为辅，有时比例大一些，有时比例小一些。固定工制是由过去革命根据地用人制度沿袭下来，被看成体现社会主义制度优越性的特殊用工形式，有职业稳定、免除劳动者后顾之忧的好处，但从企业经营管理角度来看，弊病明显。对此，政府早在 20 世纪五十年代末、六十年代初就曾试图对其进行改革，但由于“文化大革命”爆发，不仅没能改变原有固定工制，反而越走越远，最终滑入“吃大锅饭，端铁饭碗”的制度陷阱。

招收和调配，是计划经济体制下解决国民经济发展需要劳动力的两种基本形式。招收，是根据生产建设和各项工作需要，通过考核和录用从社会上吸收合乎条件的劳动力；调配，是根据生产、工作的需要和人尽其才、合理使用的原则，对在职人员在部分地区、单位之间或内部进行必要的工作调动。劳动力招收和调配，均由行政部门统一按计划进行。

编制定员工作，是随着国民经济的恢复和发展，为了加强劳动力管理而逐步建立和发展起来的。早在 1950 年 3 月，政务院即提出成立全国编制委员会，并规定政府及企业部门编外及多余的人员不得擅自遣散，均由全国和各地编制委员会统一调配使用；各部门各企业如需增加人员，在经过一定机关批准之后，应先向全国编制委员会请求调配，只有调配不足且经一定机关批准时，才能另外招收。

劳动定额工作起步比较早，1950 年就已在东北地区的一些产业部门开展起来，在国民经济恢复时期和第一个五年计划期间，劳动定额工作是结合实行计件工资进行的，所以比较扎实，也比较有成效。1951 年，劳动部和全国总工会联合举办了定额干部训练班，各工业部门也进行了定额专业干部培训，为在全国范围开展劳动定额工作进行了组织准备。劳动定额工作，首先从产品单一、体力劳动所占比重较大、定额比较易于制定的部门，如煤炭、建筑等行业推广开来。1955 年初，劳动部、建工部在原大区或省市建筑工程劳动定额的基础上，编制了全国统一的建筑工程劳动定额。1956 年，国家建委接管了这项工作。1957 年，随着工业管理体制下放，建筑工程劳动定额的编制和管理工作也跟着下放给省（市）负责。下放以后，由于各省（市）的定额水平、定额项目和定额结构形式的不同，无法衡量、比较各地定额水平和工人劳动效率的高低，给编制全国统一预算定额带来困难。由于分散编制建筑工程劳动定额，各地对定额水平的掌握有松有紧，按此计算计件工资或奖励，使各地区之间的工人工资水平出现不合理的差距。为了改变这种状况，1959 年国家又从各省（市）收回建筑工程劳动定额的编制和管理工作，由建筑工程部负责编制全国统一的劳动定额。其他工业部门，一般都统一编制本部门所属各行业的劳动定额标准。企业根据主管部门颁发的劳动定额标准和企业技术组织状况，制定企业的劳动定额标准，报主管部门批准后执行。

通过 1952 年前后的第一次工资改革，1955 年将供给制改为工资制，以及 1956 年第二次工资改革，国家初步建立起以“各尽所能、按劳分配”为基本原则的工资制度，并适度调整产业、部门、地区之间的工资关系。各产业间的工资关系，按照其在国民经济中的重要性，以及技术复杂程度、劳动条件、现实工资状况等划分类别；在每个产业部门内部，又根据企业的重要性、规模大小、技术复杂程度等因素，将所属企业划分类别，为那些重要的、技术复杂而且劳动条件较差的产业或企业，规定较高的工资标准。对于地区之间的工资关系，主要是根据地区发展生产的需要、物价生产水平和现实工资状况，规定不同的货币工资标准，使重点建设地区职工的工资有较大提高，同时现行工资水平较高的沿海城市和其他地区职工工资也稍有提高。各类人员之间的工资关系，首先根据国家有计划经济建设的需要，适当地扩大高级工人和低级工人之间工资标准的差额，熟练工人的工资标准高于非熟练工人的工资标准，高温工作人员的工资标准高于常温工作人员，井下工作人员的工资标准高于井上工作人员，企业干部的工资标准高于国家机关工作人员，工程技术人员的工资标准高于同级管理人员；对于教授、高级科研人员、高级工程技术人员，除规定较高的工资标准外，在科学、技术上有特殊成就的，还可以另发给“特定津贴”。此外，按产业规定了统一的工人工资等级制度，实行八级（少数为七级）工资制、岗位工资制和职务工资制，对于炊事员、勤杂工等服务性人员，则由各省、市、自治区按地区规定统一的工资标准。国家机关工作人员的工资等级制度，按行政工作人员和工程技术人员分别制定，行政工作人员的工资等级制度由 30 个等级组成，工程技术人员的工资等级制度由 18 个等级组成并按产业分为五类。教育、科研、文化、卫生、体育等分别由主管部门制定了全国统一的工资标准。

劳动保险是国家（通过企业）对职工年老、疾病或丧失劳动能力时的一种物质帮助，直接关系到劳动关系和谐及社会稳定，政府历来将之放在非常重要的地位。

鞍钢与大庆，是在高度集中的行政指令性计划控制下两大有典型代表性的大型全民所有制企业（俗称国营企业），它们在特殊时期以特殊路径和方式探索出来的民主化管理经验方法，很值得一提。鞍钢始建于 1916 年，是新中国第一个恢复建设的大型钢铁联合企业和最早建成的钢铁生产基地，被誉为“中国钢铁工业的摇篮”“共和国钢铁工业的长子”。大庆油田，于 1959 年发现、1960 年投入开发建设，由萨尔图、杏树岗、喇嘛甸、朝阳沟等 48 个规模不等的油气田组成，面积约 6000 平方公里，是中国最大的油田，也是世界上为数不多的特大型砂岩油田之一。1959 年 9 月 26 日，以松基三井喜喷工业油流为标志，勘探发现了大庆油田，以铁人王进喜为代表的老一辈石油人，在极其困难的条件下，自力更生、艰苦奋斗，仅用三年时间就拿下大庆油田，一举甩掉了我国贫油落后的帽子，后来由毛泽东号召，成为全国工业领域追捧学习的“典型模范”。这两家全民所有制国营企业在内部管理实践中，分别总结提炼出来的“鞍钢宪法”与“三老四严”

思想方法及实际经验，一度成为举国上下争相学习的典型，影响很大。

在现代市场经济中，工会作为工人利益的代表，在劳资集体谈判、三方协调解决机制中发挥着不可或缺的制衡作用。计划经济时期的中国工会，是沿袭过去革命战争年代组织工人运动经验而在新时期特殊执政需要基础上建立起来的，其职能发生了很大变化。

第四节　转型期中国劳动关系市场契约化发展

一、改革开放初期中国劳动关系及其调控策略

1978 年，党的十一届三中全会召开标志着我国进入了改革开放的历史新时期，到 1992 年党的十四大召开，正式确立以“社会主义市场经济”为改革目标模式，可以归结为中国社会经济市场化转型的探索时期。其间，经历了对于“文革”动乱在政治上的拨乱反正。20 世纪 80 年代，前期以农村改革为中心、中期以城市改革为中心的经济改革与发展，以及后期“治理整顿”的三个阶段期。

“拨乱反正”阶段，党中央和国务院采取了一系列措施解决“文革”时期遗留下来的劳动待业、冗员过多、劳动生产率低下及职工生活欠账过多等问题。1978 年 5 月，国务院发出《关于实行奖励和计件工资制度的通知》，决定在经过整顿的领导班子强、供产销正常、生产任务饱满、管理制度比较健全，以及各种定额和统计、验收等基础工作搞得比较好，各项经济技术指标比较先进的企业，可以有条件、有计划地实行奖

励和计件工资制度。根据国务院通知的精神和两年多试行计件工资的经验，国家计委、国家经委、国家劳动总局联合制定并印发了《国营企业计件工资暂行办法（草案)》，要求各地区、各部门全面试行。1979 年 4 月 16 日，国务院批转国家计划委员会关于清理计划外用工的办法，要求各地区、各部门和企业、事业单位认真清理计划外用工，清理压缩的重点是全民所有制单位在国家劳动计划以外使用的农村劳动力。此外，为了有助于解决企业人员富余的问题，改变“谁减谁补”的传统办法，还采取了职工自然减员缺额指标集中使用的措施。1979 年 5 月 5 日，国家经委、国家计委发出《关于做好企业编制定员和劳动定额工作的通知》，要求凡是能够计算和考核工作量的人员或班组都要实行劳动定额，规定劳动定额要保持先进合理，制定劳动定额要尽可能采用技术测定的方法，制定和修改劳动定额要依靠群众并实行领导、专业人员和工人群众三结合，企业要把工人完成劳动定额的情况作为考核生产成绩、竞赛评比、实行计件、奖励、提高工资待遇的主要依据。1979 年 11 月，有关部门发出通知，试行特定燃料、原材料节约奖，其奖金在节约价值中开支，奖金率根据使用的燃料、电力、原材料价格的高低或降低消耗定额的难易程度确定。为了改进行政事业财务管理制度、充分发挥各行政事业部门的积极性、努力节约经费开支、提高资金使用效果，从 1980 年起，对文教科学卫生事业单位和行政机关试行“预算包干”办法，允许各单位从增收节支中提取一部分作为奖励。这样，实行奖励制度的范围扩展到所有全民所有制单位，但在实际执行过程中出现严重平均主义倾向，有的单位出现竞相多发、滥发奖金的情况。1981 年 11 月，国务院批转《关于实行工业生产经济责任制若干问题的暂行规定》，针对重新实行计件工资制以来出现的新情况和新问题，要求计件工资要与最终产品挂钩，要保证均衡生产、产品配套和生产任务的完成。

1981 年国务院转批《工商行政管理总局向国务院的汇报提纲》，明确指出个体经济是我国多种经济成分的组成部分。1984 年 10 月，党的十二届三中全会通过了《中共中央关于经济体制改革的决定》，明确提出了加快以城市改革为重点的整个经济体制改革的步伐，改革的基本任务是建立“有中国特色的社会主义经济体制”，促进社会生产力的发展。同时，打破了传统上的计划经济与商品经济相对立的思想，指出计划经济是“公有制基础上的有计划的商品经济”，必须自觉运用价值规律，“商品经济的充分发展是社会经济发展的不可逾越的阶段”，并由此启动了以全民所有制企业为主的城市经济体制改革。明确以增强企业活力为“中心环节”，将价格体系改革作为“整个改革成败的关键”，通过简政放权让利使企业真正成为相对独立的经济实体，成为自主经营、自负盈亏的社会主义商品生产者和经营者，成为具有自我改造和自我发展的能力、负有一定权利和义务的法人。放权让利给企业带来了生机和活力，也使得财政状况明显好转。同时，党的十二届三中全会还提出了坚持“多种经济形式和经营方式共同发展”的方针，并随后相继出台《城乡个体工商户管理暂行条例》《三资企业法》《私营企业暂行条例》等政策法规，使非公有制经济取得了长足的发展。1988 年的 4 月 9 日，第七届全国人民代表大会第一次会议通过《中华人民共和国全民所有制工业企业法》，以法律形式明确了企业的法人地位，依照“政企分开，两权分离”的原则，国家应该将属于全民所有的财产授予企业经营管理，企业对国家授予其经营管理的财产享有占有、使用和依法处分的权利。具体措施是实施“承包经营责任制”，对全民所有制企业实行政企职责分开、所有权与经营权分离，完善企业经营机制的全面改革。伴随着国有企业改革和非公有制经济的发展，企业劳动用工权的归属问题也被摆上议事议程。这一时期，国家相继出台了大量法律法规，试图放松对国有企业劳动用人权的管制，并进一步规范其劳动关系管理。但为了鼓励非公有制经济的发展，对其用工形式并没有进行进一步的规范。

劳动法规变革方面。1978 年，党的十一届三中全会分析了我国经济管理体制的一个严重缺陷就是权力过于集中，应该大胆下放，让地方和企业有更多的经营管理自主权。作为经济体制改革的核心环节，国企开始扩权让利的改革试点，主要集中在两个方面：一是以计划经济为主，同时充分重视市场调节的辅助作用，调整国家与企业的关系；二是扩大企业自主权，并且把企业经营好坏同职工的物质利益挂起钩来，着眼于调动企业和职工的积极性主动性。1979 年 7 月，国务院颁布的《关于扩大国营工业企业经营自主权的若干规定》规定了企业拥有一定的劳动用工权，第一次突破了城市劳动力配置的完全计划化，形成了一个具有边际改进意义的政策调整。1981 年 10 月，中央政府在文件中提出，国营企业要实行合同工、临时工、固定工等多种形式的用工制度，逐步做到“能进能出”。1983 年 2 月，劳动人事部下发了《关于积极试行劳动合同制的通知》，从而使原有国家与劳动者之间的直接的、行政的、承包的劳动关系向直接性、契约化、规范化方面调整，弱化了政府直接干预劳动关系并使之渐次从微观劳动关系事务中摆脱出来，让劳动关系双方拥有相互选择、自主决策的权利，为劳动关系主体回归本位、自主走向市场化发展打开了局面。[①] 1986 年 9 月，国务院公布改革劳动制度的四项暂行规定，即《国营企业实行合同制暂行规定》《国营企业招用工人暂行规定》《国营企业辞退违纪职工暂行规定》及《国营企业暂行职工待业保险暂行规定》，这些规定及其实施对于打破传统“大一统、一刀切、无弹性”的国营企业劳动关系起到了重要作用。1988 年 6 月，国务院制定了《私营企业暂行条例》，预示着公有制经济与非公有制经济等多种经济成分并存局面形成[②]，非公有制企业的灵活用工制度成为国企劳动关系改革的标杆，市场竞争力较强、劳动关系契约化管理较规范的外资企业尤其成为国企竞相效尤的对象。[③] 此后，中国劳动关系形成逐渐从行政配置转变为用人单位和劳动者依法在劳动力市场上双向自主选择，劳动关系运行从以政府直接管理为主转变为以市场调节为基础。

---

① 郭军. 中国劳动关系发展演变探析. 中州学刊，2007 (4)

② 据统计，1984—1991 年国有工业产值年平均增长速度仅为 8.3%，而非国有工业产值年平均增长速度则高达 23.9%，其中，集体工业平均仅为 19.7%，城乡个体工业平均为 45.4%，其他经济类型工业平均为 47.3%。1991 年，非国有工业企业产值占工业总产值的比例达到 43.8%，比 1984 年的 30.9% 高出 12.9 个百分点，平均每年提高 5.1%。1978 年，我国工业总产值几乎全部来自国有企业和集体企业，二者占比分别为 77.6% 和 22.4%；1992 年，非公有制企业在工业总产值中的占比则达到 13.4%，国有企业和集体企业占比分别为 51.5% 和 35.1%。随着非公有制经济的蓬勃发展，其从业人员的规模和比例也呈逐年扩大趋势。1978 年，全国城镇从业人口的规模为 8518 万人，国有单位和城镇集体单位的从业人员高达 8513 万人，占比为 99.7%；1993 年，全国城镇就业人口的规模为 15630 万人，国有单位和城镇集体单位的从业人员为 13920 万人，占比降至 89.1%，城镇个体和其他单位的从业人员为 1710 万人，占比上升至 10.9%

③ 易重华. 改革开放后中国劳资关系的形成与演变. 经济研究导刊，2013 (19)

这一时期，计划经济体制下的劳动关系模式依然凸显，劳动关系矛盾、冲突及问题往往呈现出“个别化”“内部化”和“隐性化”的特点。遇到劳动矛盾和问题，由于较多是体制性和政策性层面的，劳动者往往不知所措，不知道通过什么途径和方式才能正当解决。除个别职工采取向行政机关求助的救济措施外，一些职工也通过“磨洋工”等消极对抗策略来表达不满，而企业经营管理人员只能采取“政治思想教育”的方式加以疏导和缓解，劳动关系双方往往通过随机协商、隐性迂回的方式内部解决。① 随着改革深入，国企劳动关系也在发生重大的变革：劳动者由计划经济体制下的国家职工向市场经济体制下的企业劳动者身份转化，企业及其管理者利益主体的身份逐渐明晰，劳动关系形成及运行也由国家调控向市场主导转变，劳动关系双方也由个体利益矛盾逐渐分化为两个需要对等谈判、协商解决的二元利益群体对峙。与此同时，私营企业、乡镇企业、外资企业等非公有制经济体的出现及快速发展，打破了原有公有制企业行政式、一体化的劳动关系格局，以及政府、企业与劳动者间传统意识形态下“根本利益一致”的群体关系，政府和企业逐渐承认不同利益群体诉求，并正视矛盾、应对冲突。

1978 年 10 月，中共四川省委选择了不同行业的 6 家有代表性的企业进行扩大企业自主权的改革试点，逐户核定利润指标，规定当年增产增收目标，允许在年终完成计划以后提留少量利润用作企业基金和给职工发放奖金。1979 年 2 月，扩权试点的范围扩大到 100 家企业。受李先念的委托，国家经委在

---

① 龚基云．转型期中国劳动关系研究．合肥：安徽人民出版社，2006：93

当年 3 月提出了扩权的十条建议，并在 4 月的中央工作会议上得到了认可并原则通过。此后，国家经委和财政部等部门在北京、天津和上海共选择了 8 家企业进行扩权试点，从而正式拉开了中央进行企业改革的序幕。① 在扩大企业自主权改革过程中，国家又先后实施了完善经济责任制、利改税、推行承包制、建立现代企业制度等改革，但“放权让利”一直是国有企业改革的主要政策导向。1984 年 5 月，国务院发布了《关于进一步扩大工业企业自主权的暂行规定》，从生产计划、产品销售、产品价格、物资选购、资金使用、资产处置、机构设置、劳动人事、工资奖金、联合经营 10 个方面进一步扩大了企业自主权。1986 年，国务院发布了《关于深化企业改革增强企业活力的若干规定》。1988 年 4 月，国务院颁发了《全民所有制工业企业法》，明确赋予企业 13 项经营自主权。随着改革进程的不断加速，国企管理层开始享有一定的人事权，特别是在对合同制职工的管理上，拥有了一定的话语权。这样，管理者和劳动者身份得以部分回归，劳动者群体分化为固定工和合同工。自 1986 年恢复劳动仲裁制度起，劳动争议案件的数量呈明显上升趋势。1986 年 10 月至 1987 年底受理 5606 起，1988 年受理 9127 起，1989 年受理 10326 起，1990 年受理 9619 起，这些案件中绝大多数都来自国有企业。1987—1990 年，国有企业劳动争议案件占比分别为 92.3%、89.2%、82.9% 和 83.7%。尽管当时国有企业中固定职工比重较高，但合同制职工的劳动争议数量仍明显高于固定制职工，考虑到

① 陈炎兵、何五星．中国为何如此成功：引领中国走向成功的高层重大决策纪实（1978—2008）．北京：中信出版社，2008

固定工实际上与企业缔结了能进不能出的“终身制”劳动关系，虽然表面上并没有出现显性劳动冲突，但“消极怠工”“窝工内耗”“在家泡病号”等隐性矛盾比较普遍，上班工作时间打扑克、下象棋、看电视、织毛活成为一些企业职工通行的潜规则，因此，当时国企劳动关系状况并不像表面看上去那么“和谐稳定”。据《工人日报》报道，1988 年一项对上海 20 位企业领导、1000 名职工的问卷调查和典型调查：97.5% 的厂长认为职工积极性不高，97.3% 的职工持相同看法；另据重庆市总工会的调查数据显示：认为劳动积极性发挥充分或较充分的受访者占比仅为 21.82%，认为一般化的占 51.92%，不充分的占 15.75%，很不充分的占 6.06%，三项合计为 73.73%。①

相较于国企劳动关系矛盾的内隐性，非公有制企业劳动关系矛盾则更为显性，并表现出一定的对抗性。但由于当时工作重心多围绕经济建设展开，对非公有制企业发展以引导和鼓励为主，相关劳动保护法规政策也滞后、缺失，劳动者在劳动关系中的弱势地位没有受到太多关注，因此，非公有制企业劳动争议案件的数量相对较少，但集体争议案件仍相对较多、社会影响较大。据统计，1986 年 10 月至 1987 年底，外商投资企业、私营企业、城乡集体企业和临时工的劳动争议案件为 85 起，1988 年为 278 起，1989 年为 329 起，1990 年为 419 起。1990 年，处理的集体争议案件只有 419 起，占总案件处理数的 4.4%；涉及的人数为 13206 人，占总案件处理数涉及人数 22837 人的 57.5%，其中，仅广东省就处理了 201 起，涉及人

---

① 林云高．职工劳动积极性的低落及其对策．中国工运学院学报，1988（3）

数 8927 人。以厦门特区为例，自 1988 年下半年起，经厦门特区劳务公司处理并记录在案的集体劳动争议事件达到 14 起，有 2200 多人次参加。其中，独资企业共发生 10 起，合资企业共发生 4 起。这些事件多具有突发性、自发性、短期性、经济性等特点，主要原因有公司领导频繁更换、导致规章制度不够连贯，以及执行劳动合同不严肃、工资福利待遇低下、强制加班、管理人员态度生硬、企业工会组织发挥作用有限等。由于相关政策法规的缺位，非公有制企业中的劳动关系冲突往往难以在法律框架下予以解决，大多需要由当地政府出面协商解决。

这个时期，社会普遍流行的观点认为，与公有制企业不同，非公有制企业特别是三资企业应该拥有较大的用工自主权。只要遵守国家及地方有关法律，工资不低于最低线，其招聘、辞退和处理工人都是正常行为，不应过多干涉指责。再加上相关法律法规对非公有制经济用工的规范并不明确，非公有制经济中的劳动关系事实上面临着无法可依的困境，这也给后期劳动关系矛盾埋下了伏笔。

二、世纪之交中国劳动关系市场契约化转型及问题

1992—2003 年，中国经济体制改革进入了以“建立社会主义市场经济体制”为目标模式的新阶段，经济继续保持快速增长态势，公有制经济在国民经济序列中的比重持续下降，非公有制经济的经济规模则呈持续上升趋势。这一阶段，改革进入“深水区”，劳动关系进一步呈现出多元化、多样化趋势，各种潜在的矛盾和问题逐渐凸显出来。特别值得一提的是，随着改革开放深化，特别是城镇化转型加速，下岗职工规

模持续上升，劳动力市场化流动成为常态。随着户籍管制政策的减弱，大量农村剩余劳动力从农村涌入城镇，并主要进入外企、私企等非公有制经济实体就业。据统计，1992—2003 年，在国有单位和集体单位的城镇就业人口规模从 1.5 亿下降至 7875.5 万人，占城镇就业人员的比重从 81.2% 下降至 30.7%；在私营企业、三资企业和个体单位的城镇就业人口规模则从 1059 万人提高至 5785 万人，占城镇就业人员的比重从 5.9% 提高至 22.6%；农村人口的规模从 8.5 亿人下降至 7.7 亿人，城镇人口占比从 27.5% 上升至 39.1%。除了户籍人口的变化，还有大量的农村剩余劳动力转移至城镇，但并未获得城镇户口，表现为“人户分离”。据 2000 年的全国人口普查数据表明，“人户分离”人口有 1.44 亿人，流动人口的规模达 1.2 亿人，形成所谓的“民工潮”现象。

1992 年，“南方谈话”吹响了市场化改革号角，中央果断调整了治理整顿与改革发展的关系，加大市场化改革力度，并以用工、工资和人事三项制度改革为切入点，全面启动企业劳动关系市场契约化转型，实现用工制度从终身制到合同制，工资与劳动者个人贡献和工作业绩挂钩浮动，并做到人员能进能出、职务能上能下、待遇能升能降。1992 年 10 月，党的十四大报告提出：以公有制为主体的现代企业制度是社会主义市场经济体制的基础。继续深化企业改革，必须解决深层次矛盾，着力进行企业制度的创新，进一步解放和发展生产力。在分配制度上，以按劳分配为主体，其他分配方式为补充，兼顾效率与公平。国有企业打破传统计划工资指标控制模式，建立“市场机制决定，企业自主分配，政府监督调控”的新型工资体制，以市场为导向，由企业根据自身经营效益和当地行业平均工资决定管理人员和职工的分配方式及水平，为企业后续市场契约化劳动关系提供了很好的铺垫。1993 年，党的十四届三中全会指出坚持以公有制为主体、多种经济成分共同发展的方针。在积极促进国有经济和集体经济发展的同时，鼓励个体、私营、外资经济发展，并依法加强管理，提出建立一种“国家宏观调控，企业自主用工，多种形式并存，全员劳动合同”的新型劳动用工制度，要求全体职工（管理技术人员和生产服务人员）与企业订立劳动合同，明确双方的责任、权利和利益，用法律形式规范劳动关系。1994 年 7 月 5 日，八届全国人大常委会第八次会议讨论通过了《中华人民共和国劳动法》（以下简称《劳动法》），并于 1995 年 1 月 1 日正式施行。《劳动法》是中国劳动法体系中的基本法，其正式颁布和实施，对于构建新型、稳定、和谐的市场契约化劳动关系，具有划时代的意义。此后，与之配套的《劳动合同法》《就业促进法》《劳动争议调解仲裁法》等单项法律和法规陆续出台，并逐渐形成一套较为完善的劳动法律体系。

这一时期，劳动关系主体呈现多元化、多样化。国企作为最传统、最主流、最大的雇主组织，由于长期承担了大量的社会及党政管理职能，冗员太多、负担太重是其“沉疴”，因此迫切需要通过改革来“减员增效”。与此同时，一些政府机关干部、科研机构专业技术人员纷纷“下海”，创办“私营”“民营”或具有“国有民营”性质的科技企业，或受聘于私营、民营及外资企业。在城市个体户、私营企业主、中介组织及其从业人员大量出现的同时，大量农村剩余劳动力进入沿海各大城市、制造企业及各行各业。由于制度改革滞后、相关政策缺位，他们在户籍及相关社会保障上还不能与体制内的干部、工人、军人及知识分子等享受同等待遇，但至少可以在农村与城市之间自由流动，依靠工作改善自己及家庭的生活。

国企改制带来的劳动关系变化主要表现在两个方面：一是在“减员增效”的组织结构调整下，大批国有企业的职工以下岗或待业的方式被分离出原有旧体制，这些下岗待业人员不得不进入劳动力市场再就业，从事自由职业或自主创业；二是随着大批国有企业的民营化，劳动者由计划经济体制下的“国家职工”转变为市场经济体制下的“企业员工”，劳动关系状况发生了较大的变化。按照现代企业制度模式，国有企业产权制度、经营管理制度和分配制度的改革全面推开，在“破三铁”（破除“铁饭碗”“铁工资”“铁交椅”）以及各种减员增效的举措下，大量冗员被裁减成为下岗或待岗职工，他们涌入本来就供大于求的劳动力市场，进一步加剧了劳动力市场的供求矛盾。在此过程中，部分由国有改为民营的企业里，绝大部分员工都以买断工龄等多种形式被裁减，处于弱势的员工缺乏“发言权”，他们大多数是非技术性、女性、年龄偏大的普通工人，这些人进入劳动力市场后往往缺乏再就业能力。据统计，仅1997年，全国下岗失业人口就达1600万人，也引发了劳资纠纷和劳资冲突的集中爆发。[①]《中国劳动统计年鉴》数据显示，1993年全国各级劳动争议仲裁委员会共受理劳动争议案件12368起，涉及劳动者35683人，到2002年受理劳动争议案件已增加到184000起，涉及610000人，分别是1993年的15.6倍和17.1倍，10年间劳动争议案件平均年增长率达

---

① 赵早．劳资冲突的经济学分析．北京：中共中央党校出版社，2010

36.3%，涉及人数平均年增长率达41.3%，劳动争议发生的数量和涉及劳动者人数持续递增。从劳动争议企业所有制类型分布情况来看，由于企业改制，此时国有企业和集体企业中的劳动争议案件高于其他所有制类型企业。2002年，国有企业产生劳动争议案件45215件，占全国劳动争议案件的比重为24.6%。其中，集体劳动争议案件3387件，占30.7%，居各类企业首位。1998—2002年，国有企业新增下岗职工规模累计高达2829.8万人，每年平均新增下岗职工约为566万人。可见在这一时期，劳动关系的矛盾焦点主要聚集在国有企业。与计划经济体制下全民所有制企业职工地位相比，转型中的国企劳动关系双方博弈力量出现明显逆转，劳动关系在实现市场契约化转型中凸显了原来隐性的矛盾和问题。

从市场化改革的大方向上来看，破除国家与工人之间的终身固定工制度，建立“干部能上能下、工人能进能出、工资能升能降”的新型劳动关系，能从根本上解决国有企业劳动效率低下问题，这是一项顺应历史发展大趋势的重大改革举措。但从劳动关系管理角度来看，由于在具体操作层面确实出现了一些变异、扭曲和矛盾，导致国企改制过程中发生了一些群体性事件，酿成了一些社会问题，并引发了各界普遍关注，这期间的经验教训是值得研究总结的。

随着非公有制经济快速发展，再加上相关法律规制缺位等原因，此时外资企业和民营企业劳动关系矛盾和冲突也呈扩大趋势。但总的来看，这一时期劳动力市场基本上呈现“供大于求”的格局。企业员工特别是其中的农民工群体在私营、民营及外资企业获得就业机会已经相当不容易，而且收入也远高于在家务农，因此劳动关系相对来说处于平稳状态。据国家统计局数据显示：1996 年，城镇职工年平均货币工资为 6210 元，农村居民家庭年人均纯收入为 1926 元，农民工年平均工资为 5896 元。在沿海地区，外资企业员工的工资水平往往远高于当地平均工资水平，体制内外工资水平差异显著。但是，非公有制企业劳动关系也存在一系列矛盾和问题，诸如劳动者工作时间较长，加班情况较为普遍，劳动合同签订不规范或短期化问题较为突出，有的企业工作环境相对恶劣、工伤事故时有发生等。

1997 年 5 月，劳动部规定，所有企业实行每周 40 小时工作制，但有的企业仍“采用上不封顶的计件工资制度，或采用提高单件报酬，诱使职工加班加点”。[①] 据 1999 年浙江省工商联针对私营企业的一项抽样调查数据显示：一个月加班 30—50个小时的企业占调查数的 40% 左右，最多的达到180 小时/月（相当于一个月几乎没有休息日，每天工作 12 个小时），而且加班工资和计件工资是工资收入的主要来源。[②] 民营企业在合同签订方面存在一定的不规范问题，不少外资企业虽然签订了合同，但短期化倾向明显。

三、近十多年来中国劳动关系的新变化及新问题

2003 年以后，经济在高速增长中凸显结构性矛盾，在市场化、城镇化转型进程不断加快的同时，新情况、新矛盾、新问题层出不穷。对此，政府提出了“以人为本”为核心的科学发展观，以及推进新型城镇化等一系列重大战略举措，强调

---

① 王丽红．关于私营企业劳动关系状况的分析与思考．工运研究，1997（7）

② 浙江省工商联非公有制经济情况调研课题组．浙江省 1999 年私营企业抽样调查数据及分析．浙江学刊，2005（5）

要进一步加强对劳动者合法权益的保护，大力推动劳动关系的市场契约化进程，构建和谐劳动关系。

据统计，2008—2017 年，中国 GDP 的增速达 8.3%，在私营企业、三资企业和个体单位就业者占城镇就业人口从 22.5%上升到 41.5%。工业化、城镇化进程不断加速，大量农村剩余劳动力转移至城市，跨区域流动的“民工潮”逐渐演化为沿海地区“民工荒”。“民工荒”最初主要表现为结构性短缺，亦即技工在全国范围的普遍短缺，以及普工在局部区域、行业和较低工资水平下的相对短缺；① 但随着人口结构转变，逐渐呈现出全面短缺的特点。据监测数据显示，2018 年第四季度全国普工和技工的求人倍率分别为 1.27 和 1.28，即劳动力市场对普工和技工的需求量均大于供给量，长春、石家庄、郑州、福州等地餐厅服务员、厨工、治安保卫人员、营业员、电子器件制造工等岗位的求人倍率普遍在 2.0 以上。同时，自 2001 年中国加入世界贸易组织以来，中国企业国际化进程也在加快，走出去的境内企业、走进来的外资企业日益增多。据统计，2003 年，外商投资企业约有 22.7 万户，投资总额为 1.1 万亿美元；2017 年，外商投资企业数量激增至 53.9 万户，增幅为 137.4%，年均增长率为 6.8%；外商投资总额高达 2.8 万亿，增幅高达 154.6%，年均增长率为 18.2%；2019 年第一季度我国境内对外直接投资（非金融类）规模，已经高达 252 亿美元，以人民币计同比增长 4.8%。全球化也使得企业劳动关系的主体结构、劳动标准、调整方式等方面都

---

① 劳动和社会保障部课题组．关于民工短缺的调查报告．中国劳动社会保障报，2004.9.11

出现了国际化转型，劳动关系的形成和调整不但要遵守本土劳动法规，还要符合国际劳动力市场运作规则和国际劳工标准。[①] 与此同时，伴随着网络数字化发展，各种新型就业方式大量涌现，用工形式日趋多样化，也给传统劳动关系格局带来深远影响。截至2018年6月，我国网民规模为8.02亿，上半年新增网民2965万人，较2017年末增加3.8%，互联网普及率达57.7%。[②] 在移动互联网络新创造的各种就业机会中，相当一部分是有收入甚至是有很高收入但无固定岗位的灵活就业方式，相关就业人员主要包括网络自主创业者、网络自由职业者以及从事各种网络兼职的“网络钟点工”。[③] 劳务派遣、钟点工及其他各种形式的非全日制用工也日益增多。相对来说，劳务派遣、非全日制用工、临时就业等灵活就业人员在工资支付、社会保险等方面的合法权益更易受到侵害，这也使劳动关系更加错综复杂。

针对劳动关系出现的一些新情况、新问题，在“以人为本，全面协调可持续发展”的科学发展观指引下，国家相继出台了《劳动合同法》《就业促进法》《劳动争议调解仲裁法》和《社会保险法》等一系列旨在有力保护劳动者合法权益的法律。2007年6月29日，《中华人民共和国劳动合同法》在第十届全国人大常委会第二十八次会议通过并于2008年1月1日起施行。这部法律将适用范围扩大至民办非企业单位

---

① 沈琴琴．全球化下的劳动关系调整路径变化及其启示．中国劳动关系学院学报，2011（3）

② 中华人民共和国互联网信息办公室．第42次中国互联网发展状况统计报告．www. cac. gov. cn/2018 －08/20/c －113296882. htm

③ 高文兵．促进网络时代的新型就业．中国教育报，2013. 9. 30

等组织和劳动者，将产生劳动关系的基本法律事实定义为用工而非订立劳动合同，并通过大幅度增加裁员的经济补偿、强制要求缴纳社会保险、提高违法成本、鼓励签订无固定期限劳动合同等方式，旨在保护劳动者权益的同时，积极维护劳动关系及劳动力市场的长期稳定性，进而形成“企业自主用工，工人自主择业，政府参与监管”的劳动关系新格局以及在政府协调下劳资双方集体谈判的三方协调解决机制。

与此同时，《中华人民共和国就业促进法》经2007年8月30日第十届全国人大常委会第二十九次会议审议通过，明确规定：劳动者就业，不因民族、种族、性别、宗教信仰等不同而受歧视；规定残疾人、传染病病原携带者和进城就业的农村劳动者等群体享有与其他劳动者平等的劳动权利；要求用人单位招用人员、职业中介机构从事职业中介活动，不得实施就业歧视。这些规定为解决多年来日益突出的就业歧视问题提供了有力的法律保障。针对企业形式和劳动关系多样化的新情况，2007年12月29日通过并于2008年5月1日起正式实施《中华人民共和国劳动争议调解仲裁法》，进一步完善了劳动争议处理的基本程序，明确了健全劳动争议仲裁组织机构的新要求，完善了劳动争议仲裁制度，为构建和谐劳动关系提供了直接法律支持。在劳动社会保险方面，国家也陆续出台了一系列政策法规。2005年，国务院颁布《关于完善企业职工基本养老保险制度的决定》，实现了养老保险覆盖范围由职工向城镇灵活就业人员的拓展；2006年，国务院颁布《国务院关于解决农民工问题的若干意见》，国务院办公厅转发《劳动保障部关于做好被征地农民就业培训和社会保障工作指导意见的通知》，积极推进农民工和被征地人员社会保障制度建设；2007年，国务院颁布《国务院关于在全国建立农村最低生活保障制度的通知》《国务院关于开展城镇居民基本医疗保险试点的指导意见》，在全国建立城乡最低生活保障制度，同时将医疗保险由职业人群拓展到城镇非职业人群。此外，包括《残疾人就业条例》《职工带薪年休假条例》《企业职工带薪年休假实施办法》在内的诸多法律法规也相继出台，并形成了以《中华人民共和国劳动法》为基本框架，以《劳动合同法》《就业促进法》《劳动争议调解仲裁法》为三大支柱的劳动法律体系，为中国劳动关系向市场化、契约化、法治化迈进提供制度保障及支撑基础。近几年，随着信息技术的发展，网络平台就业和零工经济等新就业模式逐渐发展，对于促进就业起到了积极作用。但与此同时，平台就业劳动关系、劳务关系属性判别至今仍是政府、工会和学界讨论的热点问题，需要及时加以界定，促进劳动关系和谐稳定。

2003 年以来，中国劳动关系的焦点逐渐从国有企业及其下岗职工角色转换转移到在市场化、工业化和城镇化“三化”背景下，如何保护处于弱势的劳动者权益、构建和谐劳动关系的制度框架体系上。新成长和发展起来的非公有制经济体中劳动关系及其管理问题日益凸显，劳资矛盾有所激化、剧烈冲突集中爆发、群体性事件越来越多。据统计，2003—2012 年劳动争议纠纷案件呈明显高位增长态势，从 22. 6 万件增加到 64. 1 万件，增幅超过 183%，年均增长率达到 12. 3%，其中劳动保障、社会保险和中止劳动合同是劳动争议案件产生的主要原因。

随着国企改制的深入及现代企业制度的初步确立，国有企业管理者与劳动者逐步在劳动关系中成为拥有各自相对独立、自主权利的利益主体，在双方自愿的前提下通过签订企业劳动合同，就劳动用工、工资分配等方面达成一致。这期间行政手段虽然仍然发挥作用，但明显具有逐渐淡化乃至淡出的趋势，绝大多数国有企业都实现了全员劳动合同制，劳动关系契约化规范初步建立，下岗职工问题渐次弱化。据统计，2003—2004年，国企下岗职工规模分别为260万人和153万人。这表明国有企业“减员增效”的改革目标基本完成，下岗待岗职工问题不再是劳动关系的焦点。但是多年来，国有企事业单位在用人制度上由历史形成的“能进不能出，能上不能下”的体制性痼疾难除，为了防止正式工、固定工的弊端，各单位在新增加用工时往往倾向大量使用“劳务派遣工”。在新旧体制交错中，形成了国有企业（特别是控股公司、央企）高管与普通员工以及正式在编职工与劳务派遣工在身份、工资及福利待遇上的巨大差异，这形成新时期中国劳动关系在旧体制内的新矛盾、新问题。尤其是2008年《劳动合同法》颁布实施以后，由于劳务派遣工在法律上得到正式认可，但没有能够切合现状明确作出相关操作性界定，导致国有企事业单位劳务派遣工使用规模大幅度上升。

针对实施中的问题，2013年7月新修订的《劳动合同法》，重点对劳务派遣工及其与正式工同工同酬等问题做出相关调整，由于劳务派遣用工引发的一系列矛盾和冲突不会在短期内消失，需要相关部门和单位进一步引起重视。与此同时，随着相关法律法规逐渐完善以及员工权益保护意识不断增强，非公有制企业除因规避法规而引起劳动纠纷外，因裁员、薪酬待遇及职业伤害等也时常发生矛盾和冲突。

另外，一些民营企业、外资企业，用劳务派遣等方式规避劳动合同法风险，并给劳动关系的矛盾埋下了不少隐患。此外，在使用劳务派遣方式时，不少用人单位为了降低用工成本，利用外地劳务派遣机构参保，或选择性地给劳务派遣工只参加 1 至 2 个险种。劳务派遣工一般年纪尚轻，养老保险待遇的需求尚不突出，但工伤待遇的争议则时有发生。可以想象，将来这些职工踏入退休年龄时，必然涉及养老待遇问题，劳动纠纷隐患相当大。随着市场竞争环境的恶化，大量民营企业和外资企业都因业绩下滑而选择大面积裁员，并成为过去一段时期劳动关系的冲突源，其中不乏人们耳熟能详的跨国公司，如摩托罗拉和诺基亚等。

在薪酬待遇方面，过去相当长一段时期内，较高的薪酬水平是非公有制企业吸引员工的重要筹码。但随着经济快速发展，不同区域间及城乡间工资收入均有了普遍提升，再加上“民工荒”等因素影响，非公有制企业所谓“高薪”优势已不复存在，薪酬待遇问题也开始成为劳动关系冲突的焦点。

在职业伤害问题上，由于城乡区域经济发展不均衡性，大量农民工涌入城镇，并进入私营、外资企业就业。早期企业大多基于节约成本的考量，对工作环境改善的投入极少，并造成了不少影响极为恶劣的职业伤害事件。随着经济全球化进程的不断加速，大量国外知名品牌开始在国内寻找供应商，并对供应商的劳工管理标准和劳动关系状况提出新要求，不少知名企业都因为在华供应商的恶劣表现而利益受损，并引发各界的普遍关注。

目前，关于职业伤害的相关统计多以大中型企业为主，由于缺乏有效监管，中小企业的职业伤害更为普遍，但却难以在统计数据中得到反映。根据不完全统计，全国约有 83% 的中小企业存在不同程度的职业危害，近 34% 的中小企业职工接触有毒有害作业。

此外，在市场化、工业化和城市化转型的大背景下，一些农民工大量聚集的代工企业在地方政府政绩驱动和庇护下，采用过度严苛的军事化管理制度粗暴管理员工，也是劳动关系恶化的重要冲突源，部分企业甚至出现了一些极端事件。

第五节　中国劳动关系演化的路径和趋势

基于马克思“历史的与逻辑的相统一”的方法论，我们可以全面、系统、客观、清晰地梳理描述出中国近百年来劳动关系历史演化的基本路径和走势。劳资两利、劳工异化与资本回归是百年来中国劳动关系演化的基本线索；晋徽商帮、民国商会与新中国成立后国企民企发展折射出百年来中国雇主组织演变的历史轨迹；顶身股、包身工、固定工与农民工反映百年来中国劳动者身份地位演化走势；立法规制、行政包办与宏观调控透视百年来中国劳动关系管理的政府角色演变。鉴于中国历史传统、文化特色及转型现实，市场化、契约化与法治化应该成为未来中国劳动关系发展的基本取向和战略选择。

一、中国劳动关系演化的基本线索

以全球视野及“大历史观”看，现代劳动关系是大机器工业化发展的产物，正是大规模生产组织的出现，成百上千的人被资本雇佣而聚集在大工厂分工协作干活，才形成错综复杂的劳动关系，才使包括劳资双方的利益矛盾、群体冲突、阶级对立以及第三方“难解难分”的社会政治经济关系成为需要专门研究解决的问题。在这个意义上，中国劳动关系的真正源头，应该是近代有了“资本主义萌芽”才有的事情。

学者对中国究竟是什么时候产生“资本主义萌芽”看法不一。有人认为出现于北宋，也有人上溯至唐乃至更早，但多数学者认为，中国“资本主义生产关系”（劳动关系）初级形态产生于明中叶，到清中叶才有规模化发展。明中叶，苏杭地区的丝织业、广东佛山的冶锻铁业，已经有面向市场“自由雇佣劳动”进行商品化生产的手工作坊。到清中叶，江南丝织业，陕南冶铁锻铁及木材采伐业，云南铜矿业，京西煤矿业，四川井盐业，山西河东池盐业，江西景德镇和广东石湾制瓷业，上海沙船运输业，以及各地茶烟糖油等农产品加工业，都已经有了相当大规模化发展状态。如四川井盐业在宋卓筒井基础上改革凿造井及汲卤技术，借助管道运输系统，利用天然气作能源实行规模化生产，一套井灶约雇有固定工人百人，一个盐场雇佣固定工千余人；又如景德镇制瓷业中的一些制坯大户等，都已经形成具有现代资本主义性质的雇佣劳动关系。

其实，相对于工矿、手工业，中国商业传统更为悠久和深厚，雇佣劳动关系的“资本主义萌芽”发生得更早、更普遍、更深厚、更为充分和成熟。中国商业文明可谓源远流长，明清时期“商业革命”，孕育了全国各地“商帮走南闯北，会所遍地开花”的欣欣向荣局面，晋商、徽商、鲁商、秦商、浙商、苏商、赣商、闽商、粤商等著名商帮，在犬牙交错的相互竞争中各显区域比较优势和商业文化特色，后经过数百年世代更迭而绵延传承下来，虽历经沧桑、蜿蜒曲折乃至穷途末路但未曾断绝，成为中国近现代市场经济萌芽、商业萌动发展和企业劳动契约文化觉醒的历史渊源和原始动力。在各大商帮中，晋商与徽商最具实力与代表性，两者都在明清时期达到某种鼎盛状态，其经营管理过程中劳动关系情态及问题表现得最为周详和突出。聚焦考察明清晋商与徽商两大商系及其兴起、发展历史脉络，可以对中国近现代劳动关系萌动情态特征有一个粗线条的了解和把握，从过往中寻找今鉴基因。

按照传统说法，晋徽商帮是中国“资本主义萌芽”的典型组织形态，既是如此，作为“资本主义基本矛盾”的劳资（资本雇佣劳动）关系，就不能不表现出典型的“萌芽”甚至某些相当“成熟”的形态。晋徽商帮组织中劳动关系协调机制、特殊形式及规制特征，大致可以概述为三点：其一，晋徽商帮组织劳动关系主要表现为，商号财东及掌柜伙计纵向隶属晋级与横向利益协调过程中，围绕货物贩运贸易或钱庄典当生意活动而展开的错综复杂的宗法族亲关系；其二，晋徽商帮组织劳动关系具有典型而神奇的“非对称稳定性”，商号雇员在强势而人性化的帮会组织管控下表现出很强的归属感和忠诚度，员工在稳定预期下流动性较低；其三，晋徽商帮组织劳动关系调控管理具有显著的契约化的制度性、规范性，以及长短期兼顾、内外激励约束、软硬兼施的多样化策略和手段，有着很重要的现实借鉴意义。总体来看，明清晋徽商帮组织劳动关系不仅显著呈现出早期自由资本主义时代典型的“资本雇佣劳动”制度特征，而且已经具有明显的现代劳动关系协同发展取向、先进的民主化管理机制和制度设计。这种虽处于“古典萌动萌芽”状态但不无“现代前卫前沿”指向的劳动关系协同发展状态，在清末官僚主导的“洋务运动”浪潮推动下貌似“轰轰烈烈、洋气十足”但实则“邯郸学步、东施效颦”的工商企业组织中，则没有实现超越，甚至远没有达到其应有的高度。

从1912年中华民国临时政府成立以来，一直到1949年中华人民共和国成立，这段内外战乱持续、封建军阀割据、政局动荡变迁、阶级激烈斗争的历史时期，史学界一般统称为“民国时期”。这一时期，在军事、政治方面，表现为内战、革命和抗战；在经济、社会和文化方面，表现为调整、变革和发展。① 随着近代工业、手工业、交通运输业、商业等实业发展，共处同一经济/协作体中的劳资双方，因经济利益不同而矛盾、冲突，又因互利、共生而合作，劳资合作、矛盾和冲突构成当时除民族紧张关系之外的社会政治经济关系的一条主线，其走势、特征、典型事件、特殊困境及出路，往往有着复杂的“问题域”，涉及劳动立法、金融经济政策、党政关系、社会网络、民族矛盾、地域文化、城乡关系和工商管理策略等诸般复杂因素，可以说，劳资关系是所有社会经济关系的综合反映和主要表征。在这样的时代背景下，劳工、资本家、政府以及相关的社会组织、阶级群体、外敌势力各方主体还扮演着多重复杂的社会角色，在相互博弈中有冲突斗争，也有妥协合作，形成了错综复杂、千变万化的社会经济关系。在复杂、多元、多样、激烈的劳资冲突中，在政府相关部门及行帮组织的协同下，工会等劳工组织，与以商会、商民协会和同业公会等为典型形式的雇主组织，基于“劳资两利”原则进行契约协商、协调合作，使民国时期劳动关系表现出“三方协调解决”的现代化指向和制度化特征。

特别值得一提的是，中国共产党人在苏区革命实践中，在新民主主义理论指导下，不断纠正工人运动的“左”倾错误，

① ［美］费正清．剑桥中华民国史（1912—1949）（上卷）．北京：中国社会科学出版社，1994

逐步形成了一整套“劳资两利”的劳工政策。1933 年初，中华全国总工会迁到苏区后，刘少奇、陈云等在实际工作中对苏区工人运动中的“左”倾错误着力予以纠正，明确提出了“工人阶级一方面要争取改善自己的生活，另一方面必须把发展苏区的经济，巩固工农联盟，巩固苏维埃政权，看成自己解放的根本任务”。[①] 同年 10 月，《劳动法》经过修正后重新颁布，但此时苏区正处于紧张的第五次反围剿战斗中，实施受到很大影响。红军长征到达陕北后，在瓦窑堡会议上确定了抗日民族统一战线政策，后逐步确立了新民主主义革命时期根据地劳动政策的基本原则。抗日根据地工会工作“不是要使阶级关系尖锐对立，引起内部分裂，而是要采取劳资协调，适当地解决劳资纠纷”，[②]“劳资间在订立契约后，工人必须遵守劳动纪律，必须使资本家有利可图”。[③] 这是中国共产党第一次在新民主主义劳动政策中提出劳资协调的思想，明确指出新民主主义劳动政策实施的结果要使资本家有利可图。1948 年 2 月，中共中央针对东北局在哈尔滨所制定的《劳动法》和工人运动中的“左”倾错误发出指示：“解放区公营企业中工人与厂方的关系，解放区私营企业中的劳资关系，蒋管区民营中小企业中的劳资关系与官僚资本帝国主义资本企业中的劳资关系，乃是四个性质上各有不同的关系。”[④] 从 1949 年中华人民共和

① 陈云．苏区工人的经济斗争中央革命根据地工人运动史．北京：改革出版社，1989：302

② 陕甘宁边区中央局为加强工运工作给各级党委的指示（1941 年 7 月 23 日）．中共中央关于工人运动文件选编（下）．北京：档案出版社，1986：63－64

③ 毛泽东．论政策．毛泽东选集（第二卷）．北京：人民出版社，1991：766

④ 中共中央对东北局关于哈尔滨市劳动法的指示（1948 年 2 月 6 日）．中共中央关于工人运动文件选编（下）．北京：档案出版社，1986：198

国成立到1953年国民经济恢复任务完成，这段时期中国劳动关系规制管理主要沿袭新民主主义革命时期党的路线方针，以“劳资两利”为基本指导思想，针对当时战乱遗留下来的大规模失业问题，在稳定工商业组织正常劳资雇佣关系的前提下，重点实施普惠性的失业救济办法。

从1953年正式制定和实施五年计划开始到1966年，这是新中国计划经济发展的鼎盛时期，其间，国家对劳动工资实行“大一统，一刀切”的行政指令性计划控制，使劳动关系调控长期陷于“一收就死、一放就乱”的恶性循环状态而不能自拔。1966—1976年十年动乱期间，企事业单位劳动关系发生严重扭曲，城乡劳动人口以“知识青年上山下乡”运动的形式发生双向对流迁移，由此产生了大量棘手的劳动关系矛盾及历史遗留问题，这构成了1976—1978年改革开放过渡期国家劳动工资计划恢复性调整的主要工作任务。

1978年，党的十一届三中全会召开，标志着中国进入了改革开放的历史时期。1992年，党的十四大召开，正式确立以“社会主义市场经济”为改革目标模式。1987—1992年可以归结为中国经济社会市场化转型的探索时期。其间，经历了对“文革”动乱的拨乱反正，20世纪80年代前期以农村改革为中心、后期以城市改革为中心的经济改革与发展，中国劳动关系总体格局发生回归性变化，其基本取向是“三化”，即市场化、契约化和规范化。劳动关系开始由过去单一、静止状态向多元、动态化发展，劳动关系利益主体间的摩擦和矛盾也由过去隐形状态逐渐转向外化凸显状态，劳动关系双方利益趋于复杂化、劳动争议问题日益突出。1992—2003年，中国经济体制改革进入了以“建立社会主义市场经济体制”为目标模式的新阶段，经济继续保持快速增长态势，公有制经济在国民经济序列中的比重持续下降，非公有制经济的经济规模则呈持续上升趋势。这一阶段，改革进入“深水区”，劳动关系进一步呈现出多元化、多样化趋势，各种潜在的矛盾和问题逐渐凸显出来。2003 年以来，中国经济在高速增长中凸显结构性矛盾，在市场化、城镇化转型进程不断加快的同时，新情况、新矛盾、新问题出现，对此，进一步加强对劳动者合法权益的保护，大力推动劳动关系的市场契约化进程，构建新型和谐劳动关系，遂成为劳动关系协调与管理的主要任务。

总之，从“劳资两利”到“劳动异化”，再到“资本回归”，这是百年来中国劳动关系发展演化的基本历史轨迹，这在“历史逻辑”上是一个典型的“否定之否定”过程。首先，由明清“商业革命”引发“现代资本主义生产关系”，在以晋徽商帮为代表的各地本土宗法商帮组织环境中“萌芽”，并由此在民国时期产生出现代工商企业基于“劳资两利”合作基础而形成资本雇佣劳动关系之雏形，在“内忧外患”的特殊战争动乱年代，有相当多领域、行业和组织内“难能可贵”地多样化保持和多元化发展开来。其次，新中国成立后，在经历了国民经济恢复时期后，集中指令性计划经济大规模建设使工商企业的资本雇佣劳动关系被严重破坏，并长期陷于“行政机关大一统直接命令管制——全民职工吃大锅饭、端铁饭碗——组织运作成本趋高、效率低下——人事利益关系难解难分、矛盾重重”的恶性循环不能自拔。最后，经历了改革开放以来 40 多年的发展，伴随着“市场化”改革进程和“工业化”发展步伐及“城镇化”社会转型，工商企业等各类组织劳动关系运作、发展与管理，在外部市场经济环境压力及劳动法规政策环境约束下，沿着“放开单位用人自主权——鼓励劳动力市场化流动——建立规范劳动合同制——强化保护劳动者权益力度”的路径逐渐回归现代化、契约化、制度化和规范化。真可谓“百年沧桑，内忧外患；道路曲折，风云变幻；万变有宗，九九归一”。

二、中国雇主组织、劳工身份、政府角色演变的历史轨迹

其一，从雇主角色与地位方面来看，百年来中国劳动关系演化大致是这样一种历史轨迹：由明清“商业革命”引发而来、带有浓重封建宗法性质的晋徽商帮组织，演化到在民国“内忧外患”政治经济环境中坚韧生存、畸变发展的工商企业联合协会（商会）组织，此间，近代有前卫思想眼界和爱国精神的官僚或民族企业家群体一度在“洋务运动”“实业救国”浪潮中曾澎湃激荡过，并难能可贵地达到一定的历史高度。新中国成立后，传统典型意义上的“雇主”组织被否定乃至消灭，高度集中的计划经济体制环境促进了公有制企业（全民所有制企业和集体所有制企业）的产生，改革开放后，作为资本雇佣劳动者主体的非公有制或民营工商企业又回归正常雇主组织运作形态，在劳动关系管理中发挥着必不可少的角色制衡性平等交换、地位对应性平衡协调作用。

其二，百年中国劳工身份地位演化的大致轨迹是：明清晋徽商帮佣工在“资本主义萌芽”状态下显得朴素而前卫。特别值得一提的是，当时晋商针对掌柜、伙计乃至学徒等组织成员的人力资本产权地位、作用及要求，前瞻性设计和实施的“顶身股制”，具有连股连心、长期激励效应和可持续发展动力作用，实属“难能可贵”，而且可以在某种程度上说有“引

领世界潮流”之风范；民国时期的中国沿海地区，特别在洋行林立的上海滩，“工人阶级”作为与资方抗衡的劳动管理主体，无论是在阶级意识上，还是群体规模上，都已展示出应有的“分量”或“力量”，但是总体来看，其在劳动关系形成和发展过程中仍然是“极度弱势”的，“被压迫、被剥削、被凌辱”成为这个时期劳工群体总体状态的代表性词语，其中最为典型的极端情况或时代标记，就是外国轻纺企业资本家及管理者将农村经济破产后的妇女作为“奴工”进行管制的充满压迫、剥削和欺凌的“包身工制”。新中国成立后，国家通过集中命令性计划，“大一统”地建立、运营与管控公有制企业，由此衍生出来一种以“坐铁交椅、端铁饭碗、吃大锅饭”为基本特征的特殊固定工制，这些“国家职工”在政治身份上成为“领导阶级”，在劳动关系上成为听从行政调配的“单位人”，结果是“搭便车”的组织内耗使企业效益乃至国民经济受到极大影响。改革开放后，中国劳动用工制度在市场化、工业化与城镇化背景下实现了某种程度的雇佣契约化回归，又在多元化、多样化用工制度中衍生出劳动争议事件。

其三，行政对工商企业及其劳动关系的管控，成为百年中国工商企业劳动关系的主要背景。从政府对劳动关系利益主体双方干预的平衡状态及侧重力度上看，历史演化的总体情形是：明清晋徽商帮劳动关系大致上来说是不受封建政府直接干预的，商帮雇主群体是通过“红顶勾连、垄断经营”模式在封建官僚体制下，通过特殊的宗法血亲关系在劳动关系形成和运作中处于绝对优势和强势地位的，商帮财东和掌柜们主要依托皇权授予和认可的宗法血亲关系对自己所属地域范围和社会经济活动领域的劳动关系实现全方位强权控制，官僚皇权角色是隐藏在其身后而间接对劳动关系发挥管控作用的；民国时期，由于“内忧外患”的历史大环境，北洋政府、国民党政府，由日本侵略者操控的东北伪满政府和南京汪精卫伪政府，以及中国共产党领导下的解放区和根据地，多头政府军事区域性割据，致使这一时期劳动关系在劳动立法、金融经济政策、党政关系、社会网络、民族矛盾、地域文化、城乡关系和工商管理策略等错综复杂的宏微观环境因素耦合作用下往往“变幻莫测”，尽管如此，主张“劳资两利”总体上来说仍然是民国时期各类政府劳动政策导向及劳动关系干预的主流方向及主要策略；新中国成立后，前三十年政府采用直接计划管控，后四十年来随着改革开放步伐加快，政府对劳动关系管理的角色和职能慢慢从以“微观行政包办为主”转向以“宏观法规调控为主”。

三、未来中国劳动关系发展趋势展望

基于现代市场经济国家劳动关系先行发展经验，回看百年中国劳动关系历史演化路径、轨迹及走势，我们可以清楚地看出：健全的产品及要素市场体系特别是劳动力市场竞争机制，是工商企业等各类组织正常劳动关系形成的必要条件和动力基础；拥有独立物质资本及人力资本产权的劳动力市场供求主体，通过市场平等博弈缔结规范劳动契约，是工商企业等各类组织构建和谐劳动关系、形成契约化管理规范的实质意义和核心内容；依托政府中介、社会力量营造公正、民主、多赢的劳动法律政策环境，是健康和谐劳动关系形成、运作和可持续发展的宏观背景及制度保障。鉴于中国历史传统、文化特色及转型现实，市场化、契约化与法治化应该成为未来中国劳动关系发展的基本取向和战略选择。

首先，市场化是中国劳动关系健康和谐发展的“大命脉”。“千年商文化，百年跌宕梦”，中国数千年商业文明、文化基因，在封建宗法官僚体制下苟延残喘，终于在明清商业革命浪潮中重新复苏、崛起，以晋徽商帮为代表、遍布全国各地的商帮票号组织劳动关系管理具有显著的“资本主义萌芽”性质及状态，但终于“成也官商，败也官商”，晋商商帮在清政府官僚主导的“洋务运动”及封建宗法势力内耗的败局中“灰飞烟灭”，其一度萌芽、成长并在制度建构上具有某种超前性的资本雇佣劳动关系，也随之成为历史陈迹，留下某种“隔世传说”的借鉴意义。民国时期，政府更迭、军阀混战、内忧外患，在半封建半殖民地的制度环境下，产品与要素市场遭致多头分割、多重扭曲，因农村经济破产而流落到城市出卖苦力的基层赤贫劳工，与城市无产者归集成浩浩荡荡的劳动大军，如潮水般涌入“供大于求”的劳动力市场。在工作生活条件极为恶劣、管理极其粗暴和剥削压迫极端残酷的条件下，被官僚资本、外国资本及民营资本所雇佣。虽然也有各种基于“劳资两利、劳资合作”的科学化、民主化、契约化劳动关系管理的实践探索、前沿试验或前卫尝试，但总体来看，民国时期工商企业各类组织劳动关系仍然被各种非市场势力（民族战争、政治斗争、行政管制、官僚资本及黑帮社会）所挟持、挤压、扭曲和异化。新中国成立初期，沿袭新民主主义革命路线，政府在国民经济恢复时期实施过宽松的“半市场”或“准市场”经济政策。但在进入国民经济大规模建设时期，特别是十年动乱年代，所有市场活动几乎全被取缔，取而代之的是行政指令性计划管控。在这样的背景下，传统资本雇佣劳动关系变为“劳动定员编制”关系，国企职工在行政性命令—

服从链条中形成一种低效劳动关系。自 1978 年改革开放后，随着国民经济恢复发展、非公有制经济成分不断增长，政府逐渐放开对各种经济活动的计划控制，并逐渐确立社会主义市场经济的新体制目标模式，产品及要素市场特别是劳动力市场机制渐次回归，工商企业等各类组织劳动关系及其管理逐渐走向契约规范化的轨道。虽然在这种市场化转型过程中，由于政府职能转变不到位、错位、越位时有发生，相关劳动法规制度建设迟缓滞后，城乡劳动力市场制度性多重分割、劳动力流动障碍依然存在，但从大方向、大趋势上来看，近数十年中国劳动关系是朝着文明进步、平等契约、和谐健康方面发展的。

其次，契约化是中国劳动关系健康和谐发展的“关键点”。中国劳动关系契约化管理规范的最大障碍因素来自传统封建宗法血亲关系。值得注意的是，当年明清晋徽商帮不少票号组织，通过招募甄选人员“铺保制”、基于宗法血亲关系的“号规”，具有“年功序列制”性质的职业生涯通道设计，以及旨在培养职业素养和技能的“学徒制”及各种子弟学校教育和培训活动，已经建立了一整套较为规范的契约化管理体系。以宗法血亲关系为主要纽带形成的劳动关系，如果通过巧妙的制度安排和管理策略，如晋商票号所实施的“东伙合作制”“顶身股制”“用乡不用亲”等，会具有很好的正面效应，以此劳动关系为基础可以形成一种和谐、凝聚、有竞争实力且具有长期可持续的员工关系。但是，由于宗法血亲关系固有的封闭性、排外性和局限性，以地缘、血缘、宗族为主要纽带形成的劳动关系，也可能异化为“任人唯亲”“身份歧视”“近亲繁殖”“逆向淘汰”等负面问题。民国时期，工商企业虽然规模有限、组织方式传统、受外部干扰大，但一些持有“实业救国”理想的企业家及管理者，如中国近代第一个将西方科学管理理论运用到中国本土企业实践的企业家穆藕初，在中国企业创设“劳工医院”、举办“女工养成所”并成立“劳工自治区”的荣氏家族，以及中国近代化学工业开拓者、开办中国第一个精盐（纯碱及牛酸铵）厂、创建“永（利）久（大）黄（海）”集团的企业家范旭东等，在内外部环境都不宽松的情况下，积极引进西方泰罗制科学管理模式，在劳动关系契约化规范管理方面多方探寻人性化策略，并取得了令人瞩目的成效。但是，由于战乱年代情况特殊、内外部环境复杂因素的错综影响，这些难能可贵的管理实践、策略试验及方法探索终没能成为当时企业劳动关系管理的主流模式，不少企业主为应对劳资问题还是相当普遍地、频繁地、大量地采取一些比较极端的非合作方式，诸如停工、解雇员工、进行人身限制、暴力攻击、通过第三方（社会帮派、政府等）强力参与调节等，甚至酿成一系列恶性冲突事件。新中国成立后，在全民所有制企业及集体制企业中，传统资本雇佣劳动契约关系在计划经济体制下消解，直到启动市场化改革后的近数十年间，伴随着外部劳动力市场竞争、激励及约束机制的逐步完善，各类企事业单位“劳动合同制”才得以回复和实施，工商企业等各类组织劳动关系契约化管理规范才得以逐步建立健全。当然，由于体制改革的多轨运行、多重落差及多元形态，劳动关系契约化管理规范程度在城乡区域间、不同行业及产业间、企业与事业单位之间、国企与民企之间存在很大差别，由此形成的各种矛盾、冲突和问题，尚有待进一步化解应对，这也是未来相当长时期中国劳动关系管理的重中之重。

最后，法治化是中国劳动关系健康和谐发展的“杠杆解”。众所周知，中国人治文化传统根深蒂固、源远流长，其劳动关系要朝沿袭法治文化传统而来的现代化方向实现根本转型，所遇到的文化阻力可想而知。百余年来，政治体制由封建帝制到民主共和，国家主权状态由半封建、半殖民地逐渐走上“独立自主迈共和”的道路，由明清晋徽商帮组织到北洋官僚企业，由民国官僚及民族资本家企业到当今国企央企民企外企乃至机关事业单位，但“国”与“家”同构、以宗法血亲关系为纽带而形成人治化社会治理结构总体格局，并没有根本性的变化。历时数千年累积形成的封建宗法血亲关系盘根错节、根深蒂固，时至今日都对中国各类组织劳动关系的形成、演化和发展有着潜移默化而无法消解的重要影响，这也是我们研究中国劳动关系历史与现实问题不能不聚焦关注的一条重要线索。在封建官僚体制下，一切社会经济政治关系都是以宗法血亲关系为基础展开的，从“国”（政府官僚组织）到“家”都是宗法血亲关系“同构”，介于“国”与“家”之间的商业组织，诸如晋徽商帮、会馆和商号这样的典型商贸金融组织，其劳动关系的形成和发展无不依托封建人治化的宗法血亲关系，或与封建人治化的宗法血亲关系有着千丝万缕的联系，或者干脆就是封建官僚宗法血亲关系在地域范围上的扩展、社会经济活动范围上的放大。正是由于这种基于宗法血亲关系形成的大环境，虽然晋商票号能够依靠自己敏锐的商业智慧和管理经验，基于“劳资长期合作，共谋持续发展”的前卫理念设计，实施了具有现代“股份合作制”和“人力资本股权化激励”制度特性的“东伙合作制”及“人身顶股制”，并取得了“前无古人、后无来者”的伟大成就，但最终没能走出时代及制度大环境局限而“英雄气短”地消失在历史尘埃中。

到民国时期，在军阀混战、内忧外患的大环境下，依靠军事力量、权谋策略玩“胜王败寇”的政治游戏，成为举国上下的显规则并得到普遍认同、空前强化。在这种情势下，无论是官场还是商场，不管是商会还是工会，抑或是合法的“白社会”还是非法的“黑社会”（青帮、恒社、洪门、哥老会、斧头帮等帮会），涉及劳资关系“利益相关者”主体各方往往身份多重、角色复杂，彼此关系盘根错节，一旦遇到矛盾、冲突和问题，往往很难通过“法治化”途径和方式协商解决。在这样的“非常”时期，唯有就事论事的“人治策略”才能应急性地派上用场，而且往往显得非常奏效，而基于市场经济基础和公民社会力量制衡的劳动关系法治化协调机制，是无法正当、正常、正规建立健全的。新中国成立后，行政指令性计划经济体制对劳动关系的形成和发展产生了巨大的冲击，直到改革开放后才重新走上强化“依法治国”的法治化体制转型路，而当下正走在灵活用工形态下劳动关系“何去何从”的战略性选择十字路口上。

综上所述，纵观世界劳动关系发展大趋势、百年中国劳动关系演化史，我们可以得出三点基本结论：第一，面对未来，是否坚守“市场化”取向，能否摆脱行政性力量直接包办、过度管制、随机干扰的负面影响，以及数千年来形成的宗法势力、血缘亲情、人际圈子等非市场因素潜移默化的复杂影响，是关系中国劳动关系能否和谐健康发展的一大“命脉”或“命门”。第二，“独立自主、自由流动、平等契约”是市场交换关系形成的基本准则，工商企业等“用人单位”及其职业经理人有没有独立自主的用人自主权，能否作为“需求主体”在劳动力市场上与作为“供给者”的雇员通过平等、对等的

“劳资谈判”依法缔结劳动合约、形成劳动关系，并按照法律规范进行契约化劳动关系管理，是决定中国劳动关系现代化转型和发展的“关键点”，是提升企业劳动关系管理工作水平的重中之重。第三，走“法治化”发展道路，在现代企业制度上形成股东会、董事会、监事会三足鼎立相互制衡的公司治理结构，并在市场经济基础上、公共政治体制下，进一步构建由非营利、非政府组织构成的公民社会治理结构，在劳动关系宏观调控制度上形成由政府主导、社会力量参与的用人单位及雇主组织与雇员及劳工组织（工会）进行集体谈判的三方多元制衡协调解决机制，进而在各类组织内部建立健全微观劳动关系契约化规范管理制度，此乃劳动关系领域的“百年中国梦”，也是未来中国劳动关系健康和谐发展的最大“杠杆解”。

第三章

全球化与和谐劳动关系

本章讨论经济全球化背景下与我国和谐劳动关系建构的有关问题。重点关注三个研究问题：其一，分析全球化背景下全球劳动关系的格局变化。其二，通过经验数据，对全球化背景下企业社会责任标准对中国劳动关系的影响进行实证分析。其三，从企业社会责任视角出发，探讨建构中国企业海外投资过程中的和谐劳动关系新途径。

第一节　全球化与全球劳动关系的格局变化

一、全球化过程中全球性生产体系的形成

20 世纪 70 年代以来，在“新自由主义”意识形态的庇护下，借助高科技革命的力量，资本通过国际贸易和对外直接投资的方式，跨越国家的边界实现了全球性流动，形成了全球性的生产体系。与此同时，资本的积累方式、生产组织方式和盈利方式都发生了明显变化。

首先，资本在全球流动，构建全球性生产网络，试图以一种“空间性解决方案”（Spatial Fix）缓和资本主义制度的内在矛盾，即资本在一定地域内“过度积累”的问题。在进入“后工业社会”的欧美发达国家，制造业面临全面的衰退。以美国为例，1899—1963 年间，仅有 3% 的制造业最终产品依赖

进口，在1971年上升到9%。而到2002年，进口总值已经达到美国制造业GDP的69%[①]。从20世纪60年代开始，发达工业化国家逐渐衰退的制造业在中国香港地区、中国台湾地区及韩国等新兴工业化地区和国家获得了发展。从20世纪70年代开始，随着劳动力成本的逐步提高，制造业资本从欧美发达国家和新兴工业化地区，通过“外包制造”的方式涌向劳动力资源丰富的亚洲、拉丁美洲和非洲的发展中国家。建立出口加工区，提供税收优惠、廉价的劳动力，弱化政府对“劳动体制”[②]的干预，成为这些国家吸引外资流入的主要方法。出口加工区的发展绘制了前所未有的“全球性无产阶级化”的图景。据国际劳工组织统计，全球70多个国家的850个出口加工区雇佣的工人在1995年就超过2700万人，其中70%—80%是女性[③]。

其次，资本的积累方式和生产组织方式都发生了变化。戴维·哈维将这种变化称为“弹性的积累”，即全球化的资本主义在过程和结构上都与“福特制”的“刚性”格格不入，新的经济秩序表现为一种“弹性的积累”——在劳动过程、劳动力市场、生产和消费模式上都表现出充分的“弹性”[④]。资

① Clawson · D. The Next Upsurge Labor and the New Social Movement. Ithaca：ILR Press，2003

② “劳动体制”主要是指有关雇佣及就业条件和状况的制度模式，对于劳工向拥有或管理产业资本的政府和企业表达愿望、要求权利具有制度性的影响作用。劳动体制广泛存在于国家、地区或是基层的正规性或非正规性的经济部门中。劳动体制具有交叉性和多面性，它是在多种法律和社会机制的交互作用下产生的，而法律和社会机制的缺失同样会造就相应的劳动体制

③ Khan · F. Trade South Africa：Report Finds no Benefit from Export Zones. Global Information Network，2002，Apr. 19

④ Harvey · D. The Condition of Postmodernity：An Enquiry into the Origins of Cultural Change. Cambridge：Blackwell Publishers，1990

本主义生产组织方式的变化则表现为由“福特制”向“后福特制”或“弹性专业化”的转变。新的生产组织方式使用灵活多用的机械和高技能的劳动力，小批量地生产特殊化的产品，满足多样化且不断变化的市场需求，从而最终兼顾生产效率和规模经济效应①。

最后，资本追求利润最大化的方式由生产领域扩展到市场领域。发达工业化国家的经济模式是典型的消费经济。作为资本主义固有的意识形态，“消费中心主义”（consumerism）在新自由主义全球化的过程中得以空前膨胀，并对“全球化的资本主义”起着意识形态上的支撑作用。面对“消费经济”带来的巨大市场，资本解决“过度积累”危机、实现利润最大化的活动逐渐由生产领域扩展到市场领域。一方面，“个性化”的消费模式在西方国家盛行和“消费中心主义”意识形态的全球膨胀为资本在市场领域借助“品牌化”（branding）和“广告大战”，通过刺激消费的方式拓宽边际利润空间提供了前所未有的机会；另一方面，出口加工区内“专制性工厂体制”（despotic factory regime）② 又为资本在生产领域降低劳动力成本，提高劳动生产率，追求利润最大化提供另一种可能性。资本主义原始积累时期资本榨取剩余价值的种种手段又重新被利用，即通过延长劳动时间和加大劳动强度来提高产能，通过无报酬加班、克扣工资和福利、弹性用工制度来降低劳动力成本等。

---

① Nadesan · M. H. Post – fordism, Political Economy , and Critical Organizational Communications Studies. Management Communication Quarterly, 2001, 15 (2)

② 根据布洛维的研究，“专制性工厂体制”的典型特征是：劳工依靠出卖劳动力为生；政府在劳动保障、劳资关系方面的干预很弱；资本采用“强制性”手段控制劳工等。参见 Burawoy M, 1985, The Politics of Production, London: Verso, pp. 125 – 126

二、全球化背景下全球劳动关系的格局变化

新自由主义的经济全球化对于劳动体制、劳工权益和劳工运动都产生了巨大影响。资本的全球性流动以及全球性生产体系的形成不仅加剧了劳动力对资本的依赖性，强化了资本对劳工的控制，导致劳工利益受损，而且加剧了全球工人阶级身份认同的危机和传统劳工运动的衰落。

首先，经济全球化加速了商品和资本的流动，但劳动力的自由流动却受到国家移民政策以及政府对国内劳动力市场的规范性政策的种种阻隔。劳资双方在流动自由方面的不对等性也加剧了劳动力对于资本的依赖、资本对劳工的控制。基于 20 世纪 70 年代以来发达资本主义国家制造业日渐衰败的现实，麦克·布洛维看到一种新的“霸权式的专制主义”（Hegemonic Despotism）“工厂体制”的形成。布洛维认为，“新的专制主义是在霸权式体制上生长出来的……资本和劳工的利益还是相互协调的……并非恢复了旧的专制主义，新的专制主义的基础是资本的流动性对于全体劳工所产生的理性辖制——工人对资本外逃、工厂倒闭，或是生产转移的恐惧代替了原来对于被监工解雇的担心”①。穆涅斯在对于美国和墨西哥边界的工厂体制的比较性研究中发现，美国政府对于由两国边界进入美国的墨西哥移民的严格管制不仅限制了墨西哥劳动力向美国的自由流动，而且对位于两国边界工厂中“专制性”的工厂体制的形成有着直接影响②。

---

① Burawoy · M. The Politics of Production. London：Verso，1985

② Munoz · C. B. Mobile Capital，Immobile Labor：Inequality and Opportunity in the Tortilla Industry. Social Justice，2004，31（3）

其次，资本在全球流动追求利润最大化的活动造成了工作条件和劳工利益的“逐底竞争”（Race to Bottom）。“血汗工厂”在欧美发达国家大量雇佣移民工的行业和在发展中国家的出口加工区中的重现集中反映了这一趋势。强迫性劳动、使用童工、工作时间过长、无报酬加班、职业伤害和职业病、体罚、性骚扰、工资过低等问题成为新闻媒体和研究者广泛关注的现象。

最后，以劳工为动员基础、以工会为组织主体的传统劳工运动陷入困境。就集体意识而言，全球的劳工难以形成对工人阶级共同利益的认同。资本的全球流动性加剧了不同国家劳工对于有限工作机会的竞争，而劳动力市场、生产过程、产业关系的多元化致使工人阶级对于资本主义的反抗和替代性制度的理解很难统一。同时，工会作为传统劳工运动的组织主体，面临急剧锐减的危机。20 世纪 70 年代以来，一直秉承“社团主义”原则的西欧国家的工会在全球化的巨大冲击下陷入“去中心化”和衰落的困境。以英国为例，工会入会率从 1979 年的 55% 下降到 1998 年的 30%[①]。在工会力量一向弱于西欧、澳大利亚、加拿大的美国，私有部门的工会面临进一步的衰退。1954 年，美国私有经济部门中 39% 的劳工加入了工会，然而到 2003 年私有部门的入会率就已经下降到 8%[②]。工会的衰落不仅表现为会员数量萎缩，而且表现为意识形态危机，即认为现有的社会制度是无法改变的。

---

① Mommen · A. Labour in the Era of Globalization. in Labour Relations in Development. （eds）by Alex E. Fernandez Jilberto & Marieke Riethof. New York：Routledge，2002； Moody · K. Workers in a Lean World ： Unions in the International Economy. London，New York：Verso，1997：41 –44

② Clawson · D. The Next Upsurge Labor and the New Social Movement. Ithaca：ILR Press，2003：14

然而，资本主义的全球化并非像新自由主义的理论家们预言的那样无法逆转。20 世纪 90 年代中期以来，“血汗工厂”、失业、贫富分化、环境污染、战争等反映经济、政治、社会不公正的问题引发了一系列“反全球化”（Anti - globalization）的社会运动。从 1999 年的西雅图，2000 年的布拉格，到 2001 年的魁北克，以及 2002 年的华盛顿，在 WTO、国际货币基金组织和世界银行等积极推动全球化的国际组织的重要会议期间，“反全球化”社会运动中的“行动者”（activists）——劳工组织、环保主义者、学生、人权组织、宗教组织、女权主义者以及其他各种社区组织，通过集体行动要求在全球性范围内实现经济和社会的公正、民主、平等。新自由主义的全球化带来的种种劳工问题，如劳工标准“逐底竞争”、劳工运动的衰落，成为“反全球化”社会运动的重要关注点。本章下一节重点讨论的“公司社会责任运动”就是新自由主义全球化背景下新兴的“反全球化运动”的重要组成部分。在企业社会责任运动的全球兴起大背景下，中国作为“世界工厂”，其劳动关系受到了各种企业社会责任标准的显著影响。

第二节　企业社会责任标准与中国劳动关系

一、企业社会责任运动的全球兴起

20 世纪 90 年代中期以来，北美和欧洲的工会与人权、消费者、学生及宗教组织联合发起了跨国性的“反血汗工厂运动”（Anti - sweatshop Movement）。该运动以著名的品牌公司为批判对象，借助消费者和新闻媒体的力量，要求公司承担“公司社会责任”（Corporate Social Responsibility，CSR），在其全球性生产体系中制定“公司行为守则”（Corporate Codes of Conduct），并建立多种监察机制促进守则的实施，从而达到在全球范围内促进经济与社会的公正、民主、平等的目的。

（一）企业社会责任的内涵

企业社会责任（Corporate Social Responsibility，CSR）概念的发展经历了一个漫长而多样化的历史。概念的雏形最早可见于英国学者 Oliver Sheldon 1924 年的论作，他指出：企业不仅要满足自身的目标，还要满足社会的目标[①]。这一概念随着管理思想的发展，逐渐获得认可乃至深入人心。在关于企业社会责任的早期文献中，更经常提到的是社会责任（SR）而不是企业社会责任（CSR）。Howard Bowen 在其代表作《商人的社会责任》中阐释了商人社会责任的最初定义：“它指的是商人的一种义务，即商人要依据社会的目标和价值来制定政策、作出决策或者遵循行动规则。”[②] 鉴于这一概念以后被企业社会责任的研究者们广泛引用，Bowen 也被后来的研究者们称为“企业社会责任之父”。

Keith Davis 认为社会责任指的是“商人决策和行动的理由至少部分超出企业经济或技术上的直接利益”。[③] 他认为社会

---

① Sheldon · O. The Social Responsibility of Management. The philosophy of Management. London: Sir Isaac Pitman and Sons Ltd, 1924, 70 - 99

② Bowen · H. R and F. E. Johnson. Social Responsibility of the Businessman. Harper, 1953

③ Davis · K. Can Business Afford to Ignore Social Responsibilities? . California Management Review, 1960, 2 (3)

责任虽然是一个模糊的理念，但应该从管理的背景去看待它。William C. Frederick 同样是一位对早期社会责任定义有重要影响的人。他曾指出：“（社会责任）意味着商人应该对经济体系的运行进行监督，使其满足公众的期望。这反过来意味着所采用的经济生产方式应该使生产和分配有利于提高整体的社会经济福利。最后对社会责任的分析蕴含着公众对社会经济和人力资源的立场，以及他们想要看到这些资源是用于更广泛的社会目标而不是简单地为了个人与企业的狭隘利益的意愿。”① 而 Joseph W. Mcguire 对企业社会责任的定义比之前的那些定义要更精确一些，他在《企业与社会》一书中写道：“社会责任的思想认为，企业不仅承担着经济上与法律上的义务，而且还应对社会承担某些超越这些义务的责任。”② 虽然他在定义中并没有精确地阐明这些责任是什么，但是他对企业社会责任作出了详细的阐述，指出企业必须关心政治、社区福利、教育、企业雇员的“幸福”，并且，实际上还包括全社会的福利。因此，企业必须如一个合格的公民一样行为“公正”，这后面的表述暗示了企业伦理和企业公民的概念。

Davis 又把企业社会责任定义为：“企业社会责任是指公司的考虑和回应超越了狭隘的经济的、技术的和法律的要求。在决策过程中，企业有责任评估其决策对外部社会系统的影响，其经营在追求公司传统经济收益的同时也能实现社会福利。这意味着社会责任始于法律结束的地方。一个企业如果仅仅达到法律的最低要求时，就意味着它并没有对社会负责任，因为这

---

① Frederick · W. C. The Growing Concern over Business Responsibility. California Management Review, 1960, 2 (4): 54 -61

② McGuire · J. W, Business and Society. New York: McGraw - Hill, 1963

些要求是每个良好市民都能做到的。”①

1979 年，Archie Carroll 对 20 世纪 50 年代到 70 年代出现的企业社会责任的概念进行了整合，定义企业社会责任为“企业的社会责任是包含在一定时期社会对组织所具有的经济、法律、伦理和自愿性的期望”。Carroll 提出企业社会责任是由以下四种责任构成。

第一，经济责任。商业机构，即企业是社会中的一个基本经济单位，有责任向社会成员提供所需要的产品或服务，并以此获得利润。经济责任是企业首要的社会责任，其他的商业角色与社会责任都是以此为基础的，不履行经济责任，其他责任也无从实现。这个定义的经济成分表明社会希望企业生产产品和服务，并从中获利。这是资本主义经济体系设计的原理和功能。

第二，法律责任。企业作为社会的一分子，必须遵从法律法规的约束，其行为和活动都要在法律规定的框架内进行。尽管法律责任是作为模型的第二层来提出的，但是实际上同经济责任一样，是企业构成的基础。法律代表了企业应当遵守的基本的“游戏规则”。社会期望企业在社会立法体系所设立的法律框架内履行其经济使命。

第三，伦理责任。伦理责任指的是那些不在法律规定的范围之内，但是为社会成员期望的行为类型和道德规范。这些行为和实践超出了法律所要求的范围，包括顾客、员工、股东和社区，或其他利益相关者对公平、公正的看法、标准。

---

① Davis · K. The Case for and against Business Sssumption of Social Responsibilities. Academy of Management Journal，1973，16（2）：312 －322

第四，自愿责任。对于这类责任，社会并没有像对伦理责任那样给出清楚明确的信息，需要企业自行去判断选择，自愿承担履行。然而，社会对此的期望依然存在，这种期望是由社会规范驱动的。企业的这些特殊活动是由他们参与到社会角色的愿望所引导的，这些社会角色不是法律要求的，也不是在伦理层面上所期望企业承担的，但越来越多的是具有战略意义的。这些自发性活动包括对社会的慈善捐赠，对患有艾滋病、白血病的病人提供医疗援助的计划，对就业困难者或失业者进行工作培训的计划等。

Carroll 后来在其四种责任理论基础上，提出了企业社会责任金字塔模型，模型中包含经济责任、法律责任、伦理责任和慈善责任四种社会责任，经济责任作为底部（其他责任的基础），然后依次向上构建法律、伦理和慈善责任。这四种责任构成了企业全部的社会责任①。这一模型是对企业社会责任研究的一项重大的理论贡献，为继续深入研究企业社会责任提供了坚实的基础。

（二）全球化背景下关注劳工问题的企业社会责任运动之发展脉络

卡尔·波拉尼关于“市场—社会”间“双向运动”（Double Movement）的理论为理解“企业社会责任运动”中行动者、行动及过程的复杂性提供了比较适合的分析框架。波拉尼认为，19 世纪英国产业革命的历史反映了市场与“能动社

---

① Carroll · A. B. The Pyramid of Corporate Social Responsibility: Toward the Moral Management of Organizational Stakeholders. Business Horizons, 1991, 34 (4): 39 – 48

会”（Active Society）[①] 之间的“双向运动”，即“市场在不断扩张的过程中将劳动、土地和货币不断地商品化，而社会则通过一系列整合于强大社会机构中的制度体系来寻求自我保护”[②]。波拉尼还提出“嵌入性”（Embeddedness）的概念来阐述政治、社会和道德规范对于市场交换关系的约束作用，并认为“嵌入性”不断地变化于“嵌入、反嵌入、再嵌入”之间。20 世纪 70 年代以来，资本的全球性流动、“去管治”（Deregulation）的政府政策恰恰反映了市场对于社会规范性力量进行“反嵌入”的过程，而“企业社会责任运动”则反映了社会对于“自我规范性市场”引发的社会问题的不满和反抗，即社会要求对市场进行“再嵌入”，最终实现“规范性的市场”。

企业社会责任运动可以理解为多元化的行动者以市场和社会两大场域为中心形成两大联盟：在市场领域，由投资者、品牌零售商或经营商、合同制造商、会计和审计公司等行动者组成的联盟（以下称为“市场领域联盟”）按照“自我规范性市场”和利润最大化的逻辑运作；而在社会领域，由工会和人权、劳权、学生、消费者、公司社会责任 NGO 组成的联盟（以下称为“社会领域联盟”）则按照规范市场、实现经济与社会公正的逻辑运作。市场与社会两种逻辑之间的互动、冲突和

---

① 波拉尼并未明确指出“能动社会”是由哪些社会机构组成的，而是针对 19 世纪英国的历史将当时的工会、合作社、缩短工时社会运动的组织者、争取政治权利的人民宪章运动以及方兴未艾的政党列入“能动社会”的组成部分。社会是“能动的”主要是指社会具有自主性，主要表现为社会对市场商品化的反抗。参见 Burawoy，M. For a Sociological Marxism：The Complementary Convergence of Antonio Gramsci and Karl Polanyi，Politics & Society，2003，31（2）：198，199，206

② Polanyi，K. The Great Transformation：The Political and Economic Origins of Our Time，Boston. MA：Beacon Press，2001：79

相互改造促使“企业社会责任运动”围绕着三个主题不断推进：企业社会责任标准制定、企业社会责任标准监察、劳工赋权。

1. 企业社会责任标准的制定

（1）“公司行为企业社会责任标准”（Corporate Code of Conduct）

20 世纪 90 年代初期，进行“外包制造”的服装、制鞋行业中的跨国品牌公司最早面临剥削的指责。媒体的持续曝光和消费者的“抵制购买”行动对这些公司的品牌形象、销售额以及利润都产生了负面影响。面对这些问题，主要品牌先后制定了用于规范其供应商工厂劳动条件和劳工待遇的公司行为企业社会责任标准。“公司行为企业社会责任标准”的内容一般包括禁止使用童工和强制劳动、提供符合健康安全标准的工作环境、保障法定最低工资等。其中少数“公司行为企业社会责任标准”包括有关集体谈判的条款。国际劳工组织曾对近 215 种公司行为企业社会责任标准的内容进行比较研究，发现其中仅有 15% 的公司行为企业社会责任标准具有有关自由结社和集体谈判权利的规定[①]。研究表明，全球 500 强公司中有三分之二在 20 世纪 90 年代建立了“公司行为企业社会责任标准”，而到了 2000 年这个数字增长至 98%。世界银行 2003 年的统计也表明，现已存在的关于劳权、人权、环保的“公司行为企业社会责任标准”已达 1000 项[②]。

---

① Diller · J. A Social Conscience in the Global Market? Labour Dimensions of Codes of Conduct, Social Labeling and Investor Initiatives. International Labour Review, 1999, 138 (2): 112

② Rodriguez – Garavito · C. A. Global Governance and Labor Rights: Codes of Conduct and Anti2 Sweatshop Struggles in Global Apparel Factories in Mexico and Guatemala. Politics & Society, 2005, 33 (2)

（2）“大学行为企业社会责任标准”（University Codes of Conduct）

20 世纪 90 年代中后期，当美国大学与服装品牌之间存在巨额授权经营业务[①]被发现以后，美国大学生也加入了反血汗工厂运动的行列。学生们通过静坐、集会、游行、谈判等集体行动最终成功地说服学校制定了“大学行为企业社会责任标准”，用于规范生产带有大学标志产品的供应商的劳工状况。1998 年，学生们成立了“反血汗工厂学生联盟”（United Students Against Sweatshops，USAS）。到 2005 年，美国已有大约 200 所大学通过了反对血汗工厂的“大学行为企业社会责任标准”[②]。与“公司行为企业社会责任标准”相比，“大学行为企业社会责任标准”的内容通常更严格，例如要求供应商向大学公开其所有工厂的信息、要求尊重工人组织工会的权利、要求提供高于法定最低工资的“生活工资”。

（3）“多种利益主体企业社会责任标准”（Multi – Stakeholder Codes）

“血汗工厂”的问题同时引起了各国政府的关注。例如，1996 年由克林顿和美国劳工部长牵头成立了“服装产业伙伴关系”（Apparel Industry Partnership）。这是一个由公司、工会、人权组织、宗教组织共同参与的联盟组织，目的在于消除服装业及制鞋业中的血汗工厂。1997 年，该组织公布了“工

---

① 美国大学授权品牌经营商，如 Nike、Reebok、Champion、Russell 等将大学校标印制在针织衫、棒球帽、体恤衫、外套、运动衫上。大学对这些授权制造产品的采购额每年高达 25 亿美元至 30 亿美元。参见 Appelbaum · R. and P. Dreier，2005，“Students Confront Sweatshops”，The Nation，281（18）

② Appelbaum · R and P. Dreier. Students Confront Sweatshops. The Nation，2005，281（18）

作场所行为企业社会责任标准及监察标准”，随后成立了“公平劳工协会”（Fair Labor Association ，FLA）来监督企业社会责任标准的监察实施。

2. 企业社会责任标准的监察实施

各种企业社会责任标准为维护劳工权益提供了政府干预和集体谈判之外的途径，但是由于缺乏法律或集体合同所具有的执行力，企业社会责任标准的有效性面临质疑。为解决这一问题，企业社会责任运动的主题转移到如何建立有效的监察机制来促进企业社会责任标准的实施。

（1）“内部监察”（Internal Monitoring）和“外部监察”（External Monitoring）

品牌化零售商和经营商一般通过以下两种方式建立“内部监察”机制。其一，扩展现有的供应链管理模式，即在原有质量、交期、价格等要求的基础上，要求供应商达到劳工、人权和环保方面的标准。其二，建立全新的内部监察机构。“外部监察”是指由公司雇佣营利性第三方机构（主要是会计、审计公司）进行监察。前述“市场领域联盟”认为“内部监督”和“外部监察”足以保障企业社会责任标准的实施和改善劳工状况。然而，“社会领域联盟”认为“内部监督”和“外部监察”是受到公司控制的公关工具，无法保障劳工状况的改善。首先，“内部监察”和“外部监察”中获取的信息完全由公司控制而不向公众公开，因此公众无法了解有关企业社会责任标准实施的负面信息。同时，以谋利为动机的“外部监察”机构缺乏与工人沟通所必需的专业经验和敏感性。

（2）“多种利益主体监察”（Multi－stakeholder Monitoring）

“公平劳工协会”（FLA）是“多种利益主体监察”的典

型代表。FLA 是一个由品牌公司，人权、劳权和消费者 NGO，以及大学联合组成的监察性组织，其主要职责是对监察者进行资格认证，审阅监察报告，并对监察结果进行公布。然而，FLA 的监督模式受到 NGO 的批评。批评者认为 FLA 的监督模式受到公司的控制：由公司来选择监察者并直接为监察付费；公司对于受监察的工厂有影响力；最终公开的只是监察报告的摘要。作为对以上批评的回应，FLA 对其监察机制进行了改革，希望借此对于“外部监察”掌握更多的控制权。

（3）“独立性监察”（Independent Monitoring）

由于“内部监察”和“外部监察”不同程度地存在着公司控制的问题，“社会领域联盟”中的 NGO 要求建立一种透明度更高、更民主的“独立性监察”，即监察由与公司无直接关系的第三方进行，并向公众公开监察报告。1999 年，由“反‘血汗工厂’学生联盟”联合工会组织和其他 NGO 成立的“工人权益协会”（Worker Rights Consortium，WRC）是“独立性监察”机制的典型代表。

WRC 监察机制具有相当的独立性和透明度：管理和顾问董事会中没有公司代表；在组织、运作和经费来源上独立于公司；要求生产带有大学标志服装的公司公开所有供应商的名单、地址、劳工状况；对工厂的监察依靠劳工对违反大学企业社会责任标准的行为进行直接投诉并依靠当地的 NGO 对投诉进行审核；向公众公开监察报告。此外，WRC 的监督机制体现了“劳工赋权”的特点：其企业社会责任标准特别强调尊重工人自由结社的权利；强调对工人进行培训，帮助他们了解大学企业社会责任标准的内容；工厂的监察以接收工人的直接投诉为基础。

3. 劳工赋权

监察机制的完善提高了企业社会责任标准实施过程的透明度和民主性，但是依然无法对全球性生产体系中所有工厂进行检查。如何向劳工赋权，增进工人在企业社会责任标准实施过程中的行动能力成为运动的关注点。然而，对于劳工赋权的意义和策略，运动的各方参与者却有不同的理解。工会认为运动的最终目的是提高工人的组织能力，企业社会责任标准监察只是促进组织工会和集体谈判的工具；学生、劳权 NGO 认为劳工赋权意味着提高工人对于企业社会责任标准监督机制的参与以及组织工会和集体谈判权利的实现；其他 NGO 和部分公司则将劳工赋权理解为，提高工人对于企业社会责任标准监督机制的参与或促进“非工会性的员工代表机制”。

（1）劳工培训

尽管各方对于劳工赋权意义和方式存在分歧，但都认为组织培训、增强工人对于企业社会责任标准内容和劳工权利的了解是赋权的前提。许多工会和劳权 NGO 在出口加工区开展了关于企业社会责任标准内容和劳工权益的培训。例如，2001 年对国际运动鞋品牌在中国广东的供应商工厂进行有关职业安全健康的培训，增强工人对企业社会责任标准监督机制的参与。部分品牌公司希望在“内部监察”机制中增强工人的参与，认为工人是最理想的监察者，他们比任何“外部”监察者都更了解工厂的劳工状况，因此工人应该成为监察机制的主角。

（2）通过企业社会责任标准监察推动工会组建和集体谈判

一些个案研究表明，“独立性监察机制”对于促进出口加工区工会的建立具有积极作用。多米尼加共和国 BJ &J 厂和墨西哥 Kukdong 厂成立的工会都是借助“独立性监督机制”建立的[①]。BJ&J 和 Kukdong 工会建立后与管理方进行了谈判，并签订了集体合同，为工人赢得了许多切实利益。

二、企业社会责任标准在中国的发展

作为“世界工厂”，中国已经成为企业社会责任标准的“世界实验室”。中国的企业，尤其是出口加工劳动密集型的企业，越来越多地经历着各种企业社会责任标准（例如 SA8000、FLA、ETI、ICTI、WRAP、OHSAS1800）的检验。企业社会责任、企业公民已成为企业界和相关政府部门的主流话语。2006 年以来，相关政府部门通过政策和立法积极推动企业社会责任的推广与发展。主要的政府举措如下：

2006 年 1 月 1 日，《中华人民共和国公司法》修订案正式施行，要求“企业要承担社会责任”。

2006 年 9 月 25 日，深圳证券交易所发布《上市公司社会责任指引》。

2006 年 10 月 11 日，中共中央十六届六中全会审议通过《中共中央关于构建社会主义和谐社会若干重大问题的决定》，明确提出要“增强公民、企业、各种组织的社会责任”。

2007 年 12 月 5 日，中国银行业监督管理委员会发布《关于加强银行业金融机构社会责任的意见》，倡导银行业金融机构加强社会责任感，切实履行社会责任。

---

① Esbenshade · J. Codes of Conduct：Challenges and Opportunities for Workers' Rights. Social Justice，2004，31（3）

2008年1月4日，国务院国资委发布2008年1号文件《关于中央企业履行社会责任指导意见》（以下简称《意见》）。《意见》要求中央企业充分认识履行社会责任的重要意义，提出了中央企业社会责任的指导思想、总体要求和基本纲要。这是我国第一个由部委出台的企业履行社会责任规范性文件，对企业社会责任在我国的推广有重要意义。

2008年5月13日，上海证券交易所发布了《关于加强公司社会责任承担工作的通知》和《上海证券交易所上市公司环境信息披露指引》，以引导各上市公司积极履行社会责任。

2008年9月9日，由商务部举办的"跨国公司企业社会责任研讨会"在厦门举行。会上，商务部以征求意见的形式发布了《外资投资企业履行社会责任指导性意见》。

近年来，企业社会责任标准在中国的发展也出现了本土化的趋势。2005年5月，中国纺织工业协会制定发布了"中国纺织企业社会责任管理体系"（CSC9000T），成为首个"中国制造"的行业性企业社会责任标准，2006年3月开始在10家企业试点，并计划在2007年实施"10+100+1000项目"，即选择10个产业集群作为试点地区，100家骨干企业建立CSC9000T管理体系，并对1000家中小企业进行基础培训。

2015年6月2日，中国国家质量监督检验检疫总局、国家标准化管理委员会正式批准发布了以"36000"数字为系列的三项企业社会责任国家标准，即GB/T 36000－2015《社会责任指南》、GB/T 36001－2015《社会责任报告编写指南》和GB/T 36002－2015《社会责任绩效分类指引》。企业社会责任国家标准的正式发布，标志着我国基本完成了企业社会责任标准的本土化过程。

三、跨国公司行为企业社会责任标准对中国外资企业劳工标准与劳动关系的影响

在这一部分中，基于对美国某跨国运动制品公司 FB① 的 CSR 政策和实践的长期个案研究，我们旨在探究跨国公司企业社会责任标准对中国外资企业劳工标准和劳动关系的影响，并建立一个兼顾“跨国—国家—地方”（transnational - national - local）多层面因素的分析框架，对于这种影响的复杂性进行相对全面的考察。在跨国层面，以 FB 公司为典型，着重探讨过去 10 多年间以跨国公司为主要行动主体的企业社会责任运动的原动力、实施机制和困境。在国家层面，回到中国现实的劳动体制，讨论中国现行的劳动法律体系、劳动关系体制对于企业社会责任标准实施可能产生的“结构性”影响。在地方层面，聚焦于工厂的劳动过程、劳工控制模式、劳资关系，分析“泰勒制”（Taylorism）和以“精益生产”（Lean Production System）为原则的劳动过程改革对于 FB 行为企业社会责任标准的实施以及工厂劳工标准的提高和劳动关系的改善产生的影响。

这一部分内容，基于我们对于 FB 公司在中国南方的一家大型运动鞋供应商工厂 FS 为期三年的田野研究。主要依靠两种研究方法来收集数据：参与观察和深度访谈。我们通过参与观察的方法了解了 FS 工会选举的过程，该工会的成立与 FB 公司推行企业社会责任标准有直接关系。为了全方位地了解

---

① 出于遵循学术规范的要求，本节内容中所有相关主体均采用了化名，同时对相应的内部资料的引用也作了化名处理

FB 企业社会责任标准的实施对于工厂劳动过程、劳工标准和劳资关系的影响，我们对相关各方代表分别进行了深度访谈，其中包括 2 名 FB 公司在华人权项目经理、2 名 FS 工厂经理、6 名 FS 生产线管理人员、9 名 FS 工会委员会成员、13 名 FS 生产线工人。

（一）FS 工厂的劳动过程、劳工控制和劳工标准

FS 工厂隶属中国台湾地区一家大型运动鞋制造商。在 20 世纪 80 年代末，像其他多数中国台湾地区运动鞋制造商一样，这家公司开始将生产转移到中国大陆，以求大幅度降低劳动力、土地、能源等方面的生产成本。在整个 20 世纪 90 年代，由于获得了 FB 公司的大额订单，FS 生产经营规模不断扩大。到 2002 年，FS 已经发展成为 FB 公司在中国的第二大运动鞋供应商，有大约 16 条生产线，雇员超过 1 万人，年产量超过 1000 万双鞋。像其他多数劳动密集型台商投资企业一样，FS 的管理机构已经高度科层化。大多数生产线工人是来自内陆相对贫困地区的农民工，其中超过 90% 的工人是女性，超过 95% 的工人年龄在 18—35 岁之间。

在 FS 的生产线上，运动鞋的制造过程是劳动密集型的。按照不同的工序，工人被分配到裁断、针车、底加工、成型、喷漆、质检和仓储等工作部门。为了最大限度地提高产能和严格控制产品质量，工厂依赖“泰勒制”来实现对劳动过程的“科学管理”，即通过科层化的管理层来实施对劳工的直接控制，这种控制通常是公开的、专制的、以惩罚为导向的。如制定了名目详细的“员工手册”，不仅约束员工在工作时间的一举一动，甚至对员工的上下班行走路线、穿衣戴帽方式以及用餐行为都

作出了严格规定。训斥、罚款、扣奖金、解聘是管理者常用的劳工控制手段。在此条件下，FS 工人的合法权益时常受到侵犯。在 FB 严格实施其企业社会责任标准之前的整个 90 年代，FS 存在的主要劳工问题包括：超时加班；未足额支付加班费；职业安全与健康问题；管理者任意辱骂、体罚、处罚、开除员工；限制员工请假和辞工的自由；等等。

FS 存在的种种劳工问题不仅与专制主义的劳动训诫体系有着密切的联系，同时也植根于市场转型时期中国特殊的劳动体制。在该劳动体制下，劳动立法、社会保障体系、最低工资保障制度、工会代表机制等对于外资企业中农民工合法权益的保护尚存在不足。首先，尽管《劳动法》对劳动者的权益作了全面而严格的规定，但是负责执法的有的地方政府为了地方经济的发展而不愿意或是没有能力严格监督《劳动法》的有效实施。对于外资企业而言，地方政府的执法力度就更加薄弱。有些地方政府害怕严格按照《劳动法》的要求保护劳工权益将会对投资环境和地方就业产生负面影响；有些地方政府甚至以维护投资者的经济利益为由，置农民工的合法权益于不顾。其次，社会保障体系对于农民工的保护也十分有限。据《人力资源和社会保障事业发展统计公报》数据显示，截至 2017 年，我国农民工投保养老、医疗、工伤及失业等项目的总量规模分别为 6202 万人、6225 万人、7807 万人和 4897 万人，参保率分别为 21.6%、21.7%、27.2%、17.1%[①]。外资企业参加社会保险的比例则更低。最后，最低工资保障制度无法满足劳动者的基本

---

①　闫薇、贾凯旋．影响农民工就业质量的社会保险问题及对策研究．北京城市学院学报，2018（6）

生活需要。我国的最低工资制度于1993年建立，即原劳动部颁布的《企业最低工资规定》。2004年，劳动和社会保障部又对此规定进行修订，出台《最低工资规定》。截至目前，全国所有省、自治区、直辖市都建立了最低工资保障制度。然而由于最低工资标准的制定权已经地方化，地方政府为了维持发展经济的廉价劳动力优势而抑制工资水平上涨，从而导致最低工资标准偏低，不符合劳动法规确立的标准，不能保障低工资劳动者的生活。

从20世纪90年代末期开始，FB公司借助其在全球供应链中的主导地位进入了劳工标准规范的领域，建立了旨在规范其全球供应商劳工标准的“人权生产标准”，成为影响FS劳工标准和劳动关系的崭新力量。

（二）企业社会责任标准：原动力、实施机制及困境

运动品行业为我们分析企业社会责任标准现象提供了理想的标本。自20世纪80年代，运动品行业的劳工问题就开始受到媒体的广泛批评。据美国学者对于1682种英文媒体报道的分析，在1986—2002年间，50%以上关于全球工厂中的剥削和人权问题的负面报道集中在运动鞋行业[①]。在随后的10多年中，迫于来自公众、投资者和消费者的多重压力，在国际运动品行业中处于主导地位的“品牌经营商”（例如Nike，Reebok，Adidas，New Balance，Puma，Asics，Fila，Kappa，Lotto，Umbro）纷纷制定了公司行为企业社会责任标准[②]，承诺对于其供应商

---

① Prakash · S. S. Setting Global Standards：Guidelines for Creating Codes of Conduct in Multinational Corporations，Hoboken. N. J：John Wiley & Sons，2003

② Van Tulder · R and A. Kolk. Multinationality and Corporate Ethics：Codes of Conduct in the Sporting Goods Industry. Journal of International Business Studies，2001，32（2）

工厂雇员承担公司社会责任，要求供应商按照公司行为企业社会责任标准中制定的劳工标准，改善工作环境、保障工人的合法权益。

长期以来，FB 在企业社会责任运动中占据着先锋地位。FB 的高层管理者相信，良好的企业社会责任行为长期而言有利于增强公司的竞争力和可营利性。工商管理学界的理论家们指出，良好的企业社会责任记录有助于提升公司竞争力，最明显的表现就在于不断完善的品牌形象和声誉。从 20 世纪 90 年代初期开始，越来越多的企业开始以企业社会责任为平台开展市场营销和品牌建设活动，这种策略被称为“善因营销”(Cause - Related Marketing)。早在 20 世纪 80 年代末期，FB 就已经开始围绕西方主流消费者普遍关注的“人权”问题开展“善因营销”。90 年代初期，当世界运动品行业面临越来越多的“血汗工厂”批评时，FB 公司率先制定了名为“FB 人权生产标准”的公司行为企业社会责任标准。该企业社会责任标准以国际劳工组织的核心条款为基础，包括无歧视、无强迫劳动、无童工、集体谈判、工资、工时、职业安全与健康、无报复等方面的内容。在后来 10 余年间的企业社会责任运动当中，FB 公司取得了无可争议的领导地位。

1. 隐藏的原动力：长期的利润最大化

企业社会责任策略成功的前提在于以营利为目的的商业动机必须被巧妙地隐匿，不为消费者和公众察觉。多年以来，FB 悉心实践着这一原则。首先，FB 否认制定和实施“人权生产标准”是以市场销售为目的的。正如 FB 人权项目负责人所说：

我们对于人权的关注不是服务于市场营销活动。这种关注代表了我们对于企业社会责任的承诺，代表了我们作为公司和个体对于我们所安身立命的社会的一种回报。

当意识到这种完全“利他主义”的企业社会责任诠释难以说服消费者时，FB 转而强调企业社会责任行为可能带来的其他微不足道的商业利益。FB 人权项目负责人写道：

FB 相信将国际及公认的人权标准与我们的商业行为相结合能够提高工人的工作积极性、改善工作环境从而提高我们的产品品质。

无疑，在工商管理学界看来，无论是就公司的品牌形象而言，还是就长期市场销售和营利性而言，FB 以人权为主题的企业社会责任策略是成功的。当 FB 的主要竞争者成为负面新闻报道和“反血汗工厂运动”的头号攻击对象时，FB 的品牌形象几乎毫发无伤，甚至成为一些 NGO 认可的企业社会责任榜样。尽管 FB 否认企业社会责任策略背后的商业动机，但该公司的财务报告说明，FB 的企业社会责任策略有力地增强了公司的长期可营利性。

2. “FB 人权生产标准”的实施机制和困境

“FB 人权生产标准”的实施主要依赖于两种监察机制：“内部监察”（Internal Monitoring）和“多种利益主体监察”（Multi - stakeholder Monitoring）。FB 的“内部监察”由公司内部独立的“人权部门”和公司在区域、国家、地区、工厂等各个层次的采购和管理人员共同承担。FB 的“人权部门”在 2005 年有超过 20 位雇员，其中的“实地工作小组”主要负责监察其全球供应商工厂的企业社会责任标准实施情况，分别分布在东亚（12 人）、南亚（5 人）、美洲（1 人）和欧洲（1 人）。小组开展监察工作的方法主要有：现场巡视、检查记录（工资单、工时卡、人事记录、社会保险卡等）、管理者访谈、员工访谈、空气测试、咨询员工信任的当地组织等。FB 承诺公司的“内部监察”机制将对“高风险”工厂[①]，每 12 个月实施至少一次检查，但实际上 FB 往往无法兑现其承诺。

然而在现实中，这种以监察为中心的企业社会责任标准实施模式存在着种种缺陷。例如，为了通过检查，工厂在工时、工资、社会保险等记录上作假或是教育员工以“标准答案”应对监察者的访谈。更为重要的是，工厂弄虚作假的背后还隐藏着一系列体制性的问题。

第一，在企业社会责任运动中，FB 的采购模式看似兼顾了“效益”与“公平”，然而企业社会责任标准的实施过程中又必然暴露出这种采购模式的内在矛盾性。长久以来，运动品行业品牌经营商的采购模式主要基于其对供应商（工厂）在价格、质量、交货准时性等方面的年度评估。近年来，为了能够在激烈的市场竞争中捍卫自己的利润空间，品牌经营商利用其在商品链中的主导地位不断压低单价，要求供应商不断缩短生产周期、降低生产成本、提高生产效率。同时，面临消费者和公众对于“血汗工厂”的批评，品牌经营商又需要推进 CSR、制定公司行为企业社会责任标准，并要求其供应商严格按照企业社会责任标准要求提高劳工标准、改善劳工待遇。问

① “高风险工厂”指最可能违反 FB 企业社会责任标准的工厂。FB 通过以下标准判定“高风险工厂”：遵守企业社会责任标准的历史记录、国家状况、合作关系（直接或间接的供应商）、工厂类型、订单大小、使用移民工的情况、劳工与管理者之间的文化和语言障碍等

题在于，供应商是否有能力在满足品牌经营商“低成本、短周期、高效率”的采购要求的同时，又严格遵守企业社会责任标准从而满足品牌经营商建立“无血汗工厂”良好声誉的愿望。在现实中，处于供应链底端、利润空间狭小的供应商显然很难兼顾两者。因此，看似兼顾“效益”与“公平”的品牌经营商采购模式，实际上为企业社会责任标准的有效实施设置了体制性的内部障碍。对此 FB 已经有所认识。正如 FB 的一名采购经理所分析的：

我们要求工厂做的事情，比如培训、涨工资，或是增加安全出口可能会使工厂很难在限定的时间和预算内完成我们的订单。

然而，为避免其自身利益受损，面对这一体制性的障碍因素，FB 公司选择了规避而非解决问题的态度。FB 的回应方式有两个：一是对其采购人员提供培训以增强其问题意识；二是尽量选择有能力兼顾企业社会责任标准实施和以效益为中心的采购标准（价低、质优、及时）的供应商合作，并建立长期的合作关系。显然，无一办法可以根本性地消除其采购模式的内在矛盾。

第二，严格按照公司行为企业社会责任标准的要求提高劳工标准和改善劳工待遇本身必然增加生产成本，与其他所有品牌经营商一样，FB 没有承诺与供应商分担由于实施企业社会责任标准、提高劳工标准所引起的生产成本。例如，在工资问题上，FB 将生产线工人工资偏低的问题归咎为：

来自大型零售商的价格竞争压力、生产地国家的发展水平、产业的碎片化特质、劳动法不健全或实施不力。

而丝毫未提及自身连年向供应商压低单价对于工人工资的负面影响，更不愿提高单价从而提高工人工资。

第三，FB的企业社会责任标准实施是嵌入在“买家主导型商品链”① 中品牌经营商与供应商之间的不平等权力关系当中的，是一种惩罚导向机制而非建立在供应商的“共识”基础之上。供应商“同意”遵守企业社会责任标准的要求是出于对失去订单的恐惧，而非认同企业社会责任标准背后的企业社会责任理念和利益。在实践中，FB甚至制定了一个名目详细的“惩罚矩阵”，借此对违反企业社会责任标准规定的工厂实施不同程度的罚款。正如FB明确说明的：

在与我们有长期合作关系的主要制鞋厂中，我们制定了一个“惩罚矩阵”，借此对严重违反工资规定和长期违反工时规定的工厂实施罚款。

通过分析公司以人权为中心的企业社会责任策略和实施机制，我们可以发现企业社会责任和公司行为企业社会责任标准的原动力始终植根于资本主义生产体系的原始逻辑当中，即资本对于利润最大化的追求，而企业社会责任和公司行为企业社会责任标准的作用在于为这种商业动机取得合法化的话语和意识形态。由于在企业社会责任和公司行为企业社会责任标准运

---

① Gereffi, G., The Organization of Buyer - driven Global Commodity Chains: How US Retailers Shape Overseas Production Networks. In Gary Gereffi & Miguel Korzeniewicz (eds.) Commodity Chains and Global Capitalism. Westport · Conn: Greenwood Press, 1994

动中居于主导地位，FB 这样的跨国公司依赖一种以“监察”为中心的企业社会责任标准实施机制，然而这种机制对于提高劳工标准而言具有种种内在局限性。例如，以效益为中心的采购模式与试图兼顾公平的企业社会责任政策之间的矛盾性，提高劳工标准的成本分摊问题，以及惩罚导向性的实施机制实际上遏制了供应商改善劳工标准积极性的问题等，都会阻碍企业社会责任标准的有效实施和劳工状况的切实改善。

（三）FS 对于企业社会责任标准实施困境的回应：NPS 改革

20 世纪 90 年代末期，随着中国成为 FB 在全球最大的生产基地，FS 也成为 FB 在中国第二大运动鞋供应商，FB 开始要求 FS 及其他中国的主要大型供应商严格按照“FB 人权生产标准”改善工作条件、劳工待遇以及劳资沟通。在随后几年中，由于实施了 FB 企业社会责任标准，FS 工厂的劳动条件确实出现了一些改善：工厂内加设了安全出口和灭火装置；定期发放安全生产防护用品；改用毒性较弱的水性胶水；将最低雇佣年龄严格控制在 18 岁以上；在《员工手册》中增加了员工投诉无报复条款；等等。然而，在一切可能增加生产成本的企业社会责任标准条款上，例如工时、工资、集体谈判权利等问题上，FS 管理者的态度就变得消极。因此，在这些问题上，FB 企业社会责任标准实际上没有得到有效的实施。

对此，FS 管理者的解释是，如果严格实施 FB 企业社会责任标准在工时、工资、集体谈判权利等方面的标准，必将大幅度增加工厂的经营成本，而 FB 公司不但不会因此而提高单价，反而在连年压低单价，因此 FS 根本没有能力做到严格实施企业社会责任标准。FS 的一位中国台湾地区副经理不无抱怨地解释说：

这些年单价压的越来越低，不会因为人权水平达到一定标准而提高单价……讲一句抱怨的话，税率也增加了，员工工资也增加了，产品又被客户压价，比如说去年的 20 块美金，今年变成 19 块……FB 在砍价时，希望劳动力占生产成本的比例越低越好，这样他可以压低单价……比如我们报价占 18% 来讲，他说你报的太高了，就给你杀价，砍到 16%。

不难看出，FS 的管理者已经深陷企业社会责任标准的实施困境当中。利润最大化与实施企业社会责任标准之间的体制性矛盾，在 FB 这样只需面对投资者、消费者和公众的品牌经营商那里可以被巧妙地隐匿起来，然而对于 FS 这样依然身处生产过程的制造商而言，这一矛盾是无论如何也无法回避的。那么，FS 的管理者是如何面对利润最大化与实施企业社会责任标准之间这一体制性的矛盾呢？

在 FS 管理者看来，唯一的出路在于加强内部管理、降低生产成本，从而提高生产效率。从 2002 年起，在 FB 的支持下，FS 管理者开始实施“新生产体系”（New Production System，NPS）改革，即依照发源于日本汽车制造业的“精益生产”原则改造劳动过程，旨在通过减少“无效工作”（non-value-added activities）、进行“即时”（just in time）生产和交货，来降低劳动成本、提高生产效率。令管理者满意的是，NPS 改革确实提高了生产效率、缩短了生产周期。据 FS 一位管理员介绍：

一条NPS线比原来的生产线多了30%的工人，但是产量可以增加大约50%，也就是说，产效增加了15%。

作为奖励，FB将FS的订单量增加了大约15%，即FS的月产量可以达到150万双。

然而，NPS改革对工人而言却像一场灾难。一是由于生产线的空间分布从过去的部门分割变成了一体化，工作中工人的休息时间大大减少，需要紧跟流水线的速度一刻不停地工作；二是随着流水线速度加快、工作任务提升，生产线工人普遍感到工作压力增强了；三是为保证提高的产能不为工资成本所消耗，NPS生产线的平均用人比率降低了，甚至要求技术好的熟练工人在生产线上同时承担几项工作。

至此，我们已经看到了嵌入在“跨国—国家—地方”的分析框架当中，影响FB企业社会责任标准在FS实施的主要因素：一是跨国公司采购模式与企业社会责任标准实施的相互矛盾性和企业社会责任标准监查机制的内在局限性；二是我国外资企业特殊的劳动体制；三是FS工厂的“泰勒制”和旨在提高产效的NPS改革。

（四）FS劳工标准和劳动关系的变化

1. 工时的缩短和“弹性化”

像其他多数运动品品牌一样，FB在其企业社会责任标准中规定每周工作时间不得超过60小时，即每月的加班时间不超过80小时。同时规定“如果供应商所在国家的法定工作周低于60小时，则应按照较低的工作周执行”；1994年，中国的法定工作周为49小时（9小时加班+40小时正常工作），每月加班时间不得超过36小时。然而在实践中，直到2004年，FB才开始要求供应商严格执行中国劳动法的标准。如前所述，NPS改革大大提高了生产效率，从而为缩短加班时间提供了可能。以FS成型部门在2002年12月和2004年12月的工作时间为例，FB企业社会责任标准的实施和NPS改革大大缩短了生产线工人的工作时间，使之基本符合中国劳动法49小时工作周的规定。

然而，FB严格执行企业社会责任标准关于工时的规定并不是以牺牲其商业利益为前提的。如前所述，FB的采购模式十分强调交货的准时性，而长久以来劳动密集型出口加工行业内加班时间长的问题就是根源于采购商对于交货时间的苛刻要求。虽然FS的NPS改革部分缓解了工厂“赶船期”与控制加班时间的两难问题，然而由于FB的采购模式未发生根本性的变化，问题依然存在。当矛盾凸现的时候，FB往往会牺牲其工时要求而保全交货的准时性。

2. 工资的大幅度下降

工资问题一直是CSR运动中最具争议的问题之一。出于控制生产成本的考虑，多数制定了企业社会责任标准的公司只是承诺保障工人获得“法定最低工资或是当地的产业平均工资”；而维护劳工权益的行动主义者及相关组织（工会、NGO、学生团体、消费者团体、社区组织等）则要求公司保障工人能够获得“生活工资”（Living Wage），即足以满足工人自身及其家庭成员基本生活需求的工资。在工人工资的问题上，FB同样坚持“法定最低主义”（Legal Minimalist）的原则。正如FB在中国的人权项目经理所解释的：

我们说的法定最低工资就是指按照《劳动法》的规定给付工人的所有工资，包括基本工资、加班工资等。法定的工资标准是很低，但是没有工厂会不加班，加上加班工资乘以1.5倍、2倍、3倍，加在一起就有600—800元了。

中国早在1993年就颁布了有关最低工资标准的法规，FS所在的B市于1994年开始制定地方性的最低工资标准。然而，像多数外资企业一样，FS生产线员工工资的计算方式完全掌控在管理者手中，丝毫不受最低工资标准的影响。直到20世纪90年代末期，FS生产线员工报酬的绝大部分（80%—90%）仍来自“件资”（单件工价×工作量），附加少数奖金（全勤奖、久任奖、年终奖等），劳动法所规定的加班费则完全不存在。几年前，FB公司开始要求FS严格执行其“法定最低主义”工资标准，即工人在正常工作时间内的工资不应低于B市当地的法定最低工资标准，同时按照劳动法规定的标准足额支付加班费。因此，FS对生产线工人的工资结构进行了“改革”，在工资单上清楚列明了底薪（相当于法定最低工资）、加班时间、加班费。然而这种改革只是形式主义的，仅仅表现在工资记录上，并不代表任何实际的工资计算方式的改变。工资“改革”以后，工人开始对工资单感到糊涂：

从2001年开始，我就觉得工资单看不懂了，比如工资单上说我们的工资是底薪、奖金和加班费，我们现在的计件工资是400多元、500多元，如果这样算的话，我们每个月的工资都有1000多元，但是实际我们只有700元、800元，它实际就是把计件工资调到底薪里面去，我们的底薪实际只有140元，但是工资单上写有400元。

也就是说，FS 执行 FB“法定最低主义”工资标准的直接结果是两套工资制度的产生：一套用于应付 FB 的监察，另一套决定着工人的实际工资。

与此同时，NPS 改革对于生产线工人的工资也有重大影响。第一，NPS 改革之后，管理者以工作时间减少为由，降低工人的工资，尽管 NPS 改革后工人的产效大大提高，即工人在单位时间内的产量没有减少反而有所增加。第二，一旦发现某条生产线的产量迅速提高，管理者常常会通过降低单价的方式来压低工人的件资。第三，对于少数产能极高的熟练工人，管理者对其工资弄虚作假，进行人为的“封顶”。正如一位女工所抱怨的：

我们的计件工资如果太高，干部会给你抹掉。有一个月我做得很累，一个人做两个人的事，我的计件工资应该有 1000 多元，但是工资发下来，计件工资只有 700 多元。听说我们针车员工的计件工资不能超过 800 元。如果超过了 800 元，组长也不按照真实的情况记录。

第四，NPS 改革之后，与产品质量问题有关的生产成本被越来越多地下放到生产线甚至转嫁到员工个人身上。

令工人们失望的是，FB“法定最低主义”工资标准的实施仅仅是“形式主义”地改变了工人的工资结构，并未实质性地增加工人的工资。相反，FB 企业社会责任标准的实施以及相应的 NPS 改革，造成了生产线工人工资的大幅度下降。

3. 工会的角色、权力和功能

过去几年间，FB 在印度尼西亚、泰国和中国的供应商工厂积极推行“员工代表项目”，即通过组建由工人选举的工会或“健康安全委员会”“福利委员会”，来实现 FB 企业社会责任标准中的承诺。2001—2002 年间，通过与当地工会合作，FB 分别在中国南方的两家供应商工厂开展了工会选举活动，产生了工人投票选举的工会委员会，其中一次工会选举就发生在 FS。

FB 反复强调这两次工会选举是“公开的”“民主的”“有代表性的”，因为选举具有以下特征：允许工人通过自荐方式成为候选人；分选区投票以保证工会的全体代表性；以“公开论坛”“有问有答”等方式组织动员工人参与自荐和投票；为候选人提供公开演讲的机会；一人一票进行不记名投票等。

然而更重要的问题在于，在中国现行的法律框架下，在与当地工会及 FB、FS 管理方和工会代表的互动当中，FS 民主选举的工会将被赋予什么样的角色和权力，在现实中能够开展何种活动，如何发挥代表和维护的功能。

FS 的工会章程规定该工会的主要职能是：一是代表和维护员工的合法权益；二是促进员工与管理者之间的沟通；三是调解和解决劳资纠纷；四是加强厂规和 FB 人权标准的实施；五是完成上级工会分配的工作。可以看出，FS 工会除了被赋予中国基层工会的定位和作用以外，还有促进 FB 企业社会责任标准实施的任务。

通过分析 FS 工会开展的主要活动，我们发现，FS 工会的职能主要体现在以下两个方面：

一方面，作为工人投诉的渠道，加强劳资沟通。FS 工会章程赋予了工会调查和调解劳资纠纷的职能，工会成立以后也收到了大量员工投诉。以调查者查阅的某年数据为例，当年工会参与调查处理的员工投诉有 297 件，主要包括辞职（62 件）、加班费（51 件）、件资不公开（41 件）、请假（37 件）、管理者任意处罚员工（25 件）等问题。但是在实际操作中，工会调解委员会作为第三方“调解”劳资纠纷的权力却较难得到管理方的认可。

另一方面，开展各种文体活动、福利项目。组织工人参与福利、文体活动成为 FS 工会实际开展的主要工作。FS 工会管理的福利项目主要包括以下几方面：其一，工会建立了“员工急难救助基金”，为遭遇自然灾害、意外事故、突发疾病的员工及其家庭成员提供资助。例如，FS 有 13 名员工获得了 1300—10000 元的救助，而当年工会累计发放急难救助金 20 万元。其二，大量工会经费用于添置文体设施，例如乒乓球室、棋牌室、篮球场、卡拉 OK 厅等。工会在节假日组织工人参与各种文体活动，例如登山、拔河、书画展、卡拉 OK、组织舞美协会等。其三，工会创办了《企业季刊》用于促进员工与管理者的沟通、增强员工对企业的归属感。其四，在端午节、春节等传统节日，工会会为员工发放一些小礼品，以体现企业和工会对于员工的“关心和爱护”。

以上，我们通过考察 FB 公司在运动鞋供应商 FS 的企业社会责任策略和实践，探讨跨国公司的行为企业社会责任标准对于我国外资企业劳工标准和劳动关系的影响，并试图构建“跨国—国家—地方”的分析框架，对这种影响的复杂性进行比较全面的解析。我们发现，作为一种“志愿性的”“私有化的”“以市场为导向的”劳工标准规范机制，在 FS 的工作现场，FB“人权生产标准”的实施有效遏制了一些严重的“血汗工厂”问题，比如童工、职业伤害和职业病、强制性的过度加班、辱骂体罚员工等。这些问题之所以“严重”并首先得到解决，主要是因为发达国家的消费者、投资者以及公众对于这些“血汗工厂”问题的道德义愤和购买行为上的抵制，这些都会对跨国公司的品牌形象、销售额、股票价格以及营利性产生负面的影响。然而，在可能直接妨碍资本利润最大化的问题上，例如工资、集体谈判等问题，FB 企业社会责任标准的有效性就显得十分有限。在 FS 我们看到，面临利润最大化和实施 FB 企业社会责任的两难困境，FS 实施了 NPS 劳动过程改革。改革虽然缩短了劳动时间却加强了劳动强度，从而强化了对劳动过程和工人的控制。最终，在 NPS 的劳动过程当中，FB 企业社会责任标准的实施不仅没有提高工人的物质报酬，反而导致工人工资的大幅度下降。

FB 企业社会责任标准对于提高劳工标准的有效性受到种种因素的制约，而制约性因素不仅反映为跨国、国家、地方各个层面的结构性力量，同时取决于企业社会责任运动中各方参与者（FB、FS 管理方、地方工会、FS 工人及其代表）之间的互动。在跨国层面，企业社会责任和跨国公司的行为企业社会责任标准没有脱离资本利润最大化的动机，相反可能成为跨国公司将利润最大化逻辑“合法化”的工具。在实施模式上，为避免损害其自身利润，跨国公司并未改革其以效益为中心的采购模式，更未承担实施企业社会责任标准引起的成本，而是利用其在全球化的商品链中的主导地位，将实施企业社会责任标准的成本转嫁给供应商；而供应商又会利用其在劳动力市场中的优势地位和劳动过程中的权力将成本最终转嫁给劳动者。正是由于全球化的生产体系中跨国公司与供应商之间、资本与劳动者之间的不平等权力关系，以及这种自上而下的企业社会责任标准实施成本转嫁，导致了在 FS 看到的企业社会责任标准实施结果：劳动条件有了一定的改善，但是这种改善是以工人劳动强度的加大、工资的降低为代价的。在国家层面，外资企业中长期存在的劳动者合法权益受到侵犯的现象，与我国市场转型时期劳动体制的特定状况有着密切的联系。同时，劳动体制中存在的种种问题，也为企业社会责任标准的实施提供了不利的制度环境。譬如在工资问题上，B 市过低的最低工资标准为 FS 在缩短工时的同时大幅度降低工资提供了可能性，甚至是合法性，因为 FB 企业社会责任标准中的工资标准只奉行“最低合法主义”的原则。在地方层面，企业社会责任标准的实施凸显出资本主义生产体系中效益与公平的矛盾本质，管理者通过改造劳动过程、加强劳动控制、降低生产成本，部分缓解了自身利润最大化与实施企业社会责任标准之间的矛盾。然而，在 NPS 改革过程中，以往“泰勒制”的管理模式和专制主义的劳工控制方式得到了强化，这对企业社会责任标准的有效实施，尤其是工人权利的争取构成了现实的障碍。

对于提高劳动标准、改善劳动关系，企业社会责任标准的有效性依然受到种种结构性力量的限制。所谓的“第三条道路”命题——即企业社会责任可能成为国家干预和以工会为代表机制的传统劳工运动之外维护劳工权益的第三种方式，这种观点应当予以修正。面对全球化背景下“强资本、弱劳工”的现实，只有将企业社会责任标准嵌入一种与国家干预和传统劳工运动互补而非替代的关系当中，才有可能最大限度地提高劳工标准、维护劳工权利。就目前的现实而言，我们认为，借助国际化的企业社会责任行动的共同力量，继续监督处于商品链顶端、占有巨额利润的跨国公司，要求其改变采购模式、承担企业社会责任标准实施成本，将成为比较可行的实践方向。

第三节　中国企业海外投资和谐劳动关系建构

一、中国企业海外投资与企业社会责任

从20世纪90年代后期开始，随着“走出去”国家发展战略特别是“一带一路”倡议的实施，大批中国企业带着资本走出国门。经过20多年的发展，中国已经成为第三世界国家外来投资的主要来源与重要发展伙伴。然而，中国企业在海外经营过程中的劳资纠纷、产业行动等劳动关系问题也不断见诸中外媒体。中国企业在海外经营过程中产生的劳动关系问题直接关系到投资东道国工人群体的权益，不仅影响中国企业在当地的声誉及经营发展，而且影响到中国作为世界大国的国家形象，甚至是中国与他国的外交关系。

如何有效解决中国海外投资企业的劳工问题，已经引起了企业和政府的广泛关注。近年来，越来越多的中国海外投资企业开始携手政府、国际组织、劳工团体，以及社会部门的多种利益相关方，以积极履行企业社会责任的方式来尝试缓解和解决在海外投资过程中出现的劳工问题。例如，中钢集团在2008年3月加入联合国“全球契约”组织，并于当年10月发布了《中钢集团可持续发展非洲报告》，成为中国首家面向非洲地区发布社会责任报告的企业。2010年，中钢集团发布了《中钢集团可持续发展澳洲报告》，成为我国第一家面向发达国家发布可持续发展报告的企业。报告中除了介绍企业在非洲

的整体运营情况外，还特意提到企业在当地员工发展方面的工作。而中国有色集团在2011年发布了中国有色集团赞比亚社会责任报告，这也是我国企业首次面向非洲单个国家发布社会责任报告，详细介绍了企业在赞比亚的发展情况，尤其是在劳工问题上，企业作出了很大的改善，比如提高员工薪酬，修改雇佣协议，与员工签订正式雇佣协议，支持员工发展等。2016年3月和2017年5月，中国路桥工程有限公司在肯尼亚分别发布了肯尼亚蒙内铁路2015年、2016年社会责任报告。2018年6月22日，中国交通建设股份有限公司、中国路桥工程有限责任公司《肯尼亚标轨铁路项目社会责任报告2017/2018》在肯尼亚发布，涉及雇佣当地员工、人才培训、教育公益等，成为中国企业海外项目社会责任的代表。

越来越多的中国海外投资企业开始以履行企业社会责任的方式回应劳工问题，这提醒我们，企业社会责任可能为中国企业海外投资过程中和谐劳动关系建构提供新的理念、路径和模式。在本节中，我们将重点讨论这一问题。

二、中国企业海外投资发展简况

（一）投资规模

中国的对外直接投资活动始于20世纪70年代末期，2000年中国政府“走出去”发展战略的实施以及2001年中国加入WTO进一步加速了中国海外投资的发展。随着中国经济的发展和2000年后“走出去”战略的实施，中国对外直接投资规模在过去十年间从可以忽略不计飙升到过千亿美元（如图3.1所示）。2011年到2014年，在全球直接投资流量年缩水8%的背景下，中国对外直接投资逆市上扬，复合年增长率达16%。2014年，中国投资者共对全球156个国家和地区的6128家境外企业进行了直接投资，全行业对外直接投资达1160亿美元，同比增长15.5%，连续三年居世界第三位①。在“一带一路”投资和贸易的影响下，2017年，中国投资者共对全球174个国家和地区的6236家境外企业新增非金融类直接投资，累计实现投资200.8亿美元。②

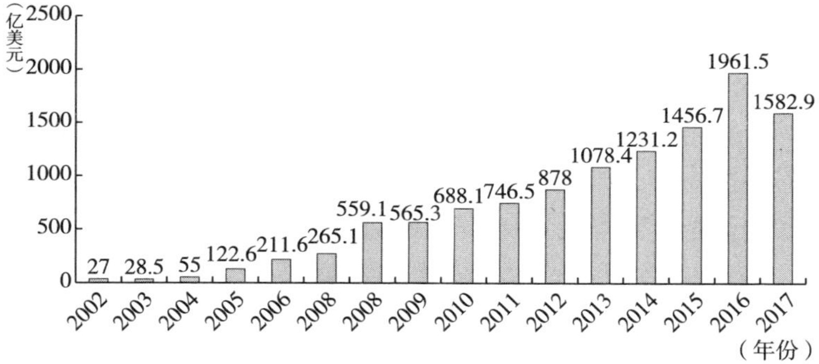

图3.1　中国对外直接投资流量2002—2017

数据来源：商务部，2018，《中国对外投资合作发展报告2018》

（二）发展历程

中国对外直接投资大致经历了三个阶段，每个阶段具有不同的特征。

1. 初始阶段（1978—1991年）

1978—1986年期间，中国的对外直接投资处于初始阶段，

---

① 安永（Ernst & Young）. 丝路扬帆 蛟龙出海：中国对外直接投资展望. http：//www. ey. com/Publication/vwLUAssets/ey－china－outbound－investment－report－cn/ $ FILE/ey－china－outbound－investment－report－cn. pdf，2018年3月

② 德勤. 2018年中国企业海外投资、并购趋势分析. 2018年6月

这段时间内的对外直接投资存量只有将近13.5亿美元。投资主体也是以在国外开展贸易的国有企业为主，投资目的在于谋求国际合作、获取国际商业运作经验、开辟海外市场、拓展进出口渠道。1987—1991年期间，中国政府开始鼓励中国企业到海外开展非贸易类经济活动，将投资领域拓展至服务业以外。然而，政府的政策支持却伴随着中国企业海外投资的盲目性，虽然这段时期内的中国对外投资有了小规模的增长，但是对外直接投资的收益却非常低①。

2. 缓慢增长阶段（1992—1999年）

中国对外投资规模在1992—1993年达到一个短暂的峰值，这两年的年对外直接投资流量维持在44亿美元的水平。但是，由于20世纪90年代末亚洲金融危机的影响，中国政府担心国家资本外流，从而加强对国有企业对外直接投资的监督。中国对外直接投资又逐渐滑落。到2000年时，对外投资流量下降到9.16亿美元②。

3. 迅速扩张阶段（2000年至今）

直到2000年初，为了将中国国有企业打造成具有全球影响力的国际大型企业，中国政府在2000年将“走出去”战略上升到国家战略，积极支持、引导国有企业走出中国，进入世界市场。在“走出去”战略上升为国家发展战略的背景下，中国政府再次放宽监管机制和外汇控制政策，将小额对外投资审批权转移给地方政府行使，中央和地方政府为中国企业提供

---

① Yang · Y. and S. Xu. Analysis of Industrial Trends in China's Overseas Direct Investment. China：An International Journal，2012，10（2）

② Kaplinsky · R. and M. Morris. Chinese FDI in Sub－Saharan Africa：Engaging with Large Dragons. European Journal of Development Research，2009，21（4）

政策扶持来鼓励企业对外直接投资。在此背景下，中国对外直接投资从 2000 年低于 10 亿美元的水平快速发展并在 2013 年突破千亿美元大关，2017 年，中国对外直接投资 1582.9 亿美元（如图 3.1 所示）

2013 年，中国政府首次提出“一带一路”倡议，2015 年 3 月，《推动共建丝绸之路经济带和 21 世纪海上丝绸之路的愿景与行动》的发布宣告“一带一路”具体方案正式出炉。目前，随着“一带一路”从理念的形成、宣传、推广转化为各国之间的具体行动，中国与“一带一路”沿线国家的投资与贸易往来日趋频繁，中资企业“走出去”的步伐也明显加快（如图 3.2 所示）。截至 2017 年，中国在“一带一路”沿线国家的直接投资已超过 700 亿美元，与沿线国家的货物贸易累计额已经超过 5 万亿美元。目前，中国已成为“一带一路”沿线国家的主要贸易伙伴与投资来源地[①]。

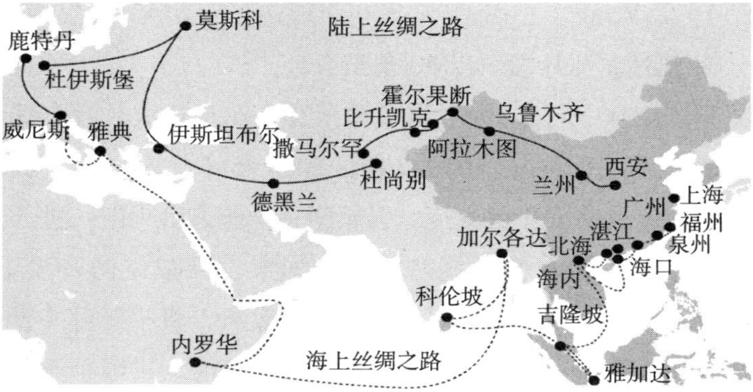

图 3.2　“一带一路”战略

资料来源：安永：《丝路扬帆 蛟龙出海：中国对外直接投资展望》，2015 年 3 月

① 陈瑛、张国胜、杨润高．一带一路倡议中沿线国家劳动政策与我国产业走出去．广东社会科学，2018

2017 年，中国境内投资者共对“一带一路”沿线的 57 个国家近 3000 家境外企业进行了直接投资，涉及国民经济 17 个行业大类，当年累计投资 201.7 亿美元，同比增长 31.5%，占同期中国对外直接投资流量的 12.7%。主要投向新加坡、哈萨克斯坦、马来西亚、印度尼西亚、俄罗斯、老挝、泰国、越南、柬埔寨、巴基斯坦、阿联酋等国家。如图 3.3 所示，近五年中国对沿线国家累计直接投资 807.3 亿美元①。截至 2017 年末，中国对“一带一路”国家投资存量达到 1544.0 亿美元②。

2019 年 4 月 20 日至 27 日，第二届“一带一路”国际合作高峰论坛在北京举行，共达成 16 大类 283 项务实成果，签署了 640 多亿美元项目合作协议。

图 3.3 中国对“一带一路”沿线国家投资情况 2013—2017

资料来源：商务部、国家统计局、国家外汇管理局（2018）《2017 年度中国对外直接投资统计公报》

① 商务部、国家统计局、国家外汇管理局．2017 年度中国对外直接投资统计公报，2018

② 商务部．中国对外投资合作发展报告（2018），2018

（三）区域分布

中国企业海外投资的足迹已经遍布全球各地。其中亚洲的海外投资覆盖率最高（如图 3.4 所示）。随着中国经济转型升级和中国企业的发展壮大，投资目的从早期的获取资源等生产要素逐渐转变为获取先进技术和品牌，以增强企业国际竞争力及满足国内日益增长的消费需求。在此背景下中国海外投资目的地日趋多元化，中国企业的足迹从亚非拉等资源型国家扩展到欧美等发达国家。近年来，中国对发达国家的投资增速显著超过发展中国家，2014 年对美国投资增长 23.9%，对欧盟投资增长 1.7 倍，大大高于同期对外直接投资 14.1% 的总体增速①。

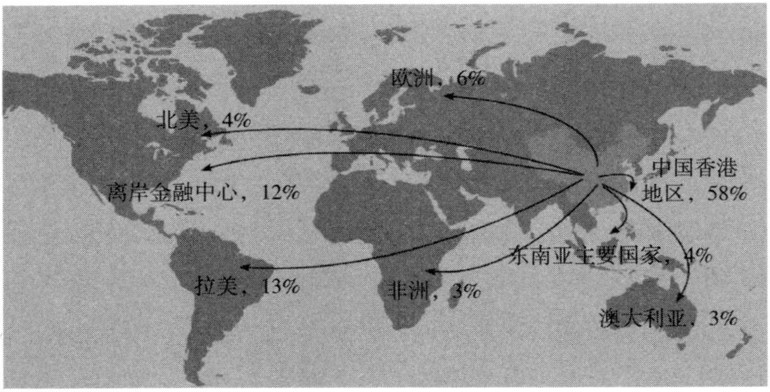

图 3.4　中国企业的海外投资足迹

资料来源：国家统计局 2013 年的数据，参见安永（Ernst & Young）：《丝路扬帆 蛟龙出海：中国对外直接投资展望》，2015 年 3 月

① 安永（Ernst & Young）：《丝路扬帆 蛟龙出海：中国对外直接投资展望》，2015 年 3 月，http：//www. ey. com/Publication/vwLUAssets/ey – china – outbound – investment – report – cn/ $ FILE/ey – china – outbound – investment – report – cn. pdf

2017 年末，中国对外直接投资存量分布在全球的 189 个国家（地区），占全球国家（地区）总数的 80.8%。如图 3.5 所示，中国在亚洲的投资存量为 11393.2 亿美元，占 63%；拉丁美洲 3868.9 亿美元，占 21.4%；欧洲 1108.6 亿美元，占 6.1%；北美洲 869.1 亿美元，占 4.8%；大洋洲 417.6 亿美元，占 2.3%①。

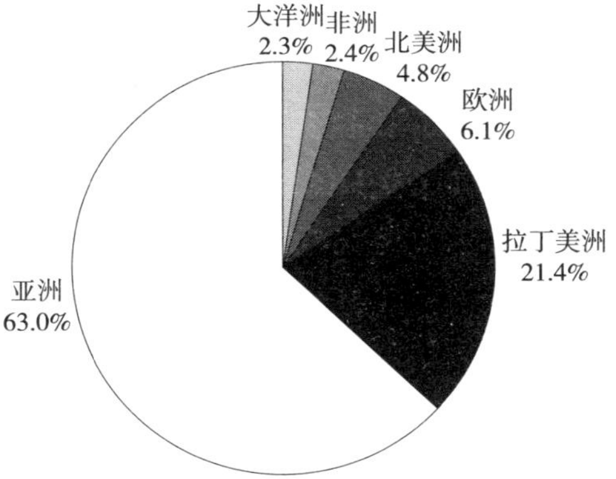

图 3.5　2017 年中国对外直接投资存量地区分布情况

数据来源：商务部、国家统计局、国家外汇管理局．2017 年度中国对外直接投资统计公报，2018

（四）行业分布

中国企业对外投资日趋成熟，从早期的倚重寻求自然资源转向全球战略布局。投资产业由早期集中在能源矿产类扩展到科技、地产、金融、农业、医疗等多个领域，呈现出优化的多元产业格局。同期并购市场上多元化趋势也日趋明显。如

① 商务部、国家统计局、国家外汇管理局．2017 年度中国对外直接投资统计公报，2018

图3.6所示，2014年中国公司能源矿产类并购交易金额所占比重由2010年的61%下降到16%；而科技、媒体和通信（TMT）行业的比重则由6%增长到21%；农业、地产相关类行业也成为交易热点。

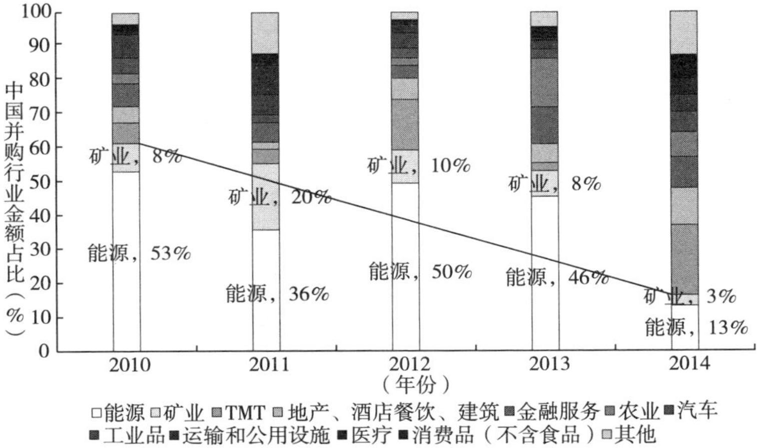

图3.6　中国企业海外投资方向由能源和矿业主导转向多元化

资料来源：安永（Ernst & Young）：《丝路扬帆 蛟龙出海：中国对外直接投资展望》，2015年3月

三、中国企业海外投资过程中的劳动关系问题：以中国在非投资企业为例

（一）用工制度

在全球化的背景之下，中国企业在非洲的发展中国家和地区投资的同时，由于受到中国自身经济社会发展进程的影响，作为新自由主义全球化在发展中国家延伸的新渠道和传播载体，为了保持高生产率，降低劳动力雇佣成本，一些中国企业

管理者将新自由主义劳动体制带到了投资地区的工厂内。投资地区的产业工人们在迎接中国投资的同时，还需要面对其所带来的社会经济变化、文化差异、新自由主义资本运作模式。其中，最为重要的是中国投资对当地劳动组织模式的改变。

中国企业在海外发展中国家的经营过程中，一般将雇佣的劳动力大致分为两类，分别是正式工与临时工。大部分临时工岗位都是一些技术能力要求低、生产动作重复性高的操作性岗位。有学者在对赞比亚的中资企业ML纺织厂进行个案研究时，指出来自中国的管理者将职工分为正式工与临时工两大类，正式工比临时工的工资要高不少。除此之外，正式工还享有大量临时工无法享有的福利待遇，比如住房补贴①。在临时工雇佣体制下，临时工没有与企业签订正式的劳动合同，造成临时工在与企业发生劳资纠纷时，难以受到劳工法律的保护，不能得到任何实质性的就业保障。

需要指出的是，这种新自由主义劳动剥削体制并不是由中国企业带到非洲的，而是非洲国家实施私有化改革所产生的最显著的恶果之一。早在中国企业进行海外发展以前，外国资本就已经在许多发展中国家使用临时工雇佣体制。但是，随着中国在非投资企业数量的增加，相关问题也越来越受到重视。

在非洲使用临时工雇佣体制是一个矛盾的问题，从雇主的角度，使用临时工体制可以降低雇佣成本；而从劳工的角度，那些临时工由于没有与雇主签订正式的劳动合同，因此无法享受到正式工能够享受的待遇，并且一旦发生工伤事故也无法得

① Brooks · A. Spinning and Weaving Discontent: Labour Relations and the Production of Meaning at Zambia - China ML Textiles. Journal of Southern African Studies, 2010, 36 (1): 113 - 132

到合法的处理。由于临时工与正式工在工资福利待遇方面差别巨大，这种体制导致许多临时工仅靠工资收入难以维持生活。但是，许多雇主也是迫不得已采用临时工体制，因为非洲人的工作文化中是按周领取工资的，工人们每周都会领工资，领完工资之后便不再继续工作，下次工作就是已经将工资花完的时候。这种工作文化使雇主无法保证工人们按时按量工作，所以采用临时工体制也是避免这种麻烦的一种有效途径。

（二）劳工待遇

第一，工资待遇。中国在非洲企业支付给当地工人的工资相对较低的问题。李静君在对赞比亚某中国企业下属的一个铜矿进行个案研究时发现，赞比亚矿工自从殖民地时期就处于家长制劳动体制之中。在家长制劳动体制中，铜矿为工人们提供优越的劳工待遇，包括住房、水电供应、医疗及家属待遇等。但是在中资企业接管铜矿之后，工人们的福利待遇出现下降，临时工除了工资收入外，没有养老金，只有一份离职金，并且他们所获得的住房、医疗、教育津贴也比那些正式职工少①。在加纳的一家中资企业内，中企的管理者会参照当地的最低工资水平制定企业内的最低工资。在企业内部，收入最低的是那些没有技术能力的普通工人，而那些大学毕业或掌握一定技术的工人的收入就会高一些②。

---

① Lee · C. K. Raw Encounters：Chinese Managers，African Workers and the Politics of Casualization in Africa's Chinese Enclaves. The China Quarterly，2009，199：647 –666

② Akorsu · A. D. and F. L. Cooke. Labour Standards Application among Chinese and Indian Firms in Ghana：Typical or Atypical？. The International Journal of Human Resource Management，2011，22（13）：2730 –2748

但是也有学者认为，关于中国企业海外投资项目工人的工资水平要根据工人们的个人情况和工作情况来作比较。首先，由于中国海外企业在国外雇佣的工人大多数从事的是底层基础性工作，因而整体的工资水平比较低；其次，中国海外企业的经营范围跨越多个国家和行业，工资水平也会因国家、行业之间的不同而存在差异；最后，中国企业进入海外市场较其他发达国家的企业要晚，企业的发展程度也要滞后一些，中国企业为海外工人提供的工资水平是按照企业的发展情况而制定的，但是也不乏一些中国企业为海外员工提供高报酬的情况。比如赞比亚谦比希铜矿在未投产之前，中国企业为当地劳工开出的工资就是当地最低工资水平的三倍。因此，中国海外企业的工资水平问题不能一概而论，要视具体情况进行分析①。

第二，加班问题。加班是中资企业另一个受到学者关注的问题。一些研究者通过民族志工作指出，工人们加班的主要原因是企业制定的基本工资太低。面对微薄的基本工资与可观的加班报酬，工人为了维持基本的生活而不得不“主动”要求加班。尽管在某些国家明令禁止工人加班，但雇主工人就加班问题达成“共识”，即违背法律规定进行加班②。

第三，其他问题。除此之外，一些违反劳工标准的行为在中国企业中也有发生，并在一定程度上引起当地工人的反感，继而成为引起劳动争议的导火索之一。

---

① Hairong · Y. and B. Sautman. The Beginning of a World Empire? Contesting the Discourse of Chinese Copper Mining in Zambia. Modern China, 2013, 39 (2): 131-164

② Akorsu · A. D. and F. L. Cooke. Labour Standards Application among Chinese and Indian Firms in Ghana: Typical or Atypical? . The International Journal of Human Resource Management, 2011, 22 (13): 2730-2748

四、企业社会责任与中国海外投资企业和谐劳动关系建构

（一）如何改善中国海外投资企业的劳动关系：文献回顾

有关如何改善中国海外投资企业的劳动关系的问题，近年来已经出现了一些研究。沈琴琴、刘文军结合中国海外投资企业劳动关系特殊性质，从法律、行政、企业管理和工会四个层面分析了中国海外投资企业劳动关系调处机制存在的问题并且提供了相关建议。此研究认为中国海外投资企业的劳动关系具有以下特性：其一，处于国际化的法律、经济和政治环境以及多元化的文化环境之中；其二，雇员及其组织也是多元化和国际化的；其三，转换过程涉及国际合作与共同行动；其四，劳动关系状态不仅影响企业利益与员工福利，而且涉及国家利益与国际关系。在企业管理层面，中国海外投资企业的劳动关系调处机制存在的问题包括：企业“本土化”管理不到位；企业跨文化管理缺位；企业劳动关系协调和冲突预警机制欠缺；企业忽视对有关国际劳工标准的遵守和对社会责任的担当①。李雪梦的研究，以中国有色集团海外投资中的人力资源管理实践为案例，分析了“走出去”人力资源管理战略的“本土化”模式②。殷建平、张琦的研究就如何改善中国企业跨国经营用工环境（主要包括政治法律、经济发展水平、劳动力市场状况、社会文化、技术、工会等方面）的适应性提出了

---

① 沈琴琴、刘文军．中国境外企业劳动关系调处机制研究．中国青年政治学院学报，2013（2）

② 李雪梦．“走出去”人力资源管理战略的本土化用工研究——以中国有色集团为例．中国人力资源开发，2015（15）

建议[1]。高冰、张杰从强化文化冲突管理的角度，提出了化解我国跨国企业劳资问题风险的对策。具体建议为：一是中外双方加强沟通理解；二是实行“两权”分离；三是实现人才本地化；四是建立一套适合跨国经营的企业规章制度[2]。钟懿辉、赵鑫全认为，打造我国对外经营企业和谐劳资关系，需要重视以下几方面的工作：一是增强法律法规和风险意识，加强国外投资可行性调研；二是强化企业劳资关系管理，培养员工对企业的忠诚度；三是重视工会作用，双方和睦相处；四是担负企业社会责任，树立企业良好形象[3]。

上述文献为我们了解中国海外投资企业的劳动关系问题的成因以及可能的解决途径提供了有益的信息。然而，现有研究也存在以下几点明显的不足：其一，现有文献缺乏实证研究，即提出的观点缺乏经验数据的收集和分析；其二，多数研究对于改善海外投资企业劳动关系的建议遵循传统劳工研究（包括劳动关系、产业关系等）的范式与视角，即强调政府、工会、雇主等传统劳动关系主体的参与劳动关系建构的既定角色，忽视了经济全球化背景下企业社会责任这一建构和谐劳动关系的新兴力量。

近年来，越来越多的中国海外投资企业开始携手政府、国际组织、劳工团体以及社会部门等多种利益相关方，以积极履行企业社会责任的方式来尝试缓解和解决在海外投资过程中出

---

① 殷建平，张琦．中国企业跨国经营用工环境适应性研究．商业时代，2010（34）

② 高冰，张杰．浅析我国企业在跨国经营中的劳资问题风险及解决之道．经济问题探索，2010（1）

③ 钟懿辉，赵鑫全．我国企业走出去需加强劳资关系管理．中国劳动关系学院学报，2009（6）

现的劳工问题。

（二）中国海外投资企业的企业社会责任的发展概况

中国海外投资企业的 CSR 针对不同国家地区实践各异，内容以尊重人权和环保为主，主要为所在国创造了就业、促进了基础设施建设等。现有研究主要以案例研究的方式，探讨了中国海外投资企业履行社会责任的具体方式以及影响。例如：

中钢集团在遵守当地法规前提下，在非洲与当地合作、培育自主产业；实现员工本土化，本地员工甚至一度达到 99% 以上；对员工进行安全培训，提供健康安全的生活工作条件；施行各项环保措施，保护环境①。

中国石油公司在投资国如苏丹开展各类社会慈善事业，共捐助近 5000 万美元，超过 200 万人直接受益，并进行基础设施建设、开展医疗活动等②。

华为公司和三一重工等企业的部分本地员工走上管理和技术岗位，中兴通讯在非洲建立了培训中心③。

在赞比亚，中国有色集团建立了社会责任管理体系，不仅为当地吸引了投资，增加了当地生产产值，还为当地创造了就业，向政府缴纳了税收等④。

---

① 张春华．“授之以渔”铺就互利共赢之路——中钢集团非洲社会责任实践．WTO 经济导刊，2009（3）

② 张炳雷．国有企业海外投资的困境分析：一个社会责任的视角．经济体制改革，2011（4）

③ Accountability，中国国务院发展中心企业研究所．企业在非洲的社会责任：中国企业领导人对 CSR 实践及其机遇的看法，2009

④ 安春英．中国在非企业社会责任案例研究——以赞中经贸合作区为例．亚非纵横，2014（2）

然而，现有研究也发现，中国海外投资企业在履行社会责任方面也存在诸多问题。例如：对社会责任的理解大多局限于传统的公益捐助，缺乏融入当地的能力，属地化经营水平低，对环保问题重视不够，对外宣传不足[①]，劳工问题需要加强[②]，安全生产意识有待加强[③]。中国企业总体上习惯于采取“多做少说”或“只做不说”的低调态度[④]。

（三）企业社会责任与中国海外投资企业和谐劳动关系建构：理论假设

过去的20多年中，在全球范围内，企业社会责任逐渐成为企业实现可持续性发展的重要理念和实践。企业社会责任如何改善企业的劳动关系已经成为企业界和学术界普遍关注的话题。良好的社会责任绩效可以通过直接或是间接的多种途径促进企业劳动关系的改善——例如，员工的企业归属感与忠诚度、工作士气、工作满意度、创新能力、合作精神、流失率、旷工率、健康状况等。

近年来，为数不多的实证研究为以上命题提供了一定的经验支持。一项覆盖25个国家、有25000人参与的调查研究表明，80%的大型公司雇员表示对于企业社会责任绩效好的公司

---

① 赵钧．中国对外承包商会：履行社会责任，提升企业竞争“软实力”．WTO经济导刊，2011（3）

② 杨春宝，李梅子．中国企业跨国经营中的企业社会责任．特区经济，2010（8）

③ 钟宏武，杨小科．社会责任：海外中资企业必须应对的问题．WTO经济导刊，2007（8）

④ 吴芳芳．中国对外投资合作中的企业社会责任问题研究．产业与科技论坛，2013（4）

具有更高的使命感和忠诚度①。一项针对澳大利亚前 100 名大公司的研究表明，在具有“社区参与项目”（企业公民实践的一种）的公司中，员工士气普遍较高②。美国经济学家对于“多米尼社会指数”（DSI）中大约 1000 家企业的追踪研究表明，除去规模、产业、经营周期等因素的影响，持久入选 DSI 的企业具有较高的劳动生产率，即企业社会责任绩效通过提升员工的企业认同和工作动机对劳动关系、劳动生产率产生积极效应③。如图 3.7 所示，现有研究从不同角度勾勒出企业社会责任绩效与和谐劳动关系之间的相关关系模型。

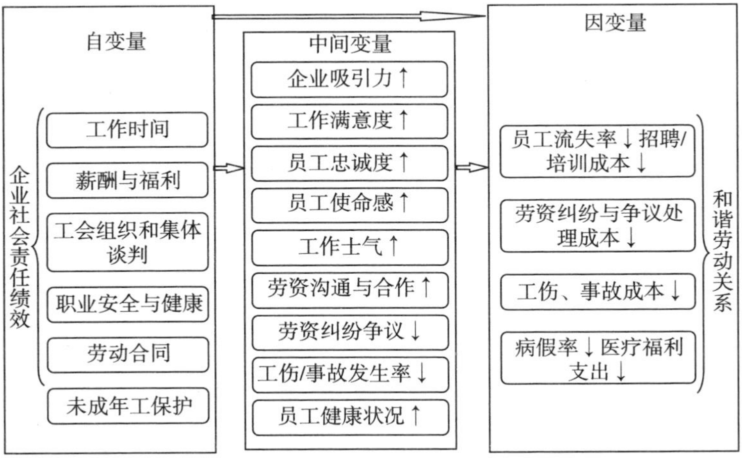

图 3.7　企业社会责任绩效与和谐劳动关系的相关关系模型

---

① Zappalà · G. Corporate Citizenship and Human Resource Management: A New Tool or a Missed Opportunity? . Asia Pacific Journal of Human Resources, 2004, 42 (2): 185 –201

② Zappalà · G and C. Cronin. The Contours of Corporate Community Involvement in Australia's Top Companies. Journal of Corporate Citizenship, 2003, 12: 59 –73

③ Becchetti · L. , S. Di Giacomo and D. Pinnacchio. Corporate Social Responsibility and Corporate Performance: Evidence from a Panel of US Listed Companies. Applied Economics, 2008, 40 (5): 541 –567

（四）企业社会责任与中国海外投资企业和谐劳动关系建构：政策建议

现有研究表明，在理论意义上，企业社会责任绩效与和谐劳动关系之间存在正向的相关关系。然而，企业社会责任实践是否能够在现实中切实促进中国海外投资企业和谐劳动关系的改善，可能还取决于一系列宏观因素。

由于企业社会责任从本质上属于一种“志愿行为模式”（Voluntary Initiative Approach），与传统的政府干预（立法和政策）和劳工运动模式不同，企业社会责任主要依赖企业界领袖志愿性采取措施，在履行法律义务的基础上承担更多有关劳动者权益方面的社会责任，而企业社会责任绩效好的企业可以通过生产过程以及投资市场、消费市场获得长期的商业回报。

然而，“志愿行为模式”的企业社会责任理念的实施在很多发展中国家面临挑战。例如，企业运行的法律机制不健全，从而使企业间存在“逐底竞争”。又如，志愿性企业社会责任运行的社会条件（媒体、消费者、投资机构）也不具备，企业志愿性地履行 CSR 的商业动机并不存在或不显著，因此难以通过志愿性 CSR 实现促进劳动关系的改善。

基于以上困境，我们建议在考虑如何通过企业社会责任建构中国海外企业和谐劳动关系的问题时，可以采取一种“赋能环境模式”（Enabling Environment Approach），强调通过制定政府政策鼓励志愿性的 CSR 行为，即建构一种“赋能型的政策环境”，从而为负责任的企业行为培育激励机制和支持体系，以弥补“志愿行为模式”中企业社会责任缺乏原生态动力机制的问题。具体说来，企业社会责任的“赋能环境模式”强调企业志愿性CSR与政府政策相结合、多元利益相关方的参与以及建构适合发展中国家国情的CSR行动方案。

第四章

产业结构与劳动关系

2015 年 3 月 21 日，中共中央、国务院颁布了《关于构建和谐劳动关系的意见》，明确提出“在新的历史条件下，努力构建中国特色和谐劳动关系，是加强和创新社会管理、保障和改善民生的重要内容”。

改革开放以前，中国采取的是重工业优先发展战略，走的是一条超强制的工业化道路，其他产业的发展受到了限制。改革开放以后，中国逐渐放宽了对其他产业发展的限制，开始了以消费需求拉动显著增强、投资与生产市场导向日益强化、轻工业产值迅速增长为特征的新工业化进程①。在 40 多年的改革开放进程中，中国产业结构在不断进行调整，以适应经济发展和世界经济的趋势。随着经济的发展和全球化对中国影响的加剧，产业结构变迁对劳动关系影响逐渐增加。

从现有的中文文献中，产业结构变迁及其政策和经济制度的影响、劳动力在不同产业中转移和流动等议题，都在产业政策研究、工业经济、劳动经济学和人口学等领域得到了广泛的研究。从劳动关系和劳动社会学的角度进行的研究较少，即使有一些基于产业的个案研究，也很少关注到产业特点对劳动关系的影响。

---

① 宋世云. 中国产业结构与就业结构的互动关系及就业政策研究. 产业经济评论，2015（7）

产业结构对劳动关系影响的研究在欧美国家劳动社会学和劳动关系的文献中并不少见，这与欧美国家长期的和完整的工业化过程，以及与之相联系的生产、技术管理模式的变革、工人结构变迁、工会运动模式、政府调整劳资关系的机制有直接关联。本部分基于近年来对中国汽车制造业、建筑业和电子生产企业的个案研究，分析产业结构变迁对于劳动关系的影响。之所以选择这三个类型的企业，是因为从产业发展的角度，汽车业代表了工业化的最高水平，电子业代表了后工业化的开端，建筑业则贯穿了前后工业社会。从劳动关系的角度，这三个产业有着很强的代表性。

第一节　产业结构对劳动关系的影响

在大多数有关中国劳动关系的研究中，都认为中国的市场经济道路与西方不同，而最大的不同是中国的市场经济发育以及各个产业的发展都是在国家的主导之下进行的。随着市场经济的深化和中国受世界经济一体化影响的加剧，国家在市场监管以及为发展经济稳定社会方面依然发挥着重要作用。另外，作为经济体制改革的重要组成部分，推进传统体制下的国有企业进入市场、鼓励外资企业进入中国，鼓励私营经济的发展，是贯穿 40 多年改革开放历程的主线。由此，有关中国劳动关系的研究，基本围绕着政府、企业和工人（包括工会）之间的关系展开。在个案研究上，也以不同类型的所有制企业为主线。至于产业发展的影响，在 2010 年以前的中文研究文献中基本没有涉及，只有一些海外学者对部分产业的劳动关系从社会学或管理学的角度做了个案分析。直到 2010 年以后，两个因素促成了从产业角度对劳动关系的研究：一是近年来越来越被关注的产业转型问题。从2010年开始，以珠三角地区为开端，中国开始了从中国制造向“中国创造”转型。广东省率先提出“腾笼换鸟”的政策，将珠三角地区传统的低端劳动密集型企业转到内地或广东东北部的不发达地区，为先进制造业和高端服务业的发展留下空间。这个转型也在长三角地区等经济先发展地区出现。在产业转移的过程中，不少企业面临并购、外迁或转型，这个过程正在引起新的劳动社会问题。二是近年来，劳动关系研究领域中的热点议题之一，有关集体谈判的讨论，导致了对产业特点的关注。近年来，几个有影响的集体谈判案例，无论是上级工会主导的湖北武汉餐饮业集体合同的签订、浙江温岭雇主主导的集体协商以及广东南海本田由工人推动的集体协商，都显现了典型的行业特点。但从目前所见的中文文献中，大多数文章仅仅是将产业作为背景，忽视了不同产业的管理模式对劳动关系的影响。

西方的劳动关系研究，特别是劳动社会学研究，基本上以不同产业的发展轨迹以及管理模式作为研究的出发点。早在20世纪60年代，美国学者布劳（Blauner）在研究劳动异化时就关注到了不同产业的生产过程对工人异化的影响。根据他对美国印刷、纺织、汽车和化学工业的研究，在手工业仍然是主要生产方式的产业中，如印刷业，工人的自主性高，对劳动有强烈的认同感，异化程度较轻。在大规模生产方式的产业中，如纺织和汽车业，单个工人从事的劳动仅仅为流水线上的一部分，步骤简单，很容易学习，也很容易被他人取代。此时工人的异化程度达到最高，而汽车业是最明显的例子。在自动化生产程度较高的产业中，如化学生产企业中，工人成为大型机器的管理者，必须有一定的技能和知识才能胜任，他们所管理的昂贵机器也增加了工人的成就感。工人有控制的能力，也认识到生产过程的重要性，异化的程度下降①。20 世纪 70 年代以后，随着劳动过程理论的发展，学者们对不同产业中的生产管理模式进行了深入的探讨。在劳动过程理论方面有重要影响的学者，如布洛维等人的研究出发点，都是对不同产业的管理模式。

20 世纪 80 年代重新开始兴起的劳动社会学研究，基本是沿着对现代产业发展的路径展开的。被学者们讨论最多的是在汽车产业兴起，后来普及到绝大多数制造业产业的福特制。Huw 总结了现代管理模式的影响。② 在他看来，“二战”以后，福特制在欧美国家汽车制造厂普遍实行，尽管提高了生产效率，减少了工人的不满和不合作，但福特制在法国、德国和瑞典的大型汽车总装企业做了一定程度的改善，后来在日本发展为以“精益生产”为代表的被称为“后福特”的管理模式。其特征除了表现为生产过程中的即时生产和持续改善等理念外，还包括给工人更多的参与权以及大量使用自动生产设备等。这种“日本化”的生产方式，再次应用于汽车行业以及大多数使用流水线的制造业行业。与福特制相适应的是固定的和相对长期的雇佣关系，而在精益生产的生产方式下，很多工种和工作被分包或外包到其他的专业公司。这种分包和转包，在很大程度上改变了原有的劳动关系并恶化了工人的工作条件。

进入 21 世纪后，欧美发达工业化国家相继进入了后工业

---

① 张晋芬．劳动社会学．中国台湾：台湾政治大学出版社，2011

② Huw，B. 2015，“Beyond Fordism”，in The Sage Handbook of Work and Employment，p306.

化阶段，服务业取代传统制造业成为经济发展的主要推动力。尽管服务业的经营和服务与制造业有很大不同，但在服务业中并未出现更新的管理理念。相反，在大型超市中，适应于制造业的精益生产大行其道。精益生产的方式还加速了资本的全球化，使得大量的简单加工产品转移到发展中国家，重塑了这些国家的劳动关系。由于发展中国家缺乏工业化国家的工会运动基础。当所谓的“现代管理模式”进入这些国家后，一些工人参与等要素被有意或无意地忽略了，而劳动过程中的严格控制被放大。近年来，发展速度和规模扩展最快的是电子生产企业。在这些企业的生产过程中，反而出现了更为旧式的生产模式，被称为“数字泰勒制”①。

从以上的分析我们可以看出，随着工业化向后工业化转型和全球化的进程，不同产业的管理模式出现了一定的趋同状况。但是，产业的生产管理及市场化的形式在很大程度上影响着各个产业的劳动关系模式及其发展，只有对不同产业生产管理模式进行探究，才能更加深入地了解不同产业的劳动关系特征，并在此基础上探究构建和谐劳动关系的方式。

第二节　汽车产业的劳动关系

一、中国汽车产业的简要发展史

汽车产业的劳动问题历来是劳动经济学、劳动关系以及劳

① Beynon, H. 20 03, “Globalisation, Trade Union Organisation and Workers’ Rights”, in Fairbrother, P. and Yates, C. A. B (eds) Trade Unions in Renewal: A Comparative Study, London, Continuum. pp. 263 – 281.

动社会学研究的重点领域。20 世纪 80 年代以前，汽车产业以欧美国家国内发展技术，并在第三世界国家建立分厂为主要发展模式。20 世纪 80 年代以后，由于日本的丰田生产方式以及“精益生产”的广泛影响，改变了世界汽车业生产格局。进入 21 世纪以后，资本全球化影响到世界汽车业的空间格局。在对汽车业的研究中，学者们普遍认为，政府角色在平衡资本和生产的全球化过程中起着重要作用。中国汽车工业发展走了与巴西等发展中国家以及东欧国家不同的发展道路。在中国，体制环境扮演着重要的角色，全球化和外国资本是镶嵌在中国的体制环境之中的。因此，中国的汽车工业发展是一种双向的道路，一是国家管理体制不断放权，二是外资不断趋向“本地化”。以精益生产为代表的汽车企业生产模式在中国的影响相对有限。从中国在不同时期制定了汽车工业产业政策的变化，我们可以看到政府对汽车工业的干预。国家对汽车工业的重视和引导在从“七五”到“十一五”的国家五年计划中有着明确的体现。例如，“七五”计划中，国家首次提出汽车制造业是重要的支柱产业；“九五”期间，国家提出使汽车等支柱产业成为推动国民经济增长的主要动力，进一步提升了汽车工业在国民经济发展中的地位。国家“十一五”规划明确提出要增强汽车工业自主创新能力。从 20 世纪 80 年代初期起，中国汽车产业政策经历了以合资为主的进口替代；提升竞争力，引入更多外资；鼓励合资的同时鼓励自主开发自主品牌的发展阶段。同时，除了中央政府的产业政策之外，地方政府也对汽车工业的发展起着重要的决定作用。

从所有制的角度，汽车制造业一直被政府（包括中央政府和企业工业所在地的地方政府）视为支柱或基础产业。尽管很多国外厂商在中国投资建厂，但很少有国外独资企业，基本上都采取合资形式。至今，汽车行业（包括整车制造厂和零部件制造厂）保持着多种所有制并存的格局，包括多种形式的外商合资企业、私营企业、乡镇企业、中央和地方所属的国有和国有控股企业。在国有企业内部，由于中央和地方的隶属关系和政策不同，在省市一级，有时会出现发展格局、收税政策、地方政府优惠等方面的矛盾。因此，也存在着中央级企业和地方国企的不同形式。另外，中国的汽车工业与国防事业有着密不可分的关系。总的来说，汽车企业受到政府较大制约。

新中国的汽车工业起步于 20 世纪 50 年代，最早从苏联引进技术生产卡车，1955 年汽车产量为 61 辆[①]。由于战备的需要，卡车生产得到政策支持，有较快的发展。因此，中国的卡车制造业有能力不依赖于外资。当时的国家政策不支持生产轿车，只自主开发并少量生产作为高级领导的公务车。1978 年，中国汽车产量不足 15 万辆。中国汽车业真正意义的发展是在改革开放之后，并很快加入世界经济体系。由于轿车工业的生产水平有限，国家从 20 世纪 80 年代初开始引进外资建立合资企业。1983 年成立的中美合资北京吉普汽车有限公司是汽车业第一家合资企业，以后相继成立了上海大众等多家合资企业。为了促进产业升级，中国政府从 1997 年起引进更多外资，并要求外资引进最先进的技术。2000 年中国加入 WTO 后，在汽车生产中不再要求提高自制率，并放松了进入管制。同时，

---

① 瞿宛文．赶超共识监督下的中国产业模式——以汽车产业为例．经济学（季刊），2009（2）

中国私人消费市场兴起，为汽车生产提供了广大的市场。2018年，全国汽车产量达2796.8万辆。

在中国的汽车工业发展中，北京汽车产业的发展轨迹清晰地体现了中国汽车工业发展的“双向道路”特征。北京汽车工业在国内起步较早。1958年，北京汽车制造厂试制出第一辆国产小轿车，后续逐步建立了北京第二汽车制造厂、北京内燃机厂、北京齿轮厂等整装和汽车零配件企业。1983年，全国汽车行业第一家中外合资企业——北京吉普汽车有限公司建立，奠定了北京汽车产业在全国的重要地位。尽管中央一级的产业政策将北京作为企业生产的重要基地之一，但北京市政府一度认为北京作为首都，不应该着重发展地方经济，未将汽车产业作为优先发展项目①。从20世纪90年代中期起，北京汽车产业的效益下滑，整车企业不佳的效益也影响到零配件产业。2000年，北京市政府把汽车产业作为北京发展现代制造业的突破口，从发展环境、策略、人才政策等多方面给予支持，北京汽车工业开始在体制管理、产业结构与布局以及服务贸易等方面实行全面调整。2002年，北汽集团与韩国现代合资成立北京现代汽车有限公司。之后，北京汽车产业内部通过体制改革、产业结构和产业布局调整，以及合资企业的建立等，快速推动了北京汽车产业发展。目前，北京汽车产业已形成以北汽集团下属的北京现代、北京奔驰以及北汽福田为代表的整车制造龙头企业，带动了北京一批大型零部件企业的发展，形成具有整体竞争力和较完备的汽车产业链。

---

① 瞿宛文．赶超共识监督下的中国产业模式——以汽车产业为例．经济学（季刊），2009（2）

2000 年以后，北京汽车产业占全市工业总产值的比重逐步增加，汽车产业工业增加值、从业人员所占比重整体也均呈上升趋势。从 2009 年起，交通运输设备制造业工业增加值一直高于电子及通信设备制造业，成为北京第一大制造业部门。汽车制造是交通运输设备制造业中最重要的产业，2018 年一月至十二月，全国汽车产量为 2796. 8 万辆，其中北京的汽车产量排名全国第七，占总产量的 6. 67%。[①] 经过 60 多年的发展，成立于 1958 年的北汽集团已拥有“北京”等自主品牌，先后引进“现代”“梅赛德斯 - 奔驰”“铃木”等国际品牌，汽车整车产品覆盖轿车、越野车、商用车和新能源汽车各个门类。其中，北京现代、北京奔驰和北京汽车为三个重要的北京轿车生产企业。当前，北京市将汽车产业作为振兴现代制造业的第一战略产业，北京汽车产业群初步建成。

二、汽车产业的劳动关系研究

现代企业管理方式的发展，大多与汽车产业有着直接的关系。20 世纪初期，以福特制为代表的通过流水线作业的大批量生产方式带动了整个汽车工业的进步，并成为全球汽车企业普遍使用的生产方式[②]。在福特制的基础上，欧美国家汽车生产企业不断探索具有自己特点的合理化生产方式。从 20 世纪 70 年代起，起源于日本丰田汽车公司以降低成本、小批量多品种生产为特点的丰田制生产方式开始盛行。1985 年，美国

---

① 徐小燕，卢明华．北京市汽车产业价值链地域分工研究．经济地理，2014（2）

② ［日］大野耐一．丰田生产方式．谢克俭等译．北京：中国铁道出版社，2006

麻省理工学院对丰田制进行研究，提出了“精益生产”的概念。精益生产方式不仅很快推广到世界范围，而且从汽车业扩大到世界各国的多个制造业部门。

汽车制造业推行的现代管理模式给工人带来的影响以及工人、工会的应对方式，成为学者关注的重点。一些世界著名的汽车制造厂，如美国的福特公司、法国的标致汽车公司、日本的丰田汽车公司、英国的罗孚公司都成为管理学、产业社会学等多学科学者研究的对象。带动汽车工业，乃至世界制造业根本性革命的福特生产方式的出现，引起的在社会科学界的影响一直持续到今天，并成功表现为有效生产、提高生产效率和保障利润的系统。福特主义顺应了大规模生产和战后资本主义经济复兴的大趋势，其影响从“二战”后一直持续到20世纪70年代。20世纪70年代以后，日本的丰田模式以及在此基础之上发展出来的精益生产再次成为影响汽车业和整个制造业的生产管理模式。对汽车产业众多的研究中，从管理学、经济学和社会学等学科出发探讨以精益生产为代表的现代企业管理方式的学术著作不计其数。学者普遍认为，在世界主要汽车制造企业广泛实行的精确性和灵活性并存的精益生产大大提高了生产效率并降低了成本，加强了对工人的控制，并将管理者的权威最大化①。Rinehart 描述了20世纪80年代日本铃木公司与美国通用汽车公司合资后，通用公司推行精益生产模式的过程，许诺建立不同于传统的新型和谐劳动关系。工人发现，这个所谓的新型管理模式并未给工人带来事实上的益处，这不过是“另

① Kochan T. A.，1997，After Lean Production，Connell University Press.

外一个汽车厂”，最终导致了长达5周的罢工[①]。传统福特主义受到挑战的一个重要因素，是受到了工人的反抗。精益生产在工人参与、企业民主方面的改善被批评为对成本的重视，所谓的参与成为工人全体对成本负责的新的控制机制。随着技术的进步，汽车制造过程越来越细化，一个大的汽车制造厂逐渐分成不同的配件厂和总装厂，甚至配件厂也有自己的产业链。于是，汽车产业大量出现外包，更加分散了工人的力量。尽管传统的福特主义大大增加了工人的劳动强度，但精益生产的推行则将工人分散到小型的工厂中去，其工资收入大大降低。

除了对发达国家汽车产业现代管理方式的研究以外，一些学者关注到汽车产业资本流动到发展中国家后对当地工人的影响。由于欧美国家将其汽车工业转出本国，中国和印度成为后发的汽车大国。Nichols 等人对欧美国家汽车公司在土耳其建立的合资企业进行调查后发现，相对于本国企业，欧美跨国公司在土耳其企业推行的现代管理模式更加“强硬”[②]。管理者往往有意无意地“简化”了现代管理制度中的“柔性”（Soft）的一面，强调自上而下对工人的控制。跨国企业对发展中国家工人的影响不仅在于工资和工作条件的变化，还在于现代管理模式对工人造成压力的增加和对劳动关系的潜在影响。在资本全球化流动对工人影响的研究中，西尔弗（Silver）的著作具有代表意义。她否定了全球化“向下竞争”将导致工人阶级消亡的理论，提出工人阶级将在21世纪的社会秩序重塑中发挥重要作用，工人的抗争植根于资本主义生产过程的内在矛

① Rinehart, J., 1997, Just Another Car Factory, Connell University Press.

② Nichols, T. and N. Sugur, 2004, Global Management, Local Labour: Turkish Workers in Modern Industry, Basingstoke, Palgrave Macmillan.

盾。她将工人的谈判能力分为两种类型：联合的力量来自集体组织的构建；结构的力量可以再细分为市场谈判力量和工作场所谈判力量。市场谈判力量直接取决于劳动力市场短缺或低失业率，而工作场所谈判能力则包括生产过程中一些关键岗位的工人的特殊地位。她特别强调，汽车制造产业的规模化发展和产业集中很快重组了具有“谈判能力”的劳动者，其原因是他们在更加复杂的技术分工中占有战略性地位[①]。

作为世界上发展最快的工业化国家，中国成为世界跨国公司投资的首选之地。在此过程中，其劳动关系的理念和实践与资本、生产体系及技术一道进入中国。2010 年以前，对中国汽车产业的劳动关系或劳动社会学视角的研究极少，比较有代表性的学者是张璐[②]。她从 2006 年起连续发表研究论文，其核心观点是，由于汽车生产企业招收两类工人：正式工人和农民工，导致企业内同时存在着布洛维提出的资本主义不同发展阶段存在着的“霸权”和“专制”两种工厂制度。“霸权”的制度建立在管理方与正式工人之间，而“专制”体制建立在管理方与以农民工为主的非正式工人之间。Zou M and Lansbury R[③] 研究了中韩合资汽车企业的生产模式后发现，由于中

---

① Silver B. J. , 2003, Forces of the Labour – Workers Movement and Globalizations Since 1870, Cambridge University Press.

② Zhang L. , 2006, “Globalization, Market Reform and Changing Labour Relations in China, 1980 – 2006: A Case Study of the Chinese Automobile Industry”, Fourteen GEPRISA International Colloquium, Paris, France; Zhang, L. , 2014, Inside China’ s Automobile Factories: The Politics of Labor and Worker Resistance, Cambridge: Cambridge University Press

③ Zou M. and R. Lansbury, 2009, “Multinational Corporations and Employment Relations in the People's Republic of China: The case of Beijing Hyundai Motor Company”, The International Journal of Human Resource Management, 20 (11): 2349 – 2369.

国劳动力价格便宜，工人技术水平有限，汽车公司在合资以后采用了劳动密集型的生产方式，而没有引进自动化程度更高的生产线。加之地方政府希望公司能够招募更多的工人以缓解就业压力，在这种生产模式下，福特—泰勒制的管理方式在生产线上得到使用。总体而言，汽车产业工人的收入高于其他制造业工人，合资企业收入高于其他所有制企业，企业为工人支付了社会保险。韩国公司在韩国本土和北京采用不同的生产方式、人力资源管理策略、劳动关系政策等，其原因是多方面的，包括社会经济、公司形式和工人组织方式等。

三、构建汽车产业的和谐劳动关系

美国学者西尔弗[①]指出，推动汽车资本流动和产业异地重建的主要动力是产业链工人谈判和斗争力量的增加。在资本从美洲、西欧转移到巴西、南非、韩国以及中国的过程中，不仅带来工资和工作条件的“向下竞争”，也造就了包括工人抗争、强大工人阶级等在内的社会矛盾的异地重建。一些学者认为，在中国也可能出现同样的情况。从调研的资料中我们发现，汽车产业企业工人对加班时间、管理体制不满的反抗多为“用脚投票”，实在不满意的话，就选择离开公司。对工人行为选择的原因分析，是构建和谐劳动关系的前提之一。

（一）对工人行为选择的原因分析

对多数汽车产业工人的行为选择，我们可以做出如下

① 西尔弗（Silver）．劳工的力量，张璐译．北京：社会科学文献出版社，2012

分析：

第一，不同于汽车产业发展的先行国家，多数中国企业总装产业利润较高，工人工作条件较好、收入较高。中国汽车产业的发展以合资为主要模式，大型汽车合资企业引进汽车发展先行企业的完整技术。除在汽车外形上加以改观以适应国内市场外，在零部件上通常是采用国外成型技术。加之中国汽车消费市场发展极快，市场需求很大，导致汽车售价较高，企业有一定的利润空间。第二，汽车总装企业的管理相对规范。企业多采用合资形式。合资的中方基本都是国有大型企业，外方是国际著名汽车企业。两强合并以后，基本能够保障法律框架内工人的权利，如签订劳动合同、按照法律规定支付加班工资、为工人支付社会保险等。工人的不满多来自对基层管理者的不满，而不是对企业管理模式的不满。第三，作为国民经济的支柱产业，地方政府通常对于汽车企业高度重视。当工人的不满聚集到一定程度后，往往会很快得到企业，甚至是政府的关注。第四，工人的不满集中地来自基层管理者而非企业管理制度本身。在人数接近万人的大企业中，和工人直接接触的“高级”的管理者多是车间主任，最直接的管理者是班组长。因此工厂对工人的管理和控制，核心在车间班组长一级。车间主任在制定惩罚、奖赏、请假等规章制度时具有广泛的权力，班组长一级有批假、评价、奖惩等权力。工人在请假、评分、绩效考核、升迁等工作的方方面面对班组长产生直接依赖，班组长对工人的管理也依赖于自身的人缘与工人的关系。因此，相当程度上的“私人化”关系是工人在工厂维护个人利益的主要渠道。这种趋向于底层管理的特点，导致了非正式和个人化的特征，在工厂的日常生产互动过程中，减少了集体行动的可能。第五，“退出”或“跳槽”典型地反映了工人的心态。大多数在汽车总装企业的工人为具有高中学历的青年男性，在劳动力市场有一定的竞争力，少有人将汽车厂的工作视为终身职业。很多人来汽车产业企业工作，是希望积累一定的工作经验，相对较高的工资对工人也有吸引力。汽车产业工人职业规划具有短期性，工人非常容易选择“跳槽”以解决不满。在访谈中，不少工人认为，尽管企业存在很多问题，他们也有许多不满，但还是愿意选择服从。因为大型合资企业的工作经历，将对他们今后的职业发展有益。于是，不少工人选择了“不找谁、忍着”，其前提是他们可能随时离开。

（二）构建汽车产业的和谐劳动关系

大多数有关汽车企业劳动关系的研究都认为，汽车产业特别是汽车总装企业的劳动关系比较规范；基本实现了以“精益生产”为代表的现代企业管理模式；生产工人整体文化和技术素质较高，以青年男性为主。该行业劳动关系呈现以下特点：地方政府的干预和更加碎片化的生产方式等，都减少了工人集体行动的可能性；基本劳动条件的达成，使得工人在争取个人利益方面的差异增加；整个劳动力市场的灵活化特征，大大提高了工人的流动性。

构建和谐劳动关系，企业工会的作用必须引起关注。近年来，广东省总工会大力推进行业性集体协商，使工人自发力量推动和工会主导的集体协调得到了结合。企业工人和企业行政的关系以及工会和职工的关系有了明显的改善，主要原因是工人团结力量在一定程度上实现了劳资力量的平衡。由于工会在集体劳动争议后引导工人组织起来进行集体协商，也改善了工会与职工的关系，显示出工会代表工人利益的定位，工会在工人心目中的位置有了明显提高。与此同时，资方看到工会对于组织工人和协调劳动关系有了较强的引导和掌控能力，从过去不尊重工会到积极与工会合作，在态度上有了较大的转变①。

从管理的角度，对基层管理方式的改进，将在很大程度上改善劳动关系。与其他企业不同，汽车产业企业特别是总装企业基本不存在拖欠工资、不支付加班费等问题，工人的不满比较集中地反映在基层管理者的简单管理上。普遍存在的简单管理来自两个方面的原因：一是推行精益生产模式忽视了工人的权益和能力；二是基层管理者的素质有待提高。而这些方面的改进，需要基层工会的推进和工人的参与。

第三节　建筑业的劳动关系

20 世纪 80 年代以来，城市建筑业已经成为中国资本积累的重要行业、经济体系的增长机器、GDP 增长的主导力量。建筑业一直是国民经济的支柱产业之一。作为劳动密集型产业，其对工人技术和文化水平要求较低、就业灵活等特点，使其成为吸纳农民工就业的最主要行业。建筑业集中了数量庞大的农民工。根据国家统计局 2019 年 4 月 29 日发布的《2018 年农民工监测报告》，在总数 28836 万人的农民工群体中，从

---

① 陈伟光．劳资博弈下的工资集体协商的可持续发展之路．中国工人，2014（2）

事建筑业的农民工比例占 18.6%，是仅次于制造业的农民工最多的行业。制造业内部不同部门生产过程的复杂性，导致其工人结构显现出较高的异质性。而建筑业由于其相似的生产过程和管理方式，工人结构以及劳动关系特点显现出一定的同质性。

近年来，关于中国建筑业农民工工作和生存状况的研究和新闻报刊已经有很多。不同角度的研究和不同规模的调查都得出基本相同的结论：在不规范的分包体制下，以农民工为主体的建筑工人的利益极易受到侵害；乡土和地缘、亲缘关系夹杂在劳动关系和雇佣关系中，可能掩盖劳动关系的特点；依然保持传统工作方式的工会，在建筑业工作场所中所起的作用有限。中国建筑业劳动关系具有相当的特殊性，涉及农民工权益的问题较难得到解决。

大量的中文文献基本将建筑业农民工工作状况和分包制结合在一起。例如，沈原用“关系霸权”来解释“包工头”在整个建筑业社会网络的作用。他提出，建筑业的劳动关系、工人团结等都建立在“关系霸权”的基础上。[①] 蔡禾等则从对包工头工资分配过程的分析，提出了建筑行业中“关系”的不确定性以及在工资发放过程中对“关系”的利用。包工头和（核心）工人之间的“关系”不再是单纯的市场关系，也不再是单纯的社会关系，而是二者的叠加。[②] 他们强调，分包劳动体制的存在，使得今天的建筑工人的劳动关系被一层一层地遮

---

① 沈原．“关系霸权”：对建筑业劳动过程的一项研究．载沈原著：市场、阶级与社会．北京：中国社科文献出版社，2007

② 蔡禾，贾文娟．路桥建设业中包工头工资发放的“逆差序格局”．社会，2009（5）

蔽，最终陷入劳动关系缺失的困境中。无论是市场关系和社会关系的“叠加”，还是劳动关系的“遮蔽”和“缺失”，我们都可以看到，与其他产业相比，建筑业用工方式的“非正规性”导致了劳动关系的复杂性。本节通过对建筑业的个案研究发现，作为一种有效率的生产管理方式，在世界建筑业通行的分包制本身给建筑生产带来了高效率，同时使得劳动力市场更加碎片化；传统的用于分析制造业劳动关系的理论，不完全适用于解释建筑业的劳动关系；劳动关系的调节机制应该随之改变。

一、分包制和灵活用工成为建筑业主流形式

从20世纪90年代中期起，雇主与工人签订尽可能短时间的合同而导致大量灵活化和短期化的用工；分包制的广泛采用，不断延长的工时，成为欧洲国家建筑业雇佣关系的基本特征①。在美国，肆无忌惮的分包商完全无视有关工资和工时的法律、无视劳动安全和工伤补偿的规定，已经成为建筑业劳动关系越来越显著的特征②。分包制的特点具体表现在以下几个方面：

第一，在欧美国家建筑业市场，分包制成为建筑业主流的生产管理模式后，激烈的市场竞争和日趋细化的分工使建筑业总承包商更倾向于集中力量于建筑设计和经营，将生产过程通

---

① Druker, J., 2000, “National Collective Bargaining and Employment Flexibility in the European Building and Civil Engineering Industries”, Construction Management and Economics, 18: 699-709

② Fine, J., 2008, “Building a Future Together Worker Centers and Construction Unions”, Labor Studies Journal, 33 (1): 27-47.

过分包的形式转到其他公司。尽管分包过程存在着专业分包和劳务分包的区别，但对于总承包企业来说，其目的是一样的，即降低雇佣成本和财务方面的风险。分包制的采用，一方面是建筑业生产模式发展的选择，另一方面也使总承包商以此控制了多个建筑工程的资源并通过层层分包的方式以及外部劳动力市场获取更大利润。

随着建筑施工技术的变化，在以预制装配式结构为主体的工业化建筑方式下，大多数总承包企业不可能具备所有专业预制件的装配能力。加之建筑规模越来越庞大，分包成为必然。以美国为例，在20世纪80年代以前，总承包商直接雇佣工人并在工作场所直接控制工人的劳动。到80年代末期，分包商的数量明显增加，工人基本由分包商雇佣和管理。根据美国商业部的数据，在1967年到1987年之间，总承包商数量下降，分承包商的数量明显增加。同时，被总承包商雇佣的工人的比例从37%下降到28%，而分承包商雇佣的工人的数量和比例却明显增加①。通过不断分包，总承包商完全脱离了真正的生产过程和劳动控制。在转移权责的过程中，也将建筑业生产的不确定性和风险转移给了分包商，如恶劣的天气、工人的怠工等。分包商成为工人的直接控制者。

从雇佣关系的角度，分包将内部劳动力市场的风险转到了外部，最大限度地鼓励了雇佣关系短期化。雇主往往会通过较高工资和提供培训的方式在总承包和分包的核心层面上保留住技术工人和现场管理人员。在每一个建筑项目的具体施工中，

---

① Steiger, T. and W. Form, 1991, "The Labour Process in Construction: Control Without Bureaucratic andTechnological Means?", Work and Occupations, 18 (3): 251 –270.

雇主大量雇佣短期工和临时工。通过分包，雇主对工人工作条件和生产过程的管理，都“放权”到尽可能小的工作场所。

从生产过程的角度，虽然分包有了完整的设计，尽可能地标准化。但在实际操作中，还可能对建筑设计和预构件的安装作出调整。因此，建筑业的生产过程与完全标准化的、在同一空间、由同一批工人和管理者完成生产的制造业有很大不同。雇主管理控制的权利通过分包制将权责从总包转移到了分包商、直接监工以及工人的头上。在分包制下的建筑工人，较之官僚制下的制造业工人，受到更多的来自包工头的个人化的控制。工人的工作、工作条件和工作组织都被非正式化地控制着。

第二，全球化对建筑业劳动力市场的影响巨大。与制造业中的跨国企业的“异地重建”不同，在建筑业，大量发展中国家的移民进入发达国家从事较为低级的建筑工作。建筑业本身的工种差异逐渐增加了地域和国别的色彩。工种的区别加上地域和国别的差异，大大分化了工人。而分包者利用了工人的国别和技术等级的分化，更强势地将大量移民工人保留在外部劳动力市场，更强势地控制工人。在美国建筑业市场上，来自墨西哥和中南美洲的西班牙和葡萄牙语系外来工人成为主要劳动力。在一些南部的州，比例达到了30%以上①。西欧国家的移民工人较多来自波兰等东欧国家。澳大利亚的非技术建筑工人，近年来有越来越多的韩国和中国人加入。移民、非技术工

---

① Nissen, B. , 2008, “Immigrant Construction Workers and Health and Safety: The South Florida Experience”, Labor Studies Journal, 33 (1): 48 - 62.

人、短期用工方式等多重因素，导致移民建筑工人容易受到更多的利益损害。例如，在美国，西葡语系的外来工人受工伤的比例高于本土工人；在澳大利亚，外来移民建筑工人签订劳动合同的比例低于本土工人。

建筑业生产方式和与之相应的生产管理体制、工人的结构、工作条件与工作形态，与制造业有着很大的不同，这些特点在很大程度上影响了工人的工作条件。随着建筑工业化的完成，大量工人从技艺工人转为非技术工人；建筑业逐渐成为用工灵活化和非正规化特点最明显的行业，在欧美国家，短期的、口头的合同在建筑业流行；建筑业生产技术的进步，没有从根本上改变露天的、不断迁移的、相对恶劣的工作条件，外来移民在建筑工人中的比例不断提高。分包制成为建筑业通行的生产管理体制，总承包商成为利润的最大赚取者。在工作场所中，负责直接控制工人的，多数是由技术工人转变而来的底层分包商，多采用相对粗放的、非正式的管理和控制。

第三，“灵活”的用工方式和生产方式在建筑业得到充分体现。从 20 世纪 80 年代起，项目制在欧美建筑业广泛运用、预制结构的运用和对于室内装修要求的提高，都导致了建筑业对工人技术要求的多层次性和对短期用工的需求。调查显示，在欧洲国家建筑业的一线生产工人中，临时工的比例从 20 世纪 90 年代初期起大量提高。尽管工业化和专业化已经在建筑业得到充分发展，但建筑业本身的特点使工作组织和劳动控制的特殊性依然显著。从工作组织来讲，工人要不断更换工作场所，在每一次更换工作场所后工作组织和结构就会出现变化。由于建筑业的项目时间是有限的，分包商须为每一个项目召集工人。对于工人来讲，尽管工作程序基本相似，但在每一个项目上会因为工程上的差异而有所不同。固定的、细致的管理规则很少见。一旦面临一个新的任务，工人们就必须建立新的工作关系、非正式的规范和非正式的权威结构。

第四，随着建筑业生产管理方式、用工方式和工人结构的变化，西方国家的建筑业工会、工人组织组织和集体谈判也随之发生了改变，其中建筑业工会会员率的直线下降是最为显著的变化。在美国，建筑业曾经是工会组织率很高的行业。早在1881年就出现了建筑业工会。从20世纪70年代起，受建筑业普遍采用项目制管理方式以及由此带来的灵活用工方式的影响，建筑业成为工会会员流失最快的行业之一。1966年，美国建筑业41.4%的工人加入了工会。1979年，这一比例下降到31.6%，到1989年为22%，2005年建筑业工会会员率仅为13.1%①。集体合同的覆盖率也同比下降。会员的减少削减了工会的力量。在美国的一些地区，工会的作用被忽视，通过多年斗争获得的劳动标准被不断降低。在过去的30多年中，建筑工人的工资下降了25%。建筑工人结构的变化是工会入会率降低的直接原因。建筑业普遍采用的项目制、分包制和灵活用工方式破坏了工会组织的基础。由于复杂的因素，传统工会往往不愿接纳移民工人入会。很多建筑工会依然固守旧有生产方式下的以固定工为主的组织方式，依然将其组织重点放在居于核心劳动力市场的本国工人。一些工会甚至或多或少地表现出对于外籍工人的歧视，如一些大型建筑业公司的集体合同没有翻译成其他文字。

---

① Fine, J., 2008, "Building a Future Together Worker Centers and Construction Unions", Labor Studies Journal, 33 (1): 27-47.

不同于美国，尽管也受到项目制、灵活用工和移民工人的影响，欧洲工会的力量在建筑业依然能一定程度上维持着，并依然能够通过集体谈判来保障工人的基本劳动条件。除了传统建筑业工会的力量外，来自中东欧国家的移民建筑工人往往有在本国加入工会的历史，对移入国的工会易于认同。在西欧国家，地区级和国家一级的集体谈判建立分级制度并提供劳动力价格的基准。雇主有权选择超过该基准之上的工资标准，但必须遵守最低基准。直到 20 世纪 90 年代末期，尽管很多行业已经不再进行全国性集体谈判，但在建筑行业还有全国性的集体谈判。

从以上的分析可以看到，与 20 世纪 70 年代以后西方技术进步和组织方式的改变对制造业的影响一样，建筑业的生产组织方式也发生了重要变化，工人结构、工会和工人组织等都随之变化。几乎所有的变化，都是与分包制，以及分包制所带来的“专业灵活化”直接关联。对照中国的情况，我们可以发现，尽管从表面上看，建筑业没有像制造业那样受到全球化的影响，但实际上，中国建筑业生产方式和组织模式的发展，与西方国家建筑业的发展基本是同步的。中国劳动关系中所反映出的问题，有与西方国家相似的一面，也有相当的“中国特色”。

二、中国建筑业的生产管理模式及对工人的影响

（一）中国建筑业生产管理模式的变化

中国建筑业的技术和生产体制的进步晚于欧美发达国家。在 20 世纪 70 年代以前，中国建筑生产方式和管理方式，乃至

建筑工业化的过程，基本上是借鉴苏联的经验。在建筑技术上，也受到苏联影响。建筑技术手段单一，基本采用砖混结构和混凝土结构，半工厂化、现场预制和现场浇灌相结合。在计划经济时期，预制混凝土的建筑技术适应了建筑生产企业的单一的国有体制。与生产方式和国家大规模基本建筑的需要相适应，在用工制度上采用了固定工和临时工相结合的方式。

1978 年，原国家建委明确提出，要以建筑设计标准化、构件生产工厂化、施工机械化和墙体改革（简称为“三化一改”）为重点发展建筑工业化。为适应新的建筑工业化的生产模式，1984 年，国务院《关于改革建筑业和基本建设管理体制若干问题的暂行规定》中明确提出，国有企业除必需的技术骨干外，原则上不再招收固定职工。1987 年召开的全国施工工作会议上，进一步提出要学习“鲁布革工程管理经验”，全面运用项目法施工。1988 年《建筑法》的出台，从法律上明确了管理层和劳务层分开，建筑施工企业将劳务层剥离出去。通过政府大力推进的改革，中国的建筑业生产管理体制迅速转变成单一的分包体制。建筑业分包体制的出现，不仅是国有企业体制改革的需要，也是适应快速发展的建筑工业化的要求。在此过程中，政府和资本结合的巨大力量充分地利用了建筑业的行业特殊性，并放大了这种特殊性。

在生产管理体制快速变化的进程中，被视为不规范的“分包”和“挂靠”大量出现。分包制一经出现，就不受鼓励。2005 年 5 月，建设部召开了全国建立建筑劳务分包制度现场会，并颁布了《关于建立和完善劳务分包制度发展建筑劳务企业的意见》，要求从 2005 年 7 月 1 日开始，用三年的时间在全国基本建立建筑劳务分包制度。包工头承揽分包业务基本被禁止。但中国建筑业的情况是：分包既没有被禁止，也没有相应的法律加以规范，与分包相伴随的挂靠也同样大行其道。一些地方政府为了地方经济发展，或多或少地鼓励分包、转包和“挂靠经营”。

（二）分包制对建筑业农民工工作条件的影响[①]

在政府强有力干预下的中国建筑业现行生产和管理体制，其生产管理模式的特征表现为：分包制和项目制的全面使用；缺乏规制，甚至被某种程度默许的“分包”和“挂靠”的普遍实行；政府推动的管理层和劳务层的彻底分离。相对于欧美国家的建筑工人，中国以农民工为主体的建筑工人的权益更易受到侵害。不签订劳动合同、大规模地拖欠工人工资、恶劣的工作和生活条件、工人在受到工伤后难以得到赔偿等现象，在中国的建筑业劳动关系中都一定程度上存在。

首先，层层分包成为中国建筑业生产管理体制的最重要特点。尽管不规范的分包早被明令禁止，但多个针对不合理分包的政策并未对分包制形成实质性的影响。一些地方政府为了地方经济发展或多或少地鼓励分包、转包和“挂靠经营”。从发包开始到工人，中间通常要经过四层到五层分包和转包，最多达到近 20 层。最底层通常为从技术工人上升而来的小包工头或“带工”，直接负责工人的招募、生产过程中的管理和控制以及工资分配和发放。多层的分包带来了利润的层层递减和底层分包商风险的增加。按照规定，建筑公司与专业分包公司和劳务公司必须有正式的合同。但越到底层，包工头和带工越有

---

① 以下实证材料来自作者在北京、江苏南通和广东惠州建筑工地的调查

可能与其上一级分包商签订口头合同。包工头则由于他所承担的风险，不愿意与工人签订劳动合同，不为工人购买社会保险，通过各种方式将用工成本降到最低。中国建筑业特有的大规模拖欠农民工工资现象，也被归罪于分包制。实际上，这不过是资本对建筑业分包制的利用[①]。由于进入门槛低，建筑行业成为农民工进入最快，占比例最大的行业之一。2010 年以前，以农民工为主体的非技术建筑工人的供应量充足。管理方认为建筑工人可以从外部劳动力市场“招之即来”。加之建筑业生产过程的项目化和短期化，使得管理方不愿意与非技术工人签订劳动合同和劳务合同，更愿意将工人置于完全的市场化和灵活化。2008 年以后，政府部门多次强调签订劳动合同，但至今建筑业仍然是劳动合同签订率最低的行业之一。工人工资的拖欠是涉及建筑业农民工权益的最重要问题。对此研究者有多种解释，如发包方拖欠工程款、施工方垫资以及管理方将工人工资暂时挪作他用等。当这些方面被政府自上而下的规定限制后，情况有所好转。但在每年的春节前，建筑业农民工讨薪的消息依然不断。

其次，不规范的、带有包工头个人色彩的管理方式直接导致了现场生产管理的随意性。建筑业生产的不确定和不可预见性被放大，成为任意延长工人劳动时间、处罚工人的借口。中国建筑业工业化开始较晚，生产过程中的不确定性很多，这些不确定性又被包工头放大。调查发现，很多工人都不知道第二天的工作地点和具体的工作任务，甚至上班时间也不是非常具

① 亓昕．欠薪与讨薪：工地政体与劳动过程的实证研究．北京：首都经济贸易大学出版社，2011

体。工人用“天亮了”或者“别人都起来了”等含糊的说法来描述他们的上班时间；用“看不见了”或者“天黑了”来定义下班时间；用“一个工”来形容一天的工作时间。他们的休息日多是无法预计的天气，即刮风下雨或下雪无法工作的时间。对于建筑工人来说，基本没有加班工资的概念。在生产过程中，建筑业从表面看来不像制造业那样有详尽的管理制度和对每一道工序的严格检查以及流水线上对生产频率的控制。在问及底层包工头和带工用什么样的管理制度管理工人时，他们经常语焉不详。同样的问题问工人时，工人的回答基本是一致的：罚款。建筑业现场管理和控制的水平低于普通制造业，但这不意味着管理的放松，而是带有个人性的处罚。计件工资和经济处罚，成为现场管理的首选方式。建筑工地对80%左右的工人采用计件工资，以保障工程进度。对于质量的保证，则体现在项目结束以后的质量检查。如果出现质量不合格需要返工或修补，其费用要从工人工资中扣除一部分。而且，返工时的工期通常是不计算到工资中去的。到项目结束才发全部工资，更是有效地实现了对整个生产过程的“监视和劳动纪律”的控制。而如何处罚和处罚多少，往往由包工头个人决定。在看似松散、不甚严格的管理下，工人的权益却被损害了。实际上，不按月发工资，按照项目周期或按年发工资是建筑业劳动控制过程对于非技术工人的“监视和劳动纪律”的一个体现。为最大限度地降低成本，建筑公司尽可能地将自有职工的数字降到最低。具体到每一个项目部，建筑公司派出的管理人员人数非常有限。加之层层分包和建筑业生产过程本身的灵活性，现场控制成为质量保证的主要因素。从整体上来讲，建筑业现场管理和控制的水平大大低于普通制造业。因此，计件工资和经济处罚成为现场管理方式的首选。

最后，基本由农民工组成的建筑业工人，文化和技术水平较低，组织性和团结意识较差，地域和工种的分割更进一步分散了工人。建筑工人和包工头之间复杂的关系加强了包工头对工人的控制。20 世纪 90 年代以后，由于建筑行业对工人技术水平要求的降低，由外来移民充当建筑工在世界发达国家逐渐成为较为普遍的现象。外来工人数量增加较快，但比例是有限的。在英国，建筑工人中非英国籍工人占近 10%；在美国，非美国裔的建筑工人为 24%；中国建筑业中外来农民工占工人总数的比例更高。尽管中外建筑移民工人有本质不同，但在一些方面也呈现出相似性。

农民工的身份对于建筑工人工作权益的影响是多方面的。从宏观的角度看，二元社会结构本身就给建筑工人的基本权益造成了影响。建筑业农民工社会保险缴费率低于其他行业。从行业内部来看，建筑工地上的农民工没有工厂工人那样以车间和班组划分的正式组织结构，他们对自己工作的描述一般按照简单的技术划分为“大工”或“小工”。他们按照包工头的指令工作，通常几个月到一年就会变化工作场所。有的工种变化更快。受访的一位工人说，他一个月内已经被包工头派到三个工地干活。工作场所的底层管理结构，使得正规的组织关系很难生成。一些工人不知道他所工作的工地、总承包商的名称，只知道他的包工头的名字。包工头基本按照地域招工，包工头和工人之间基本都有地域或亲缘关系。受访的建筑工地上一个从事防水作业的包工队中的工人，不仅和包工头来自一个乡镇，而且所有的人都可以和他算上亲戚关系，只是远近有差别。经过多年的发展，在建筑业，工种和地域之间存在着密切的关系。例如，在北方的建筑工地，防水基本上由河南工人做，其他地域的工人很少。工人在工地提供的宿舍中的住宿也以地域区分。地域、亲缘和分工的多样性隔离了工人。包工头以复杂的网络关系控制了工人，同样也客观地限制了工人对于自己权益的争取。

三、建筑业农民工的权益维护和工会的作用

建筑业的生产和施工技术的发展轨迹和生产管理的变迁具有明显的行业特征。在经济全球化的背景下，尽管建筑业的全球化特征相对于其他产业来讲并不显著，但中国在改革开放以后，建筑生产和施工技术的发展逐渐与欧美国家同步。建筑业产业的特殊性在中国不但充分表现，且被放大：在欧美国家建筑业通行的分包制在中国大量存在，而且在短时间内成为主要的生产管理体制；建筑业工业化带来的建筑工人去技术化、外来移民的涌入等特点，在中国同样充分体现；低技术、低教育程度的农民工成为一线建筑工人的主要组成人员。农民工对于国有企业传统固定工的替代速度和规模非常之快和巨大。建筑业生产过程本身的不确定性和不可预测性，被“充分”利用来控制工人。在“双重”特殊性之下，建筑业农民工的工作状况问题严重。

在中国，改善建筑业农民工工作条件，同样需要返回到生产过程中。欧美国家建筑业在发展过程中，工人通过不断斗争，在建筑业相对特殊的生产管理过程中维护自身的权益。从目前中国的情况看，建筑业农民工对自身权益的要求不高。调查显示，他们的要求还基本停留在年底结清工资、受到工伤伤害后寻求合法的补偿。至于加班时间、加班工资、必要的职业

安全措施等要求，还未成为维权重点。

从欧美国家的情况看，在建筑业现行生产管理体制下如何组织工人，特别是移民工人，如何在分包和控制权下移的情况下维护工人利益，是很多国家建筑业工会都面临的难题。在中国，建筑业农民工权益受侵害仍然较多，对此，不能简单地指责工会的作为不够，而应该分析其背后的原因。

第一，大量农民工在短时期内快速成为建筑工人的主体，工人团结和工会意识难以在短时间内形成。20 世纪 90 年代，在国有企业改制、减员增效以及建设部推行的改革建筑业和基本建设管理体制改革的要求下，各个建筑公司用两年到三年时间，通过买断工龄、提前退休、分流等方式让传统体制下的固定工人离开岗位，同时大规模使用农民工。建筑业的一线工人，几乎全部是 20 世纪 90 年代以后进入劳动力市场的农民工。而且，他们与老一代的建筑工人几乎没有交集。建筑业相对松散的管理和施工方式、频繁流动的工作场所和大量文化程度不高和技术水平较低的农民工，如没有足够外力的影响，工人的工会意识很难自发形成。

第二，项目制和分包制的生产管理体制，使管理方的管理权限不断下放，直至最底层的“包工头”，甚至是带班。从工人的工资水平、工作时间到每天的考勤和工作安排，都直接由带班负责。这种垂直的、多层次的管理，将工人的权益与最低级的管理者相联系。除了集体性的讨薪或工伤事故无法赔偿等“大事”，要靠集体行动或个人比较极端的方式与总承包商对峙外，工人的利益与基层的管理者直接相关。20 世纪 80 年代以来，管理权限下移是欧美国家管理方式变化的一个重要特点。相对于制造业，建筑业管理权限下降的范围最大，下降到的层级更低。管理权限的下移，直接造成了工会权益维护的困境。

四、建筑业和谐劳动关系的构建

建筑业集中了数量庞大的农民工，由于多重的生产管理、工人结构、企业与政府关系等因素，导致这个行业的工人基本权益受损较多。而且，不签订劳动合同、欠薪、工伤等问题较为普遍。这些问题引起了较多的关注。总的来说，国内对建筑业的研究基本是从分包体制入手，以劳动过程为理论依据的。但是，用劳动过程理论来解释建筑业的生产过程是有较大局限性的。

20 世纪 80 年代以来，有关劳动过程的讨论，都集中在企业内部的控制和抗争两个方面。布洛维用“内部国家”和“工厂体制”的概念来解释企业内部的管理者和工人之间的关系。此后，劳动过程的理论不断地在争议中发展，被广泛用于对工作场所劳资关系的解释。布洛维的贡献在于，他将布雷弗曼的理论从工作场所扩展到更广泛的背景，将劳动过程置于公司之间的市场竞争、劳动力再生产和国家对经济的干预这个大的背景之下。劳动过程不单单是工厂范围内的工作关系，而是重塑了冲突和工人阶级反抗的形式。布洛维的理论引起了极大的争议，除了对于理论本身的争议外，有学者甚至开始质疑劳动过程理论的适用范围。一些西方学者看到了建筑业的产业特征的特殊性。布洛维本人就认为，在建筑业引进集中的管理权力是无效的。劳动过程必须发生在工厂车间内部以达到资本主义的效率。只要劳动过程继续留在官僚化的管理车间外部，它就会继续保持原有的以技术为基础的劳动管理。阿培波分析了建筑业的特殊性，即地方性、非标准化、工作的期间性和不确定性。他认为，由于生产过程中很多因素是不确定的和无法预测的，建筑业无法使用科层化的劳动控制，建筑工人对于生产过程有一定的控制权。但他自己也承认，对于建筑业工人是如何工作的，还需要进一步进行研究。① 也有学者认为，建筑行业内复杂多变的工作环境并不会让承包商减少对技工们的控制，承包商反而会寻找各种方法去控制建筑劳动过程。学者们比较一致的看法是，对于建筑业劳动过程特殊性的认识，要回到建筑业生产技术的发展过程中去。对在建筑业如何维护职工权益的研究，具体来说就是如何发挥工会的作用。一些具体的建议是重要的：

首先，关于工会的具体工作，由于建筑业用工方式的灵活性和不规范性，直接导致工会组建工作难以发挥实效，建筑业农民工多项工作条件有待加强，如按月发放工资、支付加班工资等。因此，在建筑劳务企业开展工资集体谈判等应该是工会工作的重点工作，突出劳动保护、维护建筑业农民工的安全健康权等也应该是工会大力促进的工作。另外，由欧美国家建筑业的经验来看，工会的力量是否强大，在很大程度上决定着建筑业工人的职业安全状况的好坏。所以，基层工会和行业工会在此项工作上进行加强，将非常有意义。

其次，进一步发挥工会的教育职能。教育职能是工会的一项社会职能，这项职能在建筑业应该得到更好的提倡。教育职能反映在多个方面。如上所述，建筑业农民工的显著特点是文

① Applebaum, H., 1982, "Construction Management: Traditional Versus Bureaucratic Methods", Anthological Quarterly, 55 (4): 224-234.

化程度低、技术水平低且单一。这不但影响到他们自身在劳动力市场上的竞争力，也影响到建筑质量，因此，对农民工的文化和技术培训尤为重要。已经有多个省份在建筑工地办了农民工夜校，但效果有限。工会如何在这方面发挥作用，有待进一步研究。以德国、英国、美国为例，这些国家都通过向移民工人提供技术培训的方式传播工会基本理念并组织工会，获得良好效果。教育职能的发挥还反映在对农民工基本权利保障、维权手段、工人和工会意识的教育方面。建筑业劳动关系比较复杂，工会组织率低，工人流动性大，但工地多集中在大城市、工人居住密集等特点，使建筑业劳资矛盾易于爆发。从“二战”结束到20世纪70年代，建筑业是美国罢工最频繁的行业，全国性罢工的20%都发生在建筑业[①]。因此，对农民工进行有关法律和工会知识方面的培训尤为重要，这不仅有利于建筑业劳动关系的稳定，也对和谐社会的建立具有重要意义。

最后，通过工会的作用，在职业安全生产方面发挥作用。建筑业历来被视为高危行业之一。建筑业的危险性来自两个方面：一是建筑业生产过程本身具有一定的危险性，很多建筑工作本身存在着危险。工人要在高空或地下、在有限的空间或不确定的环境下作业。二是建筑业的生产组织结构对安全管理带来的挑战，这个特点在所有国家存在。为保障建筑业安全，国际劳工组织1988年颁布的167号公约专门涉及建筑业工人的安全问题。在西方国家工业化发展的历史上，有着明显的工伤

---

① Lipsky, D. B. and H. S. Farber, 1976, “The Composition of Strike Activity in the Construction Industry”, Industrial and Labor Relations Review, 29 (3): 388 - 404.

事故从高发到基本得到有效控制的过程。其中除了政府监督和管理方对生产过程的改善外，工人自下而上的参与起了重要的作用。从理论上讲，建立工人参与机制、保障职业安全，是政府、雇主和工人共同的选择。但如何将这个“共同目标”转化成有效的机制，则需要一些前提条件。一个良好的工人参与体系通常包括三个方面的前提：一是有支持工人参与职业安全管理的立法；二是有管理者对职业安全管理和控制的重视；三是有工会的参与。合作式的工人参与安全管理的机制在英国、美国和瑞典等国建筑业被采用。为了保障机制的有效运行，几个基本的要素要得到保证：工人安全代表是工人选举产生的；工人代表有权参加相关的培训；雇主同意工人代表利用一定的工作时间从事参与管理的工作；工人代表有权获得有关工作场所安全方面的材料，有权参与有关安全问题的讨论和决策等。通过合作的方式建立良好的安全生产机制，对于和谐劳动关系有基础性的作用。

第四节　电子生产产业的劳动关系

尽管福特制的生产方式已经伴随着全球化影响到世界各地，但电子业最典型地显示了全球化的特点。美国的电子生产企业除了核心技术在美国外，生产基地遍及世界各地。随着中国市场的不断开放和跨国资本的扩张，电子产业已经成为世界工厂最重要的组成部分。起步于20世纪70年代末期的现代中国电子业，经过了市场化转型、规模化发展，进入21世纪后开始通过代工进入全球电子产业链分工体系，中国已经成为世界电子产业最重要的生产基地。IT制造业已经是中国最大的现代制造部门[1]。在中国多种类型的电子信息生产企业中，富士康无疑具有特殊的意义。富士康被认为代表了中国电子信息产业的特点，除了富士康以全球价值链为依托、专业化于生产过程的特点在相当程度上代表了中国电子信息产业的特征外，在中国的其他产业也在一定程度上出现了富士康化，即电子业之外的一些企业在分工形态和技术道路上有与富士康趋同的趋势[2]。

一、作为全球产业链中的中国电子业

电子产品生产作为后工业社会中最有代表性的产业，在全球产业链中扮演着极为重要的角色。全球产业链的形成，彻底地改变了以国别为单位的传统工业组织结构，形成了“网络型”生产组织。随着资本的流动和全球化的深入，像电脑、手机等所谓高科技产品也放弃了直接生产，将生产任务转给其他的生产厂商。在产业链上，不同类型的公司扮演不同的角色。大型跨国公司通过其技术和资本的优势，占据了产业链的最高端，在全球方位内找寻最高效生产、快捷运输并最低价格的生产企业。对于生产企业来说，它们为持续获得订单，要满足跨国企业的产品要求，协调与其下游企业的关系，并尽可能保持相对稳定的劳动关系。与汽车、家电等产品不同，电子企业的核心技术核心部件完全控制在西方跨国公司中，生产企业只能为成为其制造商，很难通过加工技术的成熟复制类似的电子产品。因此，作为生产企业，要求有很高的生产能力、成本

① Luthje, B. , 2013, Beyond The Iron Rice Bowl, Regimes of Production and Industrial Relations in China, Frankfurt/New York: Campus.

② 宋磊等．富士康现象的起源、类型与演进．开放时代，2013（4）

控制能力等。尽管不同地区、不同类型的电子加工企业有差别，相对于其他制造业企业，同质性非常高。企业内分工细化、工作压力大、基本工资较低。非常细化的分工对于电子生产企业的高效率有着重要的意义，但对于工人来说过度细化的分工导致了工人完全去技术化和“构思与执行”的彻底分离，这是造成劳动者异化的根本原因。另外，由于细化的分工，工人在生产过程中基本无须交流，这也增加了劳动的异化程度。

中国电子产业的地区化特征十分显著。20 世纪 80 年代以来，中国的电子制造业主要集中在珠三角地区和长三角地区，大型的跨国企业几乎没有在中国内地投资建厂的。以著名的富士康为例，其 20 世纪 80 年代中期开始在珠三角建厂并大规模发展。在珠三角地区劳动力成本上升后，富士康等企业开始大规模内迁，这被称为“北上西进”计划。为招商引资，内地政府通常采用优惠卖地、减免税收以及放松劳动标准等政策吸引电子生产企业。在短短的几年时间中，富士康在河北、河南、山西、四川、重庆等地纷纷投资建厂。富士康内迁，无论迁到哪个地区，都将为当地带来数目可观的就业岗位，由于富士康的扩散效应，当地还能引来许多相关企业进驻，提高当地的 GDP 水平。在这一背景下，各地方政府纷纷抛出橄榄枝，将争取富士康入驻本地作为首要任务。在富士康的“西进”计划中，由于四川成都和重庆同时在争取富士康的投资，两地政府都提供了在土地、厂房、税收方面的优惠政策。富士康在成都的整个投资计划高达 10 亿元，被称为是四川省有史以来最大的招商引资项目①。政府对富士康的支持表现在多个方

---

① 贺海峰．成都与富士康的爱情长跑．决策，2011（3）

面。在公司投产之初，成都市政府在协助招工上花费了很大力量。富士康成都公司投产后不久，就在成都市总工会的协助下成立了工会。

二、有关电子生产企业的劳动关系研究

在 2010 年之前，电子企业并未成为劳动关系和劳动社会学研究的重点。从产业的角度对于电子企业劳动关系的研究数量很少，并基本来自海外学者或在境外学习的中国学者。从 2010 年以后，有学者或解释电子企业生产管理方面的问题，或从心理、劳动异化的角度解释电子企业的劳动管理。也有博士和硕士论文论及电子产业的劳动关系和管理体制。但总的来说，对于中国电子信息产业工作场所关系的研究依然不多。

劳动过程理论是 20 世纪 90 年代以来中国学者用于解释企业内部劳动关系的重要工具。布洛维分析不同类型的工厂制度，认为政府是重要的影响因素。在市场专制主义下，政府的作用只是保护生产的外部条件，特别值得注意的是，政府既不直接规范资本之间的关系，也不对生产过程或生产政治进行管制。在全球化时代，资本的全球流动改变了政府干预的角色和形态，构成了新的生产政治的特点①。在多数用劳动过程理论解释中国劳动问题的文献中，基本都将企业内部的资方或管理方和工人的关系作为主要的分析对象，政府干预的因素往往被作为产业发展的背景阐述。如在国家政府层面，作为支柱产业的建筑业、汽车业和被视为竞争性产业的家电业，国家干预的

---

① Burawoy, M., 1985, The Politics of Production: Factory Regimes under the Capitalism and Socialism, London: Thetford Press Ltd.

力度是不同的。在地方政府层面，内地省份较沿海地区政府更大力度地支持资本在本地的投资。研究很少阐述地方政府具体的干预方式。中国电子生产企业的发展，与中国加入世界经济一体化基本是同步的。在以富士康为代表的大型电子生产企业在中国投资建厂以及其“西进北上”的扩展轨迹中，有的地方政府的“干预”力度是非常大的，其干预不仅表现在对产业政策、地方劳动力市场的层面，更表现为直接和全面的干预。

任焰等最早提出“宿舍劳动体制”的概念[①]，将视角延伸到再生产领域。在她们看来，由于全球化带来的生产空间和中国特殊的制度结构，使得企业承担了劳动力日常再生产的责任，这种责任转移造成了中国的“宿舍劳动体制”。一方面，资本对工人实施了劳动和生活的全面控制；另一方面，宿舍也开辟了工人另类抗争的空间。

在电子企业向内地扩展的过程中，出于降低成本并保持内部劳动关系的考虑，企业开始在厂区之外建立职工宿舍区并委托当地社区和街道进行管理，而这也是一些地方政府招商引资的优惠政策。于是，针对大型电子企业，政府的干预也从企业内延伸到企业之外，成为劳动关系变化的一个新的特征。

三、从工厂到社区：一家大型电子企业的个案研究

进入电子企业做实证研究，其难度大于其他产业。由于电子产品的更新速度极快，厂家非常担心信息外露，因此很多大

---

① 任焰等．宿舍劳动体制：劳动控制与抗争的另类空间．开放时代，2006（3）

型电子企业都成了“紫禁城”。由于这些原因，调查者对电子企业的调查只能在工作场所外进行。通过熟人关系，调查者在成都一家大型电子企业职工宿舍区的社区活动中心进行调查。填写问卷和接受访谈的都是下班以后到活动中心休息和参与活动的工人。被调查职工 80% 来自四川省，大多数来自甘孜、西昌、雅安等经济欠发达地区，平均年龄 23 岁，男性占 45%，女性占 55%，85% 以上为农村户籍，一线生产工人占 80%。受访职工的文化程度主要为初中和高中（包括职业学校和中专）。

（一）关于工人的工作

由于调查是在工作场所之外进行，调查对工人生产过程中的资料掌握有限。但问卷和访谈依然能够反映出，在电子产业的全球生产链上，处于低端的劳动密集型大型企业正在改变对工人的管理方式，而工人的应对方式也出现了变化。

不同于一般意义上的企业，大型电子企业，特别是承接著名跨国公司订单的大型企业，在涉及工人权益方面基本都是按照劳动法律的相关规定的：工人在入职后与企业签订劳动合同，通常为三年，工人基本都有劳动合同副本；加班基本提前通知并按照规定支付加班费；按照规定为工人支付各种社会保险；为工人提供住宿条件不错的宿舍等。工人的平均月工资约为 2100 元，普通工人的基本工资是 1800 元，其余的是加班所得。工厂按照《劳动法》规定支付加班费，加班时间取决于工厂承接订单的多少。调查期间，由于订单减少导致加班时间缩减，工人的平均工作时间为 9 小时，每周工作 5.5 天。加班时间的减少，拉低了工人工资，直接导致工人对工资的不满。

工厂为工人提供住宿，6 人一间宿舍。

在涉及与管理者的关系方面，46.4% 的工人表示满意，与关于工资、工时、工作内容的满意度相比，该项的满意度是较高的。在工作场所内，工人面对的基本只是他们的直接上级。如果遇到不公平的问题，工人选择最多的是跳槽（占 38.1%），选择忍着和找直接上司的都为 29%。据受访工人反映，他们很少和中层以上的管理人员接触，直接上司基本上是生产线的管理者。如果问题在直接上司那里得不到解决，工人一般不再向上反映。原因有“没有用”“花时间”“没有必要在一棵树上吊死”等。

电子企业招工困难的问题一直存在，招工成为常态。在该企业所在地区的街道上，随处可见招聘广告。在调查期间，每天都能见到新来的工人拖着行李箱进入企业。同时，与其他电子企业一样，这家企业的工人流动率很高。公司投产三年以来，干满三年的工人很少。一位从公司开始生产就在企业工作、现正在办理离职的工人自嘲为“稀有的恐龙”。工人在企业几进几出的已经不是个案，一名工人说他在两年时间内三进三出。由于招工困难，企业对离职的员工再回来工作也表示欢迎。工作人员说：这个工厂的特点就是每天都有无数人来，无数人离开。对我们来说，每天都能见到新的人。我在这里工作一年多了。开个玩笑，我可能是在这里工龄最长的员工了。我问过他们为什么走？好像也没有什么很重要的原因。他们多数说：在这儿烦了，换个地方看看。有的人走了还会回来。

被调查的电子企业内部等级分明，员工分级按普工、员一、员二、师一、师二……一直到师十五级。所谓“师级”以上，基本要求员工有大专甚至大学以上文化程度。普通工人、操作人员和基层管理人员（班组长）分别对应普工和员级工，从普工到员级工要半年到一年的时间。80.7%的工人希望得到晋升；10%的职工认为晋升机会较多或很多，而这10%的职工基本为大专以上文化程度。一位正在办理离职手续的工人说：这里完全不可能晋升。一个工人怎么可能呢？你看，每天都有那么多大学生来这个企业。这在所有的企业都一样。我们的工作都没有什么技术含量，每天都做同样的工作，怎么会提升呢？公司的晋升程序是工人—组长—科长—副经理—经理。科长以上都是大学生。工人最多就是到组长。组长这个职务很没有意思，就是管工人，现在工人都不好管。

在受访员工中，71.7%的工人知道工会，但能明确说出工会会员权利的则不多，当问及工人怎样知道工会时，绝大多数工人的回答是在入职培训时听管理者介绍时知道的，或是从企业办的宣传刊物上看到的。

（二）社区活动中心的组织和活动

企业在新建厂区时改变了原来宿舍区和工作场所建在一个大园区的设计，将职工宿舍楼群建在距离工厂区一段距离之外。公司不再提供并负责职工宿舍的管理，交由当地的高新区管理。为了更好地管理职工宿舍，政府除了建立派驻机构“社区活动办公室”外，还采用招标的方式购买服务。在政府购买服务的两家社会工作机构中，一家是2008年在成都登记并发展起来的专业社会工作机构。该机构致力于依托社区公共服务场所，打造青少年家门口的成长乐园；运用社会工作专业方法，为青少年提供多元化的社会工作专业服务，并将服务延伸至其家庭和所在社区。成都市高新区政府与该机构共同建立社区活动中心，社区活动中心向在电子企业宿舍住宿的上万名青年工人提供服务。社区活动中心有五名专职工作人员和一些大学生志愿者。

社区活动中心的主体位于工人宿舍区食堂的楼上，每天上午10点到晚上10点向工人提供多种文娱活动设施，如电影、电视、网络、小型球类、舞蹈等活动。活动中心另外设有图书室，内有社区活动中心购买的文体、娱乐类的书籍和期刊。社区活动中心每周固定为工人放映电影，电视机在活动期间一直开放，很多工人来这里看热门的电视剧。社区活动中心提供免费Wi-Fi，不少工人下班后专门到中心来下载歌曲或游戏。据社区活动中心的负责人介绍，活动中心能吸引不少工人，平均每天都有200多名工人到中心来活动。

通过在活动中心的访谈和观察，调查者发现该活动中心的活动并非传统意义的“企业社会工作”。从活动中心的组织和活动看，机构更像是政府派出的协助公司稳定工人关系、提供休闲娱乐，继而更好促进生产的机构。正如机构的负责人所说：我们不是开展企业社会工作的机构，我们被告知不要参与企业内部的事情。我在这里工作有段时间了，连企业都没有进去过。

四、构建电子产业和谐劳动关系

由政府招商引资，在企业投产后由所在地地方政府管理工人社区，一度成为一些地方政府的普遍做法。相对来讲，成都这家大型电子企业所在地政府通过直接管理和购买服务，让社会工作机构进入工厂社区提供服务的方式，是一个重要的体制和机制创新，获得了良好的效果。在一定程度上维护了社会和劳动关系的稳定和和谐。

社区活动中心等工人服务平台的作用具体表现在以下几个方面：

第一，将协调劳动关系三方机制扩展到四方。长期以来，政府、雇主或管理方、工人和工会，构成了劳动关系协调和处理的三方机制。后工业化时代，很多劳动关系问题延伸到企业之外，政府通过购买社会服务，发挥社会组织在劳动关系协调过程中的重要作用。成都市主动将社会组织引入劳动协调机制，是一个重要的探索。

第二，在一定程度上缓解了现代电子工业生产给工人带来异化所导致的多种社会问题。进入 21 世纪后，随着资本的大规模转移和电子产业技术的发展，以及市场的扩大化，大型电子生产企业从欧美国家转到东南亚国家后，进入中国东南沿海地区，再转到中国内地。在此过程中，电子企业完全实现了设计、技术更新、市场运营与生产过程的分离，对工人的技术要求越来越低，订单化生产特征显著，劳动强度降低，而生产过程极为单调。同时，企业实现了严格的管理制度。作为大型跨国企业，这些跨国电子企业在劳动标准上执行所在国的劳动立法。在这样的背景下，传统劳动关系的矛盾似乎得到了缓解。但是，电子企业的后现代的生产和管理的特点，使工人在企业生产过程中感到越来越无聊，对前景无望，缺乏交往和组织化，出现了因个体化而导致的“异化”新特点。这种劳动关系的“新特征”和新矛盾，难以在企业内部化解，所谓的群体事件和个人极端行为通常发生在企业之外。企业所在地政府通过直接管理和购买服务的方式，向工人提供多样化的文化娱乐活动以及交往的平台，活跃工人业余生活，缓解工作的单调和乏味。用企业之外的活动来缓解企业劳动关系的紧张状态，这对于克服电子生产企业生产过程中的异化有着重要的作用。

第三，通过社会工作方式的介入，缓解了工人对城市社会的陌生感，增加了城市融入感，提高了农民工市民化的意识和水平。近年来，在内地投资建设的电子企业，大多建立在距离城市中心很远的地方。一线生产工人90%以上是农民工，绝大多数来自偏远乡村。工人在工厂中生产时尚的电子设备，却居住在远离城市的集体宿舍，很难体验到城市生活。调查显示，青年工人大多非常向往城市生活，很多人到电子企业工作的目的之一就是离城市更近，而现实却让工人的心理落差很大。社区活动中心为工人提供的社区融入和社区探访、青年成长计划、心理咨询、免费无线网络服务（Wi-Fi），都增进了青年工人对城市生活的体验，同时也在一定程度上降低了工人的心理落差。

第四，购买服务管理大型工人社区，这也是城市社会管理的一种新的尝试。在中国工业化的进程中，农民工成为制造业的主体。大型企业通常都要直接投建或通过所在地地方政府建立并管理大型工人宿舍区，这类社区的管理相对来说更加复杂。除了其他社区的一般问题外，一些在企业内部产生的劳动关系矛盾极有可能在工人社区积累发酵。企业直接管理社区，还可能因为社区管理的问题加剧劳动关系问题，最终演变成利益诉求复杂的群体性事件，这样的案例在珠三角地区和长三角工业区都发生过。因此，该大型电子企业将工人社区转交地方进行管理，并由政府直接管理发展为购买专业社会工作，提供多方面专业性的服务，是一个成功的尝试。

随着全球化的发展和沿海地区产业升级，越来越多的大型电子企业转移到中国内地。在这些企业的内迁过程中，其管理和控制方式出现了变化。企业管理方，在一定程度上改变了早期在中国投资时期所采用的相对简单的管理。在基本的工作条件方面，如劳动合同、工资和工时以及社会保障，都遵从国家法律；为工人提供不断改善的食宿条件。在工作场所内部，企业管理方建立了完整的管理机制，工人可以逐级向上反映意见。但是，这些并未改变工人的处境，他们依然从事单调和无技术的工作，工作时间完全由订单决定，工资水平很低，基本无职业上升空间。电子企业在内地开办企业的这些特点与沿海地区大型电子企业的工人无异。

在此背景下，地方政府、企业工会都在积极探索工作模式，或直接开展工作，或购买社会服务，延展服务联工的职能，共同致力于构建和谐劳动关系。但是，由于相关工作涉及多方协作，这实际上是在探索用新型社会管理方法处理全球化产业链劳动关系的重要问题，相关理论和实践还需进一步进行探索。

第五章

和谐劳动关系的指标体系

在本章中，我们对劳动关系的本质含义进行了重新理解，对国内外已有文献进行了回顾和评价，在此基础之上提出了构建和谐劳动关系评价指标体系的原则——“兼顾双方、有所侧重”。遵循这一原则，我们建立了一个简单易行的五指标版中国和谐劳动关系评价指数，并对近20年来我国的劳动关系和谐度状况进行评价；在上述总体评价工作完成后，接下来，本章还会深入地区层面，一方面测量和描述劳动关系和谐度的地区差异，另一方面还将利用计量分析方法，基于省级面板数据，来分析和推断导致劳动关系地区差异的重要因素是什么，随时间变化的趋势又是怎样的，从而帮助我们在纷繁复杂的表象中发现事实和规律，进而为相关政策建议的提出提供客观依据；在本章第三节关于典型地区和谐劳动关系研究的内容中，我们选取了北京为代表进行经验推送。为保障北京职工的体面劳动权益，推动劳动关系和谐发展，北京市政府做了大量卓有成效的工作。尤其是以《北京市“十二五”时期职工发展规划》这一全国首个地方性的职工发展规划的发布和实施为标志，北京在保障劳动者体面劳动权益和推进和谐劳动关系发展方面已走在了全国前列。因此，在第三节内容中，我们将从对职工收入权保障的角度切入，利用权威的统计数据和资料，系统梳理和总结“十二五”时期北京职工体面劳动权益的保障经验，提炼可借鉴做法，以期为全国其他地区制定职工体面劳动权益保障政策和推动和谐劳动关系建设提供参照和学习样本。

第一节　中国构建和谐劳动关系探索

一、和谐劳动关系评价指标的构建原则

劳动关系，本质上衡量的是资本和劳动之间的关系。因此，构建和谐劳动关系本质上就是要构建资本和劳动之间均衡、对等和双赢的关系。实际上，这一和谐劳动关系的构建原则也已成为国际社会的共识。中国工运研究所课题组的研究表明，虽然目前在劳动关系研究领域有众多的理论学派，且各学派对劳资双方地位和关系的认识存在差异，但大都认为和谐劳动关系至少应包括两个要素：劳资双方地位平等、权利义务对等；在确保员工获得公正合理待遇的同时，企业和员工的利益还应实现“双赢”。① 也就是说，构建和谐劳动关系必须着眼于全局，必须兼顾资本和劳动的利益，虽然根据客观实际情况二者可以有所侧重，但绝不能偏废一方，对于资本和劳动这两个方面都应给予足够重视。国外经验也表明，如果就业保护过于严格，不但会对企业劳动生产率增长形成冲击，损害企业利益乃至经济体整体的经济增长效果，从长期来看，还会因为提高了失业率、降低了工资增长的可能性，反而对劳工权益产生更大的负面影响②。

---

① 中国工运研究所课题组．“十二五”时期我国劳动关系发展走势与应对之策．现代财经，2012（10）

② Organization for Economic Cooperation and Development（OECD），Economic Outlook，70（December）（Paris），2001；Blanchard · O. The Economic Future of Europe，Journal of Economic Perspectives，2004，18（Fall）：3－26；Berger · H and S. Danninger. The Employment Effects of Labor and Product Market Deregulation and Their Implications for Structural Reform，IMF Staff Papers，2007，54（3）：591－619

基于上述理解，我们认为，构建和谐劳动关系评价指标的原则应当是：以经济社会的可持续发展为目标，兼顾资本和劳动双方的利益，同时，在当前资强劳弱的背景下，可以适当向劳动倾斜，但绝不能忽视企业（资本）的利益。更简洁地说，这一原则可以总结为“兼顾双方、有所侧重”。

二、对既有和谐劳动关系评价指标的回顾和评价

如果认为上述构建和谐劳动关系评价指标的原则是合适的，那么当我们按照这一原则来对国内已有的和谐劳动关系评价指标进行评价时就可以发现，无论是学者们提出的指标，还是全国总工会、国家协调劳动关系三方会议制定的创建标准，或者是各地已制定实施的“劳动关系和谐企业”创建标准（详见以下的文献回顾部分），都存在一个共同的问题，即没有兼顾资本和劳动双方的利益，过分强调了劳动者的权益，忽视了企业正常发展的需要。因此，我们认为，既有的和谐劳动关系评价指标是应该改进的，需要按照“兼顾双方、有所侧重”的原则来构建和谐劳动关系评价指标。

从已有文献来看，国外对劳动关系评价的研究起步较早，众多学者提出了各自的劳动关系评价指标体系，并在不同范围进行了实证研究。自 19 世纪中叶西欧工业革命开始之后，有关劳动关系的问题便在资本主义世界不断出现，劳动关系的理论研究就此开始。马克思、韦伯、康芒斯等学者分别从政治、经济、历史和社会等不同学科角度对劳动关系这一重要的社会经济问题进行了深入地探索分析。Norsworthy 等人以研究企业劳动关系对生产效率和生产成本的影响为目标，建立了以流失

率、投诉数量、未解决投诉数量、未授权罢工数等指标构成的评价体系。① Katz 等建立了由六个指标构成的评价体系——投诉率、员工受处分比例、合同数量、谈判时间、缺勤率和劳资双方态度，在此基础上深入研究了企业劳动关系与企业绩效之间的关系。② Arthur 采用包括决策权的分散程度、员工参与状况、管理者和工人的数量之比、劳资冲突的解决、工资及其结构五个指标来评价企业劳动关系。③ Buchele 等人用监督者和工人的数量比、平均工作年限、工人最高最低工资比三个指标评价国家和地区的劳动关系，通过分析得出了合作性劳动关系更能增进生产率的结论。④ 进入 21 世纪，国外劳动关系评价指标体系的构建逐渐突破原有模型，在解决具体问题的基础上开始关注其他相关影响因素，如组织和领导层面的影响、工会的作用。随着研究视野的扩大，劳动关系评价指标的内容也逐渐丰富，设计的范围也越来越广。Cutcher - Gershenfeld 等人把劳动关系分为三类：传统型、变革型、过渡型，并根据这三类劳动关系的不同特点分别分析了它们对企业成本和生产率的影响之后，建立了由工作自主性、工作的反馈、冲突频率、冲突的解决、投诉的正式和非正式解决五个指标，更加细致地划分

---

① J. R. Norsworthy and C. A. Zabala. Worker Attitudes and the Cost of Production: Hypothesis Tests in an Equilibrium Model. Economic Inquiry, 1990, 28 (1): 57 - 78

② H. C. Katz, A . K. Thomas and R. G. Kenneth. Industial Relations Performance, Economic Performance, and QWL (Quality of Working Life): An Interplant Analysis. Industrial and Labor Relations Review, 1983, 37 (1): 3 - 17

③ J. Arthur. The Link Between Business Strategy and Industrial Relations System in American Steel Minimills. Industrial and Labor Relations Review, 1993, 45 (3): 488 - 506

④ R. Buchele and C. Jens. Labor Relations and Productivity Growth in Advanced Capitalist Economies. Review of Radical Political Economies, 1999, 31 (1): 87 - 110

了他所提出的劳动关系类型。① Gittell 等在研究劳资关系如何影响企业绩效的过程中，建立了员工入会参会率、员工参与管理、工资水平等结构性指标和劳资冲突、工作场所氛围等劳动关系质量指标来考察劳动关系状况。② Gilson 认为，可以从十个方面来评估企业劳动关系：工会的作用，管理者对员工的态度，组织变革，契约的直接和间接成本，中高层管理者对劳动争议处理的合理性，劳动契约的执行性，工作程序的改进，抱怨制度的建立，民主参与情况，相关制度制定的合理性。③ 总之，在国外劳动关系研究发展的进程中，学者们系统、深入地设计了劳动关系评价指标体系，取得了丰硕的研究成果，为我国劳动关系指标体系的构建起到了很好的借鉴作用。然而，这些评价指标体系大都以服务企业微观主体的需要为目的，且多以研究劳动关系与某一特定方面之间的关系为研究起点，更重要的是，这些评价指标体系往往指标构成数量较多，对数据的可获得性要求较高，于是，在我国目前数据基础和可获得性有限的状况下，上述国外文献的参考价值就受到了限制。

对比国外文献，虽然我国关于劳动关系评价指标的研究起步较晚，但近年来进展很快。在借鉴国外劳动关系评价指标已有研究成果的基础上，我国劳动关系评价指标也在不断地完善，其中

---

① J. Cutcher - Gershenfeld, T. Kochan and J. C. Wells. In Whose Interest? A First Look at National Survey Data on Interest - Based Bargaining in Labor Relations. Industrial Relations, 2001, 40 (1): 1 - 21

② J. H. Gittell, A. Von Nordenflycht and T. A. Kochan. Mutual Gains or Zero Sum? Labor Relations and Firm Performance in the Airline Industry. Industrial and Labor Relations Review, 2004, 35 (2): 163 - 180

③ B. Gilson. What Factors Make A Good Labor Relation Program? . http: //www. fedsmith. com/article/892/, 2006

不仅有政府相关部门对劳动关系评价指标的设计，还吸纳了众多劳动关系领域的专家学者对劳动关系评价指标体系的研究成果。

2006年7月，原劳动和社会保障部、全国总工会和中国企业联合会为促进社会和谐、稳定劳动关系联合下发了《深入开展创建劳动关系和谐企业与工业园区活动的通知》，提出创建和谐企业劳动关系的10条标准，包括全面执行劳动合同制度，劳动合同签订率达到100%，签订、变更、续签、解除、终止劳动合同程序合法，依法履行劳动合同；建立集体协商和集体合同制度，在充分协商的基础上签订内容具体、标准量化、操作性强的集体合同；开展工资集体协商，保证职工工资收入随企业经济效益同步增长等。之后，各地方政府部门积极响应，纷纷建立了本地区的劳动关系评价指标体系。例如，四川省总工会发布了衡量和谐劳动关系的10条标准，主要包括企业内部管理制度、工会制度、劳动合同制度、民主管理制度、劳动保障制度、劳动争议调解组织制度、集体合同、平等协商、劳动纠纷、劳动环境、工资、职业技能和劳动安全培训等方面。浙江省出台了省级劳动关系和谐企业考核评价方法，关注内容主要有：劳动合同、劳动保护、工资制度、特殊人员保护、社会保障、劳动安全卫生、劳动争议及处理、工会制度、企业民主、职业培训等。

在国内学术界，相关文献很多，这里我们只选取具有代表性的文献作重点回顾。汪弘和邱羚运用德尔菲法构建了六个维度、26个指标的劳动关系评价指标体系，这六个维度分别是：工会组织、企业经济效益、社会保障、企业就业状况、企业就业合同、工资及其分配。[①] 姚先国和郭东杰采取抽样调查法对浙

① 汪弘，邱羚．企业劳动关系定量评估模型．上海企业，2001（7）

江省10家国有改制企业进行了调研，通过所获数据分析了工资、工人对管理层和工会等的满意度、持股比例、对改制方案的满意度、福利水平等因素对企业劳动关系的影响，研究了评价指标与企业劳动关系满意度的相关关系。① 常凯通过对全国各地50多个不同类型的企业和4000多个不同职位的员工进行访谈和调查，利用多指标综合评价方法，提出了一套企业劳动关系指标体系的设计方案。这套劳动关系评价指标体系包括2个一级指标、13个二级指标和40个三级指标。一级指标分别为：劳动关系的运行和协调，劳动关系的表现和产出。其中，劳动关系的运行和协调又分解为7个二级指标，即劳动合同、集体协商和集体合同、工会组织、劳动规章制度、员工民主参与、劳动争议处理以及劳动管理；劳动关系的表现与产出则分解为6个二级指标，即工资工时、社会保障、职业安全与卫生、就业培训、员工发展与企业绩效。② 贺秋硕等在整合各种指标体系后构建了一套包含三个层次的指标体系，其中民主与发展前途、就业及工资、劳动环境及保护构成了一级指标中的三个方面。③ 何圣对上海市劳动关系的评价指标研究中，将劳动关系的构成因素作为评价内容，从四个方面设计了相关指标，即收入保障相关指标、劳动环境相关指标、权益实现相关指标、技能发展相关指标，具体包括生产环境、工资待遇、社会保障、福利待遇、规范管理、民主管理等。④

---

① 姚先国，郭东杰．改制企业劳动关系的实证分析．管理世界，2004（5）

② 常凯．中国劳动关系报告——当代中国劳动关系的特点和趋向．北京：中国劳动社会保障出版社，2009

③ 贺秋硕，余敬．区域人力资源开发与管理的评价指标体系．统计与决策，2005（23）

④ 何圣．上海劳动关系综合评价指标体系构建及应用研究．复旦大学社会发展与公共政策学院博士论文，2009

企业是经济运行的微观主体，企业要实现劳动关系的和谐运行，就要对其状况做一个准确有效的评判和分析。对此，上述国内外文献都深入、系统地进行了研究，虽然对构建企业劳动关系指标体系仁者见仁、智者见智，虽然上述文献共同的欠缺之处是忽略了与资本利益相关的指标，但应该能够满足企业劳动关系评价的基本需要。

我们认为，与对企业劳动关系评价的丰富文献相比，能够从国家或地区层面进行总体评价的指标体系设计显得过于稀缺。进行总体评价的价值在于：社会公众和政策制定者可以通过对劳动关系的总体评价，来推断劳动关系的总体演变趋势，通过指标预警来避免劳动关系领域出现系统性风险。缺失这种总体评价在经济高速增长、劳动关系矛盾不突出的情况下可能后果并不严重，但是在我国经济进入新常态，结构性调整和再平衡进程加快的情况下，未来的不确定风险在加大，这时，对于劳动关系的总体评价就显得尤为重要。实际上，上述理解也是为什么我们希望从总体上（国家和地区层面）构建和谐劳动关系评价指标体系的关键所在。鉴于此，我们希望在重新理解劳动关系含义的基础之上，构建和谐劳动关系评价指标体系，在国家和地区层面来对劳动关系和谐度进行总体评价。

三、和谐劳动关系评价指标的构建和测算结果

（一）方法、指标选取和测算过程

在“兼顾双方、有所侧重”这一总体原则指导下，我们在构建和谐劳动关系评价指标时，还执行了如下四点评价理念：一是简洁明确。鉴于目前各地实施的和谐劳动关系创建指

标过多，因而造成了数据采集成本过高、不易比较等缺点，我们希望参照联合国开发计划署制定“人类发展指数”的理念，仅用少数几个关键指标来评价劳动关系。二是维度完整。指标选取全面，保证最终所形成的指数能够客观准确地反映劳动关系实际状况。三是数据可得。指标数据可以从公开出版的权威统计年鉴中获得。四是度量可行。每个指标值可通过有关数据计算得到，但不改变原始数据的基本含义和特征。

基于上述评价原则和评价理念，我们构建了如表 5.1 所示的中国和谐劳动关系评价指数。

表 5.1　中国和谐劳动关系评价指数（五指标版）

一级指标	二级指标	权重
兼顾资本和劳动双方利益的指标	工资增长率与工业企业利润增长率之间的同步性	20%
	每亿元 GDP 劳动争议发生率	20%
衡量劳动者利益的指标	工资增长率与劳动生产率增长之间的同步性	20%
	工会密度	20%
衡量资本利益的指标	工业企业利润增长率与劳动生产率增长之间的同步性	20%

需要说明的是，本指数由 5 个基础指标构成，每个指标的测算值表示该领域劳动关系的和谐程度。下面介绍各年份单项指数、总指数的计算方法。为了使和谐劳动关系指数的评分可比，首先须设定各单项指标评分的最大值和最小值分别为 1 和 0，从而形成该指标的单项指数，然后将属于同一个一级指标的二级指标进行加权，合成一级指标指数，并利用几个一级指标指数进行加权，合成总指数。

为了保证指标数值大小变化和最终的劳动关系综合指数高低在经济含义上保持同向相关性，我们利用线性功效函数分别对基期年份存在正负相关关系的指数值分类进行标准化以计算得分，其中正相关指标得分公式为式（1），负相关指标得分公式为式（2）。

$$Score_i = (X_i - X_{\min}) / (X_{\max} - X_{\min}) \quad (1)$$

$$Score_i = (X_{\max} - X_i) / (X_{\max} - X_{\min}) \quad (2)$$

其中 $Score_i$ 代表第 i 个指标的得分，X_i 是第 i 个指标的原始数据，$X_{\max}$是第 i 个指标在各年份中原始数据的最大值，$X_{\min}$是第 i 个指标在各年份中原始数据的最小值，最终指数取值在 0—1 区间内。由上述计算过程可知，最终的各项得分均与劳动关系呈正相关，即指标得分越高，代表劳动关系的和谐程度越高，反之代表和谐程度越低。

我们选取了 5 个指标来合成劳动关系指数，实际上是一个由多方面、多指标到综合性、单一指数的复杂处理过程。常见的解决指标降维问题的方法有打分法、层次分析法、主成分分析法和几何平均法等，其中打分法和层次分析法的计算过程都包含有对指标进行定性分析的主观判断环节，而主成分分析法主要通过对原始数据自身特征（相关性）的分析来确定指标系数，是一种完全客观的定量分析方法。但对于连续年度的劳动关系指数合成来说，主成分分析法同样存在问题，因为该方法需要对每个年度单独计算指标权重，生成的权重值自然也会随年度而不同，使得最后的劳动关系指数年度可比性差。为了避免主观随机因素的干扰，又使得年度指数具有可比性，所以选取算术平均加权法作为“中国和谐劳动关系指数”的基本合成方法。需要说明的是利用算术平均加权法并不是最终目的，更重要的是利用权重对指标进行合并，然后对数据结果作进一步的判别分析。

使用 Stata 统计软件对指标原始数据进行处理并计算得分，然后按照算术平均法将五个二级指标合成三个一级指标，进一步合成综合指数。各年份的综合指数由各指标的得分按照加权平均的方法求得，公式为式（3）。

$$Index = \sum_{i=1}^{39} (weight_i \times score_i) \quad (3)$$

其中 *Index* 表示所在年份的劳动关系指数值，$weight_i$ 为所在年份第 i 个指标权重，$score_i$ 是所在年份第 i 个指标的得分。

各二级指标的测算方法和数据来源具体如下。

指标 1：工资增长率与工业企业利润增长率之间的同步性

工资增长率为工业行业工资总额增长率，工业企业利润增长率为工业行业利润总额增长率，二者均可通过直接收集《中国统计年鉴》和《中国劳动统计年鉴》相应年份的数据经简单计算得到。二者间的同步性由二者之差得到，取绝对值。

指标 2：每亿元 GDP 劳动争议发生率

需要说明的是，这里的 GDP 为非农产业 GDP，因为劳动争议大多发生在存在雇佣关系的非农产业，而在主要是自我雇佣的农业产业中发生率较低。测算公式为：每亿元 GDP 劳动争议发生率 = 劳动争议发生总数/GDP × 亿元

指标 3：工资增长率与劳动生产率增长之间的同步性

在这里，工资增长率为工业行业平均工资增长率，与之对应，劳动生产率 = 工业总产值/工业行业全部从业人员年平均人数，相关数据均可从《中国统计年鉴》和《中国劳动统计年鉴》直接获得。

指标 4：工会密度

工会密度 = 工会会员人数/非农产业从业人员数。与对指标 2 的考虑一致，这里也用非农产业的从业人员数量做分母，来测算工会密度。

指标 5：工业企业利润增长率与劳动生产率增长之间的同步性

在以上对指标 1 和指标 3 的说明中，已经介绍了工业企业利润增长率和劳动生产率的指标选取及计算方法，这里不再赘述。

（二）测算结果

基于上述测算过程，我们得到了 1991—2014 年的中国和谐劳动关系总指数，以及合成总指数的一级指数和二级指数情况，详见下表 5. 2 和表 5. 3。从总指数的各年测算结果来看，最高值出现在 2014 年，为 0. 86；最低值出现在 2000 年，为 0. 25；均值为 0. 64。虽然我们没有利用此评价指数对其他国家的情况进行测算，从而无法通过国际比较来评价中国和谐劳动关系状况，但无论是从最高值还是均值的情况来看，显然距离指数的理想值（取值为 1）是有一定差距的，这实际上也反映出近二十多年来中国劳动关系和谐程度还不够高的现实。同时，我们对于为什么 2014 年和 2000 年分别出现了最高值和最低值十分感兴趣，这驱动我们回到这两个年份来寻找答案。从五个二级指数来看（见表 5. 3），通过与其他年份的数据进行简单比较，可以发现，2014 年指数值之所以最高，主要是因为三个同步性指标状况良好，以及劳动争议发生率指标又相对较低所致；而 2000 年的指数值之所以最低，主要是因为在工资增长率与工业企业利润增长率之间的同步性、工业企业利润增长率与劳动生产率增长之间的同步性、工资增长率与劳动生产率增长之间的同步性这三个同步性，尤其是前两个同步性指标上状况较差的缘故。如果上述推断是合理的，那么这就提示我们，在预警分析和政策制定中应该提高对三个同步性指标的关注度，从而为科学判断一定时点上的劳动关系状况提供“抓手”。①

表 5.2　总指数和一级指数

年　份	中国和谐劳动关系评价总指数	一级指数		
		兼顾资本和劳动双方利益的指标	衡量劳动者利益的指标	衡量资本利益的指标
1991	0.71	0.39	0.30	0.03
1992	0.67	0.32	0.21	0.14
1993	0.67	0.30	0.20	0.16
1994	0.59	0.35	0.20	0.04
1995	0.51	0.30	0.20	0.00
1996	0.64	0.32	0.23	0.09
1997	0.58	0.30	0.14	0.13
1998	0.48	0.29	0.00	0.18
1999	0.41	0.16	0.16	0.09
2000	0.25	0.08	0.16	0.01
2001	0.69	0.27	0.26	0.16

① 当然，测算结果的最低值为0.25，无论是从总体比较还是相邻年份的比较来看，似乎都过于异常，显得过低。对于这一点，还需要我们继续对原始数据的准确性进行评价，从而找到造成异常的原因所在。不过，我们同时还对指数值较低的其他年份的情况进行了考察，结果也基本印证了我们所提出的三个同步性指标甚为重要的推断。

续表

年份	中国和谐劳动关系评价总指数	一级指数		
		兼顾资本和劳动双方利益的指标	衡量劳动者利益的指标	衡量资本利益的指标
2002	0. 71	0. 24	0. 27	0. 20
2003	0. 61	0. 19	0. 22	0. 20
2004	0. 59	0. 20	0. 23	0. 16
2005	0. 66	0. 24	0. 26	0. 17
2006	0. 72	0. 25	0. 29	0. 18
2007	0. 75	0. 25	0. 31	0. 19
2008	0. 63	0. 19	0. 31	0. 13
2009	0. 73	0. 22	0. 35	0. 17
2010	0. 72	0. 20	0. 35	0. 17
2011	0. 71	0. 27	0. 32	0. 12
2012	0. 79	0. 27	0. 38	0. 14
2013	0. 77	0. 24	0. 38	0. 14
2014	0. 86	0. 32	0. 36	0. 18

表 5. 3　二级指数

年份	工资增长率与工业企业利润增长率之间的同步性	每亿元 GDP 劳动争议发生率	工资增长率与劳动生产率增长之间的同步性	工会密度	工业企业利润增长率与劳动生产率增长之间的同步性
1991	0. 02	0. 46	0. 00	0. 39	0. 49
1992	0. 35	0. 39	0. 13	0. 38	0. 18
1993	0. 41	0. 44	0. 12	0. 35	0. 11
1994	0. 16	0. 49	0. 10	0. 33	0. 47

续表

年　份	工资增长率与工业企业利润增长率之间的同步性	每亿元 GDP 劳动争议发生率	工资增长率与劳动生产率增长之间的同步性	工会密度	工业企业利润增长率与劳动生产率增长之间的同步性
1995	0.31	0.68	0.08	0.32	0.57
1996	0.17	0.84	0.01	0.30	0.30
1997	0.12	1.11	0.12	0.26	0.19
1998	0.06	1.35	0.35	0.25	0.06
1999	0.56	1.60	0.06	0.24	0.31
2000	0.87	1.60	0.12	0.29	0.55
2001	0.03	1.65	0.00	0.33	0.13
2002	0.13	1.77	0.01	0.37	0.01
2003	0.28	1.91	0.07	0.33	0.02
2004	0.27	1.88	0.06	0.35	0.11
2005	0.06	1.93	0.03	0.36	0.11
2006	0.12	1.65	0.02	0.39	0.07
2007	0.20	1.48	0.03	0.43	0.05
2008	0.06	2.47	0.06	0.46	0.19
2009	0.03	2.24	0.02	0.48	0.09
2010	0.35	1.66	0.03	0.50	0.10
2011	0.17	1.39	0.10	0.52	0.24
2012	0.16	1.33	0.03	0.55	0.19
2013	0.32	1.25	0.02	0.55	0.17
2014	0.00	1.24	0.04	0.53	0.07

（三）图类分析结果

为了更直观和清晰地观察、讨论上述测算结果，更为重要的是为了从总体上寻找我国劳动关系状况的变化趋势及其规律，我们进一步开展了图类分析工作，初步形成了如下一些判断：

第一，我们所构建的五指标版的中国和谐劳动关系指数，从其各年份的实际测算结果和趋势变化来看，基本上与经验观察比较接近，与预期相符，且易于解释，反映出无论是在指标的选取上还是在测算方法上，整个指数的构建基本上是成功的。例如，1997—2000 年指数的不断降低（见图 5.1），可以从这期间国有企业改革的减员增效、下岗再就业的激进变化方面予以解释；2003—2007 年是我国一个明显的经济高速发展期，在这一时期我们所构建的和谐劳动关系指数也表现良好，但是到了 2008 年这一良性发展进程被打断，很可能与这一年国内新劳动合同法实施导致劳动争议大幅度提高以及全球范围金融危机同时发生有很大的关联性。

第二，从中国和谐劳动关系指数各年份的实际测算结果和总体情况来看，我国当前的劳动关系和谐程度还不够高，距离理想状态还有一定距离，还有很大的提高和改善空间。

第三，从近二十多年来的情况来看，我国劳动关系的和谐程度总体上表现出不断改善的趋势。观察图 5.1 可以发现，如果将 1991—2014 年细分为前后两个时间段（1991—2000 年和 2001—2014 年），那么我国劳动关系的和谐程度基本呈现出先降后升的“U 型”变化关系。这种 U 型反转，可能反映了劳动关系领域市场和政府两种力量综合作用的结果：回忆一下整个 20

世纪90年代中国的改革与发展历程，典型事实是在推动建立社会主义市场体制的过程中，自由市场的活力空前迸发，总体上形成了由资本抑制向劳动抑制转变的态势，由于对市场的规制体系未形成，政府在劳动关系领域应承担的职责未到位，造成了劳动关系和谐程度的逐渐走低；整个21世纪头十年劳动关系和谐程度的不断改善，则在很大程度上可能与政府关注民生、政府推出的一系列政策尤其是积极劳动力市场政策有关①。不过，尽管上述"U型"反转的差异客观存在，但我国这二十多年来的劳动关系和谐程度总体上还是处于不断改善的上升通道，这从图5.2中的趋势线逐步走高（虽然比较缓慢）的情况就能看出。另外，从图5.3至图5.8关于各一级指数和二级指数的变化趋势来看，虽然表现的强度有差异，但基本上也印证了我国劳动关系的和谐程度不断改善的判断。

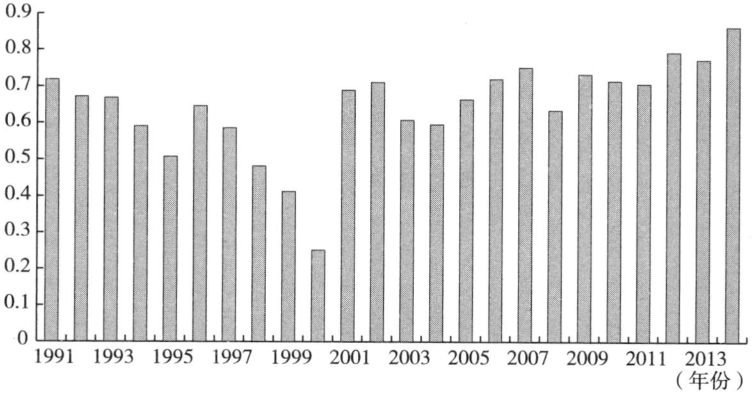

图5.1　1991—2014年中国和谐劳动关系总指数变化比较

---

① 有关积极劳动力市场政策对劳动关系改善的效应的讨论，详见赖德胜、孟大虎、李长安、田永坡．中国就业政策评价：1998—2008. 北京师范大学学报（社科版），2011（3）

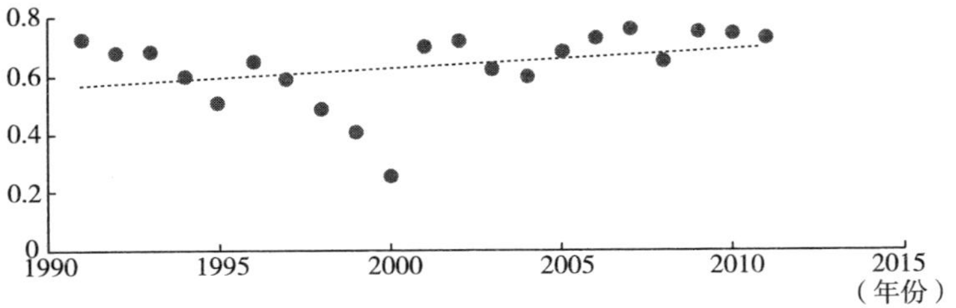

图 5.2　1991—2014 年中国和谐劳动关系指数变化的散点图

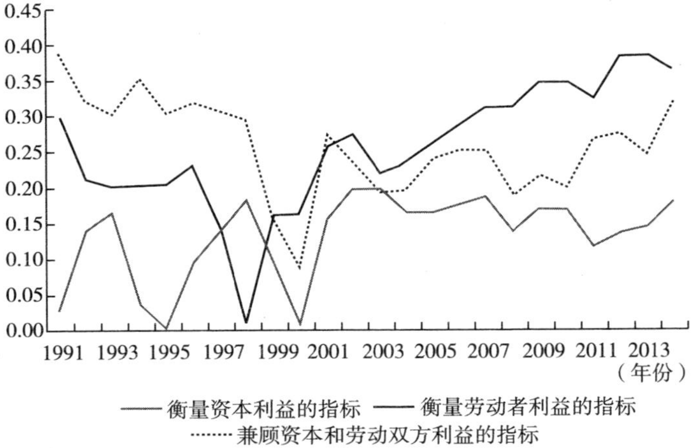

图 5.3　和谐劳动关系一级指数比较

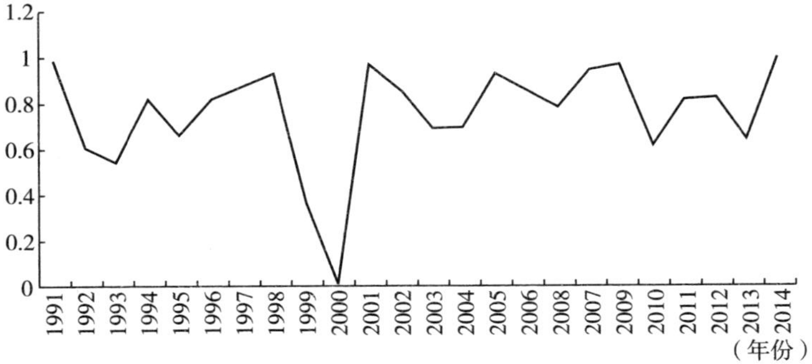

图 5.4　工资增长率与工业企业利润增长率同步程度

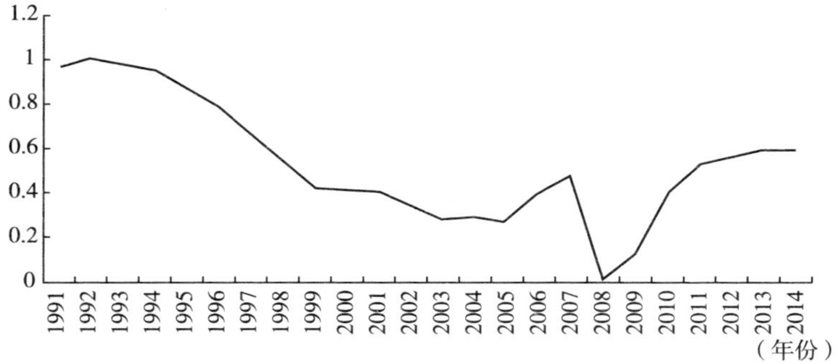

图 5.5　劳动争议发生率变化趋势

图 5.6　工资增长率与劳动生产率同步程度

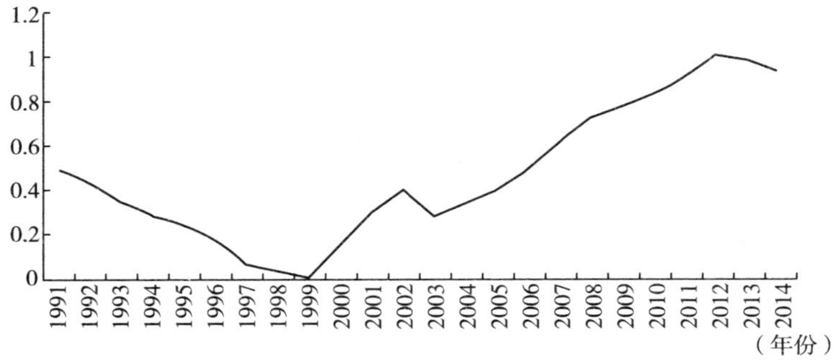

图 5.7　工会密度的变化趋势

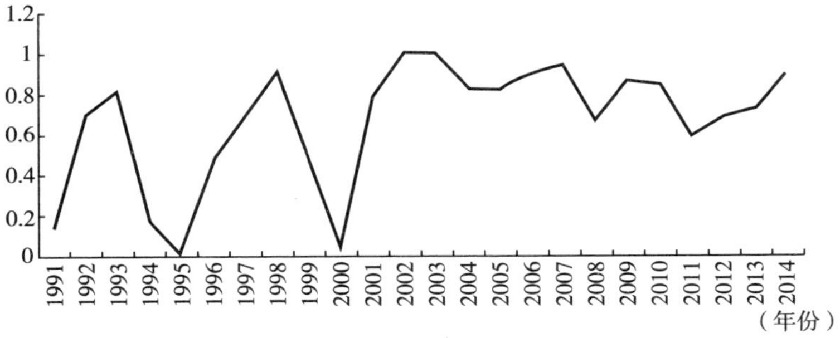

图 5.8　工业企业利润增长与劳动生产率增长协同趋势

四、本节小结

劳动关系，本质上衡量的是资本和劳动之间的关系。因此，构建和谐劳动关系，本质上就是要构建资本和劳动之间均衡、对等和双赢的关系。也就是说，要构建和谐劳动关系，就必须着眼于全局，必须做到资本的利益和劳动的利益两者兼顾，虽然根据客观实际情况可以有所侧重，但绝不能偏废一方，都应给予足够重视。基于上述理解，我们认为，构建和谐劳动关系评价指标的原则应当是：以经济社会的可持续发展为目标，兼顾资本和劳动双方的利益，同时，在当前资强劳弱的背景下，可以适当向劳动倾斜，但绝不能忽视企业（资本）的利益。更简洁地说，这一原则可以总结为"兼顾双方、有所侧重"。

在"兼顾双方、有所侧重"这一总体原则指导下，我们在构建和谐劳动关系评价指标时，还执行了如下四点评价理念：简洁明确；维度完整；数据可得；度量可行。

基于上述评价原则和评价理念，我们构建了一个五指标版的中国和谐劳动关系评价指数，并对 1991—2014 年的中国和谐劳动关系状况进行了测算，初步得到了如下一些判断：

第一，我们所构建的中国和谐劳动关系指数，从其各年份的实际测算结果和趋势变化来看，基本上与经验观察比较接近，与预期相符，且易于解释，反映出无论是在指标的选取上还是在测算方法上，整个指数的构建基本上是成功的。

第二，从中国和谐劳动关系指数各年份的实际测算结果和总体情况来看，最高值出现在 2014 年，为 0. 86；均值为 0. 64，反映出近二十多年来我国劳动关系和谐程度还不够高，距离理想状态还有一定距离，还有很大的提高和改善空间。

第三，从近二十多年来的情况来看，我国劳动关系的和谐程度总体上表现出不断改善的趋势。

第四，如果将 1991—2014 年细分为前后两个时间段 (1991—2000 年和 2001—2014 年)，那么我国劳动关系的和谐程度基本呈现出先降后升的“U 型”变化关系。我们认为，所观察到的我国劳动关系和谐程度的“U 型”反转，可能反映了劳动关系领域市场和政府两种力量综合作用的结果。这就提示我们，政府关注民生、推行更加积极的劳动力市场政策可能有助于劳动关系更加和谐。进一步，我们认为，在进行劳动关系预警分析和政策制定中，可以更加关注工资增长率与工业企业利润增长率之间的同步性、工业企业利润增长率与劳动生产率增长之间的同步性、工资增长率与劳动生产率增长之间的同步性这三个同步性指标，从而为科学判断一定时点上的劳动关系状况提供“抓手”。

第二节　我国劳动关系和谐度的地区差异

在上一节内容中，我们建立了和谐劳动关系评价指标体系，并在总体上对中国 1991—2014 年这二十多来的劳动关系状况的发展变化趋势进行了评价，同时还简单推测了影响劳动关系和谐度的相关因素。在本节内容中，我们希望下沉到地区层面，考察地区间的劳动关系和谐度差异，并利用计量经济方法来发现影响劳动关系和谐度的重要因素有哪些。这是因为，我国是一个地区差异明显的非均衡发展的大国，在差异化的地区经济社会发展状况的作用下，各地的劳动关系状况应该有所不同。这就为我们利用这些差异，采用计量经济方法来寻找关键因素提供了机会。

一、我国当前劳动关系和谐度的地区差异

要分析我国劳动关系和谐度的地区差异，首先需要选取合理的指标来反映劳动关系。在本节内容中，我们并不打算使用第一节所提出的五指标版的中国劳动关系和谐指数，一方面，是因为要完成本节的任务，需要构造一个反映劳动关系状况的省级面板数据，而受数据可得性的限制，有很多用于测算劳动关系指数的地区层面的数据无法找到；另一方面，本节的主要任务是要寻找影响劳动关系变化的关键因素，因此只要能用合适的指标来反映劳动关系状况的变化趋势就可以了，对其准确性的要求不高。经反复选择与比较，我们认为“劳动争议案件发生数”是能够测量劳动关系和谐度比较合适的一项指标，发生劳动争议的数量越多，越反映

出劳动关系不和谐。但是，仅用“劳动争议案件发生数”这一绝对指标是不够的——它掩盖了各地区在经济体量、就业总量方面的差异。基于上述考虑，我们使用了劳动争议发生率指标，以此作为评价地区层面劳动关系和谐度的定量指标。具体而言，我们使用了三个劳动争议发生率指标，对2012 年全国 31 个省份（不包括中国港澳台，下同）的劳动关系和谐度进行了测算，希望通过三个指标间的相关映衬和相互对照来保证度量过程不发生系统性错误，结果如下。

（一）每亿元非农产业 GDP 劳动争议发生数

每亿元非农产业 GDP 劳动争议发生数 = 当期劳动争议案件受理数/第二三产业生产总值，其中当期案件受理数来源于《2013 年中国劳动统计年鉴》。此处 GDP 为第二三产业生产总值，数据来源于《中国统计年鉴（2013）》中“按三次产业分地区生产总值”，具体算法为各地区生产总值减去第一产业生产总值。依照上述计算方式，得出 2012 年全国 31 个省份的每亿元非农产业 GDP 劳动争议发生情况，如图 5.9 所示。

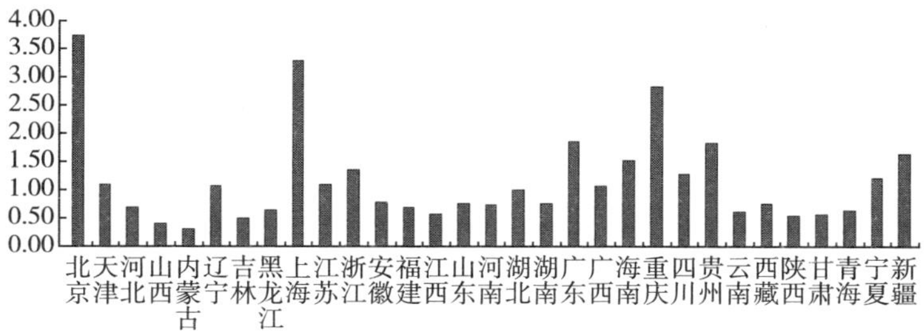

图 5.9　2012 年各地区每亿元非农产业 GDP 劳动争议发生情况

可以很清晰地看出全国31个省份之间的差异是很明显的，北京、上海、重庆、广东等地的劳动争议案件发生率明显比其他省份更高一些，而且分地区来看，东部地区①的劳动争议发生率明显比西部地区高，这也与观察经验一致。

（二）每百万城镇就业人员劳动争议发生数

每百万城镇就业人员劳动争议发生数＝当期劳动争议案件受理数/城镇单位就业人员总数，其中，城镇单位就业人员数据来源于《2013年中国劳动统计年鉴》。2012年全国31个省份每百万城镇就业人员劳动争议发生情况如图5.10所示。可以发现，使用此项指标计算得出的结果显示以北京、上海、广东为代表的东部地区的劳动争议案件发生率依旧最高，而将中部和西部地区进行比较，也可以发现西部地区劳动争议的发生率要较中部地区更高。

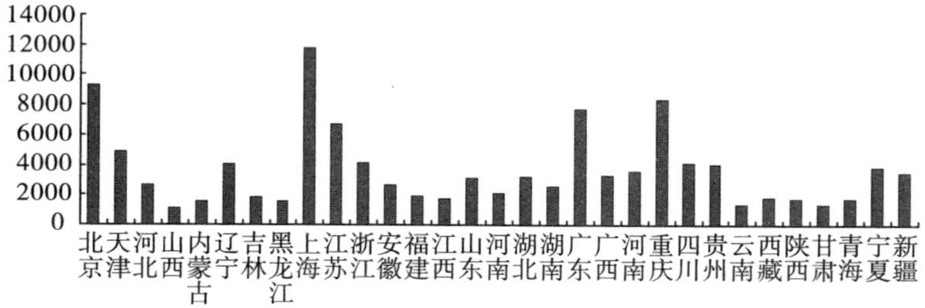

图5.10　2012年各地区每百万名城镇就业人员劳动争议发生情况

① 东部地区包括北京、天津、河北、山东、辽宁、上海、江苏、浙江、福建、广东、广西、海南12个省份，中部地区包括山西、内蒙古、吉林、黑龙江、安徽、江西、河南、湖南、湖北9个省份，西部地区包括重庆、四川、贵州、云南、西藏、陕西、甘肃、青海、宁夏、新疆10个省份。

（三）每百万非农就业人员劳动争议发生数

每百万非农就业人员劳动争议发生数 = 当期劳动争议案件受理数/非农就业人员总数，其中非农就业人员数根据《2013年中国劳动统计年鉴》中“各地区分行业就业人员”数经简单计算而得。每百万非农就业人员劳动争议发生情况的地区间比较如图 5.11 所示，同样也可以看出明显的地区差异——北京、上海、广东和重庆依然是劳动争议的高发区，东中西之间所呈现的明显反差和之前两项指标的所展现的情况基本一致。

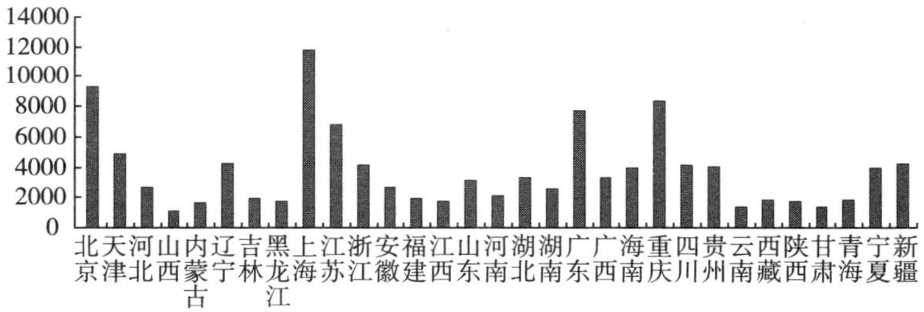

图 5.11　2012 年各地区每百万名非农业就业人员劳动争议发生情况

从以上三个劳动争议发生率指标共同反映的情况来看，当前我国各地区的劳动关系和谐度从低到高的序列为：东部、西部、中部。

二、2001—2012 年各地区劳动关系和谐度比较

既然三个劳动争议发生率指标所反映的情况指向一致，那么下面我们就采用每百万非农就业人员劳动争议发生数作为衡量指标，对于 2001—2012 年间劳动关系和谐度的地区间差异进行分析（详见图 5.12、图 5.13、图 5.14）。

可以看出，在 2001—2012 年间，东部地区劳动争议发生率均值都是在全国平均水平之上的，这可能与东部地区劳动力市场的相对复杂有关：东部地区经济发展相对更快，工业化程度高，劳动力供求量大，劳动关系的监管、保障机制尚未完善，可能造成劳动争议发生率较高。同时，东部地区这 12 年的劳动关系走势与全国一致，在 2007—2009 年间也出现了劳动争议发生的顶峰状态，而且远远超出了全国的平均水平，此后开始缓慢下降。

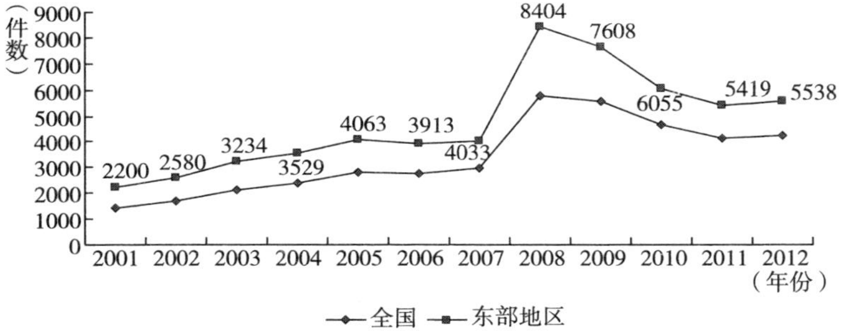

图 5. 12　2001—2012 年东部地区每百万非农就业人员劳动争议发生情况

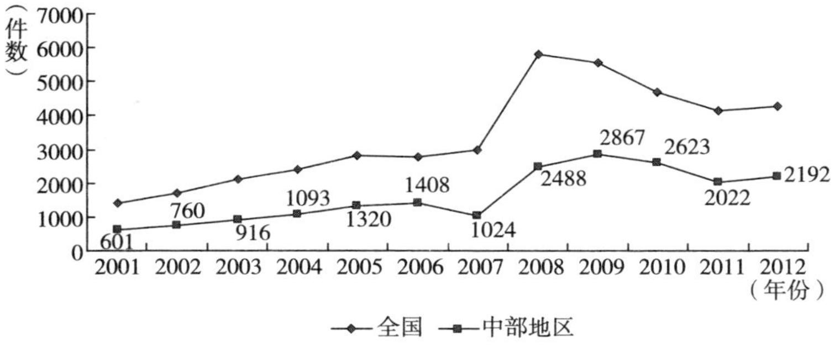

图 5. 13　2001—2012 年中部地区每百万非农就业人员劳动争议发生情况

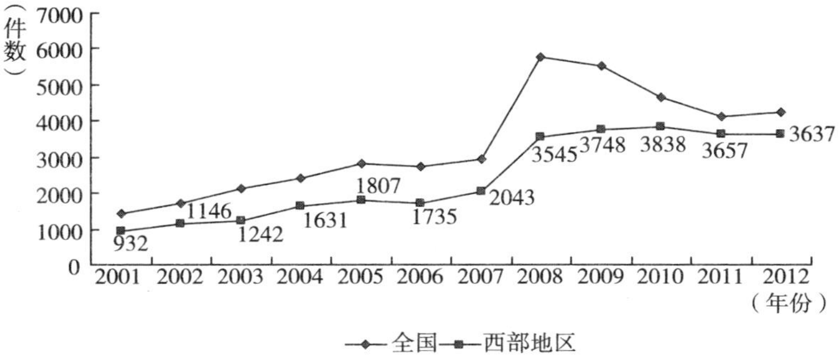

图 5.14　2001—2012 年西部地区每百万非农就业人员劳动争议发生情况

中部地区历年的劳动争议发生率均在全国平均水平以下，并且远低于全国水平；中部地区这 12 年除了 2006—2007 年间出现了劳动争议发生率较明显的下降，大致与全国的走势一致，但是峰值出现的时间较其他地区晚了一年。总体而言，中部地区的劳动争议发生率最低，据此推断，应是劳动关系最为和谐的地区。

西部地区历年的劳动争议发生率低于全国平均水平，但差距没有中部地区大；在 2007 年之前，西部地区的劳动争议发生率一直呈缓慢增长的趋势，2008 年也出现了快速上升的变化，峰值出现在 2010 年，此后便基本处于稳定状态。

通过对东部、中部、西部的分地区分析，可以得出两点结论：其一，东部、中部、西部各地区之间的劳动关系差异是显著的，但变化趋势一致；其二，东部地区的劳动关系和谐度最低，西部地区次之，中部地区劳动关系和谐度最高。

三、劳动关系和谐度地区间差异的影响因素分析

（一）指标选取和数据来源

我们选取每百万非农就业人员劳动争议案件发生数作为被解释变量，选取经济发展水平、非国有化程度、工会会员人数和就业人员受教育程度作为解释变量，试图找出影响劳动关系和谐度地区差异的因素有哪些。所有数据均来源于相应年份的《中国统计年鉴》和《中国劳动统计年鉴》整理所得，所选用的指标详述如下：

Zhengyi 表示每百万非农就业人员劳动争议发生数。

lngdp 表示对数处理化之后的国内生产总值。我们预测 GDP 应该是一个很重要的因素，因为在本节以上内容的分析中已经清晰表明：经济发达的东部地区劳动争议发生率也是最高的，工业化程度较低的中西部地区劳动争议发生率也较低，在使用了三项指标分别测算后，所得结果依然如此，所以在此加入 GDP 作为解释变量，预测应该为正相关关系。

Nonnation 表示非国有化程度。我国是一个典型的转轨经济体，非国有化程度也是很重要的影响因子。在我国现阶段，企业的所有制结构的差异在很大程度上导致企业的管理模式、内部监督机制、对劳动者权益的重视程度、工会的组织情况以及劳动者劳动报酬等福利待遇发放标准的制定等都明显不同。目前，在国有化程度较高的石油、天然气、电力等产业中，企业的内外部监督机制比较到位，执行《劳动法》《劳动合同法》等法律法规的严格性高，雇佣过程中不签订用工合同、侵犯劳动者休息权、取消带薪产假等侵害劳动者权益的现象与

非国有单位相比，发生频率较低。那么，按照这一逻辑可以推测：非国有化程度应该与劳动关系和谐度呈现出负相关的关系。

Gonghui 表示工会会员人数。工会诞生以来的职责便是维护劳动者合法权益，团结组织劳动者，以集体的力量帮助扶持劳动者，防患于未然，在他们的合法权益遭受无故损害时，有地申诉。通过实行集体合同制度等措施，尽可能地减少劳动者与用人单位签订合同时，发生合同时期短、合同条款片面偏向资方利益等损害劳动者权益的现象。另外，如果工会的组织力度到位，它完全可以扮演协调劳动关系并使之良性发展的重要角色。工会日常为组织成员谋取福利，解决内部职工工资分配不公，工资拖欠、克扣，在企业内部为劳动者提供利益诉求平台，及时阻止损害劳动者基本权益的行为发生，为劳动者提供稳定、愉悦的工作环境。大量事实已表明：参与工会组织的人数越多，企业整体办公的环境氛围就越和谐，劳方和资方之间的关系就越融洽。因此，选取工会会员人数这一指标来分析其对劳动争议发生率的影响，预测该变量的系数应该为负值。

Edugzh 表示高中以上就业人员占比。受教育程度的高低直接决定着劳动者的素质，劳动者素质高低应该对劳动关系和谐度有很大影响。通过这一指标来分析受教育程度高的劳动者能否凭借更强的议价和谈判能力，提高劳动关系中的劳方地位，从而提升劳动关系和谐度。

（二）计量模型构建

我们使用的数据既包括从 2001 年到 2012 年连续 12 个年份的时间序列数据，也包括全国 31 个省份的截面数据，因此构造的是典型的面板数据（Panel Data）。例如，各地区的工会会员人数这一变量，固定在某一个年份上，它是由31个数据组成的截面数据，如果固定在某一个省份，它是由12个数据构成的时间序列数据，所以面板共有372个观测值。最常见的面板数据模型包括随机效应（Random Effect）模型和固定效应（Fixed Effect）模型，基本形式分别为：

$$y_{it} = X_{it}\beta + c_i + u_{it}，（t = 1，\cdots，T）$$

$$y_{it} = X_{it}\beta + v_{it}，（v_{it} = c_i + u_{it}，t = 1\cdots T）$$

我们在实证环节，设计的计量模型为：

$$Zhengyi = \alpha Ingdp + \beta gonghui + \gamma nonation + \delta edugzh + \lambda U + \varepsilon$$

其中，zhengyi表示每百万非农就业人员劳动争议案件受理数，作为被解释变量；Ingdp表示对数处理后的GDP；gonghui表示工会会员人数；nonnation表示非国有化程度；edugzh表示高中以上就业人员比例；U为控制变量，ε为误差项。

（三）回归结果及分析

使用Stata12.0作为回归分析的基本计量工具软件。首先根据面板数据回归分析的基本思想，以年份为时序变量，地区代码为截面变量对数据进行了定义，然后对数据进行了基本的平稳性检验和协整检验，最后利用固定效应模型（FE）和随机效应（RE）模型两种模型分别进行回归分析，以便比较和进行后续的模型检验。结果，我们发现随机效应模型优于固定效应模型，所得结果如表5.4所示。经计量分析，我们得到如下结论。

第一，经济发展水平与劳动争议发生率呈现显著正相关关系。这一回归结果表明，在我国现阶段，经济发展还无法自动带来劳动关系和谐度的提高。其中的原因，一方面可能是由于在经济的快速转型和结构调整中，劳动者的利益还没有被足够重视；另一方面，可能在于既有的“GDP 至上”的经济发展模式没有使改革和发展的成果惠及劳动者。

第二，非国有化程度与劳动争议的发生呈现显著正相关关系。这说明，非国有企业越多，劳动争议发生概率越大。通常，国有企业的劳动关系要比私营、外资企业和谐，劳资双方的争议较少发生，因为国有企业中工会组织较为完整、社会保险等劳动保障机制较为健全，工资福利待遇等实现程度大，而且劳动合同基本覆盖每名就业人员。而在非国有企业中，劳动关系的建立机制（劳动合同的签订）、保障机制、监管机制等方面都不如国有企业健全，不合法用工、侵犯劳动者休息权、拖欠工资等现象发生概率较大，劳动争议案件相应较多。

第三，工会会员人数与劳动争议的发生呈现显著正相关关系。这与理论预期不符。我们推测，造成这一状况的原因是，目前我国工会的组织情况和作用发挥都还不到位。工会的会员数量虽然在逐年增加，但是并没有很好地发挥其作为三方协调机制中第三方的协调作用。目前我国有些单位的工会形同虚设，工会组织在很多非国有企业中并没有真正发挥协调劳资双方利益、保护劳动者合法权益的作用。这可能表明，工会组织在进行集体协商、建立集体合同等方面发挥应有作用的空间还很大，工会组织建设任重而道远。

第四，高中以上程度的就业人员比例与劳动争议发生情况呈现显著的负相关关系。这说明，高学历劳动者人数越多，劳动争议案件越少，劳动关系越和谐。随着受教育程度的不断提高，劳动者的文化素质、技能素质也在不断提升，劳动者人力资本的增加，使他们在劳资博弈中的地位有所提升，如此一来，可以为他们在劳动—资本谈判中增加自身筹码，从而在更大程度上分享企业发展成果。同时，劳动者素质的提高，还可以使他们在劳动中效率更高，行为更加合法合规，更易满足工作所需的各项技能要求，从而帮助自己更好地融入工作之中，提高劳动生产率。另外，高素质劳动者在与企业谈判时，其较高的素质也可以帮助劳动者防微杜渐，通过事先预防来杜绝不公平用工条款的出现，并通过理性方式使劳动者自身希望的工资薪酬待遇等得以实现。如此，劳动争议发生率也随之减少。

表 5.4　随机效应模型回归结果

<table>
<tr><td rowspan="2">R - sq：</td><td rowspan="2">within = 0. 3116
between = 0. 0925
overall = 0. 1562</td><td colspan="5">Wald chi2（6）= 147. 17</td></tr>
<tr><td colspan="5">corr（u_ i，x）= 0（assumed）Prob > chi2 = 0</td></tr>
<tr><td>解释变量</td><td>相关系数</td><td>标准差</td><td>误差</td><td>t</td><td>P > | t |</td><td>[95% Conf. Interval]</td></tr>
<tr><td>edugzh</td><td>-43. 59708</td><td>17. 53866</td><td>-2. 49</td><td>0. 013</td><td>-77. 9722</td><td>-9. 22195</td></tr>
<tr><td>gonghui</td><td>1. 939972</td><td>0. 408124</td><td>4. 75</td><td>0</td><td>1. 140064</td><td>2. 73988</td></tr>
<tr><td>lngdp</td><td>851. 5206</td><td>161. 7558</td><td>5. 26</td><td>0</td><td>534. 4851</td><td>1168. 556</td></tr>
<tr><td>nonation</td><td>11. 63221</td><td>5. 557627</td><td>2. 09</td><td>0. 036</td><td>0. 739464</td><td>22. 52496</td></tr>
<tr><td>_ cons</td><td>-4629. 176</td><td>1168. 574</td><td>-3. 96</td><td>0</td><td>-6919. 54</td><td>-2338. 81</td></tr>
</table>

四、教育对劳动关系和谐度影响的进一步分析

在以上计量分析基础上，我们还想进一步探讨教育与和谐劳动关系之间的关系。这是因为，自 20 世纪 90 年代以来我国

各级各类初中后教育都在大规模扩展，[①] 使我国的整体国民素质有了质的飞跃。同 2000 年第五次全国人口普查相比，至 2010 年第六次全国人口普查时点，每 10 万人中具有大学文化程度的由 3611 人上升为 8930 人；具有高中文化程度的由 11146 人上升为 14032 人。而且，可以预期，教育扩展的进程在未来依然会继续，这必然会带来进入劳动力市场中的劳动者素质的提高，从而通过增强劳动者的谈判能力来改变目前的资强劳弱的局面。下面，我们将集中深入地对教育这一变量的作用进行分析。

我们对受教育程度这一解释变量分别按照教育层次、地区、时间段做了最小二乘法（OLS）回归分析，在控制了其他三个变量的影响后，受教育程度这一因素仍然与劳动争议发生率具有显著的相关性（t 值为 0）。据此判断，受教育程度提高对劳动关系和谐度有着显著的正向作用。同时，这也表明，我们之前所得到的计量分析结果是稳健的。

（一）分教育层次结果分析

用高中以上就业人员比例（edugzh）、专科以上就业人员比例（eduzhk）和本科以上就业人员比例（edubk）三个变量分别进行 OLS 回归分析，分析不同教育层次对劳动关系的影响大小，所得结果如表 5.5 所示。可以看出，不论是采用高中以上、专科以上还是本科以上就业人员比例进行回归分析，结果都是与劳动争议的发生呈现负相关，且相关程度在本科程度

---

① 孙志军、孟大虎．教育、就业与收入不平等：基于中国的经验研究．北京：北京师范大学出版社，2013

最高（虽然本科以上就业人员比例变量的系数在统计意义上不显著），说明受教育程度的提高可以明显地减少劳动争议，改善劳动关系。

表 5.5　分教育层次 OLS 模型回归结果

zhengyi	系　数	标准差	误差	t	P > | t |	[95% Conf. Interval]
edugzh	-37.40309	11.55055	-3.24	0.001	-60.116	-14.6901
_ cons（zh）	3815.305	301.5527	12.65	0	3222.333	4408.277
eduzhk	-32.85261	19.28102	-1.7	0.089	-70.7667	5.06152
_ cons（zhk）	3251.211	227.0249	14.32	0	2804.79	3697.632
edubk	-47.88643	32.86604	-1.46	0.146	-112.514	16.74122
_ cons（bk）	3115.511	181.0744	17.21	0	2759.446	3471.575

（二）分时间—地区结果分析

我们分 2001—2007 年和 2008—2012 年两个时期分别对东部（eduzhkd）、中部（eduzhkzh）、西部（eduzhkx）地区的专科以上就业人员比例进行 OLS 回归①，所得结果如表 5.6 和表 5.7所示。联系表 5.6 和表 5.7 可以推出如下结论。

第一，总体来看，随着时间的推移和经济的发展，教育对劳动关系的正向促进作用不断增强。其理由是，将 2008—2012 年这一时期与 2001—2007 年时期相比，无论是东部中部还是西部，教育变量系数的绝对值都明显更大了。尤其是西部

① 我们同样也分别用高中、本科以上就业人员比例指标进行了回归分析，结果基本相似，为节省篇幅这里没有报告。

地区教育变量的系数，由前一时期的正值 91.61317（虽然在统计意义上不显著）变成了后一时期的负值（-133.9556）。

第二，不管是在哪一个时期，教育对劳动关系的影响力都是在中部地区最大。这一结果很有意思而又很难解释。我们推测一个可能的原因是，在中部地区，劳动者的受教育状况与地区经济发展水平、产业结构最为匹配，使得劳动者的地位处于合适的水平，从而确保了劳动关系处于一个较好的状态。当然，这一推测是否合理，还需要在以后的研究中进一步验证。

第三，从分时期三个地区教育变量的系数估计值的变化来看，虽然在三个地区教育对劳动关系的正向促进作用都在不断增强，处于上升通道，但是在西部地区，教育之于劳动关系影响的变化速度最快。这可能表明，伴随国家对西部地区教育发展的支持力度的增加而带来的这一地区初中后教育规模的快速扩展，显著提升了劳动者的受教育程度，通过议价和谈判能力的提高而改善了这一地区的劳动关系。

表 5.6　分地区 OLS 模型回归结果（2001—2007 年）

zhengyi	系数	标准差	误差	t	P > ｜t｜	[95% Conf. Interval]
eduzhkd	-41.95026	12.53508	-3.35	0.001	-66.90071	-16.99981
_ cons（zhd）	2439.475	897.281	2.72	0.008	653.4821	4225.468
eduzhkzh	-563.0174	101.7116	-5.54	0.000	-766.6153	-359.4195
_ cons（zhkzh）	-1475.416	2173.221	-0.68	0.500	-5825.591	2874.759
eduzhkx	91.61317	65.31776	1.40	0.166	-38.8354	222.0618
_ cons（zhkx）	2813.926	1610.091	1.75	0.085	-401.6469	6029.5

表 5.7　分地区 OLS 模型回归结果（2008—2012 年）

zhengyi	系数	标准差	误差	t	P > | t |	[95% Conf. Interval]
eduzhkd	-65.00538	20.85878	-3.12	0.003	-106.8073	-23.20344
_ cons (zhd)	16516.8	3022.165	5.47	0.000	10460.24	22573.35
eduzhkzh	-797.522	123.7085	-6.45	0.000	-1047.546	-547.4977
_ cons (zhkzh)	-49373.55	10729.26	-4.60	0.000	-71058.2	-27688.9
eduzhkx	-133.9556	76.14232	-1.76	0.079	-283.1918	15.28063
_ cons (zhkx)	14574.06	5333.896	2.73	0.006	4119.812	25028.3

五、本节小结

第一，在 2001—2012 年这一时期，东部、中部、西部各地区之间的劳动关系差异是显著的，但变化趋势一致，均在 2008 年陷入低谷，之后缓慢改善并趋于稳定。分地区来看，东部地区的劳动关系和谐度最低，西部地区次之，中部地区劳动关系和谐度最高。

第二，利用省级面板数据对影响劳动关系和谐度进行计量分析的结果表明，经济发展水平与劳动关系和谐度之间呈显著负向关系；非国有化程度越高，劳动关系越不和谐；工会会员人数的增加并没有促进劳动关系的和谐；与理论预期一致，劳动者受教育程度的提高，会显著提高劳动关系的和谐度。

第三，进一步的计量分析和稳健性检验表明，不论是采用高中以上、专科以上还是本科以上就业人员比例进行回归分析，结果都是教育与劳动关系的和谐度呈现正相关关系（虽然本科以上就业人员比例变量的系数在统计意义上不显著），说明受教育程度的提高可以明显地减少劳动争议，改善劳动关系。

第四，总体来看，随着时间的推移和经济的发展，教育对劳动关系的正向促进作用不断增强；不管是在哪一个时期，教育对劳动关系的影响力都是在中部地区最大；从分时期三个地区教育变量的系数估计值的变化来看，虽然在三个地区，教育对劳动关系的正向促进作用都在不断增强，都处于上升通道，但是在西部地区，教育影响劳动关系的变化速度最快。

第五，在微观层面，我们认为，之所以教育能正向促进劳动关系的改善，有两点原因：其一，教育通过提高劳动者的基本文化素质、劳动技能等，增加了劳动者的人力资本，增加了劳动者在劳资谈判中的筹码，从而在资强劳弱的大环境下尽可能地提升双方博弈时劳动者的胜算；其二，劳动者受教育程度的提高可以使他们在日常劳动工作中效率更高（教育的生产率提高功能），行为更加合法合规，在和企业谈判时，较高的教育水平也可以帮助劳动者深入分析用工合同的种种条款，通过事先预防来杜绝不公平合约的出现，从而避免劳动争议的产生。虽然从微观层面来讲，劳动者个体的受教育程度越高，对企业劳动关系的积极作用越大，但是这一微观机理可能并不必然表现在宏观层面上，否则，就不会出现在东部地区教育对劳动关系的正向促进作用不如中部地区更大的计量结果。结合本节的相关分析，我们在考虑教育对劳动关系的宏观作用机制方面有如下判断：一方面，伴随劳动者教育水平的提高、地区教育规模的扩展和经济发展水平的提高，教育对地区劳动关系的状况将会发挥更加积极的正向影响；另一方面，经济发展并不必然带来教育对劳动关系的正向作用影响的扩大。要使教育因素对劳动关系的正向作用不断增强，可能还需要其他互补性制度和因素的配合。

第三节 北京职工收入权保障经验及未来发展

在本节关于典型地区和谐劳动关系研究的内容中，我们选取了北京为代表进行经验推送。这是因为，为保障北京职工的体面劳动权益，推动劳动关系和谐发展，北京市政府做了大量卓有成效的工作。尤其是以《北京市“十二五”时期职工发展规划》这一全国首个地方性的职工发展规划的发布和实施为标志，北京在保障劳动者体面劳动权益和推进和谐劳动关系发展方面已走在了全国前列。考虑到体面劳动权益包括就业权、收入权、安全权、保障权、参与权和职业发展权等多项职工权益，如果在本节对这些权益的保障经验都进行全面分析，一是难以深入，二是可能也超出了我们的能力范围，于是，我们选择了对体面劳动权益以及劳动关系至关重要的收入权进行集中分析。我们将瞄准如何实现北京市职工收入权的充分保障这一核心目标，遵循如下的逻辑顺序展开研究工作：第一，对职工收入权的内涵进行界定，并从理论上探讨如何建立职工收入权的实现机制；第二，研究北京职工收入增长与经济增长和劳动生产率增长之间的联动关系；第三，深入研究“十二五”时期北京职工收入权的特点、趋势和问题，将主要基于权威数据展开统计分析，努力做到以事实为依据；第四，分析“十三五”时期北京职工收入权的影响因素，并提出“十三五”时期保障北京市职工收入权的总体思路和重点工作目标。

一、职工收入权的内涵与实现机制

收入分配是民生之源，是改善民生、实现发展成果由人民共享最重要最直接的方式。[①] 而职工收入权是构成职工体面劳动权益的六项权利之一。《北京市“十二五”时期职工发展规划》在关于体面劳动的表述中指出，“体面劳动权益，包括就业权、收入权、安全权、保障权、参与权和职业发展权”，收入权被认为是“体面劳动”的核心内涵之一。

（一）职工收入权的内涵

职工收入权，指职工按照自己付出的劳动而获得相应报酬的基本权利。[②] 我们认为，要想准确把握职工收入权的内涵，应注意以下三个要点：第一，职工收入权是职工的一项基本权利。这就意味着，一方面，应该有相应的法律法规对职工收入权进行切实保障；另一方面，一旦职工的这项基本权利被侵犯，职工应该可以低成本地寻求法律支持。第二，职工收入权是一种按劳分配权。即这一权利是由于职工在生产或服务过程中投入了自身的劳动要素获得的，而不是由于投入了资本等其他要素获得的权利。第三，职工应获得的劳动报酬的水平及范围不是固定不变的，它随经济发展水平的变化而呈现出动

---

① 中共中央宣传部．习近平总书记系列重要讲话读本．北京：学习出版社，人民出版社，2014

② 苏文详．《北京市“十二五”时期职工发展规划》词汇解读．工会博览，2012（3）

态性。

（二）职工收入权的实现机制

回顾我国40多年来的改革开放历程，可以发现，尽管在早期曾出现过“工资侵蚀利润”现象[①]，但伴随增量改革的推进和国有企业改革的不断深化，资本从被抑制的状态中释放出来。同时，自中国式财政分权体制形成后，在以GDP为主要指标的政绩考核机制影响下，一些地方政府为吸引内外资以促进本地经济增长而展开了“标尺竞争”，放松了对劳动的保护并将其作为引资“优惠政策”的重要手段[②]，劳动者应有权利受到忽视，劳动逐渐进入被抑制的状态。也就是说，改革开放以来我国的劳动关系总体上呈现出一个从资本抑制到劳动抑制演变的趋势。

北京市政协社会和法制委员会专题调研组的调研报告指出，“放任企业‘利润挤占工资’”，“片面强调市场机制的调节作用，忽视政府责任，使劳动力价格在劳动力市场中‘寻底竞争’”，“资本的强势地位和劳动者的弱势地位”等现象在北京也不同程度地存在着。[③] 这意味着仅凭市场的“无形之手”无法确保职工收入权的实现，政府“有形之手”的适当干预是落实北京职工收入权的必然要求。

为此我们认为，通过政府引导，遵循“五保”思路，尝试建立以下机制来落实职工收入权是十分必要的。

---

① 戴园晨、黎汉明．工资侵蚀利润——中国经济体制改革中的潜在危险．经济研究，1988（6）

② 杨其静．分权、增长与不公平．世界经济，2010（4）

③ 关注一线职工收入难题．北京观察，2010（8）

1. 保支付：完善工资支付保障机制

随着近年来《中华人民共和国劳动法》《中华人民共和国劳动合同法》《中华人民共和国劳动争议调解仲裁法》等“劳动三法一条例”的颁布实施，工资支付保障机制已经在全国各地普遍建立。但是，与全国经验一致，北京市在建筑、交通、铁路、水利等建设领域还存在着工资支付行为不规范、工资支付监控手段不完备等突出问题。有鉴于此，北京市应当重点关注建设领域的工资支付保障机制建设，通过执行和完善工资保证金专用账户、工资预储专用账户、工资专用账户三个专用账户制度以及实名制管理制度、月清月结制度等，最大限度地确保解决工资拖欠问题。

2. 保底线：规范和完善最低工资标准制度

最低工资标准是职工保生存的底线，尤其是在“强资弱劳”现象短期内无法改变的情况下，更应该不断规范和完善北京市最低工资标准制度。为此，应当做到以下几点：第一，政府确定合理的最低工资标准年均增长目标，建立最低工资与物价水平挂钩，与城乡居民收入水平相协调的联动机制；第二，论证是否应明确最低工资标准与在岗职工平均工资之间的比例关系；① 第三，坚决反对企业将最低工资作为支付标准的行为，杜绝正常劳动情况下支付劳动者工资低于最低工资标准的现象。

---

① 国际上，一般月最低工资标准相当于月平均工资的40%—60%。参见原劳动和社会保障部2004年3月1日颁布施行的《最低工资规定》之附件“最低工资标准测算方法”相关内容。

3. 保增长：建立正常的工资增长机制

正常的职工工资增长机制，是指在实现职工收入与经济增长、劳动生产率提高、资本收入增长的三同步基础上，逐步形成的反映人力资源市场供求关系和企业经济效益的工资增长机制。

我们之所以专门提出了职工收入增长要与资本收入增长同步的理念，是因为不管从发达国家还是我国的近期经验来看，资本收入不断增长导致资本收入占国民收入的比重不断提高，但劳动收入占比不断下降。一项研究成果发现，"在过去的40年中，美国工人的实际工资几乎没有一点改变，甚至像英国和德国这样就业达到新高的国家，在过去的十年中工资也几乎停滞"①，究其原因，是随着新技术革命的兴起，资本对劳动力的替代性提高，导致资本家占有了世界上更多的财富。在北京，可以预期，随着产业结构调整和技术升级，资本对劳动力尤其是低技能劳动力的替代也会越来越普遍，通过有效手段保持职工工资增长与资本收入增长的同步性就显得尤为必要。

4. 保公平：建立正常的工资分配机制

在这里，保公平包括两层含义：其一，应确保职工群体内部的公平。就北京而言，我们认为应重点处理四对矛盾关系：要将一线职工与中高层管理者之间的收入差距保持在合理区间内，努力提高一线职工收入水平；要加强对垄断行业的管理，缩小行业间收入差距；要努力缩小不同所有制企业职工间的收入；要逐步实现编制内外职工间的同工同酬。其二，应确保劳

① The Future of Jobs. The Economists. 2014 - 01 - 18

动收入权和资本收入权之间的公平。即应使劳动和资本两个生产要素同步共享企业发展成果。

5. 保协商：完善工资集体协商制度和工资共决机制

工资集体协商：是指用人单位与职工代表依法就企业内部工资分配制度、工资分配形式、工资支付办法、工资标准等事项进行集体协商，在协商一致的基础上签订工资协议的行为。在完善工资集体协商制度的过程中，企业工会和行业工会要成为主推手，旗帜鲜明地代表职工与企业进行集体协商。积极推行工资集体协商的过程，实际上也是推动企业建立健全职工工资协商共决机制、正常增长机制和支付保障机制的过程。

二、职工收入增长与经济增长、劳动生产率提高之间的联动关系

正常的职工工资增长，应该是职工工资增长与经济增长、劳动生产率提高之间的两同步增长。那么，从北京过往的经济发展经验来看，“两同步”实现了吗？下面，我们将利用权威的统计数据对此展开经验分析。

（一）职工工资增长与经济增长、劳动生产率提高之间的同步性

为了分析北京市职工工资增长与经济增长、劳动生产率提高之间的联动关系，我们选取了 1993—2013 年这一时间段作为分析对象。之所以选取这一时间段，是基于两点考虑：第一，为展现职工工资增长与经济增长、劳动生产率提高之间的同步性，分析的时间段应该尽可能长一些；第二，所选取的时间段应该包括不同的经济周期，即既有经济高涨期，也包括经

济衰退期。自1992年正式确立社会主义市场经济体制的改革目标以来，我国的经济发展无疑进入了一个新阶段，而从1993年至2013年这一时间段，我国经历了1993—1997年和2003—2008年这两个明显的经济高速发展期，同时，全球范围内先后爆发了1997年亚洲金融危机和2008年由美国次贷危机引发的国际金融危机，也对我国经济的持续健康发展造成了巨大冲击。

下表5.8列出了1993—2013年北京市职工工资增长，以及经济增长、劳动生产率提高方面的情况。粗略来看，好像工资增长与经济增长、工资增长与劳动生产率提高之间的关系并不紧密。例如，从工资增长与劳动生产率提高之间的关系来看，有些年份二者的同步性很好（如2010年），但是在绝大多数年份里二者的同步性却不高。但仅凭观察是不够的，要做出准确的判断还需要借助科学的分析方法。要考察两个变量变化的同步性，相关性分析无疑是一个基本方法。相关性分析结果总结如下。

表5.8 北京市职工工资增长与经济增长、劳动生产率提高及CPI增长之间的同步性

单位:%

年份	工资年增长率	GDP年增长率	劳动生产率年增长率	CPI年增长率
1993	32.6	12.3	25.6	19.0
1994	44.6	13.7	27.7	24.9
1995	24.9	12.0	27.9	17.3
1996	17.6	9.0	19.0	11.6
1997	15.0	10.1	16.9	5.3
1998	9.4	9.5	17.9	2.4
1999	12.9	10.9	16.1	0.6

续表

年份	工资年增长率	GDP 年增长率	劳动生产率年增长率	CPI 年增长率
2000	16. 3	11. 8	18. 3	3. 5
2001	17. 2	11. 7	16. 3	3. 1
2002	14. 1	11. 5	11. 0	-1. 8
2003	15. 8	11. 1	9. 8	0. 2
2004	17. 2	14. 1	7. 0	1. 0
2005	15. 2	12. 1	3. 9	1. 5
2006	17. 3	13. 0	12. 2	0. 9
2007	15. 9	14. 5	17. 1	2. 4
2008	21. 1	9. 1	9. 3	5. 1
2009	3. 2	10. 2	6. 3	-1. 5
2010	13. 0	10. 3	13. 2	2. 4
2011	15. 5	8. 1	11. 2	5. 6
2012	12. 5	7. 7	6. 2	3. 3
2013	10. 2	7. 7	5. 6	3. 3

注：表中数据均取自《2014 北京统计年鉴》或经简单计算而得

1. 工资增长与经济增长之间的同步性

经简单计算，可以发现 1993—2013 年北京市职工工资增长与经济增长之间相关系数只有 0. 457。如果按照通用的判断标准来看[①]，两个变量之间只具有低度相关性。这就表明，在过去的二十余年间，北京市职工的工资增长在很大程度上并未受到经济增长状况的影响。为了更直观地了解两个变量之间的协同变化关系，我们绘制了工资增长与经济增长之间关系的散

① 通常的判断标准是：如果相关系数大于等于 0. 8 时认为两变量间高度相关；大于等于 0. 5 小于 0. 8 时认为两变量中度相关；大于等于 0. 3 小于 0. 5 时认为两变量低度相关；小于 0. 3 说明相关程度很弱。

点图（参见图 5.15），从趋势线的陡峭程度可以看出，二者之间的同步性的确很弱。

上述推断是根据对 1993—2013 年这一时间段的总体观察而得到的，那么如果将这一时间段分成前后两期，结论是否还是如此？基于这种想法，我们分 1993—2003 年和 2004—2013 年两期，重新计算了两变量间的相关系数，结果很有意思：在前一个时期，两变量间的相关系数高达 0.767，接近高度相关；而在后一个时期，相关系数只有 0.297，只具有低度相关或称弱相关关系。

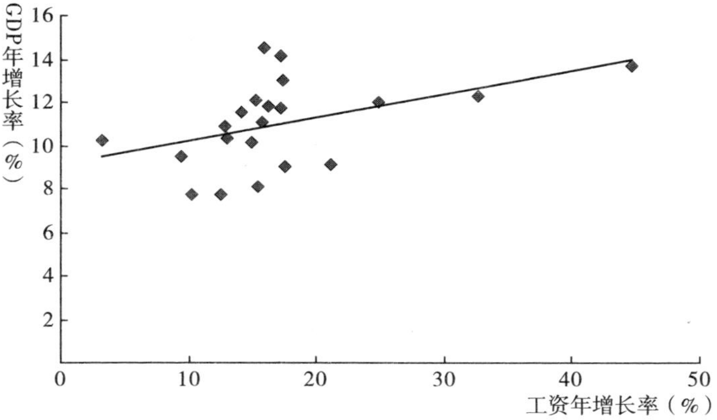

图 5.15　1993—2013 年北京市职工工资增长与经济增长之间关系的散点图

2. 工资增长与劳动生产率提高之间的同步性

按照同样的计算方法，可以发现工资增长与劳动生产率提高之间的相关系数是 0.684，表明两变量间属于中度相关关系。我们同样绘制了散点图，以便更直观地了解二者之间变化的同步性（见图 5.16）。接下来，我们也分前后两期计算了这两个变量间的相关系数，变化趋势也与上一组变量间展现的情况一致：在1993—2003年这一时期，相关系数提高至0.769，接近高度相关；而在2004—2013年这一时期，相关系数降至0.334，属于低度相关。

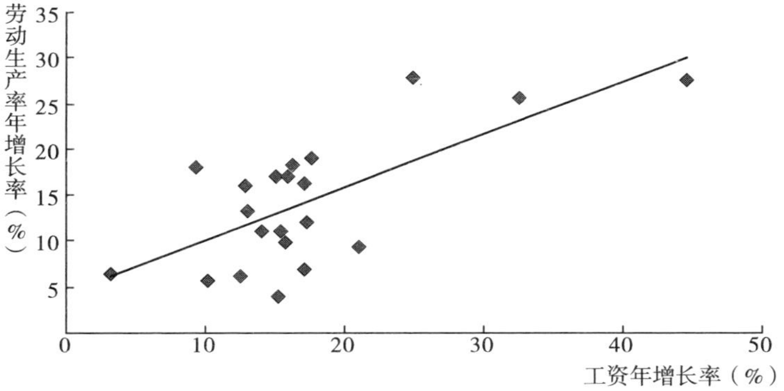

图5.16　1993—2013年北京市职工工资增长与劳动生产率提高之间关系的散点图

（二）北京市职工工资增长与CPI增长之间的同步性

虽然经济学理论及过往的国际经验都表明，工资增长应该与经济增长、生产率提高之间保持同步性，但是我们对北京过去二十余年间的经验数据进行统计分析的结果，却在很大程度上不支持命题的成立。尤其是近十年间，工资增长与经济增长、生产率提高之间的同步关系更弱。那么，我们是否遗漏了可能与工资增长相关的关键因素？自然地，我们想到了CPI。

在表5.8中呈现了1993—2013年间CPI的变化情况，直观地看似乎与工资增长的同步性更好，在早期更是如此。为了准确计量二者之间的相关关系，我们同样计算了工资增长与CPI变化之间的相关系数，发现二者的确高度相关（相关系数为0.880），相关程度明显要高于前两组变量。对散点图的观察结果（图5.17）也印证了上述结论——将图5.17的趋势线与图5.15、图5.16进行比较，明显可看出前者更为陡峭。进一步，分前后两期对这两个变量间的相关系数进行计算的结果，也与上两组变量表现的变化趋势一致：在1993—2003年这一时期，相关系数为0.911，相关性有进一步的提高；而在2004—2013年这一时期，相关系数大幅度降至0.555，大致位于低度相关和中度相关之间的水平上。

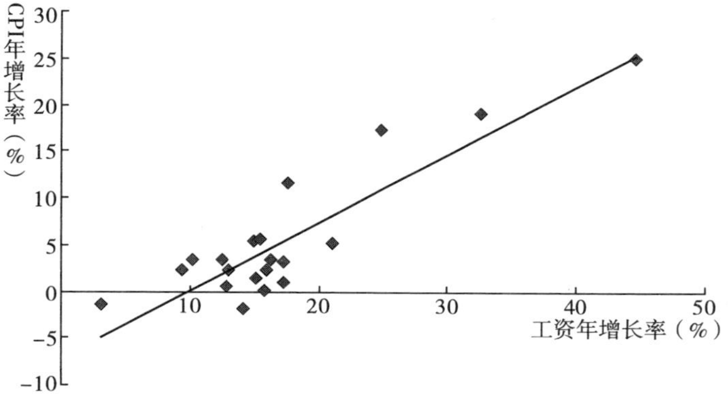

图5.17　1993—2013年北京市职工工资增长与CPI增长之间关系的散点图

总之，上述对工资增长与经济增长、劳动生产率提高、CPI变化之间同步性的研究结果表明：与预期不一致，过去21年间北京职工工资增长与经济增长、生产率提高之间的同步性并不高，反而是与CPI变化展现了很好的同步性。同时，还有一个很有意思的发现是，工资增长与其他三个变量间的关系发展具有动态性，并不是简单线性变化的：在经济发展的早期阶段，往往具有高度相关性；而在经济发展到一定程度后，相关性则很弱。这可能表明伴随经济发展进入新阶段后，制约工资增长的因素会更多更复杂，这就对决策者制定工资增长方案提出了更高的要求。

三、“十二五”时期北京职工收入权保障状况评价

（一）“十二五”时期北京职工收入稳步提高，且涨幅略高于全国平均水平

2011—2013 年作为“十二五”时期头三年，北京职工收入稳步提高：2013 年与 2010 年的“十一五”末期相比，城镇单位在岗职工工资共增长了 43.1%，三年年均增长率也达到了 12.7% 的水平。应该说，在北京经济已从高速增长步入中高速增长的新常态下，职工收入增长仍达到了年均 12.7% 的高水平，实属不易。而且，不管是从增长幅度还是年均增长率指标来看，北京职工的收入涨幅都略高于全国平均水平（参见表 5.9），更为重要的是，通过“十二五”时期的努力，北京一举扭转了“十一五”时期职工收入增长落后于全国平均水平的不利局面：2006—2010 年的“十一五”时期，北京市城镇单位在岗职工平均工资年均名义增长 14.10%，实际增长 11.40%，分别比全国平均水平低出 1.06 和 0.66 个百分点；而 2011—2013 年，北京市该指标年均名义增长 12.73%，实际增长 8.67%，分别比全国平均水平高出 0.57 和 0.33 个百分点。[①]

---

① 数据来源：根据《中国统计年鉴》相关数据计算而得

表 5.9　城镇单位在岗职工工资增长情况

单位：元/年

	2010	2011	2012	2013	增长幅度（%）	年均增长率（%）
北　京	65683	75835	85306	93997	43.1	12.7
全国平均水平	37147	42452	47593	52388	41.0	12.2

数据来源：根据《2014 中国统计年鉴》相关数据计算而得

（二）一线职工收入水平同步提高，且涨幅略高于北京职工平均水平

在北京市职工收入稳步提高的同时，一线职工的收入水平也同步提高。在“十一五”末期的 2010 年，北京市制造业一线职工的年平均工资是 74316 元，而到了 2013 年，迅速突破十万大关，达到 107455 元的水平，三年来增长了 44.6%，年均增长率为 13.5%（参见表 5.10）。而且，对比表 2 和表 3 的数据，可以看出，不管是从绝对水平、增长幅度还是年均增长率指标来看，一线职工工资增长情况均略高于北京城镇职工平均水平。

表 5.10　北京制造业一线职工工资增长情况

单位：元/年

	2010	2011	2012	2013	增长幅度（%）	年均增长率（%）
制造业一线职工平均工资	74316	75004	93354	107455	44.6	13.5

数据来源：根据《北京市劳动力市场工资指导价位与企业人工成本状况》资料整理

（三）最低工资标准的预期增长目标基本实现，最低工资制度不断完善

《北京市“十二五”时期职工发展规划》提出，要“推动我市最低工资标准‘十二五’期间年均增长 13% 以上的目标得到实现”。而从 2011—2015 年这五年间北京市最低工资标准的调整情况来看，这一目标已经基本实现：按月最低工资标准来看，年均增长了 12.55%；按小时最低工资标准来看，则年均增长了 12.45%。而且，与“十一五”时期相比（按月标准年均增长 12.08%，按小时标准年均增长 11.15%），“十二五”时期北京最低工资标准的调整幅度的确在加大（参见下表 5.11）。

表 5.11　“十一五”“十二五”时期北京市最低工资标准的调整情况

单位：元

	“十一五”时期						
	2005	2006	2007	2008	2009	2010	年均增长（%）
月标准	545	580	640	730	800	960	12.08
小时标准	3.26	3.47	3.82	4.36	4.6	5.5	11.15
	“十二五”时期						
	2011	2012	2013	2014	2015	年均增长（%）	
月标准	1160	1260	1400	1560	1720	12.55	
小时标准	6.7	7.2	8.05	8.97	9.89	12.45	

（四）北京市职工不同群体间收入差距过大的状况初步得到遏制，但“保公平”的目标仍远未实现

基于数据的可得性，我们重点从不同登记类型企业间收入差距、行业间收入差距，以及劳动收入份额和资本收入份额之间的变化关系这三个维度展开评价。

第一，从不同登记类型企业间收入差距来看，在“十一五”末期的2010年，收入水平最高的企业类型是股份有限公司，在岗职工平均工资为94930元，最低的是股份合作企业，在岗职工平均工资为23923元，二者收入差距高达近4倍。这一收入差距过大的局面在“十二五”时期有所改观：从增长速度来看，2011—2013年是“十二五”时期的头三年，股份有限公司在岗职工平均工资年均增长11.47%，而股份合作企业在岗职工平均工资年均增长16.73%，至2013年，二者间收入差距已降至3.46倍。

第二，我们通过分析金融行业与住宿餐饮业[①]之间收入差距的情况来展现“十二五”时期北京市行业收入差距的变化趋势。2010年，金融业在岗职工平均工资为200349元，是住宿餐饮业职工工资的6.11倍。之后的三年中，这一过大的行业收入差距基本呈逐年缩小的趋势，2011年金融业行业工资是住宿餐饮业的5.14倍，2012年降至4.81倍，2013年是4.97倍。这表明，政府致力于缩小行业收入差距、将差距控

---

① 实际上从近年来的情况来看，在非农行业中，居民服务、修理和其他服务业的行业工资水平为北京最低。我们之所以选取住宿餐饮业作为低工资行业的代表来分析，一方面是因为它的确是北京市工资水平最低的行业之一，另一方面是因为这一行业吸纳的就业人员更多，与人民生活的相关度更大。

制在合理区间的相关政策收到了效果。即便如此，我们认为今后政府仍需要加大政策干预力度，进一步将行业收入差距控制在合理水平，这是因为虽然行业的工资决定非常复杂——既有行业生产率的原因，也有行业竞争程度的原因[①]，但是最高工资行业与最低工资行业间将近五倍的差距仍显过高，对其进一步的调整仍有必要。

第三，再简单看一下“十二五”时期北京劳动收入份额和资本收入份额[②]之间的变化关系。在2011—2012年这“十二五”时期头两年里，劳动收入份额与资本收入份额的对比关系是59.57∶40.43，而“十一五”时期该指标的平均水平为57.27∶42.73，表明在劳资分配中劳动收入占比略有提高。上述结果，不但显示着政府“逐步提高居民收入在国民收入分配中的比重，提高劳动报酬在初次分配中的比重”的相关举措初见成效，而且也意味着在北京“强资弱劳”的劳动关系状况有所缓解。

另外，根据2013年北京市统计局在全市范围内，对16个行业门类的3.5万家法人单位不同岗位的工资情况进行的调查情况来看，单位负责人平均工资最高，是全部就业人员平均水平的2.8倍；生产运输设备操作人员及有关人员平均工资最

---

① 赖德胜．行业收入差距的正常与反常．法治周末，2013.5.22

② 我们按照白重恩和钱震杰的建议，将计算劳动收入份额的公式设定为：劳动者报酬/（GDP－生产税净额），资本收入份额的公式为：（折旧＋营业盈余）/（GDP－生产税净额）。白重恩和钱震杰认为，关于计算资本收入份额是否应考虑间接税，应视情况而论：如果只是关心劳资分配问题，只能对企业真正取得的收入进行讨论，间接税最后由政府收取，不能作为企业的收入。参见白重恩、钱震杰．我国资本收入份额影响因素及变化原因分析——基于省际面板数据的研究．清华大学学报（哲学社会科学版），2009（4）

低，是全部就业人员平均水平的63.7%。岗位平均工资最高与最低之比为4.40∶1。[①] 虽然我们只查询到了2013年这一年的岗位间工资差距数据，还无法判断这一指标的变化趋势，但是目前高达四倍的岗位工资差距，需要引起我们高度关注。

总之，从以上分析可以看出，“十二五”时期北京职工不同群体间收入差距过大的状况初步得到遏制，劳动收入占比有所提高，但即便如此，“保公平”的目标仍远未实现。

（五）集体合同、工资集体协商专项协议的覆盖范围迅速扩大，工资集体协商取得突破性进展

截至2013年底，全市集体合同覆盖企业7.9万家，覆盖职工291万人，建制率达到了87.9%，提前两年完成了“十二五”时期的目标；工资集体协商专项协议覆盖企业8.02万家，覆盖职工299万人，建制率已达89.2%，接近完成《北京市“十二五”时期职工发展规划》提出的90%的目标。与2011年相比，全市集体合同覆盖企业数增加3.28万家，建制率提升了26.7%，覆盖职工人数增加70.6万人；其中签订工资集体协商专项协议的企业数增加了4.4万家，建制率提升了41.8%，覆盖职工人数增加了76.9万人。[②]

通过以上数据可以看出，“十二五”期间北京市集体合同、工资集体协商专项协议的覆盖范围在迅速扩大，工资集体协商工作已取得突破性进展。

---

① 数据来源：北京市统计局国家统计局北京调查总队网站，www.bjstats.gov.cn

② 参见于振华．北京市总工会工资集体协商计划完美收官．http：//www.qianlong.com/，2013－12－28

四、"十三五"时期北京职工收入权的影响因素及保障路径

（一）对于"十三五"时期北京职工收入权的影响因素的基本判断

1. "十三五"时期北京经济将继续处于中高速增长的新常态发展阶段，北京职工收入权保障既面临新挑战也会有新机遇

"十三五"期间是中国经济全面适应新常态，实现经济发展方式实质性转变的关键时期；北京也不例外。伴随北京经济继续的中高速增长，北京职工收入增长势必放缓。因此，需要研究在这一新挑战下，如何通过政府干预最大限度地保证职工收入的稳定增长。同时，在新常态下，经济发展的动力也将"从要素驱动、投资驱动转向创新驱动"[①]。创新驱动的主体是人，是人力资本，而收入分配格局向职工倾斜，无疑是激励广大职工提高努力水平，进而实现创新驱动的关键所在。从这一点来看，新常态无疑又会给北京职工收入权保障带来新机遇。

2. "十三五"时期北京经济结构的加速调整和产业转型的快速升级，将会使北京职工收入权保障面临新问题

随着京津冀协同发展这一国家重大战略的加快实施，北京的功能定位必将加速调整，非首都功能将逐步疏解。伴随京津冀三地产业分工格局的优化和产业对接协作的推动，北京经济

① 习近平首次系统阐述"新常态". 新华网，2014 年 11 月 10 日

结构必将加速调整，产业转型升级速度也必将加快。而国内外经验都表明，伴随经济结构的调整和产业转型的升级，一方面，劳动力市场对高技能劳动力的需求会持续增长，这会有利于高技能劳动力收入的快速增长，另一方面，对低技能岗位的工作破坏也会加速，从而使得低技能劳动力的收入增长面临阻碍。这时，政府就需要适时出台相关的干预政策，以最大限度地确保低技能职工收入权的实现。

3. “十三五”时期北京区域劳动力市场劳动者受教育程度的普遍增加和劳动力供求的新变化，也会对北京职工收入权保障提出新要求

就北京而言，高等教育的大规模扩展以及高学历人口向北京的聚集，极大地提高了北京就业人口的受教育程度。截至2012年，在北京1100多万就业人口中，高达53.59%的就业人员接受过大专学历以上教育，这一数字远超过同期13.68%的全国平均水平，甚至比排名第二的上海多出近20个百分点。北京已成为名副其实的“人才高地”。另外，可以预期，新生代农民工会逐渐成为北京产业工人的主体，与父辈相比，他们的受教育程度更高，与城市同龄人有着同质的需求取向，在全国各地普遍出现“招工难”的环境下，他们的诉求已从基本权利转向了利益诉求，以争取有尊严的体面劳动为目标①。总之，劳动力供求的新变化和劳动者受教育程度的增加，导致劳动者的人力资本价值明显提升，要求对劳动提供更多的保护，这必将对北京职工收入权保障提出新要求。

---

① 路军等．我国劳动关系转型与集体劳动关系治理——中国人力资源开发研究会劳动关系分会2010年年会观点综述．中国人力资源开发，2011（1）

（二）“十三五”时期保障北京职工收入权的总体思路

1. 应秉持“五保”理念，充分保障北京职工收入权的实现

“五保”，即保支付——完善工资支付保障机制，保底线——规范和完善最低工资标准制度，保增长——建立正常的工资增长机制，保公平——建立正常的工资分配机制，保协商——完善工资集体协商制度和工资共决机制。我们认为，“五保”之间是一个相互支撑、相互依存、互为条件的有机统一体，缺一不可。秉持“五保”理念，既能保障职工在收入方面的基本权利，又可以充分保证职工享有企业发展和经济发展的成果。

2. 要立足新时代谋划北京职工收入权保障的新思路

总结前述相关内容，我们可以谨慎地推断出“十三五”时期北京职工收入权保障可能面临的新局面：一方面，是经济增长速度放缓、经济结构加速调整和产业转型快速升级，会对北京职工尤其是低技能职工的收入权保障增加难度，这是经济变化带来的不利影响；另一方面，是创新驱动将成为经济发展的主要动力、劳动者受教育程度的普遍增加和劳动力供求的新变化将带来北京职工议价能力、谈判能力的提高，会使北京职工尤其是高技能职工的收入权保障面临新机遇，这是经济变化带来的有利影响。面对上述北京职工收入权保障的新局面，决策者在谋划收入权保障政策时，就应确保生存权和发展权之间、职工内部不同群体之间的平衡，以实现北京职工收入权保障的整体推进。

3. 必须考虑权利增进的路径依赖特点，循序渐进地实现北京职工收入权的充分保障

路径依赖，即过去的选择决定了现在可能做出的选择。权利的增进也具有路径依赖特点：权利的增进不是一蹴而就的，而是以过去的条件为基础的，只能循序渐进地进行。对于北京职工收入权的保障而言，不能不顾实际盲目提高保障标准，应将北京职工收入权的保障保持在与北京现有的经济发展阶段和经济发展水平相符的标准。

4. 政府必须综合考虑经济增长、劳动生产率提高、CPI增长等多种因素，来指导微观主体的工资增长决策

本节之前的相关分析表明，对于北京而言，工资增长与经济增长、劳动生产率提高、CPI 变化这三个变量间的关系发展具有动态性，并不是简单线性变化的。在这种情况下，政府就更应综合考虑经济增长、劳动生产率提高、CPI 增长等多种因素，来指导微观主体的工资增长决策。

（三）“十三五”时期保障北京职工收入权的重点工作目标

第一，努力提高职工收入水平，逐步完善职工收入正常增长机制，最大限度地实现“保增长”目标。“十三五”时期，要继续大力倡导尊重劳动、尊重知识、尊重技能的社会氛围，逐步提高居民收入在国民收入分配中的比重，提高劳动报酬在初次分配中的比重，真正体现职工的劳动、技能和智力的价值，逐步形成反映人力资源市场供求关系和企业经济效益的职工收入正常增长机制。

第二，加大政策干预力度，将职工内部不同群体间的收入差距控制在合理区间，确保职工的公平收入权。“十三五”时期，在“保公平”方面，要努力提高一线职工的收入水平，将一线职工与中高层管理者的收入差距控制在合理区间；严格控制垄断行业的工资过快增长，进一步缩小行业间收入差距；进一步缩小不同登记类型企业间职工收入差距。

第三，推动建立政府主导，工会与企业代表组织充分沟通协商，政府最终决策的调整最低工资标准的工作机制，继续完善最低工资制度，实现“保底线”的目标。目前，北京市最低工资标准的调整，主要依据1994年颁布的《北京市最低工资规定》，由市人力资源和社会保障主管部门提出拟调整的标准，征求各方意见，报市政府批准后实施。在此过程中，工会及企业代表组织参与不足，未能形成三方共同深入研究的协商工作机制，以至于多年来北京市最低工资标准确定和调整的工作程序与国家相关规定不尽一致。[①] 因此，工会组织应从源头参与最低工资标准的制定，推动建立政府主导，工会与企业代表组织充分沟通协商，政府最终决策的调整最低工资标准的工作机制。

第四，全面推进工资集体协商机制建设，发展和谐稳定的劳动关系。“十三五”时期，北京要以继续贯彻落实《关于北京市推进集体合同制度攻坚计划的通知》为契机，积极推进工资集体协商。应不断扩大集体协商和集体合同覆盖范围，着力提升集体协商质量、增强集体合同实效，逐步形成规范有效的集体协商机制，畅通职工利益诉求表达渠道，促进企业发展、维护职工权益，更好地发挥集体协商和集体合同制度对调整劳动关系的基础性作用。

---

① 政协会上市总工会带来团体提案制定最低工资标准应三方介入．北京市总工会网站，2015年1月26日

第六章

工资支付保障制度

在努力推进和谐劳动关系的工作中，农民工无疑是一个需要重点关注的群体。近年来，为彻底解决农民工工资拖欠，尤其是建设领域农民工工资拖欠问题，规范农民工工资支付行为，维护农民工获得劳动报酬的合法权益，各级政府积极探索建立预防和解决拖欠农民工工资问题的长效机制，目前，农民工工资支付保障制度已在全国各地普遍建立。那么，这些已建立起的工资支付保障制度的实施效果如何，在多大程度上实现了预防和有效解决农民工工资拖欠问题？我们希望在本章集中进行回答。本章内容安排如下：第一节，工资支付保障制度的国际比较，细致梳理了代表性国家和地区关于工资支付保障制度的典型实践，突出介绍了这些国家和地区的相关政策的出台背景、政策手段、政策内容、管理和执行方式、操作流程、政策效果。第二节，农民工工资支付监控制度的宏观研究。我们认为，应在国家层面上建立一套农民工工资支付监控系统。通过该系统，使劳动保障部门拥有具体的工作抓手，将实名制、一卡通等各种监控形式融合起来，将各部门的工资支付信息有机统一起来，实现对农民工工资支付的动态监控，最大限度地发挥工资支付监控制度的预防作用，从而建立起解决农民工工资拖欠问题的长效机制。第三节，以工资保证金、农民工工资预储账户、欠薪应急周转金制度为核心的农民工工资支付保障制度的具体研究，并对其在解决农民工欠薪问题上产生的积极效果进行了评估。第四节，建立企业工资支付诚信体系对于农民工工资支付保障的必要性研究。应该对企业诚信状况建立分级和公开制度，并以此对企业的欠薪行为进行相应的惩戒，应采取社会共治与多部门联动的办法对企业信用进行规范管理，对不能诚信支付工资的企业不仅道德谴责，更要有实质性惩戒；在最后的第五节和第六节中，则分别对工资支付保障管理模式、工资支付保障制度实施效果评价指标体系及其组织实施办法进行了探讨。

第一节　工资支付保障制度的国际比较

《中华人民共和国劳动法》规定，“工资”是指用人单位根据国家有关规定或劳动合同的约定，以货币形式直接支付给本单位劳动者的劳动报酬，一般包括计时工资、计件工资、奖金、津贴和补贴。工资支付保障则是指通过法律手段，保障工人按时得到其应得的全部工资，保障工人享有使用其工资的充分自由权，以及不容许对工人的工资进行任何非法的扣除或扣留，从而保证工人得以依其工资收入维持本人与家庭的生计。工资是劳动者实现生存权所必需的切实保障条件，而生存权是高于一切的权利，劳动者工资保障制度本质是对劳动者生存权的保障。因此不论是国际组织还是各主权国家，都十分重视劳动者工资保障的相关立法。譬如，国际劳工组织通过的公约和建议书就有：1928 年，《确定最低工资办法的制定公约》（第 26 号）和《实施最低工资确定办法建议书》（第 30 号）；1949 年，《工资保障公约》（第 95 号）和同名的建议书（第 85 号）；1951 年，《农业中确定最低工资办法公约》（第 99 号）和同名的建议书（第 89 号）；1970 年，《特别参照发展中国家情况确定最低工资公约》（第 131 号）和同名的建议书（第 135 号）；1992 年，《在雇主无偿付能力情况下保护工人债权公约》（第 173 号）和同名的建议书（第 180 号）。

一般而言，工资保障制度包括最低工资保障、工资支付保障和制裁机制三方面的内容。

一、最低工资保障

新西兰是世界上最早实行最低工资制度的国家。19 世纪末，资本主义迅猛发展，残酷的资本原始积累使得劳资矛盾日益尖锐，工人罢工频繁发生。为缓解劳资关系，新西兰于 1894 年颁布了《劳资协调与仲裁法》，以法律形式明确规定了雇主必须给付雇员工资的最低标准，从而开始实施最低工资制度。之后，澳大利亚、英国、美国、日本等发达国家也都纷纷建立了各自的最低工资制度。20 世纪 60 年代后，发展中国家也开始步入实施最低工资制度的国家行列。

为便于分析，下文以美国为例，展开介绍最低工资保障制度的发展状况。

美国最先实行最低工资制度的州是马萨诸塞州。1912 年，马萨诸塞州就明确规定了覆盖妇女和儿童范围的最低工资制度，之后的 11 年中，又有 14 个州陆续确定了最低工资标准。20 世纪 30 年代后，美国经济进入了大萧条时期，时任总统罗斯福认为经济和社会福利的发展必须保持同步，并开始实行刺激工商业发展的新政。为提高雇员的劳动积极性和保护雇员的劳动权利，1937 年 5 月 24 日，罗斯福向国会提交了关于最低工资、最高工时的立法咨文，他认为最低工资法案是“为员工的利益而采取的最有远见的方案”，工资必须保证“为了健康、效率和普遍福利的生活必需的最低标准”。1938 年 6 月 14 日，美国国会通过了《公平劳动标准法》。该法案明确规定了每小时 25 美分的最低工资，每周的最高工时为 44 个小时，禁止使用 16 岁以下童工，在危险性工种禁止使用 18 岁以下工人。这一法案的通过标志最低工资制度进入了美国联邦的立法领域。1938 年至 2011 年，74 年间美国联邦最低工资标准先后经历了 1949 年、1955 年、1961 年、1966 年、1974 年、1989 年、1996 年、2007 年共 8 次修订，平均每 8 年调整一次。最低工资标准的变化状况与社会经济状况和政治局势密切相关。美国最低工资确立标准（原则）在 20 世纪 30 年代以前是以物价指数为依据，即依据当地生活水平来确立，为保障贫困人口的日常生活，遵循公平工资原则，20 世纪 30 年代以后美国则主要以消费者购买力指数为参考。

在决定最低工资标准的程序和主体方面，美国确定最低工资标准由各州政府和联邦政府执行。1938 年联邦公平劳动法规定最低工资制定的程序，除了由法律本身规定最低工资率外，还可以由各业根据其特殊环境自行规定其最低工资率。另外，行政机关可以成立工业委员会，研究该业生产及工资情况后，建议行政机关采取较高的最低工资率，但以不影响该业生产力及不减少就业人数为原则。在行政专员批准后，该工资率即成为该业的最低工资率。各州在最低工资立法初期，大多由雇主、雇员及政府各派代表组成的独立的委员会负责。后来，独立的委员会被合并于各州的劳动部、工业委员会或劳动委员会，只有哥伦比亚特区例外。各州制定最低工资标准的一般程序是：（1）调查该项职业；（2）成立工资局；（3）由于工资局制定最低工资率；（4）征询公共意见，加以修改；（5）颁布工资命令。总的来看，美国联邦的最低工资标准并不限制各州在本州范围内进行调整。因此，除有联邦的最低工资标准外，许多州和市也制定了各自的最低工资标准，一般实行“就高不就低”原则，即如果该州的最低工资标准高于联邦标准，则按照该州标准执行；反之，则按照联邦标准执行。

在最低工资标准的法律保障方面，美国《公平劳动标准法》规定了雇员所享有的保障最低工资的权利，明确如下：

第一，在一个工作周内，雇员工作时间如果超过 40 小时，超过的时间应以正常工资的 1.5 倍支付。

第二，雇员必须年满 16 岁才能从事大部分非农业性质的工作，必须年满 18 岁才能从事具有危险性的工种。

第三，14 岁和 15 岁的青少年，如符合下列条件，才能在课余时间从事非制造业，非矿业，非危险性的工作：学期期间每日不超过 3 小时或每周不超过 18 小时，假期每日不超过 8 小时或每周不超过 40 小时。

第四，每日工作时间不得早于上午 7 点或晚于晚上 7 点；但六月一日至劳工节期间可以例外，在此期间晚间工作时间将可延至晚上 9 点。

第五，如果雇主以小费抵薪作为支付雇员最低工资的一部分，雇主对“小费员工”所发放的工资，必须包含每小时不低于 2.13 美元的底薪，仍未能达到最低工资，则雇主必须弥补此差额。

在对雇员上述劳动权利明确规定的前提下，美国劳工部进一步实施了多种措施保障雇员的这些合法权益：

第一，劳工部可循行政方式或法庭诉讼程序，追索违法少付雇员的工资。如果劳工部工资工时处的调查人员发现有雇主违反最低工资标准规定的行为，将要求雇主改正并且向员工支付少给的工资。此类违法事件严重者，可构成民事或刑事案件。

第二，雇主如蓄意或重复违反最低工资或超时工资条例，每项违例行为可被处以最高至 1100 元的罚款。如雇主违反青少年雇佣条例，每项违例行为可被处以最高至 11100 元的罚款。

第三，雇主如违反青少年雇佣条例而造成青少年死亡或严重伤害，可被处以最高至 5 万元的罚款。如被确定为蓄意或重复违反，此罚款可加倍至最高至 10 万元。

第四，美国联邦和各州的劳动法还规定了工资支付的方式和期限，以保证雇员及时拿到工资。联邦法律规定，雇主不得以临时凭证、代价券、存款卡、内部支票等作为支付工资的手段。美国某些州立法律对雇员提供更高的保障，雇主必须遵循所有相关规定。如一些州规定，企业必须在固定的日期支付工资，而支付工资的间隔通常为两个星期。

第五，法律规定雇主应将最低工资标准的公告张贴于雇员所在的工作场所内等明显易见之处。劳工部的网站上还提供了俄文、中文、韩文、西班牙文、越南文等文种的雇员所享有的权利宣传册，以供少数族裔雇员了解和掌握。

第六，禁止雇主因雇员投诉或依法律规定提出诉讼而加以歧视或予以解雇。

需要进一步补充的是，美国法律还规定了一些具体的免除最低工资标准义务的法定情形，最低工资法只适用于一些行业和工种。比如 1938 年确立时，最低工资标准只适用于从事州际贸易的货物生产和贸易服务的员工。1961 年修订时，覆盖范围扩大到大型零售和服务企业以及当地的交通、建设、汽油服务站的员工。而1966年修订后的覆盖范围则进一步扩展到政府雇员，医院、疗养院、学校雇员，以及洗衣店，干洗店，大酒店，汽车旅馆，餐馆和农场的雇员，还有整个建筑行业。此外，法律明确免除了某些行业和公司遵守最低工资法的义务。比如年营业额低于50万美元的公司可以免受最低工资法约束，这样的公司很多。某些职务及机构依法享有豁免最低工资或超时工资的规定。

二、工资支付保障

如前文所述，工资支付保障是指通过法律手段，保障工人按时得到其应得的全部工资，保障工人享有使用其工资的充分自由权，以及不容许对工人的工资进行任何非法的扣除或扣留，从而保证工人得以依赖其工资收入维持本人与家庭的生计。工资支付保障应包括的基本内容有：

第一，货币支付规则，即工资应当以法定货币支付，不得以实物和有价证券替代货币支付。比如印度政府部门1979年通过立法来规范农民工的就业和服务条件，其中规定邦之间流动的农民工工资，在任何情况下都不能低于1948年《最低工资法案》规定的标准，工资应以现金方式支付。

第二，直接支付规则，即应当工资支付给职工本人。比如韩国劳动条例规定，雇主向劳动者直接支付，这一直接支付原则没有例外情况，但通过代理人的支付或向劳动者指定的银行账号打入的，视为不违反直接支付原则。同时，为使劳动者清楚了解工资支付情况，雇主在支付工资时应向劳动者提供一份个人工资清单。雇主须书面记录支付劳动者的工资数额、时间、领取者的姓名以及签字，并保持一定年份备查。比利时法律规定，工资清单中必须说明税前工资额、计税工资额、实得工资额、所有附加收入（如加班工资或津贴等）、社会保险缴费扣除额，以及工资其他扣除额的具体说明等，雇主还应妥善保存雇员的劳动合同、工资、离职等记录5年至10年，以备查阅。

第三，定期支付规则，即工资必须在固定的日期支付。譬如，在挪威，当劳资协议规定按小时、日、周计算工资时，雇主应至少每周支付一次工资，而按月、年计算工资时，雇主每月支付两次。在法国，《法国劳动法典》规定工资收入者的劳动报酬至少每月支付两次，其中间隔期不得超过16天。在中国香港地区，《雇佣条例》规定："工资在工资期最后一天完结时即到期支付，雇主必须尽快支付所有工资给雇员，在任何情况下不得迟于工资期届满后7天。雇主如果未能依时支付工资，须就欠薪支付利息给雇员。"

第四，全额支付规则，即应当将职工应得的工资全部支付。禁止非法扣除工资。即使在法定允许扣除工资的情况下，每次扣除工资额也不得超出法定限度。比如国际劳工组织1949年第95号《工资保障公约》第八条明确规定："只有在国家法律或条例规定或集体协议或仲裁裁定予以确定的条件下和范围内，才能对工资作出扣除，且应该将这种扣除的条件或范围通知工人。"第九条还规定："任何以确保换取或保留工作为目的，要求工人向其雇主或雇主代表或任何中间人（如签订合同或招聘劳动力的中间人）直接或间接交纳一笔钱的工资扣除形式应予禁止。"第十条重申："只有在国家法律或条例规定的方式下和范围内，始得对工资进行扣押或转让；在维持工人及其家属生活所需的范围内，工资应受保护，不得扣押或转让。"

第五，优先支付规则，即企业破产或依法清算时，职工应得工资必须作为优先受偿的债权。如在韩国，《债务人再生法》规定：将破产费用与共益债务作为优先清偿对象，放在清偿顺序前；对于破产人所欠本企业职工的薪金、退休金、社会保险都放在仅次于破产费用与共益债务后的优先地位。因此，企业破产时，对企业的总财产偿还顺序是：一是劳动者最后三个月的工资与最后三年的退休金及灾害补偿金；二是优先于质权抵押的租税、公共机关增收的费用；三是依质权、抵押权担保的被担保债权；四是除最后 3 个月工资外其他依劳动关系的债权；五是一般债权。

三、制裁机制

所谓制裁机制，就是当发生了劳动者的工资遭到克扣和拖欠的行为时，用人单位或雇主能受到法律的有效制裁。劳动创造社会财富，以法的形式保护社会财富创造者的权益，是人类文明的重要成果。世界上大多数国家都在其法律制度中，对企业欠薪保障进行了立法并对侵犯劳动权现象的后果作了专门法律责任的规定。

（一）企业欠薪保障的立法形式

具体来看，在 20 世纪 60 年代以前，西方多数国家主要是通过规定工资优先债权（工资先取特权）的形式保护工人索赔企业欠付工资。

在西班牙，《西班牙劳动者宪章》第三十二条规定：工资的支付享有比用人单位其他支付的优先权；应支付的工资具有比其他任何应支付的欠款均优先的权利，哪怕这些支付是以财产做抵押的；无论是在业主开始履行破产手续或是正在办理企业财产支付一项或多项欠款手续时，都应执行工资支付优先权。

在法国，1935 年 8 月 8 日，法国政府通过法令创设了工资的超级优先权，随后的《劳动法典》及相关法律又对工资超级优先权进行了修订。工资超级优先权的确立，使得工资在司法清算和整顿中可以获得更强有力的担保和强大的执行效力。为了确保在企业破产时工资优先权的切实兑现，1973 年 12 月 27 日，法国政府又推行了强制工资保险制度，即强制企业或雇主就工资支付风险进行保险。也就是说，雇主必须就其因为破产而无法清偿工资所承担的风险向保险公司投保，以保险的方式为其雇工的工资支付提供可靠的担保。《劳动法典》规定，“凡具有商人、手工业者、农耕者身份或私法法人地位、雇佣一名或数名受薪劳动者的企业，均应为劳动者投保险，以保证在其开始裁判重整程序的情况下，这些劳动者执行劳动合同应得的款项免受支付的危险”，“如发生破产或清偿事项，欠付雇工和学徒期的任何种类的报酬都应在其受雇期或学徒期的最后 60 天内付给。执行工资支付的优先权的期限为从应领取工资之日起一年之内，过期权利无效”。其中，保险制度由负责劳动事务的部长认可的协会——法国工资担保协会专门负责，该协会直接对工资事务进行处理和实施，其主要的任务就是将这种风险社会化，以确保劳动者最终可以足额获得工资。比利时、意大利、日本、荷兰、葡萄牙、西班牙、阿尔及利亚、巴西、委内瑞拉以及中国澳门地区也基本采用了法国的立法模式。

然而，由于优先权的行使受到诸多条件的制约，在实践中还是遇到了很多执行障碍，因此各国开始考虑能否建立一个第三方机构来保障劳动者的权利。对企业欠薪保障进行立法最早出现在1966年的巴西，巴西建立了一个服务工龄保障基金，该基金仅保障雇佣合同结束时应支付的工龄补贴，随后很多国家和地区也开始效仿。目前国外对企业欠薪保障的法律支持一般有三种形式：

第一种是国家对企业欠薪保障专门进行立法。譬如，1972年丹麦制定了《工资保障基金法案》；1992年瑞典制定了《工资保障法案》；澳大利亚于1998年制定《雇员保护（工资保障）法案》；而韩国在亚洲金融危机后也于1998年颁布了《工资偿付保障法案》。美国1964年《美国法典》规定："任何贪污、盗窃或非法地故意抽取或转移他人的金钱、基金、债券、保险费、贷款、财产或雇员福利计划和雇员养老金计划中的资产归自己或他人使用的行为，可处以1万美元以下的罚金，或处不超过5年的监禁，或两者并处。"加拿大1985年《加拿大劳动法》规定："对业主拖欠工资符合特定情形的，可以处以一年以下的监禁。"

第二种是国家将企业欠薪保障列入劳工关系法的专门条款中。比如西班牙根据1976年《劳工关系法》建立了工资保障基金，并在《雇员宪章》中又规定雇员由于经济、技术、组织或生产等原因而面临集体裁员时，雇员代表有集体协商的权利。在对拖欠工资进行补偿的方面，《西班牙劳动宪章》规定："按应付工资10%的利息加付被拖欠的工资。"

第三种是国家在就业保障立法的专门条款或破产法中规定企业欠薪保障。如英国1996年在《就业权利法案》中就对雇员追诉企业欠薪等就业权利作出了原则性的规定。荷兰也于1968年开始实施破产企业欠薪保障，规定当企业财产清算不足以偿付雇员欠薪时，余额由社会保险基金支付。而加拿大、美国、新西兰等国则由破产法调整破产企业欠薪的保护问题。

（二）欠薪保障基金的运作与管理

一些西方国家对欠薪保障制度设立了专门的企业欠薪保障基金来支持，下文介绍这些国家欠薪保障基金的来源、管理及其偿付的具体做法。

1. 欠薪保障基金的来源

欠薪保障基金的来源一般是，将企业工资保障基金作为强制性的社会保障，覆盖到所有的企业，一般由雇主按月缴费，个别国家雇员也缴费。

表 6.1　部分国家欠薪保障基金的来源

国　别	实施年份	基金名称	缴费率
意大利	1982 年	终止工资保障基金	雇主缴费，费率 1982 年为雇员工资总额的 0.03%，1988 年上升为 0.15%，1992 年起为 0.2%
西班牙	1976 年	工资保障基金	雇主缴费，费率为雇员工资总额的 0.4%，覆盖所有的公营和私营企业，但账户分开管理
英国	1975 年	国民保险基金	雇主和雇员均需缴费，费率不详
比利时	1967 年	破产基金	雇主缴费；雇员少于 20 人，费率为雇员工资总额的 0.31%，雇员大于 20 人，费率为雇员工资总额的 0.43%
丹麦	1972 年	雇员工资保障基金	雇主缴费，费率与其他支付的增值税相关联

续表

国　别	实施年份	基金名称	缴费率
希腊	1985 年	独立保险基金	雇主缴费，费率为雇员工资总额的 0.15%，国家每年另有补贴
法国	1973 年	工资支付保障金	雇主缴费，费率为雇员工资总额的 0.35%
芬兰	1973 年	工资保障基金	雇主缴费，费率为雇员工资总额的 0.05%

从表 6.1 可以看出，西方国家的欠薪保障制度建立得比较早，大部分在 20 世纪七八十年代就已经建立；欠薪保障基金除了英国雇主和雇员均需缴费以外，一般只需要雇主缴费，费率是雇员工资总额的 0.05%—0.45%，其中，西班牙和比利时的缴费水平最高。

此外，也有部分西方国家的企业欠薪保障基金来源于国家财政收入。譬如，瑞典、挪威等分别于 1970 年、1973 年建立了工资保障基金，来源均为国家税收。澳大利亚于 2000 年、2001 年分别设立了 EESS 计划和 GEERS 计划，前者有 50% 的经费来自政府税收，后者则完全来自联邦政府预算。日本则采用了政府垫付模式建立欠薪保障基金制度，即当企业出现资不抵债的法定情形，由政府代替企业向劳动者支付未支付的工资，代替支付后，政府有权就其支付的数额向企业追偿。如日本《工资支付安全法》（1976）规定，当企业遇到破产、清算、重组、强制停业等而无力支付工资时，由政府代替企业支付尚未支付的工资，政府就代替支付的数额向企业主张请求权，具体由劳工保险机构依《工伤保险条例》实施。

另外，一些东欧转型国家也先后建立了企业工资保障基金。比如2000年立陶宛建立工资保障基金，由雇主缴费，费率为雇员工资总额的0.2%，斯洛伐克的雇员工资保障基金也由雇主缴费，费率为雇员工资总额的0.25%，同时国家财政向基金补贴与雇主缴费相同的数额；拉脱维亚于2003年建立企业风险基金，雇主按雇员人数每人每月缴纳1.2欧元，基金的75%用于支付雇主欠薪及社会保险费。

2. 欠薪保障基金的管理

已经建立工资保障基金的国家都设立了专门机构来管理基金，有的是社会保障机构直接托管，也有的是建立专门的工资保障基金机构进行运作。大部分基金实行现收现付制，也有的实行权责发生制（见表6.2）。

表6.2　部分国家欠薪保障基金管理情况

国　别	基金名称	基金管理机构
意大利	终止工资保障基金	由国家社会保障局管理运作
西班牙	工资保障基金	由专门机构管理运作，全国有52个分支机构，按照政府雇主组织和雇员组织代表对等的三方协商机制管理
英国	国民保险基金	由国内税务局征收与管理
比利时	破产基金	由国家就业和职业介绍局负责管理
丹麦	雇员工资保障基金	由雇员工资保障基金机构管理
希腊	独立保险基金	由劳动力就业机构董事会管理，其中，雇主和雇员代表各占一半

需要进一步说明的是，在这些国家中，工资保障基金管理最为完善的是西班牙。西班牙已建立了工资保障基金三方管理委员会，委员会由三名雇员组织代表、三名雇主组织代表和三名政府代表组成，并且建立了中央总部秘书处和52个外围管

理单位，主要负责基金的征缴、运作和执行债务的清偿。

3. 欠薪保障基金的偿付

一些西方国家的欠薪偿付范围除偿付所欠基本工资和社会保险费外，还包括假期工资和终止就业合同补偿金（见表6.3）。此外，部分国家也对欠薪偿付的雇员资格作了严格规定。其中，英国、荷兰、加拿大的法律规定，企业的高级管理人员、企业中雇主的亲属以及掌握企业20%以上股权的人员，均无资格享受欠薪偿付。不难看出，这些国家偿付企业欠薪一般以最低工资为计算系数，偿付欠薪期限一般为三至六个月，偿付欠薪都有上限，以芬兰15000欧元为最高；而比利时偿付范围最广，除偿付所欠基本工资和社会保险费外，还包括佣金、边缘性福利、假期工资和解雇补偿金。

表6.3　部分国家雇主欠薪偿付范围比较

国　别	雇主欠薪偿付范围及其标准
意大利	偿付欠薪期限最长为3个月，上限约为1900欧元，其他还偿付年假工资和解雇补偿金等
西班牙	雇主欠薪的偿付标准最高为最低工资的2倍，最长为4个月。此外，还包括封顶的假期工资和解雇补偿金
英国	偿付欠薪期限最长为8周，每周最高为210英镑，其他还偿付最长8周的假期工资，最长54周的解雇补偿金
比利时	偿付范围包括欠薪、佣金、边缘性福利、假期工资和解雇补偿金等，具体数字不详
丹麦	偿付欠薪期限最长为6个月，标准不详。此外，还包括假期工资和解雇补偿金等
希腊	偿付欠薪期限最长为3个月，具体数据不详
芬兰	偿付欠薪期限最长为3个月，以15000欧元为上限

四、中国港台地区制裁机制特点

（一）企业欠薪保障制度的法律支持

为保障雇员的权益，确保雇员在雇主无力清偿债务时的工资报酬权，中国香港地区于1985年4月19日实施了《破产欠薪保障条例》。中国香港地区的破产欠薪保障制度主要针对企业濒临破产的情况，当雇主无力偿还债务时，雇员可要求法律援助署协助，向法庭提起诉讼，要求对雇主发出清盘或破产令，追讨被拖欠的薪金、代通知金和遣散费等款项。在中国台湾地区，1985年的“劳动基准法”第二十八条规定：雇主因歇业、清算或宣告破产，在劳动契约所积欠的工资未满六个月部分，有最优先受清偿权。而这一条文是基于1949年国际劳工组织《工资保障公约》而形成的，该公约第十一条具体规定，工资清偿权为特别优先清偿范围，应在普通债权人平均分配资产的声明确立前，全部予以清偿。

（二）欠薪保障基金的运作与管理

1. 欠薪保障基金的来源

在中国香港地区，《破产欠薪保障条例》规定，该基金的款项构成有：中国香港地区税务局局长根据《商业登记条例》拨付的款项，保障委员会代为追回的已垫付款项和追回误付的款项，从构成该基金的款项及投资而得到的利息及其他收入，合法拨付该基金的其他款项。从实际运作的资金来源看，该基金的资金主要来自按每张商业登记证（每个登记雇主）每年收取一次的征费。该笔征费由中国香港地区税务局在有关机构缴商业登记费时一并收取。

在中国台湾地区，工资垫偿基金由雇主依劳工保险投保薪资总额的2.5‰按月提缴。由于积欠工资基金与劳工保险费一并缴纳，因此积欠工资垫偿基金覆盖的范围原则上是参加了劳工保险的事业单位雇员；没有参加劳工保险的事业单位雇员，除非法律有特别规定的，不受积欠工资基金保障。考虑到经济原则，雇佣五人以下劳工的企业可以不强制参加劳工保险，可见“工资垫偿基金提缴及垫偿管理办法”允许此类雇主若歇业、清算或宣告破产而有积欠工资之情形时，采取变通办法，雇主或劳工代雇主缴纳属于该雇主应缴纳的极少数垫偿基金，即可获得基金的垫偿。

2. 欠薪保障基金的管理

根据《破产欠薪保障条例》（下称《条例》）规定，中国香港地区设立“破产欠薪保障基金委员会”，该委员会主要有以下职责：协助因雇主无力偿债而遭拖欠工资、代通知金或遣散费的雇员向破产欠薪保障基金（下称基金）申请特惠款项；为破产欠薪保障基金委员会提供行政支援；处理及审核基金接获的申请。该《条例》还规定了细致严格的基金收支预算和财务管理制度，如中国香港地区保障委员会可在获得行政长官事先批准下，不时指定某一期间为该基金的财政年度。从中国香港地区保障委员会的周年报告看，通常的财政年度为每年的4月1日至次年的3月31日；政府就管理该基金所发生的一切费用及开支，均须从政府一般收入中拨款支付；等等。

在中国台湾地区，工资垫偿基金由当地主管机关即“行政院劳工委员会”设“积欠工资垫偿基金管理委员会”管理，工资垫偿基金的收缴、垫偿及运用等业务，委任“劳工保险局”办理，必要时，可以委托金融机构办理。委托金融机构办理的事宜，则由“劳工保险局”拟定，提请工资垫偿基金管理委员会。“劳工保险局”每月计算雇主应提缴的工资垫偿基金的数额并出具提缴单，于次月底前寄送雇主，在缴纳同月份劳工保险费时，一并缴纳。如果雇主在次月底前没有收到提缴单，雇主在次月份提缴时，一并冲转结算。

3. 对违反行为的处罚

在中国香港地区，《雇佣条例》第二十三条规定：“在任何情况下，工资不得迟于工资期届满后七天支付。”第二十四条规定：“雇佣合约完成时的工资支付亦不得迟于合约完成后七天支付。”第二十五条规定：“雇佣合约终止时的工资不得迟于合约终止后七天支付。”在对发生在转包过程中次承建商欠付工资的规定中，《雇佣条例》对支付次承建商及指定次承建商雇员工资的法律责任作了详细规定。从 1977 年 11 月 1 日开始，在建筑及营造业中，尽管主承建商和次承建商所雇工人之间没有直接的雇佣关系，但主承建商也要承担向次承建商的雇员支付工资的责任。具体规定为：“一旦工资过期未付，雇员应在 60 天内书面通知主承建商，主承建商在 14 天内通知次承建商，并于 30 天内支付工资。”主承建商支付次承建商雇员工资后，此项工资即成为雇佣该雇员的雇主欠主要承建商的债务。根据条例规定，转判工程指定次承建商以及转判工程次承建商所应承担的责任与主承建商相同。对于身为雇主的承建商而言，如其拖欠雇员工资，则有义务将主要承建商的姓名与地址提供给雇员，并将雇员书面要求的副本分送主要承建商等，雇主如无适当理由又不遵从此规定，即属违法，一经定罪，可处罚款 10000 港元。对“潜逃雇主”，《雇佣条例》第 67 条规定："如果雇员有理由相信其雇主将离开香港，以逃避支付工资和其他款项，则雇员可向地方法院法官申请逮捕欲潜逃的雇主。若地方法院法官认为理由充分，则可发出拘捕令，并要求雇主对所拖欠的工资提出保证或下令将其拘留，但为期不能超过 3 个月。雇员在申请到法院同意逮捕的手令后的 14 天内，循民事诉讼向雇主追索债款。"

在中国台湾地区，"积欠工资垫偿基金提缴及垫偿管理办法"第十四条规定，"劳保局"按照规定垫偿劳工工资后，得以自己名义，代位行使最优先清偿权，依法向雇主或清算人或破产管理人请求在限期内偿还垫偿款；逾期偿还者，自逾期之日起，依基金所存银行当期一年定期存款利率计收利息。雇主欠缴基金者，除追缴并处新台币 2000 元以上两万元以下罚款外，并自基金垫付日起计收利息。

五、借鉴与启示

尽管我国在工资支付保障制度和欠薪支付保障立法方面进行了很大努力，如依据《劳动法》，1995 年制定实施了《工资支付暂行规定》、2004 年发布了《建筑领域农民工工资支付管理暂行办法》、2007 年施行了《中华人民共和国企业破产法》等，然而由于历史的原因，目前仍处于起步阶段。因为在计划经济下，国有企业中几乎很少有拖欠工资的情况出现，当时并未对欠薪支付保障方面的问题有迫切的要求。当前，无论是在公有制企业或是非公有制企业中，都存在欠薪现象。上述工资支付保障制度的国际和地区经验，对建立健全我国的工资支付保障制度具有以下几点启示。

第一，《劳动法》应明确"公平工资原则"是确定最低工资标准的基本原则，每个社会成员都有权享受社会发展的成果，克服劳动者相互之间工资不合理、不公平现象。此外，要规定确定和修改最低工资标准的工作程序和表决程序，需体现公正、公开、透明的原则。

第二，劳动法应完善工资支付保障制度，要改变以往在法律中只做原则性的规定，具体条文细化由行政法规和部门规章来承担的立法模式。具体应在《劳动法》第五章的基础上增加条款完善工资保障制度，争取在法律层面做到严谨、明确和能够操作化，填补再用法规、规章或地方性法规细化的空间，使劳动法真正具有法律的统一性和权威性。

第三，要建立企业欠薪保障制度或实行工资备付金制度，以解决企业发生拖欠时垫付劳动者工资的资金来源。我国现行《劳动法》对工资的保障条款基本上是采用消极的救济，没有积极的预防手段。当发生克扣或拖欠工资的行为后，劳动者的救济途径只有两条：一是向劳动监察机构投诉或由劳动监察机构主动行使监察职能发现问题而获得救济；二是通过仲裁和诉讼程序。不论哪种途径，成本都非常高，而且往往经过相当长的时间才能得到救济，有些虽然法院判决了，但能否真正执行还是一个未知数。因此，修改《劳动法》时要增加建立企业欠薪保障制度或实行工资备付金制度等相关规定，以解决企业发生拖欠时垫付劳动者工资的资金来源，在工资保障制度中确立积极救济手段。

第四，在企业欠薪保障制度或实行工资备付金制度的基础上，制定出合理的企业缴费标准及调整办法。西方国家经验证实，雇主缴纳的费率一般在 0.15%—0.45%，与之相比，我国各地政府所规定的工资保证金缴费标准都过低，与国外缴费标准还存在很大差距。另外，还应该扩大欠薪保障基金支付的范围，不能只垫付职工的工资、社保费，还要对福利、经济补偿金等其他劳动债权的支付有明确的规定。

第五，进一步向有关部门建议或呼吁，加大对拖欠工资违法行为的处罚，在刑法中应增加新的罪名，把克扣和恶意拖欠工资的行为定为犯罪行为，加以追究。同时，对工资支付保障表现好的企业评优评级，并予以一定数额资金奖励或财税减免，传递正能量，扩大示范效应。

第六，借助媒体等合法社会舆论工具加强宣传与教育，营造全社会企业准时支付工资的文化和尊重劳动及珍惜劳动的氛围。此外，加大对欠薪企业的曝光率和惩治力度，提高企业拖欠或克扣工资违法行为的成本，从法律上和道德上约束企业工资支付行为。

第二节　农民工工资支付监控系统的发展

工资支付是当前农民工劳动力市场上劳动关系的核心问题。农民工劳动力市场具有雇佣关系不稳定、流动性强、未被劳动法律和政策覆盖的范围大等非正规部门的一些特征，这主要表现在诸如建设领域企业、小微加工制造企业、交通运输企业等行业企业的劳动雇佣关系上。其中，建设领域企业表现得更为明显，客观上导致建设领域更容易发生拖欠农民工工资的现象，近十几年来，这一现象已成为我国的一个重要社会问题。

完善的工资支付监控制度是构建预防和解决农民工工资支付问题长效机制的重要组成部分。建立健全工资支付监控系统是当前完善监控制度的核心内容，对于事前预防、事后纠纷处理有着重要的作用。在国家和各级地方政府对工资监控制度建设的现状和问题的分析基础上，结合部分地区的案例调研资料，本书以建设领域为主要研究对象，提出了构建完善的农民工工资支付监控系统的一些政策建议。

一、农民工工资支付监控制度建设的现状

2000 年以来，我国各级政府、部分正规的建筑企业和劳务公司逐步建立起工资支付监控制度，并采取了一些具体措施，主要表现在以下三方面。

（一）各级政府积极探索建立完善的工资支付监控制度

我国农民工工资支付监控制度的建设始于 2003 年。在国家层面提出了要建立农民工工资支付监控制度，并明确指明监控实施主体是各级劳动保障部门。2003 年，国务院办公厅发文《关于做好农民进城务工就业管理和服务工作的通知》，提出“劳动保障部门要加强对用人单位工资支付情况的监督检查，建立农民工工资支付监控制度”。随后，劳动和社会保障部《关于切实解决建筑业企业拖欠农民工工资问题的通知》对工资监控制度提出了一些具体要求，“各级劳动保障部门要建立健全工资支付监控制度，对企业工资支付情况进行监督检查……将工资支付监控工作延伸到基层。企业要按照劳动保障部门的要求，定期将农民工工资支付情况报当地劳动保障部门备案”。当时政策文件中缺少的是具体的监控内容，还没有明确的可操作办法。2005 年，由劳社部、建设部、公安部、监

察部等部门联合颁发了《关于进一步解决拖欠农民工工资问题的通知》，明确指出要求，各地区要在当年年底前全面建立农民工工资支付监控制度，并提出了重点监控对象。国务院一系列与农民工及其工资支付有关的文件对工资支付监控制度提出了进一步的要求，这些文件如2006年的《国务院关于解决农民工问题的若干意见》、2010年的《国务院办公厅关于切实解决企业拖欠农民工工资问题的紧急通知》、2014年的《国务院关于进一步做好为农民工服务工作的意见》、2016年《国务院办公厅关于全面治理拖欠农民工工资问题的意见》等。2017年，国务院办公厅又印发了《保障农民工工资支付工作考核办法》及每年度的《实施细则》，将农民工工资支付保障体系纳入对地方政府绩效考核的范畴。2016年，国务院办公厅《关于全面治理拖欠农民工工资问题的意见》，提出了具体治理措施，到2020年，形成制度完备、责任落实、监督有力的治理格局，使拖欠农民工问题得到根本遏制，努力实现基本无拖欠。

在国务院及相关部门的要求下，我国各地区各级政府开始建立农民工工资支付监控制度。从各地区的政策规定和实践来看，工资支付监控制度建设的具体方面主要有：第一，实行各部门联动机制，明确监控主体。比如，北京市在2005年建立了市区两级三部门联动机制，实行劳动、建设和公安三部门联席会制度，监控农民工工资支付过程和解决拖欠问题；再如，2007年开始，辽宁省由劳动部门和人民银行联合制定了《工资总额使用手册》，用人单位凭该手册在其开立的银行基本存款账户提取工资性现金，并要求各级劳动和社会保障行政部门会同建设、公安、工商、信访、工会等部门于每季度末开展农民工工资支付状况检查工作。其他一些省份和地区也建立了类似的制度。第二，在监控方式和对象上，实行全面监控和重点监控，将曾发生过拖欠或克扣工资行为的企业作为重点监控对象，要求其定期将工资支付情况报劳动保障部门。第三，在监控内容上，包括实名制和一卡通、企业工资支付信息、劳动合同、欠薪状况等，实行企业单位按时间报告制度。比如，山东省济南市要求建筑企业定期填报《农民工工资支付监控制度验收表》，主要内容包括企业基本情况、使用劳务情况、工资发放情况以及施工现场情况等。各地区做出的这些实践探索，对拖欠农民工工资支付问题的出现起到了良好预防作用。当然，各地区在工资支付监控制度建设的完善程度上还存在着较大的差异。

（二）许多正规的建筑企业和劳务公司，建立了适合自身特点的工资支付监控体系

在各级政府的要求下，用人单位也相继建立了工资支付监控体系，这尤其体现在那些较为正规的、较大规模的建筑企业中。根据我们企业案例调研获得的信息，在企业内建立的工资支付监控制度主要分为两类：一类是由总承包商本身及对分包商提出的工资支付监控措施。比如北京住总集团制定了“劳务费和农民工工资支付管理暂行办法”，除去详细规定了工资支付外，还要求集团市场拓展部负责指导和监管所属各企业劳务和专业分包合同订立、实施的工作。广州的中交四航局第二工程有限公司制定了《分包商人员管理工作指引》，要求分包商人员进行施工现场管理，其中包括对劳动报酬发放情况的监控、欠薪情况统计和核实、欠薪代发等。青岛市的莱西建筑总

公司建立了比较完善的监控制度，具体采取了三项措施：部门责任制、责罚机制和预防机制。另一类是劳务公司自己制定的工资监控体系。比如青岛雄士建筑劳务分包有限公司与所有长期聘用人员签订劳动合同，并与短期人员签订临时雇工协议，推行工资支付双担保制度，有效地预防了工资拖欠的发生。

从这些企业的经验来看，在企业内建立严格的工资支付监控体系，对于保障农民工资发放、避免欠薪事件发生的作用更为直接有效。

（三）工资支付监控制度的一些具体措施逐步落实

实名制管理、采用一卡通是落实农民工工资支付监控制度主要的具体措施。许多地区在建筑企业逐步落实，有些地区还对这些措施进行了进一步的拓展。比如，山东省建立“一书、两金、一卡”制度（即防范处置企业拖欠工资目标责任书、企业工资支付保证金和政府应急周转金及农民工记工考勤卡），实行农民工工资发放实名制；青岛市进一步推行了双卡工程，即考勤卡（又称亲情卡）和工资卡（又称爱心卡），从源头上有效预防和解决农民工工资拖欠问题。

二、工资支付监控制度面临的主要问题

（一）工资支付监控制度的预防性作用还有待加强

建立农民工工资支付监控制度，一个重要的作用就是能提前掌握工资支付状况，约束用人单位按时足额发放工资，提前提出处理拖欠工资的预案。然而，根据我们在调研地区采集到的信息，在对监控信息的掌握上，主要是在工资拖欠之后。比

如在劳动监察工作已经比较完善的广州市，监察部门反映的一个突出问题就是“农民工不告，劳动部门就无法知道工资拖欠情况”。监控制度的预防性作用无法充分体现出来。

（二）急需建立完善的工资支付监控信息系统

及时、准确地获得农民工工资支付情况的信息，对于预防和处理拖欠工资问题的发生能起到关键作用。目前，许多地区采取的方式是建立工资支付信息表系统，由企业填报或劳动监察协管人员现场采集，面临的主要问题是信息不能及时采集到，并且容易发生企业不配合的问题。这限制了工资监控工作的有效性。为此，急需建立电子化的工资支付监控信息管理系统，并通过政策或立法，硬性规定企业把用工情况、工资支付情况信息及时输入系统，并与工资卡银行信息对接，这样就保证了信息采集的及时性和准确性。

（三）劳动部门在劳动监察中缺乏有力的抓手，客观上限制了工资支付监控体系的有效运行

目前，劳动监察部门承担了主要的工资支付监控任务，是监控的主体。但是，工资支付监控涉及多个部门的工作，除去劳动部门是主要执行主体之外，建设部门在建筑企业的资质、施工过程的管理上有着较大的权力，银行部门掌握了用人单位的资金、保证金以及工资卡等信息，这些权力和信息是工资监控能否有效执行的重要支持条件。目前，各部门之间的联动机制还不够健全，除劳动部门之外的其他部门的监控责任还不够明确，各部门之间的信息交流机制也没有很好地建立起来。这些问题的存在，往往使得监控的执行主体——劳动监察部门在

监控过程中缺乏一个有力的抓手，造成对有欠薪倾向的用人单位威慑力不够。

（四）工资支付监控制度全面覆盖各类建筑和劳务用人单位还存在困难

目前，基于乡源和社会网络关系形成的建筑领域的用人单位、临时性的用工关系在一些地区还大量存在。在这些单位中，制度不够健全，劳动关系稳定性差，是发生工资拖欠现象的主要来源之一。同时，劳动部门对掌握这些单位的用工信息还缺乏有效的机制，无法对其进行有效的监控。

（五）一卡通的管理和监控方式在一些地区还未能有效实施，其作用还有待加强

根据我们案例调研地区的反映来看，一卡通确实是对工资支付监控的一种有效手段。但是现实中，一卡通主要在正规的、规模较大的建筑和劳务用人单位得到有效的实行，而规模小，特别是非正规的用人单位基本未实行。比如在广州市，仅有60%的用人单位实行了一卡通。一些农民工对一卡通也存在抵触行为，更是造成了一卡通实行困难。比如，在广州的调研中，超过一半的农民工反映更希望以现金方式领取工资。即便是实行了一卡通的用人单位，也存在的一个现象是，卡被劳务负责人（俗称包工头）统一收存和管理。因而，探索更有效的一卡通管理方式将是完善工资监控制度的一个重要内容。

三、建立健全农民工工资支付监控系统

根据目前农民工工资支付监控制度建设的现状、经验和问

题，我们认为，应在国家层面上建立一套农民工工资支付监控系统。通过该系统，使劳动保障部门拥有具体的工作抓手，将实名制、一卡通等各种监控形式融合起来，将各部门的工资支付信息有机统一起来，实现对农民工工资支付的动态监控，最大限度地发挥工资支付监控制度的预防作用，从而建立起解决农民工工资拖欠问题的长效机制。

（一）总体构想

工资支付监控系统是由政府部门主导的对企业劳动用工及劳动关系的监控，以推动形成良好的农民工劳动关系和促进农民工就业为目标，既要对维护良好的劳动关系发挥作用，又不能对企业用工关系直接干预、增加企业成本。在此原则下，对农民工工资支付监控系统的总体构想是：

1. 搭建综合数据信息平台

拖欠农民工工资问题的发生不是单一的事件，它综合反映了劳动用工关系、用人单位资质、政府部门监管等问题。要解决这一问题，需要建立起一套综合数据信息平台，实现对工资支付的动态监控。

以雇佣农民工的各类用人单位及相关单位为对象，以劳动部门的基层统计报表信息为基础，充分利用现代信息技术，进一步整合、集成其他各类信息，有效连接企业、地区经济社会等数据资源，搭建集动态监控、应用管理、决策支持和信息发布为一体的国家与地区农民工就业的统计数据和信息综合平台。

2. 支持国家和地区农民工就业问题决策

以问题为导向，在数据信息集成的基础上，立足经济社会大环境下的农民工就业问题，依托科研力量，采用先进的分析方法，破解农民工工资支付的热点、难点问题，发挥动态监控、评价、预警以及预测功能，为科学解决农民工就业问题提供依据。

3. 创新农民工工资支付监控机制

以政府、企业和农民工需求为导向，合理设计监控系统功能模块，立体反映农民工就业问题，方便各级政府、企业和农民工使用，通过建立各部门联动机制、信息交换机制，充分发挥预防作用，及时解决拖欠农民工工资问题。

（二）服务对象

1. 各级政府部门

依托农民工工资支付监控系统，实现各级政府部门对农民工工资支付的电子信息化的动态监控，为制定农民工就业问题相关政策和解决农民工工资纠纷问题提供决策依据。

2. 企业

主要针对建设领域企业和劳务用工单位，为其提供本地区及其他地区的农民工劳动关系，特别是工资关系信息服务。

3. 农民工

为农民工提供雇佣单位基本信息、需求信息、工资信息、信用信息等。

（三）主要内容

农民工工资支付监控系统包括以下主要内容和功能：

1. 信息平台

数据信息平台是整个系统的基础部分，应将劳动就业信息、工资支付信息、企业信息、社会经济环境信息以及银行信息有机地融合起来。其中，劳动就业和工资支付方面的信息主要包括以下内容：

（1）企业基本情况

包括企业名称、法定代表人、资质、规模、类型、法定规章制度、注册时间等信息。主要功能是提供企业基本信息，呈现各类企业分布状况、各类企业之间的关系（开发商、承包商、分包商）。

（2）劳动合同

用人单位与农民工签订劳动合同是法定责任。这一部分监控的内容是与各种用工类型相对应的长期劳动合同以及短期劳动协议状况。

（3）劳动过程

以用工实名制为基础，记录劳动发生过程、时间，农民工工作种类、资格证书等。

（4）工资发放

依据一卡通信息，记录企业的工资发放方式、支付标准、发放时间、发放程序等。

（5）工资预储账户

是施工企业支付农民工工资的专项资金，只能划入农民工工资个人账户，不得用于其他经济纠纷，由项目辖区建设行政部门、施工总承包企业和开户银行订立三方协议，委托银行向个人账户划拨。

（6）工资保证金

由建筑企业进行支付，实施专户专储、专项支取，任何单位和个人不得挪用。务工人员工资支付保证金主要用于预防建筑企业克扣、拖欠农民工工资时垫付基金备用。

（7）欠薪发生率

指一定区域内企业发生欠薪的比例，用以观测该地区发生欠薪的程度。

（8）企业信用

由第三方征信机构征取企业信息，根据征信机构的信用评级规则，评价出企业信用等级，其是对企业防范信用交易风险的全过程管理，目的是企业发展信用交易和获取信用资源服务。

2. 信息发布

根据政府、企业和农民工的需求，通过对基础数据信息的归类、整理，公开发布政府政策规章、企业用工情况、工资预储账户和保证金、企业工资发放信用记录、农民工分类统计情况等信息。

3. 动态监控

通过数据模型，建立工资支付情况的实时动态监测平台，及时跟踪工资支付过程，发挥预警、警报功能。

4. 决策应用

以问题、任务和专题为导向，将基本数据信息直接与政府管理决策对接，建立起全系统的针对农民工就业问题的统计分析平台，为政策制定和处理农民工工资支付问题应急决策服务。

5. 监控报告

针对农民工就业问题，特别是工资支付问题的各类专题，形成不同地区、不同时点的监控报告。监控报告包括五个部分：劳动合同签订情况监控报告、工资支付情况监控报告、工资保障情况监控报告、农民工流动情况监控报告、工资拖欠应急处理情况监控报告。

6. 农民工就业与经济社会发展

将与农民工就业直接相关的经济社会人口指标直接置入系统中，作为环境和参考数据，对农民工就业和经济、社会、人口数量和结构特征指标进行关联度分析，从而将农民工就业及工资支付问题置于社会经济发展整体背景之下，对一些重大问题的判断可以作出独特贡献。

7. 信息查询

系统要为企业、农民工提供行业特征以及一些具体信息的数据查询功能，为服务对象提供农民工就业的实时信息，从而可以进一步提高企业对该系统支持程度。

（四）组织与实施

为确保以农民工工资支付为核心的监控系统的正常建设和运行，需要创新工作机制，充分发挥政府、企业、研究支持机构的作用，为此，需要建立完整的组织管理体系。

组织管理体系的核心是领导机构。在各级政府成立监控系统建设和维护领导小组，由政府主管领导和相关政府部门领导组成。领导小组的职责是全面领导、总体规划、监督检查“监控系统”的建设工作，协调政府各部门之间的关系、政府与企业之间的关系。

在领导机构中，以劳动部门为具体责任单位，建立劳动、建设、公安、工商、信访、工会等多部门联合协调机制，明确各部门的职责与任务，保障监控系统的正常运行。

依托劳动就业研究和信息化技术机构，建立农民工就业问题研究与信息化技术核心团队，负责监控系统的研发、运行、维护以及决策研究。

第三节　农民工工资支付保障制度的实施

农民工工资支付保障制度，是指政府为解决农民工这一弱势群体的工资拖欠问题制定的一系列政策规定的总称。我们以工资支付保障制度的工资保证金、农民工工资预储账户、农民工工资欠薪应急周转金和欠薪保障基金制度为重点，分析了我国工资支付保障制度的实施现状、实施效果、存在的问题，提出了进一步完善工资支付保障制度的政策建议。

一、工资支付保障制度的历史变革

农民工的生存和发展问题，既是构建和谐社会的重要内容，也是观察我国建设和谐社会进程的重要指标。从历史发展看，农民工进城务工经历了从限制流动到逐渐鼓励支持的变化。1952 年，我国政府开始限制农民进城就业，1957 年 12 月颁布的《国务院关于各单位从农村中招用临时工的暂行规定》明确规定各单位需要的临时工应该在当地城市中用工，首先从本单位多余人员中调剂解决或从地方其他单位的多余人员中调剂解决，尽量避免从农村中招用。1984 年国家实施“离土不离乡”的农村就业政策，当年的中央一号文件《关于一九八四年农村工作的通知》从政策层面上对农村劳动力进入城镇就业放松了控制，农村家庭联产承包责任制使农民从土地上得到解放，亿万农民工开始大量涌入城市。

随着改革开放的深入，大量农民工进城就业并分布在我国国民经济的各个行业，国家统计局发布的《2018 年农民工监测调查报告》显示，2018 年农民工总量为 28836 万人，比上年增加 184 万人，增长 0.6%。在外出受雇的农民工中，被雇主或单位拖欠工资的占 0.5%，比上年下降了 0.3 个百分点。建筑业农民工被拖欠工资的占 1.5%，比上年下降 0.4 个百分点。从近几年调查数据看，被雇主或单位拖欠工资的农民工比例逐年下降。这种变化与国家一直以来高度重视农民工的问题有关。为保障农民工权利，制定了一系列改善农民工就业环境和保障其劳动权益的政策措施。

2016 年 1 月，国务院下发《关于全面治理拖欠农民工工资问题的意见》，提出要以建筑市政、交通、水利等工程建设领域和劳动密集型加工制造、餐饮服务等易发生拖欠工资问题的行业为重点，健全源头预防、动态监管、失信惩戒相结合的制度保障体系，完善市场主体自律、政府依法监管、社会协同监督、司法联动惩处的工作体系。到 2020 年，形成制度完备、责任落实、监管有力的治理格局，使拖欠农民工工资问题得到根本遏制，努力实现基本无拖欠。

2017 年 12 月，国务院下发《保障农民工工资支付工作考核办法》，要求要落实保障农民工工资支付工作的属地监管责任，有效预防和解决拖欠农民工工资问题，切实保障农民工劳动报酬权益，对加强对保障农民工工资支付工作的组织领导、建立健全工资支付保障制度、治理欠薪特别是工程建设领域欠薪工作成效等情况进行考核。

2018 年 1 月，人力资源和社会保障部下发《拖欠农民工工资“黑名单”管理暂行办法》，要求人力资源社会保障行政部门应当自查处违法行为并作出行政处理或处罚决定之日起 20 个工作日内，按照管辖权限将其列入拖欠工资“黑名单”。

二、农民工工资支付保障制度建设基本情况

（一）政策构成

为了系统分析我国农民工工资支付保障制度建设的基本情况，本调查团队收集了国务院办公厅发布《关于做好农民工进城务工就业管理和服务工作的通知》之后10年间中央政府和各省、市、自治区制定的农民工工资支付保障制度，并对这些制度进行分析。调查团队认为，自国务院首次发布《关于做好的农民工进城务工就业管理和服务工作的通知》后，10年时间已经能够较为全面地观测我国农民工工资支付制度建设的进展和特点。

表6.4　农民工工资支付保障政策的数量和构成

颁布单位	数量	颁布单位	数量	颁布单位	数量
国务院	4	浙江省	3	云南省	3
部委	2	安徽省	3	陕西省	3
北京市	5	福建省	3	甘肃省	3
天津市	3	江西省	1	青海省	3
上海市	2	山东省	3	广西壮族自治区	3
重庆市	3	河南省	1	宁夏回族自治区	1
河北省	2	湖北省	1	新疆维吾尔自治区	3
山西省	4	湖南省	3	西藏自治区	1
辽宁省	3	广东省	1	内蒙古自治区	2
吉林省	2	海南省	3		
黑龙江省	1	四川省	3		
江苏省	2	贵州省	2		

在地区政策方面，从地区分布上看，东部最多，有33项；西部较多，为30项；中部地区最少，为13项（见表6.5）。

表6.5　东中西地区农民工工资支付保障相关政策的数量

经济地区	数量	经济地区	数量	经济地区	数量	合计
东部地区	33	中部地区	13	西部地区	30	76

从行业分类来看，国务院部委的政策大多没有规定具体的行业，有一项政策具体到建筑业企业农民工工资的规定；在地区政策中，大部分是针对建筑业企业农民工工资支付保障制度的政策。针对建筑业企业农民工工资支付保证制度的政策有52项，占政策的63.4%，针对非建筑业企业的农民工工资支付的政策有两项，占政策总数的2.4%，剩余的28项没有具体到行业，比例是34.1%（见表6.6）。

表6.6　农民工工资支付保障制度行业分布情况

行　业	数量	行　业	数量	行　业	数量	合计
建筑业	52	非建筑业	2	没有具体规定行业	28	82

（二）农民工工资支付保障政策的方式

在收集的资料中，有82项政策对农民工工资支付保障制度进行了具体的说明和规定，从国务院和各部委的政策来看，仅有两项政策对建立保证金制度和应急欠薪周转金制度进行了明确的规定。在地区政策中，关于农民工工资的规定较多，其中建立和完善农民工工资保证金制度的政策最多，为53项，占到了地区政策的69.7%；有关工资预储户制度和欠薪应急周转金制度的意见办法较少，分别为16项和16项，分别占到了地区政策的21%和21%。

在所有地区政策中，关于保证金制度、农民工工资预储户账户制度和应急欠薪周转金制度，对其中两种制度有具体规定的政策有11项，三种制度都有规定的政策仅有两项。

三、关于工资保证金制度的相关规定

在收集的资料中，有53项政策对“工资保证金制度”作了详细的规定，在这些政策中，有一项出自部委，36项出自省级政府，16项出自地级市。在地区分布上，东部地区有20项，中部地区九项，西部地区24项。

（一）工资支付主体

对于工资保证金支付主体主要包括：企业、发生过拖欠农民工工资的企业。

关于“工资保证金制度”的53项政策中，有47项规定保证金缴纳主体为所有建筑业企业，占政策总数的88.7%。例如，《云南省农民工工资支付保障规定》规定建设领域用人单位在建设单位办理施工许可前，应当按照施工合同约定工程款预算的3%向建设工程所在地农民工工资保证金账户存入工资保证金。专项用于可能的拖欠、克扣工资问题，且保障金的缴纳成为获得建设工程施工许可证的条件之一。

有六项政策规定仅发生过拖欠工资的企业才强制缴纳保证金，如《西安市农民工工资保障办法》规定发生过拖欠、克扣农民工工资行为的用人单位以及建筑施工企业，实行农民工工资支付保证金制度。另外，有两项规定要求外来企业和设立不满五年的外地建筑企业需要按规定足额缴纳农民工工资保证金。

（二）农民工工资保证金缴纳办法

关于农民工工资保证金缴纳比例的规定，从已有的政策看，可分为以工程预算款为基数规定比例、以全年工资为基数规定的比例以及分层级缴纳固定金额三种类型。

在收集的资料中，有30项规定是以工程预算款为基数，按一定的比例提取保证金。提取比例为工程预算款的1%—3%，最低为《关于在建筑业企业建立工资支付保障制度的通知》规定按照年度工程预算款的0.5%—0.8%来确定。有些省份会根据建筑企业以往的诚信程度分层次制定保证金的支付比例，如《西宁市建设领域农民工工资支付保证金制度实施意见》规定：承建项目的建筑施工企业在上一年度中没有拖欠农民工工资的，按1%缴纳；承建项目的建筑施工企业在上一年度中有拖欠农民工工资问题的，按2%缴纳；承建项目的建筑施工企业连续三年没有发生过拖欠农民工工资问题的，可免缴农民工工资支付保证金。

在收集的资料中，有六项政策是以全年工资为基数，以25%—30%的比例提取保证金，其中有三项规定可以选择以全年工资为基数或以工程预算款为基数按一定比例提取。如《关于印发〈安徽省建设领域农民工工资支付保障暂行办法〉的通知》规定建筑业企业办理支付保障手续可以采取下列三种形式：（一）由银行业金融机构出具农民工工资支付保函；（二）由符合条件的担保机构出具担保文件，也可由有能力承担担保责任的项目业主或社会其他法人出具担保文件；（三）按劳动保障行政部门指定的专户存入农民工工资支付保障金。建筑业企业可采取按年度或按单项工程项目办理支付保障手续。采取按年度办理的，其保函或担保金额不得少于上年度应付农民工工资金额的 30%，信誉好的申请减少，但最低不得少于上年度应付农民工工资总额的 5%；采取按单项工程项目办理的，应当在办理建设工程中标通知书备案（开工报告批准）后 15 天内向工程所在地劳动保障行政部门办理支付保障手续，采取第一款、第二款形式的，保函或担保金额不得少于应付农民工工资金额的 30%；采取第三款形式的，存入金额不得少于工程造价（直接费）的 2%。

在收集的资料中，有六项规定是按一定标准分等级缴纳保证金。如《关于印发〈北京市建筑业农民工工资支付暂行管理办法〉的通知》规定，建筑施工企业应当在银行建立工资保证金专用账户，专项用于发生欠薪时支付农民工工资的应急保障。施工总承包企业的工资保证金不少于 100 万元，专业承包企业和劳务分包企业不少于 50 万元。账户内资金启用应当经建设行政主管部门和劳动保障行政部门批准，并在 30 日内予以补足。

（三）农民工工资保证金使用方法

在收集的资料中，关于农民工工资保证金使用要求，有 53 项政策均规定保证金实行专户存储、专项支取，任何单位和个人不得挪用，只能用于偿付拖欠职工的工资，执行和监管单位主要是劳动保障部门。我国劳动和社会保障部于 2004 年发布的《建设领域农民工工资支付管理暂行办法》规定企业应按有关规定缴纳工资保证金，存入当地政府指定的专户，用于垫付拖欠的农民工工资。建筑施工企业或工程分包企业或其他情形造成农民工工资拖欠的，均可启动支付保证金。

对于保证金不足以支付欠薪款的情况，农民工有权利继续追索，有的政策规定可由劳动保证行政部门责成建设单位从应付该企业工程款中垫付，如《湖北省关于在建筑业企业建立工资支付保障制度的通知》及《关于印发淮南市建设领域农民工工资支付保障暂行办法的通知》。

四、关于制定完善农民工工资预储账户的规定

在收集的资料中，有15项政策对“农民工工资预储户制度”作了详细的规定，在这些政策中，13项出自省级政府，两项出自地级市。在地区分布上，东部地区有九项，中部地区有四项，西部地区有两项。

（一）农民工工资预储户支付主体

在收集的资料中，有11项政策对农民工工资预储户支付主体进行了明确的规定，主要包括总承包企业和专业承包企业。其中有7项规定建筑单位在开户银行设立工资基金专户拨付人工费，占地区总政策的9%；有四项政策规定施工总承包企业、专业承包企业应当在工程项目所在地银行建立劳务费专用账户，专项用于支付劳务分包企业劳务费。

（二）农民工工资预储户支付比例

在收集的资料中，10项政策对农民工工资预储户制度支付比例作了规定。其中七项对支付比例作了具体的规定，提取比例为总工程款的15%—50%。天津对农民工工资预储户制度有详细且全面的规定，《天津市建筑业农民工工资支付管理

办法（试行）》规定施工企业必须将建设单位按合同约定支付的工程款中不少于10%的款项，作为农民工工资存入专用预储账户实行农民工工资个人账户管理；《天津市建设管理委员会关于在本市建设项目建立农民工工资预储账户制度的通知》规定农民工工资预储账户由施工总承包企业负责设立，专门用于支付从事该建设项目劳务作业的农民工工资。建设单位应从工程总价款中单独列支农民工劳务费，分阶段划入农民工工资预储账户，其中：建筑工程按工程总价款的15%比例列支，市政基础设施按工程总价款的8%比例列支。其中，山西是以农民工月工资为基数来规定预储户数额的，《关于加强建筑业农民工劳动合同和工资支付管理的通知》规定开设工资专用账户，该账户只能用于支付农民工工资，账户保有资金（建设单位和建筑业企业各承担50%，建设单位资金在结算工程款时抵扣）在使用农民工期间一般不得小于本企业使用农民工月工资总额的三倍，随发随续。

其中三项对支付比例没有明确说明，如《湖北省关于在建筑业企业建立工资支付保障制度的通知》规定建筑企业在开户银行设立工资基金专户，建设单位按工程合同价格和进度按时拨付人工费；《关于印发〈江苏省建筑劳务工程款和建筑业企业工资支付管理办法〉的通知》规定预存资金数额由各地按当地实际情况确定。

五、关于制定完善欠薪应急制度的规定

在收集的资料中，有16项政策对“农民工工资欠薪应急制度”作了详细的规定，在这些政策中，一项出自部委，九项出自省，六项出自地级市。在地区分布上，东部地区有九

项，中部地区有三项，西部地区有三项。如《云南省农民工工资保障规定》规定各州和县人民政府应当根据实际情况建立本行政区域内的应急周转金。在发生用人单位确无能力支付、逃避支付农民工工资等可能引发群体性事件的情况时，及时动用应急周转金，先行垫付用人单位拖欠的农民工工资。

（一）农民工工资欠薪应急周转金支付主体

在收集的资料中，四项政策对农民工工资欠薪应急周转金支付主体进行了规定，其中两项政策规定欠薪应急周转金来源应包括：企业缴纳的欠薪保障费及其利息收入，垫付欠薪款项追偿所得，财政补贴以及其他收入（分别为《上海市企业欠薪保障金筹集和垫付的若干规定》和《深圳经济特区欠薪保障条例》）。另外两项政策规定欠薪周转金由财政部门负责筹措，如《成都市建设领域防范拖欠农民工工资管理办法》规定建立欠薪应急垫付专项资金，由市和区（市）县两级财政部门筹措并设立专账，实行专账核算、专款专用。

（二）农民工工资欠薪应急周转金额度规定情况

六项政策对应急周转金的额度进行了详细的规定。其中四项政策以行政区划分等级，规定缴纳不同数额的欠薪应急周转金，如《宁夏回族自治区农民工工资保障办法》规定市、县（市、区）人民政府按照下列规定设立农民工工资应急周转金：（一）一类地区不低于一百五十万元；（二）二类地区不低于一百万元；（三）三类地区不低于五十万元。有两项仅对企业每年缴纳金额进行了规定，《上海市企业欠薪保障金筹集和垫付的若干规定》规定企业、企业分支机构每年缴纳一次欠薪保障费。缴费的具体数额，为本市公布的月最低工资标准的数额；《深圳经济特区欠薪保障条例》规定用人单位应当在每年第一季度缴纳400元欠薪保障费。新成立的用人单位于成立次年开始缴纳。

六、工资支付保障制度的实施情况

（一）工资支付保障制度的实施效果

建筑业的农民工工资支付保障制度实施以来，在解决农民工欠薪问题上产生了积极效果，具体如下。

1. 解决欠薪问题的劳动维权联动机制初步形成

由于建筑行业的农民工流动性大，经常跨省、跨地区劳动作业，发生的欠薪问题往往涉及多个地区，因此，需要各部门、各地区通力合作才能解决。通过实行农民工工资支付保障制度，促使部分地区逐步形成地区间合作、部门间合作的劳动维权联动机制，即各地区统一行动、各部门明确职责。2006年，国务院建立了农民工工作联席会议的机制，由31个国务院部门和单位组成。各地区建立了由住建委、劳动人事、信访、公安和财政部门联合行动，快速解决农民工欠薪问题的工作机制；建立了建设领域联席会议制度，定期召开由以上各部门组成的联席会议，互通农民工工资发放执行情况，并针对具体问题开展联合行动。比如，四川省总工会启动省（城）际联动维权机制，最大限度维护了省外的川籍农民工权益。上海劳动保障监察部门与公安局110应急指挥中心建立了应急联动机制，实行“365天监察无休”，在农民工集中的上海郊区，由区法院、总工会、人力资源和社会保障局以及司法局共同建立了农民工欠薪问题“发现—处理—兑现”的一站式机制。呼和浩特市政府建立清欠工作联席会议制度，由信访局牵头，定期组织人社、规划、建设、房产、公安、法院、银行等部门会议，明确职责、密切配合解决拖欠问题。对有拖欠行为且拒不按照劳动保障监察部门指令限期支付拖欠工资的开发单位和建设单位，规划部门不予办理项目规划审批，建设部门不予办理开工和竣工验收手续，房产部门不予办理售房许可。对发生拖欠后转移财产、逃避责任的，由法院采取财产保全措施；对恶意拖欠涉嫌犯罪的，及时移交公安、司法机关依法处理。劳动保障监察部门对违规单位建立不良行为档案，并定期向社会公布；人民银行建立信用档案，对涉及拖欠农民工工资的开发商，建筑单位银行不予信贷支持。

2. 有效减少了欠薪事件，清欠了农民工工资，维护了农民工合法权益

工资支付保障制度的主要目的之一就是遏制欠薪事件发生。自农民工工资支付保障制度实施以来，农民工的欠薪情况，特别是恶意欠薪情况得到了较大改善，该情况以 2010 年前后尤为显著。深圳实施工资支付制度以后，2009 年、2010 年查处欠薪案件与上年同比分别下降 32.1%、38.7%。其中 2009 年查处案件 1278 宗，2010 年查处案件 784 宗，同比分别下降 32.1%、38.7%。自江西省实行农民工工资支付保障制度以来，尤其是江西省综治办、省交通运输厅于 2012 年 10 月联合出台了《关于创新交通建设工程民工工资管理的实施意见》后，在交通系统建设项目务工的五万名农民工，均及时足额领取了工资，实现了农民工工资“零拖欠”，农民工“零投诉、零上访”，取得了农民工兄弟满意、项目建设单位和施工单位满意、监管单位满意的良好效果。

3. 促进了用工企业和农民工的劳资和谐

实施农民工工资支付保障制度，是从根本上解决建筑行业拖欠农民工工资问题的有效途径之一，直接关系到建筑行业农民工的切身利益，关系到建筑行业的健康发展，也关系到社会的安定、和谐。该制度的实施产生了积极的效果，部分地区欠薪事件大幅度减少，恶性欠薪事件有所减少，促进了建筑企业和农民工的劳资和谐，缓解了劳动关系矛盾，使劳动关系渐趋稳定。调研发现，北京大型国有集团的总承包企业，以及资质好的劳务分包企业几乎没有发生过因拖欠农民工工资而造成的突发事件，农民工工资支付保障制度实施效果显著。广州开发区自实施建筑施工企业工资支付保障金制度以后，也取得了良好的效果，因拖欠农民工工资而造成的突发事件大幅度减少。山东地区的大型建筑总承包企业都实行了工资支付保证金制度，专款专用，专门用来支付农民工的工资。因为顾忌上访事件会影响公司的资质评审，所以大型的建筑企业一般都不会恶意拖欠工资。

（二）工资支付保障制度实施过程中存在的问题

农民工工资支付保障制度实施以来，虽然产生了一些积极效果，但是也存在着不少问题和障碍。具体如下：

1. 各地区规定保障制度的支付主体不统一，有待进一步明确

工资支付保障制度包含的三项制度：保证金制度、预储户制度以及欠薪应急周转金制度三者的缴纳主体各不相同，主体包含的范围应逐步扩大。但是现在各地相关制度没有统一的规定，导致支付主体责任不明确，各主体存在侥幸心理。

依据粗略统计，各地区农民工工资支付保障制度的相关政策共有53项。各地区规定的保证金支付主体涉及范围大小不同，有所有建筑企业（39项）、有针对拖欠工资的企业（6项）和外来企业以及不满五年的外地建筑企业（2项）；农民工工资预储户支付主体也没有统一标准，有建筑单位（7项）和总承包单位与专业承包单位（4项）；农民工工资欠薪应急周转金支付主体有政府及建筑单位。可见，各地区支付保障制度的责任主体不够明晰，有待进一步地统一和完善。

按照现行法律，农民工与劳务公司签订劳动合同，发生工资拖欠时应该由劳务公司承担责任，但追根溯源，拖欠农民工工资问题多是由于建筑企业拖欠工程款或工程款结算纠纷造成的，劳务公司在工程款被拖欠时必然会拖欠农民工工资，责任主体很难界定。因此，一定要明确保证金制度、预储户制度以及欠薪应急周转金制度三者的缴纳主体，划分不同主体的责任，为农民工工资支付提供不同层次的保障。

2. 农民工工资支付保障监控制度有待进一步完善，联动机制有待进一步强化

目前的支付保障监控制度大部分是由当地劳动保障监察机构实施重点监控，监察部门除需加强日常巡视检查，定期组织自查、抽查，对存在问题的用人单位提出预警外，还要责令其定期报送工资支付书面材料。只是大部分地区并未实现检查常规化、常态化，甚至流于表面形式，难以取得显著效果。而且劳动监察部门作为保护劳动者权益的执法部门，却常常面临种种尴尬：缺编制、缺人员、缺硬件，权限有限，制约了其执法力度。调研发现，广州市劳动保障监察支队就处于此种境地。

少部分地区强调各级劳动保障部门以及银行业监管部门配合实行监控，值得借鉴。比如，湖南省出台的《湖南省工资支付监督管理办法》规定各部门之间要协调配合。建设部门及其他有关专业工程主管部门要严格执行建筑业企业资质管理规定，加强对专业分包和劳务分包的监管，制止和打击违法分包行为；严格执行房地产开发项目业主工程款支付担保制度，加强对市场的风险管理。房地产部门要严格房地产开发资质的审批，不准自有资金不足的房地产开发企业进入市场，工商、房地产部门要依法查处房地产开发企业抽逃项目资本金的行为。国土、规划等部门要把好工程建设项目用地手续和规划审批关。劳动保障部门要加强对建筑业企业执行劳动用工和工资支付等法律法规的检查，建立企业劳动用工信用档案，加大劳动保障监察执法力度，对严重违反劳动保障法律法规、拖欠克扣农民工工资的建筑业企业要会同建设、工商等部门依法依规予以查处。商业银行要加强对建设工程和房地产开发项目的贷款管理。建设部门要会同银行研究推广银行贷款直接给付建筑业企业工程款的模式。建设和劳动保障部门要建立健全拖欠工程款和拖欠工资举报制度和解决拖欠的工作机制，做到专人负责、处理及时、客观公正。

支付保障制度的监控主体无论是监察部门还是社会保障部门，都很难凭借一己之力有效地解决农民工欠薪问题，进一步完善联动机制，实现各地区、各部门联动监控，才是解决问题的有效途径。如北京市 2013 年 11 月就明确提出要各部门充分联动，进一步健全工资支付监控和工资保证金制度，确保广大农民工按时足额得到劳动报酬。

3. 部分企业认识不够，存在侥幸心理，导致发生各种不规范行为

据调查团队对北京、广东、山东的调研发现，部分企业，尤其是小型的建筑企业存在侥幸心理，未自觉按照国家或地区的农民工工资支付保障制度有关政策规定和法律条例，积极解决农民工工资的标准与发放问题，没有认真实行农民工工资支付保障制度，如未按规定数额和比例足额支付保证金和设立预储账户，未按照规定日期足额缴纳保证金和设立预储户账户，未实行工资款和工程款分开，以及专款不专用等不规范行为。而且，目前建筑市场不规范，房地产开发项目多为施工企业垫资建设，开发商按进度给建筑方付款，建筑方再按进度给劳务公司付款，劳务公司再把钱给包工头，包工头支付农民工的工资。建设工程存在转包、违法分包、挂靠施工等现象，建设项目层层转包、分包，各个建筑主体均不愿为农民工工资垫付保证金或设立预储户，在监管不严的情况下，欲逃脱责任。

究其原因，除了企业自身缺少社会责任感外，更重要的是企业并未认识到支付保证金和设立预储账户的必要性，企业缺乏守法诚信意识和观念，存在较强的侥幸心理。

4. 与工资支付保障制度相配套的信用制度有待进一步完善

我们的调研及相关研究表明，农民工工资保障制度主要由各级劳动监察部门或各级劳动保障部门对本辖区的企业工资支付情况进行监督检查，定期组织自查、抽查，并视情况对检查结果进行公布和对有关企业提出预警，但较少与企业的信用等级挂钩，根据检察结果对企业的信用等级进行相应调整。各地建设主管部门与招标投标、资质监管、市场稽查等行为的纵向联系以及与相关管理部门和机构（如工商行政管理部门、银

行等）的横向联系都不畅通，很难建立完善的信用奖惩制度。

完善的企业信用制度包含企业信用管理体系、资信评估体系和社会信用体系等内容，短时期内很难实现。我国统一的企业信用制度体系有待进一步完善，大部分地区农民工工资支付保障制度与信用制度仍然没有实现配套管理，甚至缺乏必要的奖惩机制，这在一定程度上助长了企业的恶意欠薪行为，企业因客观原因不能按时足额支付农民工工资的，也较少向农民工说明拖欠的原因，并向劳动保障部门和劳动监察部门及时报告。

七、进一步完善工资支付保障制度的建议

（一）建立、健全农民工工资支付保障制度长效机制

以工资准备金、工资保证金和欠薪应急周转资金制度为重点，着手建立、健全农民工工资支付保障制度长效机制。以工资支付保障金和预储户为核心，建立农民工工资专户制度，实行工资款和工程款分项列支，工资账户专款专用于委托银行发放工资；明确建设单位、总承包企业和劳务分包企业缴纳保证（障）金的责任；调动金融机构代发工资的积极性。以欠薪应急周转金制度为保障，设立欠薪应急周转资金专用账户，实行专款专用，用于突发事件的应急处理，事后向企业追加垫付欠薪款项相应比例的追偿金。

（二）进一步完善工资支付保障制度相关法律和政策体系

持续推动完善农民工工资支付保障相关法律政策体系，促

进建立和谐稳定的劳动关系。建议修订《合同法》及其他相关法律法规，增加不履行合同的法律责任。继续修订《建筑法》，增加规范和监督建筑企业行为的条款，加大对拖欠工程款的处罚力度。加快制定相应配套的部门规章，包括《关于推行房地产开发项目业主工程款支付担保制度的规定》《建设工程结算管理办法》《工程质量保证金管理办法》和《建筑业企业支付劳动者工资管理办法》等。

进一步完善防止产生拖欠工程款的各项制度和规定。住建部、国家发改委、财政部等有关部门积极推行建设企业工程款支付担保制度，由银行、担保公司等金融机构根据企业支付的保证金、预储户账户资金，以及企业信用等级和企业资质等情况为企业提供担保，加强付款监管，确保建设企业工程款按规定程序及时、足额支付到中标的总承包企业，再到劳务分包企业。制定和实行实名管理、连带责任、支付信用、部门联动、行政问责五项保障制度，同时强调违反农民工工资支付保障制度相关规定的法律责任（借鉴《云南省农民工工资支付保障规定》）。建立劳动关系矛盾预警排查机制，对用人单位支付劳动报酬情况定期开展监督检查。完善建立由人力资源和社会保障部门牵头，纪检监察、财政、住房和城乡建设、国土资源、交通运输、公安、检察院、法院、工商、工会等有关单位组成的联席会议制度，每半年召开一次专题会议，强化构建跨区域、跨部门解决问题的联动机制。

结合各地区实际，推动各地区因地制宜制定地方法律和政策补充条款。如江西地区建立了民工工资管理的八项新机制：承包合同确认、民工信息注册、民工工资预存、民工工资核算、民工工资支付、民工工资监管、违规责任究查、信用记录档案。

（三）优化农民工工资支付保障制度的具体环节

1. 制定完善农民工工资预储账户制度的具体管理办法

建设企业、施工总承包企业和专业承包企业须在工程项目所在地指定银行建立农民工工资预储账户，并书面承诺该账户资金只用于支付农民工工资，专款专用，不得挪用。预储账户中农民工工资预留标准，建议施工总承包企业按照产值的12%或建筑工程造价的1.5%，专业承包企业按照产值的6%预留，最低标准要能保障按月拨付劳务分包企业足额支付农民工工资。指定的银行负责对该资金用途去向进行监管，并向建设行政主管部门、人力资源与社会保障行政管理部门提供有关信息。专用账户的预留资金应当能保障根据劳动合同约定的农民工工资标准，按照依法签订的集体合同或劳动合同约定的日期按月拨付给劳务分包企业，用于支付农民工工资，并不得低于当地最低工资标准，每年年底前做到百分之百支付，具体支付方式可采用一卡通的形式或结合建筑行业特点在内部工资支付办法中作统一规定。

劳务分包企业应当在开办实名制卡业务的银行建立农民工工资专用账户，与开立农民工工资专用账户的银行营业网点签订《代发农民工工资协议书》，由劳务发包企业从劳务费专用账户中按月将农民工工资打入农民工工资专用账户中，专项用于支付农民工工资。专款专用，不得挪用。

2. 完善农民工工资支付保障金制度

建设企业、施工总承包企业、专业承包企业及劳务分包企业应当在工程项目所在地指定银行建立工资支付保障金专用账户，该账户专项用于发生欠薪时支付农民工工资的应急保障，专款专用，不得挪用。账户内资金启用要经建设行政主管部门和人力资源与社会保障行政管理部门批准，并在30日内予以补足。逾期未补足保证金的，将按照应补足数额加倍缴纳。同时，建设行政主管部门，有权责令该项目限期整改。对有拖欠、克扣农民工工资行为的用人单位要按照上年度应付农民工工资总额的25%预存农民工工资支付保证金。

采用农民工工资分项列支管理制度，明确建设单位、施工总承包企业或施工企业、专业承包企业、劳务分包企业的具体责任。劳务分包企业发生拖欠、克扣农民工工资情况，经人力资源和社会保障行政管理部门及建设管理部门调查确认后，责令限期支付；逾期不支付，由人力资源和社会保障行政管理部门签发《农民工工资支付通知书》，从建设企业、施工总承包企业和专业承包企业和劳务分包企业存入银行的工资支付保证金中支付。使用保证金支付农民工工资后，由人力资源与社会保障行政管理部门通知建设企业和施工总承包企业，以及专业承包企业，按规定期限补存已经支付的农民工工资保障金，逾期未支付保障金的企业，建设行政主管部门有权责令该项目限期整改。

建设企业、施工总承包企业，以及专业承包单位申请退还保障金提交退还申请时，须向人力资源和社会保障行政管理部门及建设管理部门提交农民工工资支付凭证或其他能证明农民工工资已付清的充分证据、有效担保手续的报告。人力资源和社会保障行政管理部门及建设管理部门接到报告后的3个工作日内，到项目所在地张贴无欠薪通告和投诉欠薪渠道，7个工作日内如没有接到欠薪投诉方可退还保障金，否则不予退还。

若退还保障金后仍有投诉，未及时处理的企业需加倍缴纳保障金，并降低其信用等级。

3. 制定与建设企业、总承包企业和劳务分包企业信用等级挂钩的差别化工资保证金缴纳办法

进一步明确工资支付保障金的缴纳主体和缴纳比例。第一，农民工工资支付保证金由项目建设单位缴纳，在应付工程款中列支，农民工工资支付保证金的缴纳比例为施工总承包合同价款的1%—2%。第二，总承包单位按照总承包合同价款的规定比例存储农民工工资支付保证金，具体如下：工程合同金额在1000万元（含1000万元）以下，按合同金额的3%计算；工程合同金额在1000万—5000万元（含5000万元），按合同金额的2%计算；工程合同金额在5000万元以上的，按合同金额的1.5%计算。为引导鼓励建筑施工企业规范管理劳务用工，及时足额支付农民工工资，按照无拖欠少缴，拖欠多缴的原则核定缴纳比例。①承建项目的建筑施工企业在上一年度中没有拖欠农民工工资的，按1%缴纳。②承建项目的建筑施工企业在上一年度中有拖欠农民工工资问题的，按2%缴纳。③承建项目的建筑施工企业连续三年没有发生过拖欠农民工工资问题的，可免缴农民工工资支付保证金。如有当年新发生拖欠，按合同价款的2%缴纳。发生过无故拖欠农民工工资行为的其他用人单位，应当在每年年初按照上一年度工资总额的一定比例，向劳动保障部门指定的银行专户预存工资保证金。用人单位不能按期支付农民工工资的，由劳动保障部门从工资保证金中支付。工资保证金及其利息归该建筑施工企业所有。工程结束后，未发生无故拖欠农民工工资行为的，工资保证金及其利息由该建筑施工企业自行支配。

4. 进一步完善欠薪应急周转金制度和欠薪保障基金制度试行办法

各级政府都应在本地设立欠薪应急周转金和欠薪保障基金。欠薪应急周转金和欠薪保障基金的来源可借鉴上海的做法：企业缴纳的欠薪保障费及其利息的收入；垫付欠薪款项的追偿所得；财政补贴；其他收入企业、企业分支机构每年缴纳一次欠薪保障费。缴费的具体数额，应为本地区公布的月最低工资标准的数额。本地区范围内企业缴纳欠薪保障费。垫付农民工工资动用的应急周转金本息应当依法予以追偿。应急周转金和欠薪保障基金专户预存数额，市级一般不低于300万元，县级一般不低于100万元。应急周转金和欠薪保障基金的储存启用制度由各级人力资源和社会保障部门会同财政部门共同制定，并报政府主管部门审批同意后方可执行。

（四）加强工资支付保障监控制度和信用制度等配套制度的衔接

进一步加大工资支付保障制度实行的监控力度，完善监控体系，监控制度和信用制度等配套制度的衔接。积极推进信用体系和风险管理制度建设。发挥市场信用约束和失信惩戒机制的作用。建设部建立建筑业企业和房地产企业的信用档案和市场监控体系，配合有关金融部门，对有违约失信行为的房地产开发企业，严格控制贷款。在贷款数额、期限、利率等方面实行限制；对自有资金不足的房地产开发企业坚决不予贷款，充分发挥建筑业行业协会的自律作用，引导企业自觉抵制业主的不合理要求。对于严重或恶意拖欠工程款的业主以及搞不正当竞争、签订“黑白合同”的建筑业企业，记入信用档案，向社会公开其不良记录。严格执行“零拖欠”招投标制，对有两次以上拖欠劳务费行为或有一次拖欠行为但仍未清理的总承包企业，取消其在各级公共资源交易平台的招投标资格；对有相同拖欠记录的劳务企分包业，没有资格参加新的招投标和承接新的劳务项目。总承包企业和劳务分包企业若拖欠农民工工资被投诉举报，经监管单位查证属实的，取消其在工程建设中的评先资格，信用等级下降，并按照合同约定给予相应的处罚。对拖欠农民工工资的总承包企业和劳务分包企业单位，录入建筑企业不良信用档案，同时，书面告知监管银行将其录入银行诚信系统，并不予为其办理贷款。还需录入政府企业信用信息系统，降低信用等级标准，进行信用记录备案，供政府相关职能部门在表彰评优、采购、招投标、资质认定、年检年审、登记注册以及对企业及其法定代表人或主要负责人的评比认证任职等活动中做参考依据，也可为房产市场各类企业进行市场交易行为和消费者理性购房提供相关企业的信用信息。

此外，还应该构建全国信息化管理系统平台，实现农民工工资支付动态化管理。在全国建立各地区信息化管理平台，实现农民工工资支付保障制度的全方位、系统化、动态化运行和管理。有助于优化跨地区的联动机制，使管理更加高效、便捷。

第四节 企业工资支付诚信体系建设

工资是劳动给付的对价，是劳动者进行劳动的主要目的和生存的保障，获得工资是劳动者应当享有的基本和核心的权利。一个企业是否能诚信支付员工工资，既关系到企业自身的劳动关系和谐，也关系到企业抵御商业风险的能力。确保企业诚信付薪是法制社会建设的一个重要环节，是完善我国社会主义市场经济体制和法治建设的基本需要。

一、企业工资支付诚信的标准

根据《关于劳动法若干规定条文的说明》的解释，广义的工资是用人单位以法定形式支付给劳动者的各种形式的物质补偿，主要包括：货币工资（狭义工资）、实物报酬（非货币形式支付的福利等）和社会保险三个部分。国家统计局 1990 年发布的《关于工资总额组成的规定》，包括计时工资、计件工资、奖金、津贴和补贴，延长工作时间的工资报酬以及特殊情况下支付的工资等。所以，工资总额包含如上种类，并不仅仅是货币工资。

国外及中国港澳台地区法律对企业是否诚信支付工资均有严格的规定，但各自（包括国际组织）的标准有所不同，具体详见表 6.7。

此外，国外企业没有忽视员工的加班费，根据《美国劳动雇佣法》的规定，雇主不可剥夺员工享受加班费的权利，而且美国法律对加班时间没有限制，因此企业若拒付员工加班费，也被认定对工资支付的不诚信。在中国，法律规定除不定时工作制外，职工一个月加班时间不得超过 36 个小时，所以企业在支付工资时，若不采取综合计算工时制，也属于不诚信支付工资。

表 6.7　国外及中国港澳台地区法律对企业是否诚信支付工资的标准

国家/组织	法律名称	企业诚信支付工资的标准或要求
国际劳工组织	《反对强迫劳动给雇主和企业的手册》	不以法定货币形式支付工资，使用非现金支付方式使工人负债；延迟或不支付工资，并累积拖欠；在计算和支付工资时进行欺骗，包括工资扣减；恶意进行工资预付或提供贷款，并收取过高的利率。
加拿大	《雇佣标准法》	雇员最少必须每半个月发放一次工资，发薪日不得迟于该段时间之后 8 天。在付工资时，雇主应给雇员一张“工资清单”，上面阐明了工资的数目，税前和税后的情况，工作时间、假期时间的详细记录。该清单作为收入证明，是雇员今后向银行申请贷款、向政府申请社会福利的依据。
利比亚	《利比亚劳工法》	工资只能在工作日发放。
菲律宾	《菲律宾劳工法》	工资最少两周发一次，或者一个月发两次。
中国香港地区	《雇佣条例》	雇主必须在工作期满后或雇佣契约结束后的 7 天内尽快支付工资和其他应支付的款项，雇主必须以法定货币将工资直接付给雇员或雇员指定的代理人或者在雇员同意的情况下，以支票、银行汇票、邮汇或者自动转账等方式支付工资和其他应支付的款项。
中国澳门地区	《澳门劳资关系法》	工资必须用本地区货币支付，在用金钱和物质支付或者其他支付的情况下金钱支付的数额原则上不应少于工资总额的 50%，工资最迟应于服务的有关期间届满后 3 个工作日内进行，工资应在劳动者工作的地点支付。
中国台湾地区	《劳动基准法》	工资应在劳动者工作的地点支付，在酒馆、旅馆、娱乐场等易于诱惑浪费之处支付工资都属于企业不诚信支付工资的行为。

关于企业工资的诚信支付方面，我国法律作出了如下规定。《工资支付暂行规定》中强调，工资必须在用人单位与劳动者约定的日期支付。《劳动法》第五十条规定：工资应当以货币形式按月支付给劳动者本人。不得克扣或者无故拖欠劳动者的工资。第九十一条规定：用人单位有下列侵害劳动者合法权益情形之一的，由劳动行政部门责令支付劳动者的工资报酬、经济补偿，并可以责令支付赔偿金：（一）克扣或者无权拖欠劳动者工资的；（二）拒不支付劳动者延长工作时间工资报酬的；（三）低于当地最低工资标准支付劳动者工资的。《劳动合同法》第三十条规定：用人单位应当按照劳动合同约定和国家规定，向劳动者及时足额支付劳动报酬。用人单位拖欠或者未足额支付劳动报酬的，劳动者可以依法向当地人民法院申请支付令，人民法院应当依法发出支付令。

综上所述，依照对工资的广义定义，对比国内外的相关法律，我们可以总结出企业是否诚信支付工资的定义为：

第一，是否按时足额发放工资；第二，是否以现金或活期银行卡方式发放；第三，加班费的支付是否规范；第四，是否在合适地点发放工资；第五，是否依法缴纳社会保险。

以上若有一项条件不满足，则认定该企业未能诚信支付工资。

二、企业失信付薪的惩戒办法与公开制度

企业不诚信支付工资的原因是多方面的。首先，客观上，如企业自身的资金不足难以运转，就会导致无法及时支付员工工资；主观上，如企业经营者道德水平低下，为了自身或企业利益的最大化，就会克扣压榨劳动者的工资。其次，国家关于

诚信支付方面的立法不完善，地方政府执法力度不严。诚信停留在道德约束层面，没有上升为法律和相关社会诚信制度，单靠道德谴责难以有效惩戒不诚信的企业。再次，社会各界、新闻媒体舆论对于此问题的关注度不够，难以引起社会共鸣和领导重视。劳动者对于企业诚信支付工资与否缺乏了解，只有发生严重拖欠时，才开始维护自身权益。最后，也是重要的一点是，我国的失信企业公开制度还很不完善。我国的市场经济是秩序经济，秩序是通过约束和惩戒来实现的，针对失信行为，必须要有惩戒措施。目前，我国各地方政府出台了相关制度惩戒不诚信的企业，并将其不诚信行为公开到社会，详见表6.8。

从表6.8中我们可以看出，针对不诚信支付工资的企业，我国各地方多采取不诚信企业黑名单制度，企业的不诚信行为会记录到档案，并与金融机构、社会其他组织相互联系，制约不诚信企业日后的发展。以我们调研的山东青岛为例，青岛市中级人民法院就与青岛主要金融机构建立了“点对点”司法查控网络平台，实现了社会信用与司法公信的有效融合。

表6.8　我国各地企业未诚信支付工资的公开与惩戒机制情况

地区	企业未诚信支付工资的公开与惩戒机制
广西柳州	除按照《劳动保障监察条例》依法处理外，还记入“诚信档案”，并通过媒体曝光和通报银行，记入中国人民银行企业诚信系统。
上海南京西路	将不诚信支付员工工资的企业列入不诚信名单，对于屡教不改的企业，将通过有关部门，逐出当地商圈。
南昌	将不诚信付薪企业列入失信黑名单。
江西	未诚信支付员工工资的建筑企业，建设部门不得发放施工许可证，发展和改革部门不得批准开工报告。

续表

地区	企业未诚信支付工资的公开与惩戒机制
重庆	《重庆市建筑施工企业诚信综合评价暂行办法》对于企业的诚信评价、计分规则以及企业行为审核程序等作出了明确的规定，一旦企业出现不诚信支付工资的行为，会直接影响到招标结果。
广东	《广东省社会法人守信激励与失信惩戒试行办法》中，对于严重失信的企业，有关部门将严格限制其项目申报、招标核准、用地预审、环境影响评价等行为，金融监管部门依法限制其上市融资、发行债券等金融业务。《广东省劳动保障监察条例》规定，用人单位若发生欠薪，将影响其承接投资、申请参加政府采购，以及获得银行商业贷款等。有关行政部门审查用人单位承接投资、参加政府采购等申请时，应当将用人单位三年内是否存在劳动保障违法记录作为参考。
深圳	《深圳推进企业履行社会责任指导意见》中提出，有过不诚信付薪记录的企业，将不得进入市场。
珠海	《珠海市企业和社会组织信用信息管理办法》中规定，不诚信支付工资的企业不良记录将被记录三年，影响企业信贷服务。
浙江	企业工资支付情况将主导企业信用等级评定，严重不诚信的企业，将予以公开曝光，并在人民银行企业征信系统予以披露，对其履约担保、融资贷款加以限制。
临安	设立“一黄二红三黑榜”，当拖欠职工工资超过 3 个月时，工会以书面形式对企业发出黑色警报，并建议银行税务系统降低企业信用等级，在劳动服务市场公示企业名单。
河南	开通企业征信系统，企业诚信行为将会影响银行对其信贷的支持。
山东日照	成立了一家第三方信用机构，用户登录网站输入相应的企业名称，即可看到与企业相关的 6 方面的信用记录：政府监管信息、银行信贷信息、行业评价信息、媒体评价信息、企业运营信息和市场反馈信息。其中包括企业是否拖欠工资的信息。

续表

地区	企业未诚信支付工资的公开与惩戒机制
山东青岛	成立了社会信用体系建设联席会议，为实现信息共享，人民银行青岛市中心支行开发了“非银行信用信息共享平台”，依托政府金宏网和金融网两个专用网络，有关单位和部门共享法院的企业经济诉讼和强制执行信息、工商吊销营业执照企业信息、纳税非正常户信息、公告欠税企业信息、环保奖罚信息、个人和企业公积金缴存信息、拖欠职工工资信息等10余类、约130万条。

各地预防企业欠薪的做法对于当地建立工资保障制度具有一定作用，但各地各行其是，难以形成国家整体的惩戒机制。一个企业在一个地区失信被惩戒后，却有可能在其他地区依然失信。所以，建立具有国家强制性的企业失信惩戒体系迫在眉睫。

国外对于不诚信支付工资的企业的惩戒措施也有一些值得借鉴的地方。德国的公共征信机构通过法律或决议的形式强制性要求负责监管的银行、财务公司、保险公司等在内的所有金融机构必须参加公共信用登记系统，联合采集企业诚信信息。日本的企业征信机构则采取的是市场经营模式，金融机构将根据企业的诚信记录决定是否对其授信。

将企业的诚信信息公开，不仅仅是为了惩戒，也是为了激励对于信用良好的企业，在社会上树立优秀典范，使诚信企业蔚然成风。如广西在守信激励方面的做法是，对于拥有良好信用信息的企业，各级政府和相关机构可在日常监管中减少或免除各类检查。广东在守信激励方面的做法是，对于拥有良好信用信息的企业，可在日常监管中减少或免除各类检查。浙江对连续两年诚信支付工资的建筑企业，采取免缴农民工工资支付保证金的激励措施。只有兼顾公平、规避缺陷，才能使各部门协调配合，良性发展。

三、企业诚信支付工资的分级与公开

当前各地已有企业诚信分级的相关措施，我国应该建立统一的企业诚信分级标准，成立社会企业诚信信息数据库，并与各部门联动，让企业的诚信信息得到有效的应用。具体办法详见图 6.1。

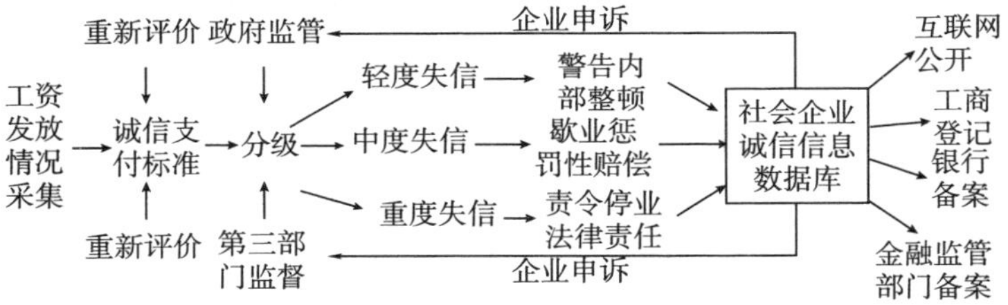

图 6.1　企业工资支付诚信分级与公开流程

我国应在各地区设立专门机构，每隔三个月对企业的工资发放情况进行调查，根据诚信支付标准，对企业的诚信等级进行分级。轻度失信的企业可以采取书面警告，要求企业进行内部整顿，并在整顿好后一个月，重新展开调查；对于中度失信的企业，采取歇业整顿，并上缴欠薪金额的 50% 作为赔偿金发给劳动者，同时，在企业重开一个月后重新调查；针对重度失信的企业，国家工商部门要责令其停业，并由司法机关依法追究其法律责任。由此，将建成一个社会企业诚信信息数据库，企业的信息将会影响到它们的社保缴费比例，互联网公开的企业诚信信息会指导人们就业，工商登记信息会限制法人另行开业。银行备案后，可以依据这个数据库，限制不诚信企业的信贷行为，金融监管部门也会对其日后的上市、融资行为加以考量。对于自己的诚信等级存在质疑的企业，可以向政府监管部门和负责监督的第三方提出申诉，要求其重新评定，并提出评价依据和相关证据。

四、企业诚信支付工资的保障措施

企业是否诚信支付员工工资，直接影响和谐劳动关系建设和社会稳定发展。采取积极有效的措施来解决这一问题，建立健全与社会主义市场经济相适应的企业工资支付诚信体系已成为当务之急。农民工是社会弱势群体，受到自身技术状况、文化水平、法律意识等方面的限制，常常难以有效地维护自己的权益，因此需要联合社会各方面的力量来解决、保障农民工权益。

1. 依靠国家和地方政府的法律法规，自上而下地推动企业工资支付诚信体系的建立

十一届全国人大常委会第十九次会议表决通过的我国《刑法修正案（八）》中将部分拒不支付劳动报酬的行为纳入了刑法的调整范围。最高人民法院发布的《关于审理拒不支付劳动报酬刑事案件适用法律若干问题的解释》，进一步明确了相关刑事案件的法律适用标准。严厉的刑事惩罚，能够对无良企业起到一定的威慑作用。但员工工资无法诚信支付，主要在于企业对运营和项目资金的不当管理。因此，应该加强相关立法研究，制定更为全面有效的法律，从源头上遏制企业失信。要规定用工单位在指定银行设立工资保证金，一旦企业有不诚信支付工资的行为，银行将从保证金中支付员工应得工资。

国外企业诚信付薪体系之所以发展较好，主要源于它们的法律规范较为完善。例如：美国的《公平信用报告法》《信用公平使用法》和《个人隐私法》等法案，为企业的诚信经营行为提供了法律依据和保障。日本政府的垫款制，更加显示出保障的强制性——政府支付的垫款，雇主有义务偿还。

中国台湾地区在企业出现不诚信付薪时，由劳动行政主管机关设立“积欠工资垫偿基金”。基金由企业雇主“按其当月雇佣劳工投保薪资总额规定之费率，缴纳一定数额的积欠工资垫偿基金，作为垫付前项积欠工资之用”，“雇主积欠之工资，经劳工请求未获清偿的，由积欠工资垫付基金执偿之；雇主应于规定期限内，将垫款偿还积欠工资垫偿基金”。

我国目前地方法规针对此问题规定较多，而国家层面制定的相关法律较少。在地方法规中，对建筑企业违反诚信行为的规定较多，广泛覆盖所有企业的规定较少。例如，我们调研的北京市就出台过强制规定，建筑企业不诚信支付农民工工资，将被驱逐出本地建筑市场。在《江西省建设领域农民工工资支付管理暂行办法》中规定，强制建设单位和施工企业在指定的开户银行按规定的比例预存工资保证金，实行专户管理，用于偿还企业没有诚信支付的工资。广东采取“二三四”的做法，即完善两个制度、突出三个重点、强化四种手段，来解决企业不诚信支付工资的问题。深圳市对企业收取欠薪保障费，企业要将应缴纳的欠薪保障费足额存入本单位缴纳社会保险费的银行账户，由市社会保险基金管理局代征。加强行政手段，用政府的强制力量促进企业工资支付诚信体系建设的同时，将行政手段与法律手段相结合来重构企业诚信的长效监控机制是十分必要的。

各级地方政府已具备工资诚信支付的保障意识和相关政

策，国家也应趁热打铁，尽快制定统一规范的企业信用管理的法律制度，对市场进行信用规范。

2. 各部门协调配合，对不诚信企业采取惩戒措施

我国现在处于建立社会信用体系的初级阶段，信用体系基础还相对薄弱。当前，我国已经建立了整合资源的国家企业信息公示系统，但是信用信息建设仍然任重而道远。我国社会诚信缺失和信用交易风险问题仍较突出。由于法治不健全、道德文化建设滞后，市场经济体制尚不完善，违背法律法规、不执行合同契约、不兑现承诺和不遵守公共道德现象突出。公共信用机制与市场信用机制发展很不平衡。公共信用机制与市场信用机制是相互补充、互通互动的关系，任何一方面有短板都不利于社会信用体系的健全和良性运转。近年来我国社会信用体系建设工作主要是围绕公共信用机制展开，整体上对市场信用机制建设重视和引导不够，各种类型的市场信用机制发展也很不平衡。信用法规标准不健全，信息孤岛和信息滥用问题突出，信用评价和信用服务市场问题凸显。社会信用体系建设的体制机制面临挑战。目前我国主要依靠社会信用体系建设部联席会议推动相关工作。虽然主要牵头单位推动协调力度很大，但由于全国性信用建设法规尚未出台，不同部门重视程度和工作思路不一致，在信息共享、联合奖惩等工作协同方面仍面临诸多困难。只有将各个企业不诚信支付工资的行为与整个社会信用体系相联系，打破壁垒，网络化管理，建立健全各部门间相互配合、相互监督、相互制约的机制，才能起到卓有成效的惩罚与激励影响。比如德国和日本的公共征信机构强制性要求所监管的银行、财务公司、保险公司等在内的所有金融机构联合保障企业诚信支付工资。日本政府为了保障企业诚信履行劳动法设立了专门负责监督检查的劳动行政机关。日本政府最高的劳动行政机关是劳动省，劳动省内设五个比较大的局，分别是劳动政策局、劳动标准局、妇女少年局、雇佣保险局和职业训练局。各都、道、府、县等地区均设有劳动标准局，各都、道、府、县辖区内都设立劳动标准监督署。

因此，我国也应该吸取国外先进经验，各部门协调起来，建立企业诚信信息的采集、加工、发布、共享机制，将企业信用体系与银行信用体系联合起来，联合证券公司、保险公司、公用事业单位、财政、税收、审计、司法等拥有信用信息的部门，共同对企业信用进行规范管理，将企业不诚信行为发布到社会信用信息网。对不能诚信支付工资的企业不仅仅是道德谴责，更要有实质性惩戒。在全国企业信用信息公示系统上线运行后，各地政府应依据《政府信息公开条例》《企业信息公示暂行条例》等法律法规的有关规定，为全国企业、农民专业合作社，个体工商户等市场主体提供信用信息和填报、公示和查询服务。各个商业银行充分利用数据库信息资源，对有信用、有市场、有效益的中小企业增加信贷投入，对不诚信的企业，银行根据不诚信的测评等级，限制企业日后的贷款等行为。在信息信用体系的建设中应当打破信息孤岛，大力推进公共信用信息的归集共享。围绕重点领域和重点人群建立动态更新的信用记录。创新采集方式，一方面依托共享平台，广泛、机制化地采集各部门在行政管理和公共服务过程中形成的信用信息；另一方面依托第三方机构、行业协会商会等机构采集市场主体在经济社会活动中的信用信息。推进信用立法工作，为优化营商环境提供信用法制保障。通过信用立法有效规范信用信息的采集、整合、交换、发布和使用，优化社会信用环境，促进经济社会健康持续发展。同时大力推动公共信用机制与市场信用机制协同发展。形成线上信用机制与线下信用机制有机融合、平台自建信用机制与专业信用机制和行业组织信用机制互相促进、良性互动的良好局面。建设与数字时代相适应的社会信用体系。充分重视数字技术在经济社会中快速普及带来的变化，推动我国社会信用体系建设逐渐形成“政府推动、社会共建、信息互动、市场自治、行业自律，广泛应用、高度智能”的新格局。

当前，我国已有部分省份采取了各部门协调评价诚信企业的做法，并对不诚信支付工资的企业联合处罚。例如，江西省对于失信的建筑企业，建设部门、发展和改革部门联合行动，限制其开工。在我们调研的广东省，对于“严重失信”的企业，有关部门和金融监管部门会依法限制其上市融资、发行债券等金融业务，银行也会根据企业信用记录限制不诚信企业的借贷行为和其他业务，这就要求政府部门与银行部门联合行动。深圳市和柳州市对于不诚信支付工资的企业，也会由劳动部门和银行系统联合处理。

3. 提高员工自身维权意识，自下而上地推动员工维权诚信体系的建设

如果劳动者不能自觉保护自身利益，而相应的制度又不完备，那么作为弱势群体的劳动者就很容易受到权利侵害。所以劳动者应主动了解、学习诚信工资等相关制度的意义。当劳动者得不到足额的工资、加班费，在试用期的工资被恶意克扣，不能及时得到应有的劳动报酬和社会保险时，应该意识到自己的合法权益已经受到严重侵害。劳动者必须拿起法律的武器，去主动捍卫自身权益，积极寻求有关部门帮助，让失信企业得到惩罚。在江西，如果企业确实因经营困难等原因不能诚信付薪时，必须得到本企业工会或职工代表大会的同意，并向当地劳动保障部门、工会组织报告。员工是企业的核心力量，只有每一位员工都关注自己的工资问题，才能从根本上保障自己的合法权益，促进企业支付工资诚信体系的建立。

4. 强化企业内部信用管理

诚信是一个企业发展的基础，加强企业自身信用宣传教育和企业自律意识十分关键。只有企业的管理层认识到诚信支付工资的重要性，在企业诚信建设上多下功夫，才能从根本上杜绝不诚信问题的发生。企业应该认识到，诚信付薪既是对企业自身的保障也是对员工的负责。应实行诚信透明工资单：列明工资的数额、税前和税后的情况、工作时间、假期时间等信息，便于员工了解企业是否诚信付薪。各地乃至全国可以发展企业间信用排名，合理划分信用等级，对不讲信用的企业实行优胜劣汰。

第五节　工资支付保障管理模式

一、构建工资支付保障管理模式的必要性

截至 2018 年，全国农民工总量为 28836 万人，其中进城农民工人数达 13506 万人。然而，作为社会弱势群体，农民工工资拖欠问题还未得到彻底解决。因此，围绕建立健全工资支付监控体系、企业工资支付诚信体系等保障工资支付的长效机制，研究提出可行的工资支付保障管理模式十分必要。同时，鉴于有相当数量的农民工都就业于建设领域，而目前农民工工

资拖欠现象 80% 都集中在建设领域，我们也将着重考察建筑施工企业的农民工工资支付保障管理模式的构建。

农民工工资拖欠问题表面上是农民工的个人问题，实际上却是一个深刻的社会问题。户籍制度和城乡二元结构使得农民工很难取得城镇居民资格，在这种条件下，许多面向城镇居民的优惠政策农民工无法享有。对于绝大多数的农民工来说，无论在城市居留多久都无法改变他们的城市流动人口的地位；同时，很多城市政府对他们采取了歧视性政策。农民工工资拖欠问题涉及一个数量庞大的弱势群体的基本生存问题，而解决这些问题的关键还在于政府政策的大力干预。

建立工资支付监控体系，正是为了从源头上防止拖欠农民工工资问题的发生。通过监督企业的工资支付情况，对有可能欠薪与经营者可能逃匿的企业实施有效预警，将工资支付情况纳入企业诚信等级考核，建立企业信用监督与失信惩戒机制，可以有效地监测与防范可能出现的拖欠农民工工资情况，对于遏制拖欠农民工工资问题的发生也将发挥积极作用。并且，构建建筑施工企业诚信体系有利于行政主管部门有效监管，有利于制止建筑施工企业的违法行为，发展健康的建筑市场秩序。

二、工资支付保障监控和企业诚信体系目前的运行情况和问题

通过收集文献资料和对北京、广东、山东等地的实地调研，我们认为，建筑业农民工工资支付监控制度和企业诚信制度实施以来，在解决农民工欠薪问题上产生了积极作用，有效减少了欠薪事件，维护了农民工合法权益。同时，亦存在一些问题。

（一）工资支付保障监控体系运行时存在的问题

目前，农民工工资支付保障监控体系虽已基本建立，但还未实现常规化、常态化，有些措施甚至还流于表面，工资支付保障监控体系要发挥预期作用还需与相关政策紧密配合，要通过解决在实际运行中遇到的各种问题的基础上不断补充完善。由于监控系统的运行大部分是由当地的劳动保障监察机构实施的，主要以人力监控为主，给劳动监察部门造成了很大的工作量，而且劳动监察部门人员编制和权限有限，工作人员疲于奔命，无法很好地完成工资监控的功能。只有进一步完善信息化管理，各部门统一配合，凭借网络化信息运作系统，动态监控建筑企业工资支付的情况，才能有效预防欠薪，解决工资支付保障监控体系运行时存在的问题，保障农民工工资按时发放。

另外，并非所有拖欠农民工工资问题均为恶意拖欠，的确还存在部分企业由于未能获得工程款，才造成不得不拖欠农民工工资之举，尽管这种情况可能并不多，但也不能忽视。

需要指出的是，工资支付监控制度并不能治本，寄希望于这一制度完全解决拖欠农民工工资问题不太现实。要从根本上解决拖欠农民工工资问题，更为关键的是国家应统筹城乡规划，采取包括户籍制度改革在内的有关措施，完善法律制度，取消农民工在职业与工种上的限制，赋予农民工真正的劳动力市场主体地位与各项应有的权利，逐步统一劳动力市场，形成城乡劳动者平等就业制度，改善农民工就业环境，扭转农民工弱势群体地位，提高农民工自身维权意识与能力，使农民工自身作为制衡防范企业拖欠工资的行为主体。同时，再辅以工资支付监控机制，才能真正解决拖欠农民工工资的问题。

（二）建筑施工企业诚信体系运行时存在的问题

1. 缺乏针对建筑企业特点所推行的诚信标准及必要的市场失信奖惩措施

在调研中我们发现，一些建设单位不按工程规则办事，强行要求施工单位垫资施工，拖欠工程款；一些承包企业层层转包工程，在施工中偷工减料，导致工程出现质量和安全问题；一些监理单位、招标代理等中介机构办事不公，扰乱了市场秩序。同时，由于缺乏市场的诚信标准，市场不规范，无法衡量其失信行为，再加上缺乏必要的失信惩处措施，导致建筑市场失信行为屡见不鲜。

2. 建筑企业信用制度有待进一步完善

在北京、广东、山东的调研及相关研究表明，各地的农民工工资保障制度较少地与企业信用等级挂钩，也不能及时根据企业的信用等级进行适当的调整。大部分地区的农民工工资支付保障制度和企业诚信制度之间的配套管理还有待提高。同时，在目前的建筑市场中，所用的建筑企业诚信调查方法缺乏科学性，信用评价的投入产出效果不好。对于一些市场主体是否发生了失信行为，缺乏必要的评价体系，无法对此给予正确的评价。

3. 建筑市场缺乏强有力的监管

在建筑市场上，施工企业与建设项目的数量严重失衡，造成了“僧多粥少”的局面，由此产生了一系列的不正当竞争。由于政府监管的不到位和确实缺乏有效的惩戒措施，使得来自政府的外部监管力量没有发挥应有作用。

三、组织实施的操作指南

工资支付监控体系、工资支付保障制度和企业诚信体系是构建农民工工资支付保障长效机制不可或缺的部分，下面就这三个体系的建构给出具体操作指南。

（一）工资支付监控体系

调查团队在北京等地调研中发现，各地对“一卡通”的认同情况不一，由于施工农民工流动性大、偏好现金等原因导致目前的“一卡通”并没有完全发挥应有的作用，而通过对“一卡通”的统一、升级，凭借网络运作系统，动态监控工资支付的过程，能够有效预防欠薪，从而构建拖欠工资支付预警机制。“一卡通”正是切准了拖欠问题的要害：将农民工姓名、照片、籍贯、考勤等个人信息与工程项目、参建单位、劳动合同等劳动信息详尽备案，并与信誉“黑名单”挂钩，甚至停止其参加招投保资格，把住了拖欠单位能否继续经营的命脉，让拖欠工资的用工单位无所遁形。

1. 工资支付实名制

使用“一卡通”，劳动者每人一张，用于工资发放，抓住工资发放环节，规定用人单位发放工资必须通过“一卡通”，于是劳动关系的一系列信息就进入了劳动保障信息管理系统。同时，由劳动保障部门创设一个与工资发放紧密相连的信息管理系统，将该系统与银行衔接。系统自动将工资发放的有关信息传送到劳动保障信息管理系统，并设置劳动合同管理、劳动关系协调、就业失业管理、流动人员管理、社保管理、劳动保障监控（含监控预警）、统计分析等各个业务子系统，围绕工资支付这一核心相应获得管理信息，进行数据化的管理。

2. “一卡通”管理模式

（1）劳动者必领卡

一人一卡，一卡一号。在制度的推行时，规定在职劳动者必须领取此卡，新增劳动力在就业前必须领卡，外来务工人员首次就业必须到当地劳动保障部门领卡，日后在全国流动就业均使用同一号码。此卡作为就业和领取工资的凭证，劳动者退休，该卡与退休养老衔接后注销，资料保存。

（2）招工必验卡

用人单位招用劳动力，必须检验劳动者的“一卡通”，没有“一卡通”的不得招用，明确招用无“一卡通”劳动者的责任由用人单位承担，督促用人单位自觉验卡和为劳动者申办卡。招用劳动者后，用人单位在卡上记载就业信息；劳动合同终止或解除时，用人单位在卡上记载失业信息。“一卡通”的所有信息可通过网络传输到劳动保障部门的信息管理系统，自动生成用工备案、社保登记等信息记录，并作档案留存备查。

（3）发薪必用卡

企业发薪通过其已备案的劳动社保工资专户转账到劳动者“一卡通”，不通过卡发放工资属违法，视作没有发放工资并须补发及赔偿，以防止用人单位不通过卡发放工资，同时明确规定一旦发生争议，责任由用人单位承担，引导用人单位通过“一卡通”发放劳动者工资。这样，用人单位发放工资的过程就能通过信息系统进行监控，工资支付的时间、水平等信息也可以尽在掌控之中。

3. 工资支付监控信息网

（1）工资监控

实行网格化管理。劳动者工资必须通过银行进行发放，劳动保障部门可通过银行网络对工资发放情况进行实时、动态监控，监测用人单位的工资发放是否低于最低工资标准。

不仅如此，通过对网格区域内的所有用人单位依法进行劳动用工监管，实时采集和监控网格内用人单位招工、劳动合同、工资支付、劳动条件、社会保险等方面的信息及情况，建立劳动违法行为预警机制，可以形成全覆盖、全方位、全动态、全过程监控的安全网。

（2）欠薪预警

通过工资监控，设定预警条件，比如同一企业的劳动者发放工资突然大幅度下降，或者部分劳动者超过一个工资支付周期没有工资到账，系统可以自动报警，劳动保障监察部门可以根据系统预警情况到具体的企业进行核实，及时发现并处理问题。

（3）档案资料

“一卡通”一卡对应一位劳动者，劳动者终身持一卡。该卡在劳动保障管理系统中有专门的信息网页，记载每一位劳动者的就业档案、投保记录、就业和失业状态及个人就业必备的相关资料等。用此卡取代劳动者的失业证、就业证、劳动手册、社保卡、流动人员的就业证等证件，使劳动保障管理变得非常简便。

（4）自动扣费

劳动者的工资收入全部在“一卡通”上显示，为社保征缴和个人所得税扣缴提供了依据，企业缴费可从企业的专户中划扣，职工个人缴费部分可以从卡上划扣。

（5）统计分析

劳动保障管理、决策、调研等所需要数据、资料，如劳动者的基本情况、工资水平、社保水平等信息，都可通过网络的资料及设定的统计分析功能，全面准确地掌握。

4. 通过“一卡通”建立农民工信息化档案

建筑行业农民工流动性大，而且处于无序状态，没有完善的档案管理和畅通的行业信息，致使行业主管部门不能有效管理和服务农民工，不利于农民工用工管理、技能培训等，也不利于农民工维权和社会的维稳。另外，少数存在恶意讨薪行为的劳务分包队伍，因信息不畅，被施工企业再次聘用，造成恶意讨薪行为的再次发生。对此，加强对建筑业农民工的信息化管理势在必行。

（二）农民工工资支付保障制度

1. 农民工工资支付制度管理办法

（1）工程承包人进场后，根据合同文件，签订《保证农民工工资足额支付承诺书》由工程科、设施科、财务科、合同科等科室共同负责农民工工资支付情况落实工作，具体由工程科负责监督并组织对主线施工单位农民工工资支付情况检查；由设施科负责房建、机电、绿化、安全设施等施工单位的农民工工资支付情况检查。各监理单位要成立以驻地监理工程师为组长的农民工工资支付管理工作小组，制定所辖标段农民工工资支付管理的具体方案，指定专人负责监督管辖各标段农民工工资发放工作，并将该工作纳入监理日常管理工作之中。

（2）各标段承包人成立以项目经理为组长的农民工工资支付管理工作小组，按照要求，制定本标段农民工工资支付管理的具体方案。项目部必须指定专职人员具体负责农民工工资支付监督管理工作，财务部门必须有一名人员负责农民工工资发放工作。承包人应严格遵守相关法律法规、合同文件及上级单位的规定，按照相关程序选择符合资质要求的专业承包和劳务分包队伍，不得将工程违法分包给不具备用工主体资格的组织或个人，劳务分包人不得将所承包工程再次转包给第三方，否则按合同有关规定对施工单位予以处罚。

（3）承包人必须与合格专业承包、劳务分包队伍签订协议，明确约定及时支付农民工工资条款。承包人必须依法与农民工签订劳动合同，合同中要明确约定双方的权利和义务，规定劳动合同期限、工作内容、劳动保护及劳动条件、社会保险、劳动报酬、职业危害等级、安全生产状况和违反劳动合同的责任等内容，并在合同纠纷处理条款中注明解决方式。承包人应依法通过集体协商或其他民主协商形式制定内部农民工工资支付办法，并告知本单位全体农民工。在与农民工签订劳动合同之日起十五日内到当地劳动和社会保障部门办理用工备案手续。承包人负责建立项目部，负责处理直接雇佣和合格专业承包队伍、劳务分包队伍雇佣的农民工台账，并附上劳动合同、农民工身份证复印件，分项工程开工前经驻地办、总监办审核后报管理处备案。农民工台账要根据人员进退场情况及时更新，并按程序上报至管理处。

（4）承包人应委托银行将工资用“一卡通”直接发放给农民工本人，严禁发放给“包工头”或其他不具备用工主体资格的组织和个人。承包人支付农民工工资应编制工资支付表，如实记录支付单位、支付时间、支付对象、支付数额等工资支付情况。承包人应在每月工程进度汇报和每月计量支付中上报农民工工资支付（工资发放签收单或其他发放凭证）及农民工流动情况，驻地办、总监办要逐级核实签认，管理处也将不定时派人明察暗访，防微杜渐，杜绝群体性上访事件发生。

2. 工资制度保证金制度

（1）要求建设单位在办理竣工备案前，工程结算经造价站审核备案，排除因不结算或假结算办理竣工备案手续导致拖欠农民工工资。

（2）扩大建立工资支付保障制度的企业主体范围，参与建筑工程项目招投标的建筑业企业和申领建筑工程施工许可证的建筑单位都必须建立农民工工资保证金制度。建筑业企业须在指定银行建立农民工工资预储账户，并书面承诺该账户资金只用于支付农民工工资，不能挪作他用。指定的银行负责对该资金用途去向进行监管，并向建设行政主管部门、劳动和社会保障行政部门提供有关信息。采用农民工工资分项列支管理制度，明确建设单位、总承包企业、劳务分包企业的具体责任，施工总承包企业、专业承包企业应当在工程项目所在地银行建立劳务费专用账户，专项用于支付劳务分包企业劳务费。专用账户的预留资金应当能保障按月拨付劳务分包企业使用的农民工工资。劳务分包企业应当在开办实名制卡业务的银行建立农民工工资“一卡通”账户，与开立农民工工资专用账户的银行营业网点签订《代发农民工工资协议书》，由劳务发包企业从劳务费专用账户中按月将农民工工资打入“一卡通”中，用于支付农民工工资。

（3）进一步明确工资支付保证金的缴纳主体和缴纳比例。第一，农民工工资支付保证金由项目建设单位缴纳，在应付工程款中列支，农民工工资支付保证金的缴纳比例为施工总承包合同价款的1%—2%。第二，总承包单位按照总承包合同价款的规定比例存储农民工工资支付保证金，具体如下：工程合同金额在1000万元（含1000万元）以下，按合同金额的3%计算；工程合同金额在1000万—5000万元（含5000万元），按合同金额的2%计算；工程合同金额在5000万元以上的，按合同金额的1.5%计算。为引导鼓励建筑施工企业规范管理劳务用工，及时足额支付农民工工资，按照无拖欠少缴，拖欠多缴的原则核定缴纳比例。①承建项目的建筑施工企业在上一年度中没有拖欠农民工工资的，按1%缴纳。②承建项目的建筑施工企业在上一年度中有拖欠农民工工资问题的，按2%缴纳。③承建项目的建筑施工企业连续三年没有发生过拖欠农民工工资问题的，可免缴农民工工资支付保证金。如有当年新发生拖欠，按合同价款的2%缴纳。发生过无故拖欠农民工工资行为的其他用人单位，应当在每年年初按照上一年度工资总额的一定比例，向劳动保障部门指定的银行专户预存工资保证金。用人单位不能按期支付农民工工资的，由劳动保障部门从工资保证金中支付。工资保证金及其利息归该建筑施工企业所有。工程结束后，未发生无故拖欠农民工工资行为的，工资保证金及其利息由该建筑施工企业自行支配。

3. 实施诚信奖惩制度

对连续三年未出现拖欠农民工工资行为的施工企业，从第四年度开始，从缴存的定额工资保证金中退还50%，连续六年未出现拖欠农民工工资的，可免缴农民工工资保证金。对连续发生三次拖欠农民工工资投诉的施工企业，缴存农民工工资保证金的比例提高50%，在增缴农民工工资保证金前，清欠办将其列入“建设领域非诚信单位名单”，限制其投标资格。对建设单位、施工企业在清欠中的不诚信行为实行扣分管理，每个单位诚信分值 12 分，扣完 12 分将暂停企业办理相关手续，使其退出建筑市场。两年后，根据其注册地清欠部门出具的无拖欠证明，才准许进入本地建筑市场。

此外，农民工工资保证金由建设单位和施工企业双方分别缴纳。主管部门在核发施工许可证时，核验建设单位和施工企业缴纳农民工工资保证金的缴费凭证，不能提供缴纳保证金凭证的，不予办理施工许可证。在日常监管中，凡发现拖欠农民工工资问题，有关部门责令施工单位限期支付。逾期仍不支付的，有关部门可以将保证金直接拨付给被拖欠的农民工。因动用保证金拖欠农民工工资支付的，建设单位或施工企业应当在动用保证金之日起 15 日内，补全保证金数额。

4. 欠薪应急周转金制度

各级政府都应在本地设立欠薪应急周转金。欠薪应急周转金的来源可借鉴上海的做法，具体包括：企业缴纳的欠薪保障费及其利息收入；垫付欠薪款项的追偿所得；财政补贴；其他收入企业、企业分支机构每年缴纳一次欠薪保障费。缴费的具体数额，应为本地区公布的月最低工资标准的数额。本地区范围内企业缴纳欠薪保障费。垫付农民工工资动用的欠薪应急周转金本息，应当依法予以追偿。欠薪应急周转金专户预存数额市级一般不低于 300 万元，县级不低于 100 万元。欠薪应急周转金的储存启用制度由各级人力资源和社会保障部门会同财政部门共同制定，并报政府同意后执行。

5. 加强工资支付保障监控制度和信用制度等配套制度的衔接

进一步加大工资支付保障制度实行的监控力度，完善监控体系，实现监控制度和信用制度等配套制度的衔接。积极推进信用体系和风险管理制度建设，发挥市场信用约束和失信惩戒机制的作用。建设部建立建筑业企业和房地产企业的信用档案和市场监控体系，配合有关金融部门，严格控制有违约失信行为的房地产开发企业贷款。在贷款数额、期限、利率等方面实行限制；对自有资金不足的房地产开发企业坚决不予贷款，充分发挥建筑业行业协会的自律作用，引导企业自觉抵制业主的不合理要求。对于严重或恶意拖欠工程款的业主以及搞不正当竞争、签订“黑白合同”的建筑业企业，记入信用档案，向社会公开其不良记录。严格执行“零拖欠”招投标制，对有两次以上拖欠劳务费行为或有一次拖欠行为但仍未清理的总承包企业，取消其在各级公共资源交易平台的招投标资格；对有相同拖欠记录的劳务分包企业，没有资格参加新的招投标和承接新的劳务项目。总承包企业和劳务分包企业若拖欠民工工资被投诉举报，经监管单位查证属实的，取消其在工程建设中的评先资格，信用等级下降，并按照合同约定给予相应的处罚。对拖欠民工工资的总承包企业和劳务分包企业，录入建筑企业不良信用档案，同时书面告知监管银行将其录入银行诚信系统，不予为其办理贷款。还需录入政府企业信用信息系统，降低信用等级标准，进行信用记录备案，供政府相关职能部门在表彰评优、采购、招投标、资质认定、年检年审、登记注册以及对企业及其法定代表人或主要负责人的评比认证任职等活动中做参考依据，也可为房产市场各类企业进行市场交易行为和消费者理性购房提供相关企业的信用信息。

（三）企业工资支付诚信体系

我国目前的企业诚信制度有待进一步完善，大部分地区的农民工工资支付保障制度与企业诚信制度仍然没有实现有效衔接，甚至没有必要的奖罚机制，在一定程度上助长了企业的恶意欠薪行为。只有进一步完善企业诚信体系建设，才能有效保障农民工工资支付的顺利进行。

1. 企业工资支付诚信评价标准

对建筑企业采用信用评价等级制。信用评价实行年度综合考评，信用评价等级分为AAA、AA、A、B四个等级，由建设主管部门每年根据上一年度企业的信用评价等级，实行差别化监管。AAA类别，实行信用激励机制，以支持发展为主，鼓励其做大、做强、创优，实施简化监督和较低频率的日常检查；AA类别，实行信用支持机制，实施常规监督和适度频率的日常检查；A类别，实行信用引导机制，帮扶、督促与监管并重，实施强化监督和较高频率的日常检查；B类别，实行信用限制机制，防范与监管并重，实施重点监督和跟踪检查。尤其是针对信用评价等级为B的企业，在资质资格年检、出具与业务经营有关的证明材料等管理中予以严格限制和重点审查，并列入专项检查或考评的重点监管对象，限制工程投标资格等。

2. 企业工资支付诚信公开制度

（1）建立建筑企业信用信息档案库。建成的数据库，应采用统一的信用报告文书，消费者或其他利益相关者可以粗略地了解企业的基本诚信状况，信用报告主要包括五个方面的内容：企业的基本信息；企业的工商注册信息；公共记录；信用平台查询记录；企业社保和税务信息。

（2）建立信息发布和信息查询功能。信息发布是指消费者或诚信评估机构可以通过互联网对建筑企业诚信评估信息进行免费查询。针对一般用户，提供企业的诚信度查询；针对特殊用户，提供标准的诚信报告查询。

（3）建立信用信息反馈系统。通过系统的反馈信息，主要是公开的财务状况、企业纳税等反映企业生产经营情况的信息，以全面反映企业信用状况。反馈系统是对失信者实施实质性打击的一种机制，惩罚的形式可以是经济上和行政上的，违反相关法律的，处以相应刑事处罚。信用信息反馈系统对信用好的企业是一种宣传，政府应为诚信企业铺就绿色通道，真正把企业信用等级作为绿色通行证，帮助他们开拓市场、给予贷款等帮助。当诚信获得了实实在在的经济效益时，会鼓励和引导更多的企业注重诚信，这种信用反馈系统会促进企业诚信体系的形成和完善。

3. 企业工资支付诚信体系与其他诚信制度的协调和发展

（1）在建设领域推行工程担保制度。工程担保制度在国外许多国家已发展得相当完备，成为世界建筑行业普遍接受和应用的一种国际惯例。在建设领域推行工程担保制度，主要在受益人、被保人、担保人之间构筑起经济利益关系，可以充分发挥市场主体的作用。当前，各地在建设领域推行的农民工工资保障金制度，只是一种行政管理措施，要从根本上解决建设领域农民工工资拖欠问题，只有全面推行工程担保制度。将农民工工资支付、工程质量保修金、工程款支付等纳入工程担保范围，进一步完善工程担保法律法规和具体操作办法。

（2）实行举证责任倒置。从当前农民工工资拖欠的投诉情况来看，大多数农民工被拖欠工资后，拿不出被拖欠的依据。采取“举证责任倒置”的办法，由建筑公司负责举证，如果建筑公司拿不出工资发放证据就视为欠薪，此举可以用来解决农民工“举证难”的问题。

(3) 落实工资支付责任制度。行业主管部门要建立健全企业工资支付“总承包方和发包方负责制”的连带责任制度，由施工总承包企业对承包工程工资支付负总责，落实企业工资支付责任。要逐步推行将工程项目预算款中的劳务费单列账户管理，防止出现拖欠工程款与拖欠工资情况不清而造成的监管困难问题。要按照防范处置企业拖欠工资工作目标责任制要求，完善落实欠薪案件处置属地管理责任制，层层落实工资支付保障措施，增强行业主管部门预防处置欠薪能力。

(4) 推行农民工权益告知牌制度。为切实有效畅通建筑业企业农民工投诉渠道，维护农民工权益，应在建设工地大力推行农民工权益告知牌制度，明确农民工权益告知牌设置的内容和具体要求，从而使建设领域农民工更加便捷地知晓拖欠工资的投诉方式和方法。

(5) 建立农民工劳动计酬手册制度。在建设领域推行农民工劳动计酬手册，要求建筑施工企业和建筑劳务企业加强用工考勤管理，把工地上的用工情况通过劳动计酬手册全程记录下来，实施这项制度，可以为有效解决拖欠工资提供可靠依据。

(6) 大力推进工资集体协商。重视培育工资集体协商机制，逐步建立正常的工资调整制度，使其制度化、规范化。一方面，推动已建立工会的企业全面开展集体协商，签订集体合同，扩大集体合同的覆盖面。另一方面，把农民工最关心的工资收入问题作为重点，指导农民工集中的企业以工资分配、工时和劳动定额等劳动标准为主要内容开展集体协商，签订专项集体协议。

第六节　工资支付保障制度实施评价

一、构建工资支付保障制度实施效果评价体系的必要性和价值

近年来，为彻底解决农民工工资拖欠，尤其是建设领域农民工工资拖欠问题，规范农民工工资支付行为、维护农民工获得劳动报酬的合法权益，各级人力资源和社会保障行政部门会同建设行政主管部门积极探索建立预防和解决拖欠农民工工资问题的长效机制，目前，农民工工资支付保障制度已在全国各地普遍建立。那么，这些已建立起的工资支付保障制度的实施效果如何，在多大程度上实现了预防农民工工资拖欠问题的发生，又在多大程度上起到了快速有效解决所出现的农民工工资拖欠问题的作用？对上述问题的回答，无疑需要通过构建一个科学的评估指标体系、确定评价标准和组织实施办法，对全国各地所建立的工资支付保障制度进行效果评价来完成。

不仅如此，我们认为，构建工资支付保障制度实施效果评价体系还有特殊的重要价值，这体现在以下三点。

第一，有利于政府相关主管部门对已建立的工资支付保障制度进行不断地调整和完善。由于评价体系主要围绕农民工工资支付监控系统、农民工工资支付保障制度、企业工资支付诚信体系等方面展开，这些管理制度也是预防和解决农民工工资拖欠问题的核心制度安排，通过对工资支付保障制度实施效果进行评价，就能够基于评价结果来评估这些核心制度的安排的合理性和有效性，为政府相关主管部门进行既有制度的调整和

完善提供客观依据。

第二，有利于进一步督促企业按照已建立的工资支付保障制度加强内部管理，增强制度执行的主动性和自觉性。构建工资支付保障制度实施效果评价体系，并针对属地全部相关企业进行评估和考核，实际上就相当于政府向企业发出了一个明确的信号，即哪些是企业为确保不发生农民工工资拖欠问题必须完成的工作，这样就能在更大程度上发挥企业市场经营主体的主动性，根据自身的资源约束条件自觉改善和加强内部管理，同时也避免了政府对市场的过多干预，更好地发挥了政府的作用。

第三，有利于规范市场秩序，实现市场竞争主体的优胜劣汰，防止劣币驱逐良币的现象发生。构建工资支付保障制度实施效果评价体系，并针对属地全部相关企业进行评估和考核，就能够使政府相关主管部门根据每个企业的评估等级结果来奖优罚劣，进行差异化管理。例如，可以根据评估等级确定差异化的工资保证金和工资预储账户的缴付比例，使评估等级高的企业拥有更大的经营成本优势而处于更好的市场竞争地位。从这个意义上讲，评价体系的构建也会对行业市场秩序的规范发挥重要作用。

二、设计工资支付保障制度实施效果评价体系的原则

通过收集文献资料和对北京、山东、广东等地的实地调研，并结合北京、天津、江苏等地已开展多年的评价实践，笔者认为，设计评价体系应遵循以下五个原则。

第一，全面完整。指标选取应全面化，即保证评价指标体系能够尽量客观地反映工资支付保障制度的实施效果。为此，应比照治理农民工工资拖欠问题全过程的控制思路，针对事前预防、事中控制、事后治理三个阶段完整地选取指标建立评价

指标体系。其中，事前预防（例如缴纳工资保证金、工程款和工资款分项列支、建立工资预储账户）和事中控制（例如实名制管理、“月清月结”制度）是对工资拖欠的预防，事后治理是对所发生的工资拖欠的解决。

第二，重点突出。这一原则包含两点含义：一是评价对象和评价指标的选取要突出重点；二是各指标的权重确定要突出重点。因此在本书中，我们仅针对建设领域的农民工工资支付构建评价体系进行研究，这是因为目前农民工工资拖欠现象80%都集中在建设领域，可以说，解决了建设领域的农民工工资拖欠问题，在很大程度上就解决了我国的农民工工资拖欠问题。按照“谁承包、谁负责”和“谁用工、谁管理”的原则，设定评价对象为总承包企业、劳务分包企业和建筑工程项目部。同时，指标的选取以反映是否落实实名制管理、工资款分项列支、“月清月结”和应对突发群体性讨薪事件的能力等为重点。

第三，特征明确。每个指标都独立反映工资支付保障制度实施效果某一方面的信息。

第四，数据可得。指标数据可直接从企业的日常管理资料中获得，以保证评价体系的客观性。

第五，简单易行。这一原则也有两层含义：一是每个指标值都可直接获得或通过简单的计算得到；二是指标设计不宜过多过繁。遵循这一原则，不但可以使评价工作易于推行和持续，而且也能在很大程度上减轻企业日常管理的负担。

三、工资支付保障制度实施效果评价指标体系的建立

根据上述评价体系的设计原则，并结合北京、天津、江苏等地已开展多年的评价实践，我们选取了3个一级指标、6个

二级指标和11个三级指标建立了工资支付保障制度实施效果评价指标体系（参见表6.9），具体如下：

（一）第一个一级指标：事前预防

各地的实践经验表明，农民工工资拖欠事件一旦发生，治理成本是十分高昂的，但是，工资拖欠在很大程度上又是可以事前预防的，构筑工资拖欠事前预防的“防火墙”，是彻底解决农民工工资拖欠问题的基础环节和第一道防线。事前预防，是指在建设工程项目开工和农民工进场前，就为农民工工资的正常支付和防止工资纠纷的发生进行前置监管。

结合实地调研和访谈情况，调查团队认为，在建设领域要预防农民工工资拖欠问题的发生，就是应在规范招投标行为、推行建设单位工程款支付担保、禁止层层转包和层层垫资的基础上，做好两方面工作：第一，使用劳务分包企业的总承包企业，应该将劳务作业发包给具有相应资质和在当地政府主管部门备案的劳务分包企业，同时，建筑施工企业要与劳务作业人员签订书面劳动合同。从各地经验来看，凡是总承包企业所使用的劳务分包企业不具有相应资质，存在违规使用零散民工的问题，劳务作业人员又没有签订劳动用工合同的，往往就为工资纠纷的发生埋下了隐患，也是当前由工资纠纷引发极端和群体性事件的一个重要原因。第二，要加强确保农民工工资正常支付的工资保证金专用账户、工资预储专用账户和农民工工资专用账户这三个专用账户的管理。其中，工资保证金专用账户能在发生农民工工资拖欠事件后发挥应急作用；设置工资预储专用账户是工程款和工资款分项列支、工资优先支付思想的具体体现，确保了企业有资金能力支付日常工资；农民工工资专用账户则起到了保证所拨付的工资款专款专用的功能。可以说，要确保农民工工资的正常支付，这三个专用账户环环相扣、缺一不可。需要特别指出的一点是，我们在调研中发现，关于设置工资预储专用账户是否可行，在实践中是有争议的。有观点认为，设置这个专用账户的确很有必要，但是劳务费占全部工程款的比例在不同的建筑工程中是有差异的，工资预储标准很难确定。针对这一观点，我们进行了重点调研和文献资料收集，一方面，虽然劳务费占工程款的比例在建设项目间的确存在差异，但波动幅度并不大，通常该比例都为20%—30%，可以按照下限水平设置工资预储标准；另一方面，从北京天津等地已经开展多年的实践来看，要求建设项目设置工资预储账户是可行的，而且为确保工资正常支付发挥了不可替代的重要作用。

因此，该一级指标由两个二级指标构成：

1.1 劳务分包和劳动合同管理。三级指标有两个：劳务分包管理和劳动用工合同。

1.2 专用账户制度。三级指标有三个：工资保证金专用账户、工资预储专用账户和农民工工资专用账户。

（二）第二个一级指标：事中控制

如果说事前预防机制是构筑防止工资拖欠问题发生的第一道防线，为确保农民工工资正常支付打下了坚实基础，体现了企业对劳动者进行工资正常支付的责任担当，那么在项目施工环节现场的事中控制机制，则能够实现督促企业通过扎实的日常用工管理来确保工资正常支付。日常用工管理中所积累的完备的管理资料，也保证了出现工资纠纷时，劳动关系双方都有据可查，实现了对劳动关系双方的同等保护。

完备的事中控制机制的构成，关键在于施工企业日常用工管理的三个方面：第一，实名制管理。经验表明，农民工工资拖欠和工资纠纷在很大程度上是施工企业对农民工管理不到位造成的，如劳务分包企业到底用了多少人，用了哪些人，是否签订了劳动合同，出勤和工资计量支付情况等事项都不清楚，实名制管理则可以解决这些问题。笔者在北京等地调研发现，这项制度也在很大程度上成为处理恶意讨薪、维护施工企业正当权益的重要保障。第二，月清月结制度。即施工企业必须对农民工工资支付实行“月清月结”——每月每名农民工应得工资清楚无争议。有争议的，必须在下一月度内予以解决，不得拖延。同时，还应确保农民工工资直接支付到本人，劳务分包企业不得截留、克扣。第三，劳务管理。对施工现场进行规范有序的劳务管理，是保证农民工正常支付的制度得以落实的重要支撑。从总包企业、劳务分包企业到项目部，不管哪一环节的劳务用工管理不到位，都极易造成施工现场和人员管理混乱、无序，往往成为工资拖欠和工资纠纷发生的重要隐患。

因此，该一级指标由三个二级指标构成：

2.1 实名制管理。三级指标有一个：实名制台账。

2.2 月清月结制度。三级指标有两个：出勤记录或任务单、工资发放和记录。

2.3 劳务管理。三级指标有两个：农民工管理员和日常用工监管。

在这里，需要特别说明的是为什么在事中控制环节，没有设置关于“一卡通”的管理指标。其理由有二：一是从调研中所反馈的情况来看，由于施工企业农民工流动性大、农民工对现金的偏好强等原因，具有施工考勤、工资支付、权益维护等多功能的农民工实名制“一卡通”的推行在很多地区都遇到了不同程度的阻碍，农民工本人对“一卡通”的认同感也不强。例如，北京市从2008年奥运会前就开始试行“一卡通”管理，但直至现在，对施工企业也并未下达硬性要求；二是“一卡通”的实质是实名制管理。只要能实现实名制管理，采取何种形式并不重要。

（三）第三个一级指标：事后治理

从逻辑上讲，虽然上述事前预防和事中控制机制能在最大限度上起到确保农民工工资正常支付的作用，但不可能完全杜绝工资拖欠和工资纠纷事件的发生。一旦发生类似事件，是否能够快速有效地进行事后的应急处理，把问题解决在施工现场和基层就显得尤为重要，这是妥善解决工资拖欠问题的托底之举。因此，事后治理指标由一个二级指标和四个三级指标构成，即工资纠纷调处制度。

表6.9　工资支付保障制度实施效果评价指标体系

一级指标	二级指标	三级指标	
名称	名称	名称	满分标准
1 事前预防（30分）	1.1 劳务分包和劳动合同管理（12分）	1.1.1 劳务分包管理（6分）	使用具有资质的劳务分包企业，未使用零散民工。
		1.1.2 劳动用工合同（6分）	员工100%签订统一范本的劳动合同，无私招乱雇现象，做到合法用工。

续表

一级指标	二级指标	三级指标	
名称	名称	名称	满分标准
1 事前预防（30 分）	1.2 专用账户制度（18 分）	1.2.1 工资保证金专用账户（6 分）	符合项目所在地行政主管部门要求按项目设立，足额缴纳。
		1.2.2 工资预储专用账户（6 分）	符合项目所在地行政主管部门要求按项目设立，工程款和工资款分项列支，足额预储工资。
		1.2.3 农民工工资专用账户（6 分）	符合项目所在地行政主管部门要求按项目设立，专门用于支付农民工工资。
2 事中控制（30 分）	2.1 实名制管理（10 分）	2.1.1 实名制台账（10 分）	在项目部建立现场农民工台账，农民工劳动合同、个人信息、所在专业队及施工班组信息、进退场时间、工资标准、工资支付情况等各类信息完整。
	2.2 月清月结制度（10 分）	2.2.1 出勤记录或任务单（5 分）	项目部每月应当将上月现场农民工出勤记录在项目工地显著位置公示。
		2.2.2 工资发放和记录（5 分）	农民工工资支付实行“月清月结”，即每月每名农民工应得工资清楚无争议。必须保证农民工工资直接支付到本人，工资发放记录必须存留备查。
	2.3 劳务管理（10 分）	2.3.1 农民工管理员（5 分）	总包企业向项目部派遣农民工管理员，履行职责到位。
		2.3.2 日常用工监管（5 分）	总包企业应对所使用劳务分包企业日常用工管理、劳务作业人员实名制管理、劳务作业人员工资发放进行监管，现场必须设立用工告示牌。

续表

一级指标	二级指标	三级指标	
名称	名称	名称	满分标准
3 事后治理（40分）	3.1 工资纠纷调处（40分）	3.1.1 工资纠纷调处（40分）	（1）全年不拖欠农民工工资，支付率达到100%，未发生农民工工资纠纷，不扣分，得40分； （2）未及时调处农民工工资纠纷，每发生1起到市（区、县）主管部门群体性上访的扣5分，重复上访的依次叠加扣分； （3）未及时调处农民工工资纠纷，每发生1起到市信访部门群体性上访的扣10分，重复上访的依次叠加扣分； （4）未及时调处农民工工资纠纷，每发生1起到省级及以上政府部门群体性上访的扣20分，重复上访的依次叠加扣分。

注：满分为100分。

四、工资支付保障制度实施效果评价标准和组织实施办法

工资支付保障制度实施效果评价指标体系构建后，后续工作集中在两项上：一是确定评价标准，二是确定组织实施办法。

（一）评价标准

工资支付保障制度实施效果评价指标体系的设计是由3个一级指标、6个二级指标和11个三级指标构成的，要明确评价标准，首要的工作是对各级指标确定权重。对于指标权重的

确定，通常有主观赋权法和客观赋权法两种。主观赋权法的优点是简单易行，能集中专家智慧，缺点是主观随意性强；常用的客观赋权法如层次分析法和主成分分析法等，优点是客观，缺点是方法还不成熟，而且有些方法如主成分分析法还存在不同年份评价结果之间不可比的缺点。综合考虑，我们认为对于工资支付保障制度实施效果评价指标体系来说，主观赋权法较为合适，一方面是因为对于确保工资支付来说，不管是事前预防、事中控制还是事后治理，三者相互关联、地位基本同等重要，一级指标的权重很易确定；另一方面是因为二级、三级指标不多（三级指标数量只有 11 个），权重比较容易确定。于是按照主观赋权法对各级指标进行了分值确定，满分为 100 分。

各指标的权重和分值确定之后，要明确评价标准，还需要主观给定所有三级指标的满分标准是什么。在充分收集文献资料和认真分析调研报告的基础上，给出了 11 个三级指标的满分标准如下（也可参见表 6.9）：

1.1.1 劳务分包管理：使用具有资质的劳务分包企业，未使用零散民工。

1.1.2 劳动用工合同：员工 100% 签订统一范本的劳动合同，无私招乱雇现象，做到合法用工。

1.2.1 工资保证金专用账户：符合项目所在地行政主管部门要求按项目设立，足额缴纳。

1.2.2 工资预储专用账户：符合项目所在地行政主管部门要求按项目设立，工程款和工资款分项列支，足额预储工资。

1.2.3 农民工工资专用账户：符合项目所在地行政主管部门要求按项目设立，专门用于支付农民工工资。

2.1.1 实名制台账：在项目部建立现场农民工台账，农民工劳动合同、个人信息、所在专业队及施工班组信息、进退场时间、工资标准、工资支付情况等各类信息完整。

2.2.1 出勤记录或任务单：项目部每月应当将上月现场农民工出勤记录在项目工地显著位置公示。

2.2.2 工资发放和记录：农民工工资支付实行“月清月结”，即每月每名农民工应得工资清楚无争议。必须保证农民工工资直接支付到本人，工资发放记录必须存留备查。

2.3.1 农民工管理员：总包企业向项目部派遣农民工管理员，履行职责到位。

2.3.2 日常用工监管：总包企业应对所使用劳务分包企业日常用工管理、劳务作业人员实名制管理、劳务作业人员工资发放进行监管，现场必须设立用工告示牌。

3.1.1 工资纠纷调处：全年不拖欠农民工工资，支付率达到100%，未发生农民工工资纠纷，不扣分，得40分；未及时调处农民工工资纠纷，每发生1起到市（区、县）主管部门群体性上访的扣5分，重复上访的依次叠加扣分；未及时调处农民工工资纠纷，每发生1起到市信访部门群体性上访的扣10分，重复上访的依次叠加扣分；未及时调处农民工工资纠纷，每发生1起到省级及以上政府部门群体性上访的扣20分，重复上访的依次叠加扣分。

（二）组织实施办法

1. 评价依据

根据《中华人民共和国劳动合同法》《劳动保障监察条例》《建设领域农民工工资支付管理暂行办法》等法律法规、国家有关规定以及各地制定的保证农民工工资支付的有关规定。

2. 评价主体

当地各级人力资源和社会保障部门会同当地各级建设行政主管部门负责评价的组织。

3. 评价对象

用于在当地行政区域内从事建筑活动的总承包企业、劳务分包企业和建设工程项目部。

4. 评价原则

（1）坚持属地管理、分级负责。各地各级人力资源和社会保障部门会同建设行政主管部门，要以项目属地化、企业属地化为原则，做好本辖区内的建设领域农民工工资支付管理工作。

（2）坚持有效防范、依法处置。进一步落实和完善防范处置建设领域欠薪的长效机制，注重从源头上消除欠薪隐患，同时要加大对欠薪行为的依法打击力度，着力提高欠薪事件处置能力。

（3）坚持服务引导、企业自律。进一步加强建设领域信用体系建设，深化服务企业各项措施，督促企业履行法律责任，自觉规范劳动用工和工资支付行为。

5. 工作目标

工作重点是监督广大建筑施工企业严格执行有关法律法规，按时足额支付工资，不无故拖欠和克扣工资；各级人力资源和社会保障部门会同建设行政主管部门，要建立健全防范处置建设领域企业欠薪工作机制，一旦发生欠薪事件，确保在短时间内予以妥善处置，使劳动者工资得到足额兑现。通过组织评价活动，力争实现如下工作目标：

（1）建设领域企业工资支付行为得到有效规范。各地防范处置建筑领域企业欠薪工作达到“三个确保”要求，即确保春节前劳动者按时足额领取工资、确保不发生新的拖欠、确保不发生因欠薪引发重大群体性事件；各地建设领域企业拖欠工资案件控制在较低水平并逐年下降。

（2）欠薪案件应急处置能力明显增强，实现突发欠薪事件和群体性欠薪事件60分钟现场应急响应。

（3）建立完善的防范处置欠薪长效机制。主要包括建设领域农民工工资保证金制度、施工现场作业人员实名管理制度、建筑市场不良行为公示制度、施工现场欠薪预警制度、施工现场欠薪应急保障制度等。

6. 评价时间

每年年底。

7. 评价事项

对用工主体执行工资支付保障制度的效果进行总体评价。

8. 评价等级

本评价体系的评价满分值为100分，由高分到低分划分为优秀、良好、合格、基本合格、不合格五个等级。

（1）优秀（绿牌），得分90分（含90分）以上；

（2）良好（蓝牌），得分80—90分（含80分）；

（3）合格（黄牌），得分70—80分（含70分）；

（4）基本合格（红牌），得分60—70分（含60分）；

（5）不合格（清除建筑市场），得分60分以下（不含60分）。

9. 评价等级使用

根据评价结果对用工主体进行建设工程招投标、工资保证金缴纳等方面的差异化管理。

第七章

构建和谐劳动关系三方协商机制

政府、企业、工会是劳动关系的直接相关方，建立健全三方协商机制对于和谐劳动关系的构建，具有非常重要的作用。当前，由于我国部分地方工会的代表性不足，政府的资本偏向等原因，三方协商机制的效果并未完全体现出来。本章首先从三方机制的理论出发，阐述国内外三方机制形成的过程及其演变的原因，然后分析中国经济新常态下三方协商机制的特点，存在的主要不足，最后提出构建和谐劳动关系三方协商机制的框架。

第一节　劳动关系三方协商机制的演变过程

一、国外三方协商机制的形成过程

（一）工会的产生

在西方工业革命初期，随着雇佣工人数量的迅速增加，劳资矛盾也日益尖锐，工人自发性的罢工运动风起云涌。为了增强自身谈判的力量，一些工人团体应运而生。工会的合法性却一波三折，大致经历了禁止、限制和承认三个时期。在工业革命初期，大多数国家都把组织工会视为犯罪，并明令禁止工人成立工会。随着工人运动的高涨，西方政府不得不在法律上承认工会的合法性，但同时又对工会的活动加以限制。1871 年，英国政府迫于工人斗争的压力，为缓和劳资矛盾，颁布了世界上第一部《工会法》，规定不得认为工会活动可能阻碍工商业发展而将其视为非法组织。此后，一些西方国家相继颁布了工会法。法国于 1884 年制定了《职业团体法》，撤销了限制工会活动的法律，明确规定工会为法人，并从法律上确认了工会的权利。德国于 1908 年制定了《结社法》，规定人民如无违反刑法的目的则拥有结社权。

（二）雇主组织的形成

随着工会组织的不断发展壮大，雇主也逐步建立和发展起雇主组织（Employer Organization）。雇主组织是指由雇主依法组成的，旨在代表、维护雇主利益，并努力调整雇主与雇员以及雇主与工会之间关系的团体组织。雇主组织建立的宗旨和目标是维护雇主利益、建立协调的劳资关系、促进社会合作。在 19 世纪中叶，英国开始有了全国性的行业雇主协会，其他欧洲国家的全国性雇主组织大多是在 19 世纪末和 20 世纪初建立的。英国最大的雇主组织是英国工业联合会（Confederation of British Industry），活动范围包括社会、劳动和经济事务，1965 年，根据皇家宪章，由英国工业联合会、英国雇主总会和英国制造业者协会合并成立的一个独立的、非营利的非政治组织，代表所有部门的各个机构和公司，比如工程、保险、制造、电子、金融服务和农业。会员从中小企业直到大型跨国公司，还包括媒体和大学，目前共有超过 25 万人的会员。德国雇主协会总会的前身是 1913—1934 年的德国雇主协会联合会。如今，德国雇主协会总会已经被认为德国私人雇主在联邦和国际上的代言人，是国际雇主组织、欧共体工业联盟和工商业咨询委员会的成员，在国际劳工组织活动中代表所有德国雇主。1920年，国际雇主组织（International Organization of Employers，简称 IOE）成立，是目前国际上在社会和劳动领域代表雇主利益的国际组织，成员由世界各国国家级的雇主联合会或其他形式雇主组织组成，现有包括非洲、美洲、亚太、欧洲四个区的136 个成员。

（三）政府态度的转变

在工会组织产生的初期，西方政府一度持反对打压态度。在允许结社自由之后，又经历了一段放任自由的时期，也即劳资冲突由当事双方自行谈判解决，官方不予干涉。实际上，在打压工会组织的时期，政府这种所谓的不干预政策就是对雇主的一种偏袒。由于频繁的罢工运动不仅影响到雇主企业的正常生产经营，也对社会稳定产生了不良影响。有鉴于此，西方政府在 19 世纪末 20 世纪初逐步介入工会与雇主的谈判之中。

（四）三方协商机制的正式形成

国际劳工组织（International Labour Organization，简称 ILO）是一个以国际劳工标准处理有关劳工问题的联合国专门机构。1919 年，国际劳工组织根据《凡尔赛和约》，作为国际联盟的附属机构成立。根据国际劳工组织 1976 年 144 号《三方协商促进履行国际劳工标准公约》规定，三方机制是指政府、雇主和工人之间，就制定和实施经济与社会政策而进行的所有交往和活动。即由政府、雇主组织和工人代表通过一定的组织机构和运作机制共同处理所有涉及劳动关系的问题，如劳动立法、经济与社会政策的制定、就业与劳动条件、工资水平、劳动标准、职业培训、社会保障、职业安全与卫生、劳动争议处理以及对产业行为的规范与防范等。

二、国外三方协商机制模式比较分析

（一）美国模式：相对弱势工会及其形成过程

1. 美国工会组织历史和现状

美国工会组织已经有 200 多年的历史，可以追溯到 1792 年。美国的工会是一套多体系的组织，它的结构有三层，第一部分是处于工会金字塔体系底部的工会组织的核心——地方工会，它是工人进行集体谈判的地方；第二部分是全国性产业工会，它们负责为集体谈判设立目标，为工会组织活动以及罢工发生时提供支持力量；第三部分是全国性工会联合会。目前大多数产业工会都加入了美国劳联产联（AFL－CIO），大多数国际性组织是 AFL－CIO 的会员。AFL－CIO 代表了美国所有工会会员数量的约 70%。AFL－CIO 不直接介入集体合同的协商和谈判，它的首要作用是在政治领域代表劳工的声音，这种作用是通过选举中的政治活动和对议员进行游说来实现的。

从 1930 年到 1979 年，美国工会组织成员的绝对数量一直在增加，并且在 20 世纪中期工会组织规模发展到最大。1930 年时美国工会会员仅有 340.1 万人，到 1954 年时增加到了 1702.2 万人，并且工会会员的数量在 1979 年达到最高峰，共有 2098.6 万人。在 20 世纪 40 年代和 50 年代，有超过三分之一的非农业雇员加入工会，占整个劳动力人口的四分之一，工会会员占工人总数的比例最高。

从绝对数量上看，1930 年到 1979 年的近 50 年间，美国工会组织成员一直在增加，但是 1955 年到 1979 年的这 25 年里，工会会员的入会率呈现持续下降的趋势。1980 年至今，美国工会组织会员在加入工会的人数和入会率上均呈现出了明显的下降趋势。根据美国劳工统计局 2013 年 1 月发布的工会统计数据可知，2012 年美国工会会员人数为 1436.6 万人，仅 30 多年工会会员人数就损失了 660 多万人。2012 年的工会入会率从 2011 年的 11.8% 下降到 11.3%，相比 1954 年（工会会员在劳动力中所占的比例达到顶峰的 34.8%）大幅度下跌，此时的工会会员入会率为 70 多年来的最低点。

从人口构成的角度看，美国工会男性入会率始终高于女性入会率，2012 年男性入会率为 12.0%，女性入会率为 10.5%，1983 年男性和女性的入会率分别为 24.7% 和 14.6%，相比较而言，二者之间的差距呈现出逐渐缩小趋势；从部门来看，公共部门入会率显著高于私人部门入会率，2012 年公共部门的入会率（35.9%）是私人部门入会率（6.6%）的 5 倍以上，私人部门入会率一直徘徊在较低位并且呈现下降趋势，公共部门则没有。从族裔的角度看，黑人或者非洲裔美国人的入会率（13.4%）相对高于其他族裔，如白人（11.1%）、亚洲人（9.6%）、西班牙裔（9.8%）的入会率，但是这种差距也正在逐渐减小。虽然工会成员的分布主要集中在 7 个州，但是入会率差距却比较大，2012 年纽约州的入会率处于最高（23.2%），北卡罗来纳州处于最低（2.9%）。在公共部门内部，地方政府的会员率最高，为 41.7%，包括了那些会员率比较高的职业，如教师、警察、消防员等。私有经济部门内部，运输业和公用事业（20.6%）以及制造业（13.2%）会员率比较高；发展最快的金融业仅为1.9%，而农业和相关产业的会员率则更低，为1.4%。另一种巨大差距反映在不同年龄段的工人间，会员率最高的是55岁到64岁，为14.9%；最低入会率年龄段是16岁到24岁，仅为4.2%。

2. 美国工会组织衰退原因分析

20世纪50年代中期以来，美国私营部门的工会入会率一直在下降。虽然工会工人的绝对数量有所增加，劳动力规模有了快速增长，但劳工中加入工会的工人比例反而下降了，有以下几方面原因造成了这一衰退趋势。

（1）美国工会组织对工人工资及福利的影响下降

当工会可以合法垄断对某一企业或者产业的劳动供给和控制进入时，就拥有一定的垄断力量，并且通过这种垄断，工会可以迫使企业提高具有竞争性水平的工资和福利，以及提升工作条件。工会成员的工资通常高于非工会成员工资的10%到30%。在美国，2012年全职拿薪水或工资的工人，工会成员的平均周薪为943美元，而非工会成员的平均周薪为742美元。当然，工会是不会以同样的幅度提高每个人的工资的。差异程度因工会成员和非工会成员的分布的差异，他们所受雇佣的职业和行业、市场、时期、企业规模，地理区域等而异。工会成员中低技术工人获得的工资溢价比技术工人要多，蓝领比白领多，对于年轻人的影响要大于对年纪相对来说较大的工人的影响，对受教育程度较低（高中毕业或高中中途辍学）的工人的影响高于大学毕业生影响。结果，工会往往会压缩经济中工会化部门的工资差距。

从经济总体上来讲，工会能够减少收入的不平等。工会成员和非工会成员之间的工资差距在私营部门比公共部门大。在公共部门，有研究显示当地政府雇员的工会成员是比联邦雇员中工会成员的工资红利多。工会对男性和女性这两个群体之间的工资影响虽然存在差别，但是差别并不大。

此外，根据理查德·B. 弗里曼和詹姆斯·L. 梅多夫对于企业和个体数据的研究，在福利规定和开支上，工会具有相当大的正面作用。在1951年，美国蓝领工人报酬的17%是由福利构成的，它是雇主在工资之外支付给工人的报酬。到了1981年，这个比例达到了30%，在一些大公司，甚至有50%以上的劳动力成本是福利。相比较而言，工会对不通过劳资谈判获得的总工资收益的影响，与通过集体谈判获得的总工资收益的影响几乎是一样的。大量研究结果表明，有可能享受健康保险的工会成员占了近18%到28%，而更可能参加雇主提供的养老金计划的工会成员占了32%到54%。对于工会成员，非技术工人的福利津贴比技术工人的福利津贴要大很多，工会为蓝领工人赢得的收益比白领工人多，前者的平均收益是19%，而后者的平均收益仅仅是4%。

根据美国劳工统计局的数据可知，年龄在45岁到64岁之间的工人比年轻人或者65岁及65岁以上的工人更愿意加入工会组织。2012年底，工会成员中45岁到54岁的工人占了14%，55岁到64岁的工人占了14.9%，相比较而言，16岁到24岁的工人占了4.2%，25岁到44岁的工人所占的比例约为12%。从1994年到2012年，除了65岁及65岁以上的工人，其他年龄段的工人加入工会组织的人数都有所下降，下降人数最多的为35岁到44岁这个年龄段的工人（约为3.8%）。受教育程度较低的工人是最不愿意加入工会组织的人群，受过大学以上教育的工人是最希望加入工会的人群。从 1994 年到 2012 年，所有教育群体中，加入工会组织的人数均呈现下降趋势。但是，下降最多的是受教育程度较低的工人，拥有学士学位和更高级学位的工人加入工会组织的比率却有所上升。1994 年，工会组织中受教育程度低的工人占了 46.6%，大学以上文凭的工人的比例是 25.3%。到 2012 年，这个比例分别为 38.7% 和 32.1%。

一项研究结果显示，如果不考虑工会工人和非工会工人工作条件之间的差异，工会会员的工资溢价近年来有所下降。研究发现，在拿工资和薪水的工人中，工会成员与非工会成员的工资差额在 20 世纪 70 年代时是 21%—23%，而这一差额在 2000—2001 年下降到 14%。因此，综合以上分析，如果不考虑其他因素的影响的话，工资溢价的下降很有可能是导致工会组织衰退的一个重要原因。

（2）美国工会组织导致劳动力市场失业率增加

工会成员更高的工资水平吸引了更多的应聘者，使得雇主在选择合适的员工时有了更多资源和更大的选择性。一些研究结果表明，工会的“合格”工人可能比做相同工作的非工会成员有更强的工作能力。工会成员工作任期相对较长，并且，如果工会给予员工一个有效的表达和解决问题的沟通系统，工会成员的辞职率也相对较低。

工会组织具有垄断和代言人（应答人）两方面的作用。当工会作为垄断组织通过它的垄断力量使其成员工资水平高于劳动力市场的均衡工资时，将劳动力价格提高到竞争性水平之上，因为吸引了额外的劳动力进入劳动力市场，从而减少了劳动供给，对劳动力市场产生了不利的影响，导致失业率升高。Freeman 和 Medoff 曾经研究了工会化对失业的影响，结果显示工会化程度高的地区的失业率比工会化程度较低的地区失业率高出了 1.0%。相关研究表明，工会力量越强，就业率可能越低，虽然数量可能很小。工会化程度提高 10%，就业率降低 0.2%；工会工资提高 10%，就业率降低 0.06%。这也是为什么越来越多的人（主要是失业的人）非常反对组建或加入工会组织。

（3）美国内部经济结构的转变

自 20 世纪 40 年代末起，美国开始了以电子计算机等技术为标志的新技术革命，新技术革命涉及了美国国民经济的所有重要部门，重工业有了长足发展，制造业成为世界领先，商业化农业开拓了新领域，产业结构发生了巨大变化；工人经历了规模经济，科学管理和管理技能的快速增长，从业人员的就业结构也因此出现了巨大变化。相较于对非技术工人的需求来说，在计算机化以及全新的组织结构的作用下，企业对技术人员的需求有所上升。非技术性工作，包括文员、杂工、操作工以及销售人员，技术性工作包括技工、管理者和专业人员。

20 世纪前半期技术进步偏向非技术工人，因此，工会化也历史性地出现在了那些非技术性工作的职业与行业领域，并且发展呈显著的上升趋势。从新技术革命发展以来，最初工会化程度高的职业与行业，因为吸纳的非技术工人的比例过高，从而工会入会率总体上也呈现了大幅度的下降。消费需求和就业不再集中于传统的工会化程度较高的行业，生产结构影响了经济中非熟练劳动力的价值。与此同时，小企业提供的就业机会也迅速增加。制造业工会入会率下降的尤为显著。

下降最快的 20 种职业包括工人、机器操作员以及文员，并且其中有10种职业是1983年所有工会化程度最高的职业，占四分之一。与此相反，20种增长最快的职业，在工会化最高的职业中仅表现为4种，这些职业主要是技术性工作者，如工程师、管理人员与其他专业人员。2012年，教育培训和图书馆职业（35.4%）和保护性服务行业（34.8%）加入工会的比率最高。销售及相关职业（2.9%）和农业、渔业、林业等职业（3.4%）加入工会的比率最低。

经济变迁使传统上高工会化部门的劳动力比例下降，传统上非工会化部门的劳动力比例上升。劳动力市场的重大结构变化——白领工作岗位的增长、制造业工作岗位的衰退、劳动力队伍中女性人数和非全职工人就业量的增加，所有这些因素都导致了工会入会率的下降。

随着20世纪80年代经济全球化的发展，美国大量的制造业岗位纷纷转移到了亚洲等海外地区，并且多采用外包或者雇佣临时工。大量的廉价日用生活品从东南亚等地区进入美国市场。因此，美国国内就业随之减少，美国企业与此同时也面临着降低劳动成本、增加利润的压力。蓝领工人和一般的白领工人都面临着失业的威胁，工会的发展也受到了难以避免的冲击。

在经济全球化的进程中，由于生产的国际化与资本流动的可能性，工会集体谈判的内容和影响减少；另外，随之而来的移民问题，非全日制就业、临时就业的不断增多，没有或只有非常低的社会福利、无医疗保障的临时工越来越多，由此削弱了工会组织的劳工基础。前国际劳工组织总干事胡安·索马维亚在一份报告中曾指出，“全球化和激烈竞争的世界市场的生存原则将对工会和结社自由以及集体谈判的权利产生消极影响”。此外，在商品市场激烈竞争的压力下，有工会的雇主更难以支付更高的工会工资，因而会抵制工会。

（4）工会组织罢工作用的下降

美国工会在法律允许的范围内，可以通过地方工会和国家工会与企业主进行集体谈判与平等协商，否则会采取游行示威、联合抵制等行动，还可以通过 AFL – CIO 开展国会院外游说活动及法律诉讼，最后可以组织罢工。从历史上看，罢工是一种经常使用的谈判工具。1935 年《全国劳动关系（瓦格纳）法案》颁布，并且为了执行《全国劳动关系法案》，政府还创建成立了“国家劳动关系委员会”（NLRB）。这部法案的颁布，确定了工人组织工会以及集体谈判的权力，工会在法律允许的范围内积极利用这种支持开展工会活动，标志着对工会活动的鼓励。此时，工会组织率和罢工数量都出现了增长。同时，由于罢工是工会争取与雇主谈判能力的工具，法案规定了资方不得干扰、妨碍工人组织工会来通过集体谈判来维护自己的权利。这一时期的罢工主要是争取经济利益的诉求，在法律保护下的罢工数量增多。工会组织的罢工经常发生，并且大部分都取得了成功。1937 年以后，罢工成为在法律、政治制度所允许的范围内，由工会进行控制的一种策略性工具。1947 年，美国国会颁布了《塔夫脱—哈特利法案》，用来平衡劳资谈判的机制。通过表决机制，让工人成为工厂是否加入工会的唯一决定因素，但实际上，能否加入工会取决于资方和劳工双方面的作用。该法案同时限制了罢工权和工会活动的范围。修订后的《全国劳动关系法案》颁布以后，私营部门的工会组织率到 1980 年一直呈下降趋势。

1980 年后，私营部门的工会组织率仍然持续下降，甚至降到比1935年《全国劳动关系法案》颁布之前更低的水平。截至2012年底，私营部门劳动者的工会会员率仅为6.6%，而这个比例在1935年是8.9%。近年来，实际上罢工在美国劳工市场中已经消失，因为罢工给工人带来的后果经常适得其反。1981年举行罢工的联邦空中交通管制人员被当时的里根总统宣布非法，并解雇了全部罢工工人。1987年，职业橄榄球运动员曾经举行罢工，但因为老板要使用替补队员，使得罢工运动员不得不回去工作。1992年，卡特彼勒公司的工人举行了罢工，但是他们6个月后不得不结束罢工，因为公司威胁永远不会再雇佣他们。对于工会和工会成员来说，罢工的风险越来越高，工会组织不愿意由于罢工而导致失业并丧失在工人中的信誉，罢工不得不变得更加谨慎。尽管美国法律目前仍然认可将劳资谈判作为劳方的经济武器，但是由于对罢工的保护较少，工会组织的议价能力越来越弱，罢工也随之下降到最低水平。

美国大多数研究劳动法的学者认为，现行的劳动法律过多地限制了工人采取集体行动的能力，缺乏对工人组织权的有力保护。相比较而言，美国的劳动法更多地强调雇主的权利，对于工人组织、罢工和集体谈判的保护较少。有很多国际劳动法的业内人士认为，美国工会的衰退，及许多普通工人的实际收入下降，都是由违反了国际劳动权利核心的美国劳工法律造成的。

（5）资方反制对工会衰退的影响

雇主对工会的强烈反对是工会成长的主要障碍。雇主以合法和非法的形式反对工会和工会化。在20世纪50年代，许多企业的资方相对较少采取行动以阻止工人加入工会，因为法律规定工人有自行作决定的权利。然而在此后的几十年里，根据《塔夫脱—哈特利法案》“言论自由”的自由条款（允许雇主表达对工会活动的反对意见，但不能对要求加入工会的工人进行威胁），法庭和国家劳动关系委员会（NLRB）给资方增加了反对工会化的权力，资方几乎在每一次重大的 NLRB 工会代表权的决定中都激烈反抗工会。资方对抗有三种基本的方式。第一种可称为“积极的劳资关系”政策，试图以工会的游戏规则击败工会，向非工会工人提供大多数工会要求的工人利益——高工资、好福利、高年资工人保护等——但不收相关的费用。资方的第二种策略是，实施合法的、强硬的反制活动，力图使工人相信如果他们在表决中反对工会的进入，他们会有更好的利益。一般情况下，一个工厂的工人通过 NLRB 工会代表权表决而整体加入工会，通常是一些工人决定要有工会，于是他们请求当地某个工会的工人在要求给予工会代表权的登记卡上签字。只要有三分之一的工人签了登记卡即可举行工会代表权表决。当资方了解到工会的活动后，会发起强劲的反制行动。资方可能会反对工会所希望的“基层选区”——有资格投票的工人的组成结构，声称某些（支持工会的）工人不应入列。通过调整基层选区，并凭借其他合法手段，资方可以使表决拖延数月之久。最后，即使资方在表决上失利，它也可以不必达成集体谈判劳资协议。许多美国大公司，包括像杜邦、通用电气等巨型公司，都运用上述及其相关的策略进行强硬的反制活动，以便使 NLRB 表决结果对资方有利。在动用法律允许范围内的一切手段后，如果仍然能预见工会可能会取得胜利，资方的第三种途径就是甄别和开除带头支持工会的工人。从 1960 年至 1980 年，对雇佣方不公平劳资关系处理做法的指控总数提高了4倍；因工会活动开除工人而受到的指控提高了3倍；经法庭裁决被偿还工资和恢复工作的工人数量提高了5倍。与此对照，同期NLRB的表决次数没有什么变化。虽然资方以各种借口开除工人的手法越来越老道，但是在1980年，因工会活动开除工人而遭到指控的雇主数量还是要多于以往时期。凭借《塔夫脱—哈特利法案》行使自己合法权利的带头发言人，被开除的可能性非常高。1980年至今，在大多数行业的劳资关系方面，雇主以合法与非法的手段抵制工会组建，激烈反对工会，使得私营部门工会组织率持续下降。另外，经济的全球化使商品、资本市场的竞争激烈，导致资方承受降低劳动力成本的压力，工会成员的工资增长要求更增加了这种压力。为了维持市场的竞争力，去工会化的趋势逐渐在传统工会化行业出现，工会组织的组建进一步受到资方的抵制。资方的反制行为对工会的获胜率具有一种相当大的抑制作用，对NLRB表决后新加入工会的工人比例下降也负有大部分责任。

（二）欧洲模式：相对强势工会及其发展状况

大多数欧洲国家的工会力量一直比较强大。从历史上来说，西欧既是工会组织和三方协商机制的发源地，也是工会组织较多、工会活动较为活跃的地区。近些年来，随着社会经济的快速发展，工会力量有所衰减，但在三方协商机制中仍保持着相对强势的地位。

在欧盟28个成员国中，各国的工会发展差异较大。比如奥地利的劳动者几乎都是工会成员，入会率差不多达到100%。而法国私营企业中只有6%的雇员加入工会。截至2010年，与2000年相比，欧盟27个成员国（2013年7月1

日克罗地亚正式成为欧盟第 28 个成员国）的工会联合会由 93 个增加到 98 个；在 10 个中东欧国家，工会联合会由 29 个增加到 38 个。欧盟最大的工会联合会所辖工会分会的平均数量为 29 个，考虑到较小的工会联合会也可能有分会，除 1000 多个独立工会组织外，欧盟所有国家的全国性工会组织总数约为 2000 个。

欧洲工会运动于 20 世纪 80 年代开始呈现衰弱趋势，90 年代这一趋势进一步发展。在 21 世纪的第一个 10 年期间，这一趋势并未改变。总体上，2000 年至 2008 年，欧盟成员国内的工薪雇员中，工会会员从 4600 万人降至 4300 万人，减少了将近 300 万人；而非工会工人却从 1.2 亿人增加到 1.4 亿人，增加了 2000 万人。欧盟成员国中，工会入会率从 2000 年的 27.8%降至 2008 年的 23.4%。在 21 世纪第一个 10 年里，欧盟半数成员国中的工会会员在减少，另外半数成员国的会员只有小幅度增加。在流失的会员中，中东欧国家有 200 万人，欧盟原有 15 个成员国有 100 万人。从绝对数字上看，会员流失最多的是德国，减少了 150 万人，其次是波兰 65 万人，罗马尼亚42.4 万人；增加最多的是意大利 55.5 万人，其次是西班牙 31.7 万人，比利时 20.5 万人。从比例上看，减少最多的是立陶宛（47.7%），其次是爱沙尼亚（43.6%），斯洛文尼亚（43.4%），捷克（27.9%）和波兰（25.5%）；增加最多的是西班牙（15.4%），其次是塞浦路斯（14.6%），希腊（13.9%）和比利时（11.5%）。

虽然欧洲的工会有所衰退，但在三方协商机制中依然扮演着较为强势的角色。事实上，欧洲是目前世界上罢工最为频繁的地区之一。以法国为例，自“二战”以来，法国逐步完善了以高税收、高福利为基础的社会保障体系，并建立起了以行业章程为依据的工会组织，从而形成了法国特有的一种社会企业文化。在法国，企业员工一般都要选择参加一个工会组织，以便为自己的工作和生活讨公道。这样，工会组织就成为资方与员工之间的纽带，也是制衡资方的一个主要力量。法国工会组织有“左”派、右派和中间派之分，主要的全国性工会组织有5个，即法国总工会（CGT）、法国工人力量（FO）、法国工人民主联合会（CFDT）、法国基督教工会联盟（CFTC）、法国干部总会（CGC）。此外，法国各行业也有很多各具特色的工会组织。法国战后发生的数次全国性大罢工，规模一次比一次大。1986年罢工参与率是47.5%，1995年是75%。除了这些全国性的总罢工以外，中型罢工的次数越来越密，2000年后，几乎每年都发生一次大规模罢工。2010年，法国再次爆发全国性大罢工，以抗议政府的社会保障体制改革。不过，虽然法国工会在组织发动罢工以及劳资谈判方面能量很大，但无休止的罢工对法国社会发展的影响已经引起了人们的关注。尤其是有些法国人和工会组织太强调以自我为中心，不顾大局，动辄以罢工相威胁，拿社会生活秩序作为他们与政府讨价还价的“底牌”。频繁的罢工也使法国企业界感到非常困扰，他们认为，法国法律给予了员工太多的权利，现在应该到了给予法国企业更多权利的时候了。

英国的劳资矛盾在2008年全球金融危机爆发后也有所加剧。英国国家统计局公布的数据显示，劳资纠纷状况在2014年出现恶化，罢工导致的工作日损失同前一年相比几乎增加了一倍。由于护士、助产士、消防员和公务员纷纷采取罢工行动，2014年1月至10月因劳资纠纷损失的工作日为782000

个，比上年同期的 405000 个损失工作日大幅度增加。仅在 2014 年 10 月出现的罢工行动就有 27 起，为全年最高，涉及 10.9 万名工作人员。英国最大的工会组织——英国职工大会在 2014 年参与了 150 次罢工行动，至少比前一年增加了 25%。

德国是另一个工会力量强大的国家。相比之下，德国在西方国家里的劳资关系和谐状况是最好的，劳资关系体系严谨，法律规范完善。在德国，劳资双方的组织程度都非常高，一旦有问题通常用谈判方式解决，让矛盾有一个规范的处理渠道，这在一定程度上是因为德国的社会民主主义传统。德国劳资关系相对规范的表现之一，就是德国企业的双层董事会制，一般来说，公司董事会负责管理企业，但德国很特殊，它的法律规定了股东大会下面设有董事会和监事会，董事会具有象征意义，而监事会权力非常大，包括企业管理人员的任命、重大决策的表决等。由于多年的争取，工人得以进入监事会，所以并购重组活动决不能忽视工会力量的存在。德国监事会中有两种运作方式，按照德国《共同决策法》的规定，在大企业（工人在 2000 人以上）是对等共决，即监事会中职工代表可以占一半，一般企业（2000 人以下企业）是一般共决，职工代表可以占三分之一，而职工代表中多数为工会成员。德国工会运行模式的另一个特征是，罢工被看作劳资谈判的一个阶段，德国各个产业工会每年都会与相对应的雇主协会谈新一年的工资标准。如果谈判破裂，法律规定先调解，调解不成再罢工才是合法的，而且罢工行为全部围绕谈判来进行，在集体合同的有效期内，一般来讲不允许罢工。此外，工会组织罢工要给会员支付罢工津贴（约等于工人平常工资的 60%），因此一般产业工会选择罢工都很讲究策略，会从自己的经济实力出发，罢工多长时间能取得成功都有精确的计算。由于罢工频繁发生，而且各工会组织在罢工中的诉求不一致，使得德国政府不得不通过修改法律以限制各工会的罢工活动。2015 年 5 月，德国议会就劳资冲突通过新的法案，规定当同一行业的不同工会存在不同诉求而无法达成一致时，以会员最多的工会达成的劳资协议为准。根据新法规，工会可以自主避免彼此在劳资问题上的冲突，可以组成联盟，共同谈判，也可以采用另一个工会达成的劳资协议。不过，此项法律受到了不少工会组织的反对，德国火车司机工会、德国飞行员联合会、马尔堡医生联合会宣布，将向联邦宪法法院起诉该法规违宪。

（三）日本模式：劳资协作型工会及其发展状况

“二战”结束后，日本的工会组织逐渐恢复并发展起来。1945 年 12 月，日本拥有工会会员 38 万人，第二年便增到 375 万人，激增 9 倍。工人的组织率也迅速提高。1945 年末，日本工人的组织率仅有 3.2%，1946 年 4 月上升到 40%，1948 年末又增至 55.8%。与欧美比较流行的产业工会不同，日本工会多数是企业工会。20 世纪 50 年代中期，企业工会作为日本工会的基本形式得到确立。由于工业化起步晚但进展快速，社会化分工和职业技能形成体系落后，以及在终身雇佣体系下企业内部相对封闭的劳动力市场等原因，日本形成了更适合日本传统文化和心理特征的企业工会与长期雇佣、年功序列、内部教育培训、职能资格制度等，最终构成了企业内稳定的劳动关系结构与运行机制，劳动争议数量和劳动争议参加人员都呈递减趋势。

日本劳动关系协调机制也称为劳使协商制度。所谓劳使协商制度，是一种劳动者代表与劳动力使用者（经营者）对就业条件和劳动条件以及有关经营、生产、福利等问题交换信息和意见并进行协商的制度，也被称为“劳使协议制”。三方协调原则在工会的高层参与中发挥着重要作用。在多层次的三方机构框架下，日本工会获得了通过审议会等途径参与制定法律法规的权利，包括：参与制定劳动法规过程中的三方审议会，从地方一级到全国一级的审议会，都是由工会、雇主和劳动委员会（有社会声望和学术地位的大学教授、新闻界人士、法律工作者）三方组成，三方人数在审议会中是对等的，三方对每项劳动法规的制定都可表达自己的意见，如果劳资双方意见有分歧，则由中立方调解和斡旋，议案达成一致后提交劳动省，进而提交国会讨论，决定劳动法规是否可以出台；参与政府部门制定各项政策的审议会，总理府和政府各专业部门在其政策制定中都极其重视工会组织的意见，总理府的社会保障制度审议会、经济企划厅的经济审议会、通产省的产业结构审议会等，甚至决定日本政府的机构设置和职能的中央行政改革会议，都请工会领导人参加。日本还通过各种劳资对话方式相互沟通和解决问题，在日本，从都、道、府、县至中央一级，每年都召开四至五次产业劳动恳谈会，恳谈会由劳、资、政及中立方四方组成，讨论劳动政策和生产中的各种问题。每次恳谈会都有一名政府高级领导人参加。通过恳谈会，工会和雇主能够就产业政策和劳动政策的贯彻执行情况及时进行沟通，工会则可以通过这种形式及时向政府和雇主反映工人的意见和建议。

第二节　三方协商机制调节劳动关系

一、我国三方协商机制的形成过程

（一）工会组织的发展情况

我国三方协商机制与改革开放紧密联系。1978 年 10 月，中国工会九大召开，大会提出了新时期工会工作的基本方针，强调要在中国共产党的领导下，团结教育吸引广大职工不断提高政治觉悟，掌握现代化科学技术，积极参加企业管理，广泛开展社会主义劳动竞赛，努力提高劳动效率，并在发展的基础上，逐步改善职工群众的物质文化生活，为实现新时期的总任务而奋斗。随着工会工作的恢复，各地的工会组织以及企业的工会组织得到了迅速的发展。特别是进入 21 世纪，适应新的形势发展要求，无论是工会的入会人数，还是工会组织的工作人员数量，都有了很大的增长。具体数据，如表 7. 1 所示。

从表 7. 1 中我们可以看出，自 2009 年以来，我国的工会有了进一步的发展。基层组织数量从 184. 5 万个增长到 2017 年的 280. 9 万个，增长了 1. 5 倍；全国已建工会组织的基层单位的职工人数从 2. 5 亿人上升到 2017 年的 3. 1 亿人；工会会员人数从 2. 26 亿人增长到 3. 03 亿人左右。与此同时，工会专职工作人员则从 74. 7 万人增加到 2017 年的 108. 9 万人，增长了 1. 4 倍。

在维护职工权益方面，全国总工会制定下发《全国总工会关于工会积极参与深化收入分配制度改革工作的指导意见》，推进完善工资支付保障制度，努力解决工资拖欠问题，

表 7.1　2009—2017 年工会发展情况

指　标	2009 年	2010 年	2011 年	2012 年	2013 年	2014 年	2015 年	2016 年	2017 年
工会基层组织数（万个）	184.5	197.6	232.0	266.3	276.7	278.1	280.6	282.5	280.9
全国已建工会组织的基层单位的职工数（万人）	24535.3	25345.4	27304.7	29371.5	29946.2	29930.9	30707.6	31428.6	314430.3
全国已建工会组织的基层单位的会员人数（万人）	22634.4	23996.5	25885.1	28021.3	28786.9	28811.8	29546.0	30288.1	30311.2
工会专职工作人员人数（万人）	74.7	86.4	99.8	107.9	115.6	115.6	111.4	113.0	108.9

数据来源：国家统计局

加大法律宣传、法律援助力度。先后参与《工伤保险条例》《失业保险条例》《企业年金办法》《住房公积金管理条例》《关于进一步做好建筑业工伤保险工作的意见》等政策法规的制定和修改，推动社会保障制度完善和职工社会保障权益落实。送温暖、金秋助学、农民工平安返乡等帮扶工作品牌创新发展，实现送温暖日常化、经常化、常态化。2014 年至 2018 年，全国工会共筹集送温暖资金 202.2 亿元，走访慰问企业 103.41 万家、走访职工家庭 4152.9 万户；共筹集金秋助学资金 56.79 亿元，发放助学款 54.81 亿元，资助困难职工和困难农民工子女 286.92 万人；建立 3544 个工会困难职工帮扶（职工服务）中心，共筹集帮扶资金 200.22 亿元，帮扶困难职工 3620.27 万人次。成立全国总工会农民工工作领导小组，制定印发贯彻落实进一步做好为农民工服务工作的实施意见以及《农民工工作规划（2016—2020 年）》等文件。开展农民工入会集中行动，目前，农民工会员已从 2013 年的 1.08 亿人增加到 2017 年的 1.4 亿人。

在积极推动构建和谐劳动关系方面。一是推动涉及职工权益的立法和政策制定。五年来，全国总工会先后参与了《中共中央、国务院关于构建和谐劳动关系的意见》《民法总则》《安全生产法实施条例》《人力资源市场条例》《劳务派遣暂行规定》等近百项法律法规政策的制定与修改工作。二是推动健全社会主义协商民主制度。推动完善政府和工会联席会议制度，截至 2017 年 9 月底，全国建立职代会或职工大会制度的基层企事业工会有 225.2 万个，覆盖职工 2.5 亿人；实行厂务公开的基层企事业工会有 220.0 万个，覆盖职工 2.4 亿人。三是推动集体协商制度提质增效。制定《深化集体协商工作规划（2014—2018 年）》和《关于提升集体协商质量增强集体合同实效的意见》，截至 2018 年 6 月，全国共签订集体合同 159.3 万份，覆盖企业 402.1 万个，覆盖职工 1.9 亿人。四是推动协调劳动关系三方机制发挥作用。截至 2017 年 9 月底，全国共有各级三方机制 22185 个，其中省级 32 个，地市级 364 个，县级 2564 个，街道、乡镇、村、社区、工业园区三方机制 15282 个。五是扎实做好劳动争议预防和处理工作。截至 2018 年 6 月，全国建立各类劳动争议调解组织 99.8 万个，担任兼职仲裁员的地方工会干部 1.5 万人。五年来，全国各类劳动争议调解组织受理劳动争议 203.6 万件。六是加大工会劳动法律监督力度。截至 2017 年 9 月底，全国建立工会劳动法律监督组织 103.3 万个，共有工会劳动法律监督员 205.7 万名，工会劳动保障法律监督员 140.4 万名。五年来，全国工会劳动法律监督组织受理违法、违规案件 84.7 万件。

（二）雇主组织的发展情况

1983 年，中国恢复在国际劳工组织的活动，中国企业联合会/中国企业家协会（简称中国企联）作为中国雇主组织代表与劳动和社会保障部、中华全国总工会组成三方机制，参与国际劳工组织的所有活动，承担具体工作。2003 年 6 月 2 日，国际雇主组织总理事会一致接受中国企业联合会为国际雇主组织的正式成员。国际雇主组织承诺“对于国际雇主组织秘书处，对于国际劳工组织理事会雇主组，对于所有国际劳工组织的活动，中国企业联合会是中国的唯一代表”。中国企联是中国成立最早的全国性经济、社会社团组织。目前中国企联系统拥有 56.4 万家会员企业、36 家全国性企业团体、43 个省级企业联合会、260 家各地方工业城市企业联合会，也是代表中国加入国际雇主组织的唯一机构。在直属会员企业中，国有企业占44.79%，非国有企业占55.21%（其中乡镇企业占11.26%，私营企业占11.83%，合资企业占4.75%，股份制企业占24.46%，外商独资企业占1.79%，其他企业占1.12%）。其成员比例比较符合我国各类企业在经济社会发展中的地位和作用。由此可见，中国企联目前的会员企业具有广泛的代表性，既能代表国有企业，又能代表非国有企业。从职责上来说，中国企联的职责主要包括：代表中国企联参加国家协调劳动关系三方会议，参与有关涉及劳动关系方面的法律法规和政策的制定，维护企业和企业家的合法权益；指导与协调各地、各行业企联/企业家协会开展三方机制建设和劳动关系协调工作；推动企业建立和加强劳动合同、集体合同的签订，减少劳动争议，维护企业劳动关系稳定；为各地、各行业企联/企业家协会以及企业（雇主）提供三方协商机制和劳动关系方面的培训、咨询等服务；收集、整理国内国外有关三方协商机制和劳动关系方面资料并及时向各级企联/企业家协会传递信息；参与国际雇主组织和国际劳工组织活动，参加国际劳工大会和国际劳工标准的修改和制定，开展与其他国家雇主组织及国际机构的交往与合作。

2011年7月，国家协调劳动关系三方会议第十六次会议在京召开，调整后的国家三方会议在人力资源和社会保障部、中华全国总工会、中国企业联合会/中国企业家协会三个成员单位的基础上，增加中华全国工商业联合会为成员单位，与中国企业联合会/中国企业家协会共同作为企业方代表。中华全国工商业联合会成立于1953年，简称全国工商联，又称中国民间商会，是以非公有制企业和非公有制经济人士为主体的人民团体和商会组织。工商联按行业设立行业商会等行业组织。截至 2018 年底，全国工商联共有县级（含县级）以上组织 3411 个，工商联所属商会组织 45806 个，已形成覆盖全国的组织网络。

（三）我国三方机制成立及其职责

在借鉴国际惯例的基础上，2001 年 8 月 3 日，我国由原劳动和社会保障部、中华全国总工会、中国企业联合会/中国企业家协会正式成立了“国家协调劳动关系三方会议制度”。2011 年，全国工商联加入，三方机制扩展为三方四家。2019 年 3 月 29 日，国家协调劳动关系三方会议第二十四次会议在北京举行。

除了国家层面建立了三方协商机制，我国各地也根据自身的特点开展了三方机制的建设。地方的三方协商机制相较于国家层面的制度更具有灵活性，参加三方协商的主体除了劳动行政部门、企联/企协、工商联以及工会外，在一些地方也有国资委、经贸委或者外企联合会等机构代表资方参与协商。除了正式的三方协调会议，在我国还存在一些准三方协商机制。第一种是多方参与的协商制度，例如山东省的农民工工作联席会议，参与会议的除了党政机关、工会外，还有团委、妇联、人行等机构和组织。此外，还有发展家庭服务业促进就业部际联席会议制度。第二种是政府与同级工会组织召开的联席会议，这些会议由省长或主管副省长主持召开，议题广泛，涉及支持工会工作到就业、最低生活保障、民主管理等多方面问题。与三方协商机制不同的是，这些联席会议一般没有雇主协会的代表参与。

二、我国三方机制的主要职责

我国三方协商机制的职责见表 7. 2。

表 7. 2　国家协调劳动关系三方会议制度任务和职责

职责任务	（一）研究分析我国经济社会发展形势和政策、制度对劳动关系的影响，协调三方的政策主张和立场，对制定并监督实施涉及调整劳动关系的法律、法规、规章和政策提出意见和建议； （二）通报交流各自协调劳动关系工作中的情况和问题，研究分析全国劳动关系状况及发展趋势，对劳动关系方面带有全局性、倾向性的重大问题进行协商，形成共识； （三）建立和完善劳动关系工作体系，推动地方协调劳动关系三方机制、劳动合同制度、集体合同制度、民主管理制度、劳动争议调处机制的建设，总结推广先进经验； （四）加强对地方协调劳动关系工作的宏观指导和服务，建立劳动关系重大问题的信息沟通和协调处置机制。对跨地区或在全国具有重大影响的集体劳动争议或群体性事件进行调查研究，对社会影响重大的劳动关系问题，三方统一研究应对措施，协调采取一致行动，提出应对措施的意见和建议，及时妥善化解矛盾； （五）加强与国际劳工组织、各国三方机构的联系、交流与合作，组织、参加有关活动，提高中国三方机制在国际劳工活动中的作用和影响。
协调内容	（一）推进和完善劳动合同制度、平等协商集体合同制度； （二）企业改制改组过程中的劳动关系； （三）企业工资收入分配； （四）最低工资、工作时间和休息休假、劳动安全卫生、女职工和未成年工特殊保护、保险福利待遇、职业技能培训等劳动标准的制定和实施； （五）劳动争议的预防和处理； （六）企业民主管理； （七）工会组织和企业联合会组织的建设； （八）调整劳动关系的其他有关问题。

从 2001 年成立至 2019 年，国家协调劳动关系三方会议制

度共召开了24次会议。在各方共同协调磋商的基础上，出台了一系列协调劳动关系的文件。具体见表7.3。

表7.3　国家协调劳动关系会议制度成立以来出台的三方文件

《关于构建和谐劳动关系的意见》	中共中央、国务院（2015年3月）
《关于深入推进集体合同制度实施彩虹计划的通知》	人社部发（2010年5月）
《关于印发全面推进小企业劳动合同制度实施专项行动计划的通知》	人社部发（2010年4月）
《关于应对当前经济形势稳定劳动关系的指导意见》	人社部发（2009年1月）
《关于开展区域性行业性集体协商工作的意见》	劳社部发（2006年8月）
《关于开展创建劳动关系和谐企业与工业园区活动的通知》	劳社部发（2006年3月）
《关于印发〈全面推进劳动合同制度实施三年行动计划〉的通知》	劳社部发（2006年3月）
《关于进一步加强劳动争议调解工作的通知》	劳社部函（2005年8月）
《关于进一步推进工资集体协商工作的通知》	劳社部发（2005年2月）
《关于贯彻实施〈集体合同规定〉的通知》	劳社部函（2004年8月）
《关于加强兼职劳动仲裁员队伍建设有关问题的意见》	劳社部发（2003年10月）
《关于建立健全劳动关系三方协调机制的指导意见》	劳社部函（2002年8月）
《关于进一步推行平等协商和集体合同制度的通知》	劳社部发（2001年11月）
《关于进一步加强劳动争议处理工作的通知》	劳社部发（2001年11月）
《关于逐步实行集体协商和集体合同制度的通知》	劳动部发（1996年5月）

第三节　经济新常态与三方协商机制

一、经济新常态对三方协商机制的影响

经济新常态体现了我国经济发展的阶段性特征，具有三个主要特点：一是从高速增长转为中高速增长，增长方式从规模速度型粗放增长转向质量效率型集约增长；二是经济结构从增量扩能为主转向调整存量、做优增量并举的深度调整，经济结构不断优化升级；三是发展动力从要素驱动、投资驱动转向创新驱动。目前我国经济发展步入新常态，要求转变经济增长方式，调整产业结构，这将对就业产生广泛而深远的影响，经济增长与就业的关系正在发生着深刻的变化，劳动力市场也将发生深刻变革，就业形势与矛盾将更加复杂，经济新常态下的就业呈现出一些新特点、新变化。

1. 就业总量压力大，结构性矛盾将贯穿经济新常态始终

经济新常态下，我国经济增长速度明显放缓，就业问题与经济增长紧密相连，在保持经济稳定增长的前提下，就业总量压力增大。因为就业规模的扩大，在一定程度上取决于经济已有的规模及其增长速度，依据菲利普斯的分析框架，经济增长率与失业率是负相关关系，与就业率则又是正相关关系。奥肯定律发现失业率每上升一个百分点，GDP 就会相应下滑两个百分点。也就是说，只有经济规模不断扩大，经济增长方式有效转变才能相应地创造更多的新生就业岗位，经济持续稳定增长是就业增长的前提条件，一定的经济增长速度才能产生一定数量的就业岗位。在经济增长速度放缓，经济发展规模有限的

经济新常态下，不可避免的就业总量矛盾依然存在，但主要矛盾是结构性问题，结构性矛盾比较突出。近几年劳动力成本的持续上涨对企业的劳动力需求影响不断加深，劳动力供给趋于大龄化，高技能大龄劳动者的挤出效应引起就业的结构性矛盾，结构性失业特征较为明显，并将贯穿经济新常态始终。

2. 技术性失业将贯穿经济新常态始终

“工业4.0”和“互联网+”的时代背景之下，技术创新、科技创新成为企业获取核心竞争力的源泉和动力，传统企业面临前所未有的挑战，需要与互联网结合寻求新的发展途径，我国的投资结构将由第二产业主导向第二产业和第三产业并重转变，经济增长将由依靠劳动力成本优势向依靠人力资本质量和技术进步转变。因此，当前我国经济发展进入新常态，无论是推进经济结构转型和优化，还是推进创新驱动，科学技术应用到经济发展的各个领域势在必行。但是，工业技术进步的结果会在一定程度上导致技术性失业，传统加工制造业吸纳就业的作用将弱化。智能机器人、云计算、大数据、物联网等新技术的开发和应用，会使企业大大减少对普通劳动力的依赖，更加渴望创新人才和高技能人才，对劳动需求的相对减小会使失业增加，传统产业工人将面临失业风险，只能转而通过提升自己的人力资本以避免技术性失业。此外，在经济新常态下，物质资本相对价格下降，而人力资本价格相对上升，也加剧了机器取代工人的趋势，从而加剧了技术性失业。

3. “双创”拓宽就业渠道将成为经济新常态下的就业常态

经济发展新常态下，经济发展的动力主要依靠创新驱动，党的十八大第一次将鼓励创业纳入就业方针，围绕“大众创业、万众创新”推进一系列体制机制改革。2015 年仅从 3 月至9月，国务院发布的关于创新创业的文件就有4个，从中央和国家层面确立了创业在就业中的地位，国家扶持创业创新的力度前所未有。创业创新政策的落地推行不仅对拉动经济有积极作用，还在很大程度上改善了就业增长预期。在大学生就业形势严峻的状况下，教育行政主管部门也在力推深化高校创新创业教育改革，把创新创业教育融入人才培养体系，落实完善创新创业政策，加大创新创业场地建设和资金投入，提升创新创业服务水平，大力推进毕业生自主创业，缓解新增大学生就业压力。国家发展与改革委员会根据前三季度新增市场主体增长速度以及企业运营资产规模、营业收入规模推算，创业创新对GDP增速的拉动贡献大约为0.5个百分点，创业创新带来的红利已经初步显现。[①] 来自伦敦咨询公司UHY国际最新报告称，自2010年以来，中国初创企业数量每年以将近100%的速度增长，到2014年达到161万家。这一速度几乎是排在第二名的英国的两倍，也远远高于美国。2018年上半年，中国新设市场主体998.3万户，同比增长12.5%，平均每天新设5.52万户。其中，新设企业327.4万户，同比增长12.5%，平均每天新设1.81万户。[②] 由此可见，“大众创业、万众创新”将成为经济新常态下拓宽就业渠道的必然选择，也将成为就业的新常态。

4. 提升就业质量将成为经济新常态下的就业常态

党的十九大报告指出，要坚持就业优先战略和积极就业政策，实现更高质量和更充分就业。大规模开展职业技能培训，

---

① 赵晶．“双创”为就业和增收拓新渠．经济参考报，2015年12月15日

② 2018年上半年市场环境形势分析．中国政府网，2018年8月7日

注重解决结构性就业矛盾，鼓励创业带动就业。提供全方位公共就业服务，促进高校毕业生等青年群体、农民工多渠道就业创业。破除妨碍劳动力、人才社会性流动的体制机制弊端，使人人都有通过辛勤劳动实现自身发展的机会。坚持在经济增长的同时实现居民收入同步增长、在劳动生产率提高的同时实现劳动报酬同步提高。拓宽居民劳动收入和财产性收入渠道。履行好政府再分配调节职能，加快推进基本公共服务均等化，缩小收入分配差距。在经济新常态下实施就业优先的发展战略，从单纯地强调扩大就业数量向提高就业质量转变，并将努力提高就业质量作为未来就业工作的重心，是实现包容性增长、提高经济发展质量的必然之举，也是转变经济增长方式，优化产业结构的必然选择。

二、当前我国三方协商机制存在的主要问题

三方协商机制的建立，对化解劳资双方的矛盾、构建和谐劳动关系发挥了积极的作用。但是也应当看到，由于我国的三方协商机制建立时间短，面对日益复杂的劳动关系也表现出诸多的不适应。比如工会组织和雇主组织的代表性有待加强、政府干预过多等，使得我国劳动关系的不协调现象依然大量存在。因此，建立健全我国的三方劳动关系协商机制，对更好地协调劳动关系、维护社会稳定具有重大的现实意义。在经济新常态背景下，市场经济关系发生了新的变化，三方协商机制也随之发生变化，呈现多元化、复杂化、规模化等发展趋势。

具体而言，我国劳动关系三方协商机制存在以下主要问题。

第一，三方协商机制中政府干预过多、职能不清。利益主体的平等地位是进行协商和谈判的前提条件，否则一定会出现一边单赢的局面。目前，在我国三方协商机制中，政府的地位明显高于代表企业利益的企业联合会/企业家协会和代表劳动者利益的工会的地位，形成一种主从的关系。由于传统体制的惯性，以及维护当地社会稳定的责任，一些地方政府在劳动关系协调过程中经常出现大包大揽、干预过多的行为。这不仅容易扭曲劳资双方的真实意愿表达，还容易将各种矛盾引到政府身上。政府一直承担着包揽型政府的职能，而非协调型政府的职能。在实际的三方协商机制运行过程中，很难在协商后达成令三方都满意的、确实可行的协议或条款，致使三方协商机制的有效性降低，企业代表和劳动者代表不能充分行使自己的权利、保护自身权益。

第二，三方协商机制中企业方的代表性不强。在中国企业家联合会的直属会员企业中，国有企业占44.79%，非国有企业占55.21%（其中乡镇企业占11.26%，私营企业占11.83%，合资企业占4.75%，股份制企业占24.46%，外商独资企业占1.79%，其他企业占1.12%）。尽管从数据上看，中国企业家联合会关于非国有企业的代表性在增强，代表的范围不断扩大，但是，根据企业家协会的章程，它主要代表的还是公有制企业，而且，目前占比将近45%，比例仍然很高，而对于非公有制企业，其代表性仍显不足。在经济新常态背景下，随着市场经济关系的变化，迫切需要三方协商机制中的企业方代表能够具有广泛的代表性，企业方代表应该能够涵盖更多不同类型的非公有制企业，并能在三方协商过程中根据不同类型企业的特点进行有效协商。

第三，三方协商机制中工会组织扮演维护职工权益和促进生产“双重角色”，企业工会维护职工权益面临现实困境。尽管工会组织不断完善，职能不断增强，基层组织数量不断增多，全国已建工会组织的基层单位的职工人数和工会会员人数近几年涨幅较高，但是，工会在代表和维护职工权益中代表性还应进一步加强。

第四，三方协商机制中的法治化程度有待提高。在经济新常态背景下，我国面临着日益复杂的劳动关系，劳动争议案件数量存在上升趋势，处理不当容易造成社会矛盾。然而，解决社会矛盾，构建和谐劳动关系，仅仅依靠三方利益主体代表的平等对话和协商并不能根本解决，必须依靠健全的法律制度。目前，我国劳动关系中三方协商机制的相关法律法规已有比较完备的系统，《劳动法》《劳动合同法》《劳动争议调解仲裁法》《工会法》《企业劳动争议处理条例》《集体合同规定》和《工资集体协商办法》等构成了我国三方协商机制立法的基本法律框架。我国的劳动关系三方协商机制立法层级相对较低，高级别立法在劳动关系三方协商机制的实际操作中没有明确的规定，因此缺乏对现实的各项事务进行直接指导的能力。可见我国三方协商机制的法治建设还不够完备，急需健全有关三方协商机制的相关立法，细化法律规则和条文，提升立法层级。

第五，三方协商机制的运行过程有待优化，社会组织的调解作用有待增强。在我国，无论哪个级别的劳动关系三方协商机制，都是结合当地的经济发展具体情况来制定的，以此来完成工作规划和目标，对当地的劳动关系矛盾的解决起到至关重要的作用。国家级劳动关系三方协商机制实行半年例会制度，省级劳动关系三方协商机制实行季度例会制度，议题可以由三方中任何一方提出，并以书面形式通知其他两方。各方代表应该对议题进行详细的研究，并且认真准备好发言材料，在劳动关系三方协商机制引导下召开的会议上就如何解决当下的实际问题展开平等的探讨，并且可以由三方中的任何一方提出讨论议题，三方对整个经济运行负责，兼顾各方利益及时作出决定，通过协商来对议题谈到的问题进行协商解决，过程中应该坚持平等合法的原则①。

此外，目前我国三方协商机制在运行过程中还出现了一些地区签订集体合同流于形式的问题，忽视集体合同内容的重要性。部分企业在签订合同后拒不履行相关内容，不但没有按照合同对员工的利益进行保护，而且本身也是一种违法行为。近年来，我国劳动争议案件逐渐增加，工资集体协商制度等发挥的作用也非常有限。集体协商是以谈判双方的独立性为前提的，政府主要是通过立法、政策影响和监督双方，而不应该介入谈判过程。然而，我国仍然处于由政府主导集体谈判的阶段，政府劳动行政部门从一开始便介入其中，政府组织谈判、制定谈判程序、提供集体合同样本，在一定程度上影响了劳资双方的真实意思表达，需要在下一步工作中进行解决。

三、依法治国背景下的劳动关系研究

和谐劳动关系作为和谐社会的重要组成部分，在国家经济

---

① 赵永乐，王培君，方江宁等．劳动合同管理与劳动争议处理．上海：上海交通大学出版社，2006

迅猛发展的今天逐渐受到更多的关注。和谐的劳动关系可以源源不断地为社会提供优秀的人力资源，这是社会的财富，因此，构建良好稳定的劳动关系逐渐成为政府的工作重点之一。以构建和谐劳动关系为目的的《劳动合同法》已经实施，为了探讨这部法律的实施效果，即是否达到了当初制定时的初衷，我们将利用政策评估方法对其进行评估。我们通过采集《劳动合同法》实施前后五年的劳动争议案件省级面板数据，采用动态面板数据模型分析《劳动合同法》对劳动争议案件的影响。

（一）劳动合同法对劳动关系影响的实证分析

1. 变量选取与说明

要估计《劳动合同法》的实施效果，从政策的因果关系来看，估计方法的选取一方面必须将《劳动合同法》的实施效果同其他影响因素区分开来，另一方面必须解决法律变量的内生性问题。

具体来说，第一，区分《劳动合同法》的实施效果和其他诸如经济环境、人口因素等其他原因造成的可能的劳动关系变化。劳动争议案件的影响因素有很多，单纯就我们的研究目的而言，如果只考察劳动合同法对劳动争议案件的影响，有悖于实验设计的科学性和有效性原则。因此，选择合适又完整的控制变量（非法律政策因素）是研究工作的一项重要任务。从逻辑上讲，诸如经济危机是否也影响了劳动关系，使得劳动争议案件上升；或者城市化的进程加快使得大量劳动力涌入城市，造成劳动争议案件上升？因而，如果单纯利用时间序列数据研究劳动关系与《劳动合同法》的关系，从逻辑上很难厘清《劳动合同法》和其他因素的影响效应。

第二，必须较好地解决劳动争议案的内生性问题。《劳动合同法》颁布后，东部沿海地区受到的冲击及反弹力度更大，是否颁布《劳动合同法》本身可能与劳动关系之间存在系统相关性，由此可能导致解释变量的内生性问题，应该选择合适的计量方法来解决这一内生性问题。

在研究政策实施效果方面，双差分模型的分析方法可能更加合适，但法律的实施具有特殊性，而最重要的问题在于法律的实施是自上而下在全国范围内普遍施行的，无法在实施后找到对照组进行比对，这也是研究过程中遇到的难点之一。因此，我们选用了动态面板的方法来估计，选择广义矩估计（Generalized Method of Moments，GMM）计量模型。这种计量模型不需要知道随机误差项的准确分布信息，允许随机误差项存在异方差和序列相关，因而所得到的参数估计量比其他参数估计方法更有效。另外，由于劳动争议案件具有诉讼持续期限较长的可能，可能较其他变量有更大的惯性，因此，我们在模型中加入滞后一期的劳动争议案件数作为解释变量，并使用动态面板进行识别。

我们选取以下变量进行研究：因变量为“劳动争议案件数量（Cases）”，是用于衡量劳动关系变化的指标；自变量为《劳动合同法》，法律的颁布没有具体的数据可用来衡量，因此本文将该变量设为二元变量，则法律实施前取值为0，实施后取值为1。

控制变量的选择非常重要，正如上文所提到的，选择合适和完整的控制变量可以提高实验的科学性和有效性。我们对其他学者的研究进行了较为系统的梳理和总结，选取的控制变量既包含现有文献中提到过的控制变量，同时还结合中国国情筛选出了可能对劳动争议案件造成影响的其他变量。考虑到控制变量间可能存在的较强相关性问题，会引发模型出现多重共线和内生性问题并导致估计参数的有偏、无效或非一致，因此将对控制变量进行筛选。控制变量分为三类：经济环境、人口结构及其他。

经济环境：①经济增长水平（GDP）。②城镇人均可支配收入（Income）。城镇地区是企业单位聚集区，为了使结果具有代表性，选择了城镇的人均可支配收入。选取该指标的用意是希望观察收入与劳动争议案件的增长之间是否存在关系，是否收入越高，劳动争议案件数量越少，劳动关系越好。

人口结构：①城市化率（Urbanization），用城镇人口/总人口的指标表示，反映人口的城乡结构。城市化提高的部分原因是因为农村劳动力转移到城镇，绝大部分的劳动争议案件发生在城镇，城镇人口基数增大，又是否是劳动争议案件增加的原因之一呢？②城镇登记失业人员情况（Jobless），用每年末登记的当年新增失业人数来代表。选取该指标的意义在于考量劳动力迁移对劳动关系的影响。

另一个重要的控制变量“基层工会组织数（Grassroots unions）”是一个可能会对劳动争议案件的增长起到影响作用的因素。由于中国工会的基本职责是维护职工合法权益、竭诚服务职工群众，所以在增强党执政的阶级基础、构建和谐社会方面应该能起到不可忽视的作用。

2. 数据描述

本样本时间区间为《劳动合同法》实施前后，时间跨度10年，截面是我国的31个省、自治区和直辖市，包含1个被解释变量、5个自变量。由表7.4的描述性统计结果可看到：每个截面均包含10年的数据，每个指标共有310条记录，属于强平衡面板数据。之所以选择该时间区间，一是因为选取《劳动合同法》实施前五年及后五年的数据具有较强的对比性。二是因为数据的可得性，我们所用指标的原始数据来源有五部分：被解释变量为历年劳动争议案件数量（Labor Dispute Cases）数据来源于《中国劳动统计年鉴》，历年各地区GDP和城镇人均可支配收入（per Capita Disposal Income，简称PC-DI）相关数据来源于《中国统计年鉴》。此外，各地区城镇登记失业人员情况（Basic Conditions of Urban Registered Unemployment by Region）以及城镇人口比重（The Urbanization Rate）来源于《中国统计年鉴》，历年各地区基层工会组织数（Number of Grassroots Trades Union by Region）《中国工会统计年鉴》。同时，相关数据还参考了《中国发展报告》《中国统计摘要》及《中国住户调查年鉴》等年鉴资料。

表7.4　变量的描述性统计

	Variable	Obs	Mean	Std. Dev	Min	Max
Before	Cases	155	9456.723	12004.15	234	61247
	Income	155	10434.02	3384.127	6530.5	23622.7
	GDP	155	6524.275	5847.671	189.09	31084.4
	Union	155	38249.71	28388.8	0	154563
	Urban	155	44.72477	15.03512	20.85	89.09
	Jobless	154	232111.4	146493.6	0	720049
After	Cases	155	20685.5	24829.69	356	150023
	Income	155	18622.27	5691.801	10969.4	40188.3
	GDP	155	14370.25	11927.32	395.91	57100
	Union	155	67908.7	49153.18	2297	232330
	Urban	155	50.82794	14.52639	21.9	89.3
	Jobless	155	241180.4	141881.1	0	607439

从表7.4中可以看到，每个变量的样本容量为310，数据选取的是《劳动合同法》施行前五年及后五年的数据，为了便于观察，将施行前和施行后的数据分开描述。从表中可以看出，劳动争议案件数量的均值在《劳动合同法》实施前和实施后相差一倍以上，说明在法律实施后，劳动争议案件总量大幅度上升。同时，我们也可以观察到经济水平的增长以及城镇人均可支配收入的增长同样非常显著。标准差的区别也很明显，劳动争议案件数的标准差在法律实施前为12004.15，但在实施后变为24829.69，说明在《劳动合同法》实施之后，劳动争议案件数量样本波动程度更大，离散程度高，发生了巨大变化。同样，经济水平和城镇人均可支配收入的变化也与法律实施前不可同日而语，为了探究《劳动合同法》的实施效果，还需要看实证结果如何。

3. 回归结果与分析

我们采用面板数据基本模型，滞后一期的因变量作为控制变量。模型设定如下：

$$Cases_{it-1} = \beta_1 Cases_{it-1} + \beta_2 \mathrm{dum2008} + \beta_{cv} \mathrm{CV}_{it} + \varepsilon_{it}$$

$$(\varepsilon_{it} = \mu_i + \lambda_t + u_{it} 1, 2, 3\cdots\cdots)$$

其中Cases_{it}代表劳动争议案件数，Cases_{it-1}代表滞后一期的劳动争议案件数；dum2008代表《劳动合同法》实施的二元变量，2008年《劳动合同法》实施之前的数值为设0，2008年之后为1；CV_{it}表其他控制变量；μ_i代表不随时间变化的个体上的差异性；λ_t代表不随个体变化的时间上的差异性。

在对面板数据进行回归分析之前，要对数据进行面板单位根检验。只有各变量满足同阶单整时回归分析才有意义，从而避免出现伪回归问题。在对各变量进行单位根检验后，发现各变量间存在不同阶。为了消除异方差性，对除二元变量 dum2008 以外的其余六个变量作自然对数处理。

处理后的模型如下：

$$\ln（Cases_{it}）=\beta（Cases_{it-1}）+\beta_2 dum2008+\beta_{cv}（CV_{it}）+\varepsilon_{it} \quad (1)$$

$$(\varepsilon_{it}=\mu_i+\lambda+u_{it}1，2，3\cdots\cdots)$$

建立动态模型的目的是：因变量的滞后项可以较为全面地反映上一期的全部信息，其系数反映了上期全部的影响因素对当期劳动争议案件数量的影响程度。但是由于动态面板模型包含了因变量的滞后项而存在内生性问题，因此采用标准面板数据模型估计方法将导致参数估计的非一致性。我们针对这一问题使用广义矩估计（Generalized Method of Moments，GMM）方法选取合适的工具变量和产生相应的矩条件方程，对方程（2）进行一阶差分，得到如下回归方程：

$$\ln（Cases_{it-1}）-\ln（Cases_{it}）=\beta_1\Delta\ln（Cases_{it-1}）+\beta_2 dum2008+\beta_{cv}\Delta\ln（CV_{it}）+\varepsilon_{it} \quad (2)$$

$$(\varepsilon_{it}=\mu_i+\lambda+u_{it}i=1，2，3\cdots\cdots)$$

方程（2）消除了不随时间变化的个体效应，但是被解释变量$\Delta\ln$（$Cases_{it-1}$）与残差$\Delta\varepsilon_{it}$相关，因此将使用差分广义矩估计方法。

表 7.5　一步、二步差分 GMM 估计

	Onestep difference	Twostep difference
	lncases	lncases
L. lncases	0.216* (1.74)	0.276** (3.15)
dum2008	0.529*** (9.73)	0.524*** (11.06)

续表

	Onestep difference	Twostep difference
lnunion	0.753 (1.54)	0.458 (0.69)
lngdp	-1.486* (-1.79)	-1.830** (-2.97)
lnurban	2.105 (0.39)	0.787 (0.13)
lnincome	0.628 (0.40)	1.656 (0.99)
Sargan 检验	—	0.541
AR (2)	—	0.124

注：表中括号内为对应的 t 值，*、**、***分别表示在 1%、5% 和 10% 的水平上显著；AR (2) 和 Sargan 检验给出的是统计量所对应的 P 值。

通过表 7.5，模型回归的 Sargan 检验、AR 检验，模型显著程度和系数对应的 t 值可以清晰明了地看到。差分 GMM 估计中，模型通过了 Sargan 检验，表明过度约束的问题不存在，工具变量在整体上是有效的，模型的设定也是有效的；AR (2) 的检验结果表明，差分变换后的残差不存在二阶序列相关。GMM 估计中，二步估计优于一步估计，因此，我们将利用二步差分 GMM 的回归结果来解释各自变量对我国劳动争议案件数量变化的影响。

通过回归结果可以看出：

第一，劳动争议案件数量滞后项 ($lncases_{t-1}$) 对基期劳动争议案件影响较为明显，我国劳动争议案件具有一定的延续性，劳动争议案件数量在短期内不会再有大幅度的变化，如果忽略滞后项会导致估计有偏差。

第二，各类影响因素中，基层工会组建数量、城镇人口比重以及城镇人均可支配收入三个变量对劳动争议案件数量的影响不显著。《劳动合同法》的颁布和经济发展水平对劳动争议案件影响分别在 1% 和 5% 的水平下显著，说明《劳动合同法》和国家的经济状况是影响劳动争议案件数量的重要因素，但《劳动合同法》的影响更为显著，具有显著的政策效果。值得关注的是，《劳动合同法》颁布（dum2008）的影响系数为0.524，说明《劳动合同法》的颁布与劳动争议案件的增加正相关，可以印证上文的猜想，即劳动争议案件的大幅度增加在很大程度上是受到了《劳动合同法》颁布的影响。但经济发展水平（GDP）与劳动争议案件数量负相关，从回归结果中可以看到，经济发展水平每提升一个百分比，劳动争议案件数量下降1.486个单位。这说明，经济环境越好，劳动争议案件数量越少，劳动关系也更为稳定。

4. 结果解释与说明

《劳动合同法》对劳动争议案件的激增起到重要影响作用，其原因可分为外因和内因两个方面，外因指法律实施的外部环境，内因是指《劳动合同法》本身。二者共同作用，导致了劳动争议案件的反常增长。

（1）外部因素

《劳动合同法》对企业拖欠劳动者工资（包括加班工资）、订立书面劳动合同以及赔偿金和补偿金的规定增加了企业的违法成本、管理成本和解雇成本，而想要让全国1000多万的企业全部“乖乖就范”无疑是不可能的，部分企业规避法律的现象时有发生，因此，《劳动合同法》在执行之初就面临很大的阻碍。具体表现在以下两个方面：

一方面，《劳动合同法》实施之初“硬着陆”。《劳动合同法》规定，劳动者在该用人单位连续工作满十年的；用人单位初次实行劳动合同制度或者国有企业改制重新订立劳动合同时，劳动者在该用人单位连续工作满十年且距法定退休年龄不足十年的；连续订立二次固定期限劳动合同，或者同意续订、订立劳动合同的，除劳动者提出订立固定期限劳动合同外，应当订立无固定期限劳动合同。新的规定给予劳动者更多保护，但不少企业在新的法律正式实施前采取了各种手段试图规避，有的企业在《劳动合同法》颁布前夕，令所有在公司工作八年以上的员工主动辞职，重新竞聘上岗，重新上岗的员工与公司签订了短期劳动合同，合同时间仅为1—3年。此项调整涉及上万人。同时，沃尔玛以“全球优化重组”的理由，将位于中国四个地区的采购中心超过15%的员工裁掉，被裁掉的员工均表示“一切来得太过突然”，且被裁掉的员工将没有“重新竞争上岗”的机会。除此之外，一些企业置法律尊严不顾，采用“突击”手段“处理”员工，无疑对《劳动合同法》的施行效果产生了不利的影响。

另一方面，《劳动合同法》实施之后存在着不少漏洞。订立书面劳动合同是劳动关系建立的原则，但我国的劳动力市场存在着大量的违规用工现象，有的企业尽力避免与劳动者签订劳动合同，以此来规避应当承担的责任和义务。因此，以保护劳动者合法权益为目的的《劳动合同法》虽然制定了各项规定，但为了降低劳动力成本，部分企业还是找到了钻空子的“过墙梯”。不签订劳动合同的现象多发生在私营企业，其中以建筑行业为重灾区，建筑工人由包工头负责招揽，工资也由包工头代领并发放给劳动者。因此，一旦发生包工头携款逃走的情况，劳动者便深受其害无力自救。类似的情况不仅发生在建筑业，劳动密集型行业里的中小企业也是重灾区。长久性的不规范用工势必严重影响劳动关系的和谐。事实上，不与劳动者签订劳动合同、拖欠农民工工资的种种现象，在《劳动合同法》颁布之前就是我国劳动关系的中的“痼疾”，近年来受到重大关注的根本原因在于政府发现了这一问题，并自上而下地进行重视和干预。另一个令人感到惊奇的现象是：在《劳动合同法》实施后，出现用人单位追着劳动者签合同而劳动者不愿意的情况。一些临时员工不愿与单位签订合同，因为他们认为不签比签订劳动合同更加有利可图。这样的现象也就为发生劳动争议埋下了隐患。

由此可以看出，《劳动合同法》颁布前后暴露出许多潜在的威胁劳动关系的问题。在《劳动合同法》颁布之前，一些用人单位利用以往相关法律法规不健全、相关概念界定模糊的漏洞，压缩劳动成本，损害劳动者权益。事实上这些问题由来已久，并不是《劳动合同法》的颁布导致的。正是由于《劳动合同法》用法律手段规范劳动力市场秩序，才使得之前本就存在的隐性矛盾在短时间内凸显出来。因此，并不能仅从劳动争议案件数量的增长断言《劳动合同法》的颁布导致了劳动关系紧张。

此外，劳动者维权意识在提高，也是更多的劳动争议案件通过法律解决的重要原因。《劳动合同法》向劳动者倾斜的保护措施以及大大降低的劳动者维权门槛，促进了劳动者维权意识的觉醒，也是劳动争议案件猛增的一个原因。另外，我国劳动者受教育水平逐渐提升，也是他们法律意识、维权意识提升的重要原因之一。

（2）内部因素

《劳动合同法》的颁布在社会上引起强烈反应的根本原因，在于其对劳动者保护力度和对用人单位违法成本的双重提高。

第一，《劳动合同法》《劳动法》关于无固定期限合同制度作出了调整，规定劳动者与工作单位连续签订两次固定期限劳动合同，若劳动者无违反用人单位规章制度、严重失职、徇私舞弊等《劳动合同法》规定可以解约的重大过失，只要劳动者有续签意愿，劳资双方将订立无固定期限劳动合同，是否订立由劳动者决定，用人单位必须无条件与其续签。此外，《劳动合同法》第十四条还规定，用人单位自用工之日起满一年未与劳动者签订劳动合同的，视为已经签订了无固定期限劳动合同。这些条款意在纠正劳动市场中存在的短期行为，会给劳动者增加稳定性，另外也会给用人单位增加雇佣风险。在社会的反响中有人认为这些条款是在“养懒人”，因为签订无固定期限合同将大大降低劳动者的危机感，使其在工作中丧失动力和激情，这将会对单位造成极大的损失，因此也就出现了一些在《劳动合同法》颁布前夕突击裁撤员工的事件。

第二，对劳动者的试用期和试用期工资进行了规定，规定试用期不得超过六个月，试用期间工资不得低于用人单位工资最低标准或合同工资的 80%，并且在试用期间解雇员工也会受到限制。试用期是为了增加劳资双方的相互了解，减少因信息不对称在未来工作中造成的摩擦，但有用人单位滥用试用期，随意解雇试用期员工，这在《劳动合同法》实施后被坚决禁止，但有人认为这样的规定太过强硬，违反了劳资双方协商一致的合同签订原则。

第三，经济补偿和赔偿金是《劳动合同法》维护弱势群体的又一项重要手段。其目的是通过高额的罚款增加用人单位违法成本，当用人单位在规定期限内不与劳动者签订合同或固定期限合同时，依法必须对劳动者作出经济补偿，甚至在劳动合同期满终止的情况下也要向劳动者支付经济补偿金。这一点备受争议，被认为向劳动者权益的过分倾斜。

第四，《劳动合同法》对劳动者的倾向性不仅体现在对用人单位用人制度的约束和规范上，还体现在降低劳动者维权成本方面。人们发现旧的维权制度在实践中效率低下、程序烦琐、处理周期过长，过高的维权成本打击了劳动者维权积极性，这在一定程度上会助长资方通过各种手段侵犯劳动者合法权益的不良风气。新的劳动争议处理制度大幅度缩短了仲裁审理期限，减少了劳动者举证成本。这些规定使得劳动者勇于拿起法律武器，维护自身的合法权益。

此外，《劳动合同法》还对诸如劳务派遣制度、工会的权利与职责等其他方面有所规定。因此，从《劳动合同法》的内在因素来看，该法实施后劳动争议案件大幅度上升有其必然性，这并非是劳动关系激化的表现，而是法律对劳动者的保护确有成效的表现。

5. 改善法律实施环境推动劳动关系和谐

《劳动合同法》以维护劳动者合法权益为基准，以构建和谐劳动关系为目的，在实施的过程中颇见成效，但其发挥作用的前提是劳资双方要订立符合法律规定的劳动合同，因为这标志着劳动关系的存在。正如上文所提到的，这部法律对于那些不愿或没有条件订立劳动合同的劳动者来说有些束手无策。他们会疑惑："我们在这里工作了，为什么说没有劳动关系呢?"这就体现出这部法律的僵化性。当这一类劳动者与用人单位发生劳动争议，他们的合法权益往往得不到保障。与中国不同，西方发达国家代表劳动关系成立的标示可以是书面或口头的，甚至有默示推定，并不一定要求签订书面的劳动合同，这样就可保障那些因种种原因没有签订劳动合同的劳动者的合法权益。尤其是我国经济发达地区，劳动力流动性极强，这些地区也是劳动争议案件的多发区域，应该考虑引入这种鉴别劳动关系是否成立的范式，从而能够在更广的范围内为普通劳动者提供保障。

四、构建适应经济新常态的三方协商机制

2015 年 3 月，中共中央、国务院发布了《关于构建和谐劳动关系的意见》，提出要健全协调劳动关系三方机制。完善协调劳动关系三方机制组织体系，建立健全由人力资源社会保障部门会同工会和企业联合会、工商业联合会等企业代表组织组成的三方机制，根据实际需要推动工业园区、乡镇（街道）和产业系统建立三方机制。加强和创新三方机制组织建设，建立健全协调劳动关系三方委员会，由同级政府领导担任委员会主任。完善三方机制职能，健全工作制度，充分发挥政府、工会和企业代表组织共同研究解决有关劳动关系重大问题的重要作用。基于此，我们提出一个具有中国特色的、能够适应经济新常态的三方协商机制基本框架。

1. 加快政府职能改革，从包揽型政府转向协调型政府

在政府职能改革过程中，首先要做的就是确立政府在三方协商机制中的定位。劳动部门作为政府的代表，应本着公平、公正、公开的原则，采取不偏袒任何一方的中立态度，忠实履行劳动关系协调者的职能，通过制定法律规则和政策措施，努力把劳资双方各自的利益诉求统一起来，并与国家利益保持一致，使劳资双方形成共识、消除分歧、缓解劳资矛盾，以达到协调劳动关系、维护社会稳定的目的。尽快转变政府职能，由

命令型政府向服务型政府转变，由包揽型政府向协调型政府转变。

2. 推动工会组织角色创新，从福利型工会转向功能型工会

在我国，工会组织同时扮演职工权益维护者和社会稳定维护者的“双重角色”，这与欧美国家的工会性质存在着较大的差异——欧美国家的工会只能代表职工权益，无须承担维护社会稳定的职责。在经济新常态下，工会应积极代表职工维护权益，切实增强工会代表性，真正成为劳动者的代言人，成为职工权益的维护者。工会应围绕职工最关心和最直接的利益问题，把维权贯穿到工会的日常工作当中。以推进集体劳动合同签约率、提高职工入会率等作为工作的“抓手”，形成三方协商机制中维护职工权益最可靠、最坚实的力量。

3. 强化雇主组织社会责任，从利益型雇主转向责任型雇主

在市场经济条件下，企业追求利润是符合经济规律的事情。但企业在追求利润的同时，还应该主动承担包括保障劳动者权益在内的社会责任，不断增强企业的社会责任感。经验表明，企业对劳动者权益履行越多的社会责任，企业价值也就越大。这是因为，如果劳动者得到更多尊重，那么会激发他们更大的生产积极性、更高的企业认同感，从而有益于提高劳动效率。

4. 完善三方协商机制的制度环境和法律环境，健全劳动关系领域三方协商机制的法律法规政策

国家和地方应出台具有指导性、可操作性的法律条文，细化法律规定，提升立法层级，构建和完善确保三方协商机制有效运行的制度环境和法律环境，建立全方位、多层次的劳动关系调解机制。构建平等的对话体系，政府不能主导集体谈判和签订集体合同。从三方协商机制的运行现状来看，应当对其相应的程序进行立法，必须贯彻实施三方协商有法可依、有法必依、执法必严的原则。事前的磋商协调、事中的集体谈判和事后的纠纷调解与解决也有必要用相应的条例予以规制。要优化劳动关系三方协商机制的运行程序，不同层级的机制运作和操作原则应当有相应规则和办法予以支持。国家一级的机制运作应当从宏观的角度来平衡三方利益，体现促进履行国际劳工标准的精神和原则；产业一级和地方一级的机制运作则有必要体现产业的特殊性和地方的灵活性，如地方协调劳动关系三方会议制度等的出台；企业一级的机制操作，则主要应由企业自身和劳动者双方协商解决，工会也可以代表劳动者参与协商，但是政府不能直接干预。通过以上措施，形成合理有序、责权明晰、法律严明的劳动关系三方协商机制。

第八章

构建和谐劳动关系与政府职责的重要作用

政府作为劳动关系中劳资双方之外的主要参与主体，是劳动关系的方向导引者、规则制定者、矛盾协调者、制度实施和监管者，参与从就业、劳动报酬、收入分配到劳动关系矛盾调处等影响劳动关系和谐的各环节，决定一个国家的劳动关系性质、状态、稳定与和谐程度等。本章从构建和谐劳动关系中政府的职责和定位的理论探讨出发，通过系统分析我国政府在构建和谐劳动关系中的职责定位变化，在我国劳动关系法治化的演进过程，在就业促进和就业质量提升中的作为，以及在深化收入分配改革、努力完善劳动关系实践中的一系列成就、得失和成因，进一步推动我国政府在构建和谐劳动关系中更加精准地定位、更好地履职，为改善民生和促进社会和谐稳定奠定牢固的基础。

第一节　政府在构建和谐劳动关系中的角色

《劳动法》颁布之初，我国劳动实务界就提出“维护用人单位与劳动者之间的和谐劳动关系”[①]。近年来，我国政府正式提出构建和谐劳动关系，并主导着和谐劳动关系构建的整体进程。

---

① 魏霄迈．劳动局长谈《劳动法》——江苏省、市部分劳动局长访谈录．中国劳动科学，1994（9）

一、我国政府调节和谐劳动关系的基本向度

在构建和谐劳动关系中，国家行政机关、立法机关、司法机关以及其他相关机构（如工会等）都发挥着十分重要的作用，因此，本章所指的政府为广义的政府。事实上，自20世纪90年代我国建立社会主义市场经济以来，特别是《劳动法》颁布实施以来，我国政府顺应市场需求，坚持依法治理，从不同维度加大劳动关系调控力度，促进了劳动关系的和谐稳定。

（一）坚持法治先行，推进劳动关系建立机制规范化：制度化

1994年7月，我国颁布《劳动法》，规定了基本的劳动标准，初步实现了劳动力资源配置市场化、劳动关系契约化，统一了劳动关系运行规则，使劳动关系走上了法治化轨道。此后，我国先后颁布实施了《劳动合同法》和《劳动合同法实施条例》，依法推进和谐劳动关系的顶层设计。自《劳动法》颁布实施以来，国务院制定了十几部《劳动法》配套行政法规[①]。此外，人力资源和社会保障部等国务院有关部门制定了劳动领域的部门规章100多部，31个省、自治区、直辖市制定了劳动领域的地方性法规近200部、地方政府规章100多部[②]。这些法律法规和规章的实施，使得企业依法进行劳动用

---

① 如《女职工劳动保护特别规定》《禁止使用童工规定》《残疾人就业条例》《国务院关于职工工作时间的规定》《职工带薪年休假条例》《使用有毒物品作业场所劳动保护条例》《劳动保障监察条例》《失业保险条例》《工伤保险条例》《社会保险费征缴暂行条例》等。

② 胡可明．劳动行政立法和执法的根基．http：//acftu. people. com. cn/n/2014/0705/c67502 –25242839. html

工管理的意识显著增强，劳动合同条款设计渐趋完备。各级政府以非公有制企业、国有改制重组企业、进城务工人员和灵活就业人员为重点，切实帮助和指导职工签订劳动合同，合同签订率稳步提高，劳动合同短期化现象逐步改善。

（二）健全组织体系，不断完善劳动关系运行机制

为落实劳动法律法规，推进和谐劳动关系发展，我国各省、直辖市、自治区陆续成立了构建和谐劳动关系领导小组，将涉及劳动关系的相关部门纳入构建和谐劳动关系领导小组，进一步强化了构建和谐劳动关系的组织领导。同时，我国自上而下建立健全三方机制，推动和谐劳动关系建设。2001 年 8 月，我国建立了由原劳动和社会保障部、中华全国总工会和中国企业联合会/中国企业家协会组成的国家级协调劳动关系三方会议制度，开辟了政府、工会和企业组织在劳动关系领域进行三方沟通协调和对话的有效渠道。2011 年，全国工商联加入了国家协调劳动关系三方会议。2011 年 8 月 15 日至 16 日，由国家三方机制推动的全国构建和谐劳动关系先进表彰暨经验交流会在北京举行，习近平同志出席会议并讲话，这是新中国成立以来我国召开的一次专门研究构建和谐劳动关系的会议[①]。据全国总工会统计，截至 2017 年 9 月底，全国共有各级三方机制 22185 个，其中省级 32 个，地市级 364 个，县级 2564 个，街道、乡镇、村、社区及各地产业级三方机制 15282 个；共有建设、海上、港口等国家级产业三方机制 8 个，省级

① 新华社．习近平出席全国构建和谐劳动关系先进表彰会并讲话．http：//www. gov. cn/ldhd/2011 –08/16/content_ 1926777. htm

产业三方机制252个，地市级产业三方机制513个，县级产业三方机制4141个。目前，我国省级三方机制已全部建立，市（地）、县（市、区）级三方机制迅速发展，并逐步向乡镇、街道、社区一级延伸，区域、产业级三方机制也有所发展，已基本形成了从国家到地方的三方机制组织体系。随着三方机制的逐步完善，企业在构建和谐劳动关系中拥有了更多的参与度和话语权，政府调控劳动关系的作用发挥机制更加顺畅，调控效率大幅度提高，调控效果更加明显。

（三）加强协商合作，逐步健全劳动关系协调机制

集体协商、民主管理是推进劳动关系和谐稳定、健康发展的必要手段。我国在强化劳动立法的同时，不断推进集体协商、民主管理，使和谐劳动关系得以持续健康运行。我国政府在《劳动法》《工会法》《劳动合同法》等法律及《集体合同规定》《工资集体协商试行办法》《最低工资规定》等规章所确立的法律制度框架下，支持职工代表与企业代表依法就企业内部工资分配制度、工资分配形式、工资收入水平等事项进行平等协商，在协商一致的基础上签订工资协议。据全国总工会统计，截至2018年6月，全国签订集体合同159.3万份，覆盖企业402.1万个，覆盖职工1.9亿人。企业民主管理具有协调、凝聚、创效等功能，能够增强企业凝聚力，协调企业内部的利益矛盾，同时还可以创造经济效益，推动企业发展，保障企业劳动关系的和谐稳定。我国政府积极推进职代会、厂务公开等的制度化、规范化建设；区域性、行业性职代会制度，以及公司制企业职工董事、职工监事制度也取得长足进展。

（四）强化劳动监察，加快建立劳动关系监督机制

劳动监督是指政府为保护劳动者的合法权益，依法对用人单位和劳动服务主体遵守劳动法的情况实行检查、督促、纠偏、处罚等一系列监督活动。2014 年 11 月，国务院颁布《劳动保障监察条例》，进一步完善劳动关系监督机制。目前，我国建立起以政府劳动主管部门为主，涵盖人大、政协和人民团体等机构的劳动监督网络。各地劳动保障监察部门推进监察“网格化”和“网络化”管理体制建设，以建立覆盖城乡的劳动用工监控网、执法信息和监控管理网络，与公安、工商、税务、安全生产监督、卫生、民政、住房和城乡建设等部门建立了定期通报情况和联合办案机制，提高监察的效能和效果。据《2018 年度人力资源和社会保障事业发展统计公报》，2018 年，全国各级劳动保障监察机构共主动检查用人单位 138.1 万户次，涉及劳动者 6240.3 万人次。书面审查用人单位 199.5 万户次，涉及劳动者 6792.5 万人次。全年共查处各类劳动保障违法案件 13.9 万件。通过加大劳动保障监察执法力度，为 168.9 万名劳动者追发工资等待遇 160.4 亿元。共督促用人单位与劳动者补签劳动合同 106.3 万份，督促 0.9 万户用人单位办理社保登记，督促 1.9 万户用人单位为 37.3 万名劳动者补缴社会保险费 9.3 亿元。

各级工会组织积极配合各级人大、政府、政协有关部门开展劳动法律法规监督检查，探索建立工会劳动法律监督意见书、建议书等制度，对劳动关系运行中执行法律法规情况进行监督。

（五）突出权益保障，不断完善劳动争议调处机制

为解决企业劳动争议问题，国务院颁布实施了《企业劳动争议处理条例》，通过企业调解和仲裁的方式处置劳动争议。劳动争议的事由包括三类：一是因企业开除、除名、辞退职工和职工辞职、自动离职产生的争议；二是因执行国家有关工资、保险、福利、培训、劳动保护的规定产生的争议；三是因履行劳动合同等发生的劳动争议。随着用工形式日益多元、劳动保护政策日益完善，以及劳动者维权意识的提升，我国劳动争议案件大幅度增加，争议事由复杂多样，政府的维权职责任务繁重。在这些情况下，国家颁布《劳动争议调解仲裁法》，该法拓展了劳动争议事由和调处方式：因确认劳动关系发生；或因订立、履行、变更、解除和终止劳动合同；或因除名、辞退和辞职、离职；或因工作时间、休息休假、社会保险、福利、培训以及劳动保护；或因劳动报酬、工伤医疗费、经济补偿或者赔偿金等发生的争议，可通过企业劳动争议调解委员会、基层人民调解组织等机构进行调解，也可向劳动争议仲裁委员会申请仲裁，还可向人民法院提出诉讼。这一规定一方面细化了政府调处劳动关系矛盾的权责界限；另一方面也增加了政府调处劳动争议的可及性，方便劳动者及时有效地救济自己的权利，保护自身合法利益。

二、政府调控劳动关系的主要缺失

我国政府调控劳动关系围绕和谐劳动关系的几个关键维度展开，其调控的主要缺失表现在制度设计、政策执行协调、政策环境等方面。

（一）和谐劳动关系顶层设计有瑕疵，制度体系不完备

一是和谐劳动关系的含义不清晰。和谐劳动关系作为政府行政管理对象，其含义和范围的宽窄决定着政府政策设计和调控行为的边界。界定“和谐劳动关系”，首先需要明确“劳动关系”。然而，我国法律未对“劳动关系”的含义作出界定，不同部门探索的判断标准不尽一致，实践中的认定略显混乱，未能有效消弭争端，导致仲裁机构和法院在选择裁判依据时存在难题。“劳动关系”尚无法确定其含义，更遑论“和谐劳动关系”。国家相关规范性文件也没有明确界定“和谐劳动关系”的含义。人力资源和社会保障部与全国总工会等有关部门2006年联合发布《关于开展创建劳动关系和谐企业与工业园区活动的通知》，其中用“全面执行劳动合同制度”等10条标准界定“劳动关系和谐企业”①，但也没有对“和谐劳动

---

① 《关于开展创建劳动关系和谐企业与工业园区活动的通知》（2006）规定，劳动关系和谐企业的创建标准为：1. 全面执行劳动合同制度，劳动合同签订率达到100%，签订、变更、续签、解除、终止劳动合同程序合法，依法履行劳动合同。2. 企业规章制度符合法律、法规和国家政策规定。3. 严格执行国家工时、休假制度以及女职工和未成年工特殊劳动保护规定，没有违法使用童工。4. 按时足额支付职工工资，依法参加社会保险。5. 劳动保护措施和劳动安全卫生条件符合国家规定的标准，无重大伤亡和职业病危害事故发生。6. 依法建立工会组织，支持工会开展工作，保证工会依法履行维权的基本职责。7. 建立集体协商和集体合同制度，在充分协商的基础上签订内容具体、标准量化、操作性强的集体合同；开展工资集体协商，保证职工工资收入随企业经济效益同步增长。8. 建立职工代表大会制度，实行厂务公开或与企业相适应的其他民主管理制度。9. 工会教育职工遵守企业规章制度，保障企业正常运营秩序；引导职工爱岗敬业，积极参与企业文化建设并认同企业文化。通过组织职工开展劳动竞赛、合理化建议等经济技术创新活动，为促进企业发展献技出力。10. 建立健全企业劳动争议调解组织，有效预防和调解劳动争议，没有发生因劳动保障问题引发的群体性事件。

关系”进行定义。此后，人力资源和社会保障部联合全国总工会等开展两次全国模范劳动关系和谐企业与工业园区表彰活动①，在出租汽车行业开展和谐劳动关系创建活动②，但其中的相关政策文件也没有明示“和谐劳动关系”的含义。中共中央、国务院2015年3月21日印发的《关于构建和谐劳动关系的意见》提出，要构建中国特色和谐劳动关系，建立规范有序、公正合理、互利共赢、和谐稳定的劳动关系。这一重要命题需要进一步明晰和界定。

二是和谐劳动关系的测度缺失。“和谐劳动关系”的含义不清，其测度也难精准确定。近年来，学界对和谐劳动关系的测度进行了大胆探索，主要从员工权益保护角度、政府监管角度和劳资双方利益均衡角度设计和谐劳动关系测量指标体系。但是，这些测度处于初级阶段，指标选取的科学性有待商榷，指数体系的合成方法有待改进，指数相关的分析、预警、预测等作用有待进一步开发③。此外，江苏、浙江等地制定实施了

---

① 先后共表彰了655家“全国模范劳动关系和谐企业”、68个“全国模范劳动关系和谐工业园区”。

② 交通运输部、人力资源和社会保障部、全国总工会：《关于在出租汽车行业开展和谐劳动关系创建活动的通知》（2012）规定的目标任务是：通过在出租汽车行业开展和谐劳动关系创建活动，推动出租汽车行业建立现代企业制度，全面贯彻落实劳动保障法律法规和政策规定，规范企业经营和用工管理，加强企业党、团、工会组织和企业文化建设，广泛开展关爱驾驶员活动，维护驾驶员合法权益，促进企业健康发展，推动形成规范有序、公平合理、互利共赢、和谐稳定的出租汽车行业劳动关系。活动内容包括：一是规范出租汽车企业的劳动关系；二是规范出租汽车经营合同；三是保障驾驶员休息休假权；四是广泛开展关爱驾驶员活动；五是建立健全出租汽车价格调整机制；六是开展驾驶员优质服务竞赛活动；七是开展学先进、树正气活动；八是完善出租汽车运营配套设施；九是建立出租汽车驾驶员联络员会议制度。

③ 渠邕，于桂兰．劳动关系和谐指数研究评述．中国人力资源开发，2014（15）

和谐劳动关系的评价标准[①]，但江苏的评价标准主要用于企业层面的和谐劳动关系测量，浙江的评价标准虽然较为全面，但一些测度的设定略显粗糙，对和谐劳动关系的评估难以做到精确合理。如何判定劳动关系是否和谐，需要从国家层面出台统一的评价标准。

三是调控和谐劳动关系的法律和政策规范不完整。法律对劳动关系的调整分为三个层次。宏观层次是以劳动基准法调整全部劳动关系，规定最低限度的标准，以保护全体社会弱者的社会利益；中观层次是以集体协商和集体合同调整集体劳动关系，在劳动基准法的基础上，通过协商，对一定范围内的劳动者的权利义务进行整体调整；微观层次是以劳动合同调整个别劳动关系，通过协商，对个别劳动关系的内容进行约定[②]。我国宏观层次的劳动法律不完善，《劳动法》虽然是调节劳动关系的具有里程碑意义的基本法，但其原则性规定过多，相关条款在协调性、执行性、实效性等方面存在不足[③]，而与此密切相关的调整分配关系和保障职工主人翁地位所亟须的一些专项法律法规至今没有纳入立法日程[④]。中观层次的集体协商与集体合同缺乏专门立法，《劳动法》《工会法》《劳动合同法》

---

① 2012 年 2 月 10 日，江苏省发布地方标准《劳动关系和谐企业评价规范》；2013 年 8 月 5 日，浙江省构建和谐劳动关系工作领导小组关于印发《浙江省劳动关系和谐指数评价体系（试行）》。

② 劳动科学研究所课题组．构建和谐劳动关系若干问题研究．中国劳动，2007（3）

③ 法制网．劳动基准法律问题论坛在京举行．http：//www. legaldaily. com. cn/index/content/2014 －12/21/content_ 5894341. htm？ node =20908

④ 中国就业网．劳动制度改革的里程碑——《劳动法》颁布 20 周年回顾与展望．http：//www. chinajob. gov. cn/LabourRelations/content/2014 －06/04/content_ 932148. htm

虽然对此作出了一些规定，但这些规定过于原则化，缺乏可操作性，刚性不足。微观层次的个别劳动关系法律和政策调整存在困难，一些劳动争议问题的处理处于名义上有法可依、实质上无法可行的困境①。

（二）和谐劳动关系制度执行有偏差，政策目标没有完全实现

我国政府调控劳动关系，其法律政策的实施遵循自上而下、纵向一体化的执行方式。这种执行方式符合中国的政治实际，具有效率最大化、节约成本等优点。但在实践中，政府执行劳动关系相关法律法规和政策也存在执行梗阻、政策目标偏离等问题。

一是一些地区政策执行走样。有的地区主管劳动关系的政府部门把控企业工资总额审批、经营者工资标准、劳动合同管理、集体合同审核管理、职业技能鉴定机构审批、工伤认定、劳动能力鉴定等权力，以行政命令代替市场选择，以传统的计划经济手段对自由市场实行控制，束缚了企业的积极性，不利于劳动关系和谐发展。一些地方政府把“低劳动力成本”、投资环境等作为招商引资的法宝，不重视对职工利益的保护。有的地方政府对一些企业违反劳动法律法规的行为睁只眼闭只眼，甚至为企业侵犯职工权益的违法行为开脱，导致企业违法侵权成本过低、职工维权代价过高。

二是劳动关系协调机制作用发挥有待加强。在国家层级，

---

① 郑功成．让劳动关系治理运行在法治轨道上．http：//acftu. people. com. cn/n/2014/0705/c67502－25242843－2. html

三方协商在人力资源和社会保障部劳动关系司设立了办公室，但存在每次协商的会期短、协商会议职能过窄、参会人员有限等问题①。在地方层级，一些地方领导及相关部门对三方协商的原则、职能、内容、程序等不了解，相互沟通信息反馈不够，联合宣传培训少，协商工作流于形式，针对性和实效性不强。微观层面的集体协商也需规范完善。社会各界对集体合同制度的认识还存在一定程度的误区，法律支撑不充分、劳动定额标准缺乏统一规范、信息发布难以满足协商要求等外部因素，以及协商主体不健全、能力素质不匹配、合同时效性不强等内部因素，共同制约了集体协商效果②，实践中有的企业工会开展集体协商面临“不敢谈”“不能谈”“不会谈”等难题。

三是劳动者合法权益救济的可及性差。劳动争议是引发社会矛盾冲突最主要的因素之一。近年来，我国劳动争议案件数量增加。2018 年，全国各地劳动争议调解仲裁机构共处理争议 182.6 万件，涉及劳动者 217.8 万人，涉及金额 402.6 亿元③。研究发现，随着经济发展水平的提高，全国劳动争议案件发生率呈现“倒 U 型”变动特征，经济发展水平较高的省份，劳动争议案件发生率较高；劳动争议案件发生率与经济增长速度不存在显著的相关关系④。与此形成鲜明对比的是，我国劳动

---

① 李丽林，袁青川．国际比较视野下的中国劳动关系三方协商机制：现状与问题．中国人民大学学报，2011（5）

② 张建国．坚定不移推进集体协商建设对广大职工更具普惠性的维权机制——访全国总工会集体合同部部长张建国．中国工运，2014（6）

③ 2018 年度人力资源和社会保障事业发展统计公报．中华人民共和国人力资源和社会保障部

④ 胡磊．我国劳动争议案件发生率的特点与启示——基于 1991—2011 年面板数据的分析．武汉理工大学学报（社科版），2014（5）

争议“一调一裁二审”的处置方式不够及时有效。现行规定把劳动争议仲裁作为争议处理的前置程序，但仲裁裁决又不具终局效力，造成资源浪费和案件严重积压。根据规定，仲裁程序需经过2—3个月时间，一审、二审程序也需经历3—6个月，必要时还可以延长。因此，一件劳动纠纷案件的解决，通常要经历8—11个月，时间过于漫长。另外，有的当事人在仲裁阶段故意不提供相关证据，只把仲裁程序当作一个过场，等到仲裁结束，再按照法律规定提起诉讼，故意拖延纠纷的解决①。

（三）和谐劳动关系政策环境有待改善，支持系统不充分

政策环境是指政策生成、运行、发生作用过程中一切条件的总和。本章所说的政策环境主要是指与劳动关系密切相关、能够直接或间接影响劳动关系和谐的公共政策与公共服务，重点是劳动力市场和其他保障民生的基本公共服务。我国和谐关系政策环境存在的问题主要包括以下方面：

一是劳动力市场不规范影响劳动关系和谐稳定。我国劳动力市场发育滞缓并呈多重分割之势，不仅存在各种市场性分割，而且存在更为深层的体制性分割和制度性分割，其根源并非市场自然发育和权利平等博弈，而是以城乡二元体制和户籍管理制度为核心的等级制度及其由此在新的历史条件下所形成的等级化社会体系②。一方面，近年来劳动力市场的供求关系发生了深刻变化，劳动年龄人口的比重和劳动力人口总量都已

---

① 王比学，姜业宏．劳动法该修改了．人民日报，2015年1月7日

② 陈锦其．历史总体观视度下的劳动力市场化改革．中共浙江省委党校学报，2015（1）

开始下降，劳动力无限供给时代已经结束，同时劳动力供给与需求的结构性矛盾仍然存在①，以高校毕业生为主的青年就业问题突出，大龄劳动者就业压力增大，产业结构调整升级挑战加大，技能结构矛盾进一步紧张。另一方面，劳动力市场的不和谐因素还大量存在。劳动力市场的歧视现象仍未得到有效遏制，既有用人单位对于求职者的就业歧视，也有用人单位在员工之间实行的工资薪酬、劳动环境、职业期限、培训机会、层级升迁等的雇佣歧视。职工工资收入呈现“两过低、三扩大”现象，企业职工工资占 GDP 的比重过低且增长缓慢，一线职工、农民工和劳务派遣工工资过低；不同地区、行业和企业内部收入差距呈扩大趋势②。

二是其他基本公共服务不能有效满足劳动者需要。国务院印发《“十三五”推进基本公共服务均等化规划》强调，“十二五”以来，我国已初步构建起覆盖全国的国家基本公共服务制度体系，各级各类基本公共服务设施不断完善。但国家基本公共服务还存在规模不大、质量不高、发展不平衡等短板，突出表现在：城乡区域间资源配置不均衡，硬件软件不协调，服务水平差异较大；基层设施不足和利用不够并存，人才短缺严重；服务项目存在覆盖盲区，尚未有效惠及全部流动人口和困难群体；体制机制创新滞后，社会力量参与不足。这些问题都成为劳动力自由流动、劳动者自由发展的屏障，有可能影响到劳动关系的稳定发展。

---

① 李小彤．劳动力供求正面临双重改变——访中国社科院社会学所副所长陈光金．中国劳动保障报，2015 年 1 月 12 日

② 河南省总工会职工队伍状况调查办公室．河南省职工队伍状况调研报告．工运研究，2014（6）

三、全面提升政府治理劳动关系水平的建议

中共中央、国务院《关于构建和谐劳动关系的意见》提出，要加强调整劳动关系的法律、体制、制度、机制和能力建设，加快健全党委领导、政府负责、社会协同、企业和职工参与、法治保障的工作体制，加快形成源头治理、动态管理、应急处置相结合的工作机制，实现劳动用工更加规范，职工工资合理增长，劳动条件不断改善，职工安全健康得到切实保障，社会保险全面覆盖，人文关怀日益加强，有效预防和化解劳动关系矛盾，建立规范有序、公正合理、互利共赢、和谐稳定的劳动关系。当前和今后一段时期，我国政府应从规范顶层设计着手，以法治思维和法治方式，进一步简政放权，加强和改善宏观管理，优化行政管理流程，提升劳动关系治理的法治化水平，增强企业活力，扩大企业经营自主权，构建和谐健康并可持续发展的新型劳动关系。

（一）建立健全更加科学完善的劳动关系法律和政策制度体系

加快劳动关系立法进程，提升立法质量。进一步加紧推进劳动立法，制定具有刚性约束力的劳动法律法规体系。及时修订完善《劳动法》或尽快制定《劳动基准法》，进一步精准设定劳动关系中的劳动标准、集体合同、劳动安全卫生、劳动争议处置等基本制度，特别是明确劳动关系的内涵、外延和构成要件等内容；加快制定市场亟须的《反就业歧视法》《集体合同法》《集体协商法》《企业民主管理法》《劳动监察法》《企业工资条例》等法律法规；及时修订完善《劳动合同法》《就

业促进法》《社会保险法》《劳动争议调解仲裁法》等法律；鼓励各地主动充分地行使地方立法权，结合实际制定有关劳动关系治理的地方性法规和规章，建立起完备、规范、合理的劳动法律法规体系。

完善劳动关系治理相关政策制度。重点完善三类政策：一是目前暂无法律规定但短期内亟须规范的劳动关系治理制度，比如集体协商办法、自贸区劳动关系治理的相关政策规范等。二是劳动关系法律法规和政策制度的执行、评估、反馈、政策调整等过程中，或者是劳动关系建立、运行、协调、争议调处等环节中需要对有关法律政策进行补充完善的相关制度，如深化收入分配改革等。

和谐劳动关系的考评制度。首先是需要明确和谐劳动关系的含义，界定在个别劳动关系、集体劳动关系、社会劳动关系等不同层级适用和谐劳动关系的范围，使“规范有序、公平合理、互利共赢、和谐稳定”有更具体的指向。其次是构建和谐劳动关系的测度，量化劳动关系和谐程度。建立完整的可测量的定量指标与定性指标相结合的和谐劳动关系综合评价指标体系，确定各指标的权重及测量目标。最后是明确考评方式。将构建和谐劳动关系的措施和成效纳入各地经济社会发展规划，纳入党政领导考核目标体系，确保劳动关系治理始终属于地方政府的中心工作范畴。

（二）坚持以结果为导向，进一步强化劳动关系政策制度执行

一是在国家政治制度中设立专门的劳动关系领导机构，提升劳动关系治理效能。借鉴国际上设立劳动关系专门管理机构的经验，整合当前中央政府管辖就业、工资、社保、执法监

察、劳动争议处置、集体协商等业务司局及其相关的议事协调机构，在国务院成立具有一定实体权力的国家劳动关系管理委员会，或在全国人大设立协调劳动关系专门委员会——全国人大劳动关系委员会，将其作为我国调整劳动关系的最高机构。该机构主要负责起草劳动关系治理的相关法律法规与发展规划，拟定就业、工资、社保等相关公共政策，指导并督促劳动执法监察，向政府部门提供相关信息与建议等。地方各级政府整合现有的和谐劳动关系领导小组及与劳动关系相关的各议事协调机构，在政府或同级人大常委会设立劳动关系管理委员会，集中行政资源，统筹协调本地区劳动法律法规和政策的执行、和谐劳动关系构建等事宜，提升地方劳动关系治理水平。

二是进一步优化劳动关系协调机制，拓展对话协商的深度广度。进一步加强三方机制自身建设，扩展职能范围，明确运行程序及规则，使三方协商真正成为劳动关系治理政策的重要形成机制。进一步突出不同层级三方机制的重点，国家层面的三方机制重在政策设计，为劳动关系治理提供制度保障；地方层面的三方机制重在执行，如集体劳动合同、最低工资、劳动争议处置等。鼓励地方吸收个私协会、商会、行业协会等不同的雇主组织参与三方机制，协商解决本地区劳资关系存在的突出问题。进一步完善集体协商制度，明晰劳、资、政各方在协商中的职责边界、履职方式及评鉴办法，要求职工普遍参与协商、评价协商。全面推进企业普遍开展集体协商，扩大行业协商范围，探索推进区域协商，形成多层次的集体协商工作局面，促进企业在劳动生产率提高的同时增加职工工资，规范收入分配秩序，维护并提升劳动收入的主体地位，缩小收入差距。加强集体协商人才队伍建设，大力培养一批精通劳动法律法规和熟悉企业情况的人才队伍，积极推动集体协商稳步快速发展。

三是创新政策执行方式，加大劳动执法监管力度。在上下级政府之间、不同部门之间大力推进行政合同制度，明确各方在落实劳动法律法规和政策、维护劳动者权益等方面的具体目标责任，督促各方按契约履职，督促各地像抓 GDP 增长一样抓劳动关系治理；对不履行或不完全履行者，追究其违约责任。进一步加强劳动定额标准管理，督促企业依法安排劳动者休息休假。进一步规范企业民主管理建设，保障职工的知情权、参与权、表达权和监督权。进一步健全劳动执法监察网络和信息共享机制，健全违法行为预警防控机制，建立劳动监察执法与刑事司法联动的综合治理机制。借鉴多数市场经济国家的做法，在我国各级人民法院设置劳动法庭，专司处理劳动争议案件。以便利劳动者为原则，优化劳动争议的调解、仲裁程序，努力做到仲裁终结；简化审判程序，提高劳动争议案件的处置效率。健全劳动违法曝光制度，对劳动法律法规和政策执行不到位、劳动关系矛盾较为突出的地方和企业、政府加大曝光和惩戒力度。引导新闻媒体、社会舆论客观有序地对劳动关系治理进行监督。

（三）进一步推进就业优先战略，保障劳动者充分就业体面劳动

一是建立统一规范灵活的劳动力市场，提升就业质量。建立全国城乡统一、公平竞争、自由就业的劳动力市场，消除城乡、行业、身份、性别等影响平等就业的制度障碍，实行城乡统一的就业与失业登记制度、用工管理制度、就业培训和劳动

预备制度、就业准入和职业资格证书等制度，提高人力资源配置效率和公平性。推动生产性服务业和生活性服务业加快发展，促进服务业比重和水平大幅度提高，扩大就业规模。进一步通过税收优惠、金融支持等政策，促进中小企业持续发展，拓宽新的就业空间。大力发展绿色产业、环保产业、低碳经济、循环经济，稳步推进绿色就业。积极推进政府促进就业责任制度，各级政府要把稳增长、保就业作为经济运行合理区间的下限，建立经济发展与扩大就业的联动机制，始终把就业作为民生之本、发展之本。

二是提高劳动者素质，推进解决劳动力市场的结构性矛盾。进一步完善以市场需求和劳动者需要为导向、坚持市场化竞争的劳动就业培训体系，重点提高农民工、刚进入劳动力市场或技能技术水平较低者的技术水平，切实保障劳动者“需有所教、学有所用”。加强岗位技能培训和继续教育，努力培养数量充足、结构合理、技艺精湛的高技能人才队伍，并带动中、初级技能劳动者队伍建设。推进教育改革，创新发展高等职业教育，引导普通本科高等学校转型发展，加快建立适应市场需要的现代职业教育体系，大力培养具有较高文化素质和技术水平的职业型人才。积极推进产学研结合，实施现代学徒制，吸引和鼓励用人单位尤其是企业参与教育改革，推行订单式教育，实现“招生就是招工”。推动工会、共青团、妇联、各行业协会等在各自职责范围内，最大限度地开展劳动者素质提升工程。

（四）进一步转变政府经济管理职能，优化劳动关系治理的政策环境

一是加快推进基本公共服务均等化，实现劳动者同城同等

待遇。进一步推进户籍制度改革，弱化户籍制度在维持社会秩序、资源分配上的作用，畅通劳动者的迁徙渠道，鼓励劳动者按优胜劣汰的市场法则自由流动。创新社会保险、教育、基本医疗、住房保障等关系劳动者切身利益的公共服务提供方式，使之不再附着于户籍之上，并不断优化申办程序、提高统筹层次、提升保障水平。积极拓展公共服务范围，以有效前瞻的制度安排回应劳动者在公共安全、消费安全（食品、药品等）、环境保护等方面的新需求，解除他们的后顾之忧。因应城乡一体化和区域一体化，坚持城乡统筹、协同推进，促进城乡之间、县域之间、区域之间公共服务的均等化，保证劳动者不论身居何处都能便利地享受到优质足额的公共服务。推进不同劳动者之间公共服务的均等化，重点解决好一线职工、农民工、困难职工等不同群体的基本公共服务均等化问题，保障各类劳动群众能够平等地参与发展、分享发展成果，促进社会公平正义。

二是政府进一步简政放权，充分发挥市场的作用。适应经济发展新常态的要求，进一步转变政府经济管理职能，完善创新宏观调控思路和方式，增强调控的前瞻性、针对性、协同性，切断政府直接干预企业微观事务这只“手”，减少政府对劳动关系不合理不必要的干预。简化行政审批，修订政府核准的投资项目目录，深入推进工商登记制度改革，将政府对企业的监管转化为事中和事后监督，让企业获得更多的投资自主权、生产经营权。充分发挥市场机制、行业组织自律管理的作用，政府通过制定标准或评价规范等方式，引导企业全面履行社会责任，促进劳动关系和谐稳定。

第二节　我国劳动关系法治化的发展路径

一、我国劳动关系法治化的历史发展脉络

自新中国成立以来，我国劳动关系法治化经历了长期而曲折的发展，是一个逐步通过立法对劳动关系予以规范和调整的历史过程。一般认为，劳动法律法规所规制的主要对象是劳动者在从事劳动过程中与社会所发生的各种关系，而其中最为核心的一种关系，即在实现集体劳动过程中劳动者与用人单位之间所发生的关系，通常被称为狭义上的劳动关系。其内容主要包括：一是劳动关系的建立，主要是关于劳动合同制度的规定；二是劳动关系的履行，包括劳动报酬的支付、工作时间与休息时间、劳动条件及安全保障、职业培训、社会保险与福利、特殊群体的保护等；三是劳动关系的解除，包括劳动关系解除的条件、方式、结果等；四是劳动关系的救济，主要涉及劳动争议调处等相关制度；五是劳动关系的民主化，在劳动关系建立层面，主要是集体合同制度等，在劳动关系履行层面，主要是工资集体协商制度、企业民主管理制度等，在劳动关系救济层面，主要是工会组织的支持与帮助制度等。上述各项内容构成我国劳动关系立法的核心内容，是贯穿劳动关系法治化始终的基本主题。可以说，我国劳动关系法治化正是上述制度从无到有、从零散到系统、从粗略到精细日趋成熟的过程。应当看到，从宪法法律颁行及宪法原则的确立到基本法治定和施行，再到若干单行法的出台及制度的健全和完善，劳动立法的每一次进步都在实质上推动着我国劳动关系法治化的历史进

程。从这个意义上说，每一个立法节点无疑成为划分确定劳动关系法治化历程阶段的重要分水岭。据此，我国劳动关系法治化的发展脉络大致可分为以下几个阶段。

（一）萌芽开端阶段（1949—1978 年）

这是我国社会主义劳动关系法治化探索的起始阶段，随着宪法法律的颁行，初步奠定了我国劳动法治的根基。新中国成立前夕，为维护经济秩序、促进生产，1949 年 9 月颁布起着临时宪法作用的《中国人民政治协商会议共同纲领》（以下简称《共同纲领》）对劳动关系的调整作了原则规定，《共同纲领》第三十二条规定了集体合同制度、工时制度、最低工资制度、劳动保险制度、青年职工女职工特殊权益保护制度、安全生产制度等。新中国成立初期，为贯彻《共同纲领》的劳动立法原则和制度，国家相继制定颁布了一系列基本的劳动法律法规。如 1950 年 6 月，中央人民政府颁布了《工会法》，这一法律规定了工会的性质、权利、任务，工会与人民政府的关系以及工会与国营、私营企业的关系。1950 年 5 月，经政务院批准、劳动部发布了《工厂卫生暂行条例草案（试行）》，这对改进当时的工厂卫生条件起到了重要作用。与此同时，劳动部公布了《关于救济失业工人的指示》和《救济失业工人暂行办法》，1952 年 8 月，政务院发布了《关于劳动就业问题的决定》。1951 年 2 月，政务院公布了《劳动保险条例》，对于生、老、病、死、伤、残等情况的保险均作了具体规定，随后 1953 年又得到修订。这一条例减轻了职工生活中发生特殊困难时的负担，使暂时或长期丧失劳动能力的职工，在生活上获得基本保障。1950 年

11 月，劳动部公布了《关于劳动争议解决程序的规定》，为依法解决劳动纠纷提供了适当的途径和办法。

1954 年 9 月，我国颁布了新中国第一部《宪法》。这部《宪法》在总纲第十六条中开宗明义，宣示国家对劳动的鼓励与支持，对劳动者及其权益的尊重和保障。并且，在“公民的基本权利和义务”一章中设定了公民所享有的劳动权、休息权、物质帮助权和受教育权以及相应的保障制度。例如，第九十一条规定了公民的劳动权和国家对待职工工资待遇与改善劳动条件的原则；第九十二条规定了公民的休息权；第九十三条规定了公民的物质帮助权；第九十四条规定了公民的受教育权；此外，在第一百条中规定了公民的遵守劳动纪律的义务。这些条文都成为我国劳动立法的基本原则。1958 年至 1965 年期间，国务院相继制定发布了 50 多部劳动法规规章，多是为解决某些具体问题而作的临时性、政策性规定。如《关于工人、职员退休处理的暂行规定》《关于企业、事业单位和国家机关中普通工和勤杂工的工资待遇的暂行规定》《关于国营、公私合营、合作社营、个体经营的企业和事业单位的学徒的学习期限和生活补贴的暂行规定》《关于工人、职员回家探亲的假期和工资待遇的暂行规定》等劳动法规、政令。进入 20 世纪 60 年代后，特别是“文化大革命”期间，劳动关系法治化进程陷入停滞状态。除 1970 年后国务院发布了几个劳动方面的通知以外，劳动法制建设工作陷于瘫痪，原有的劳动法律法规也难以继续施行。

（二）恢复阶段（1978—1994 年）

1978 年 12 月，党的十一届三中全会以来，我国政治、经济社会形势发生了巨大转变，法制建设百废待兴，劳动立法工作迎来了春天，劳动法的制定成为社会主义法制兴起的重要组成部分，劳动关系法治化逐步走向正轨。据统计，从党的十一届三中全会到1982年，我国颁布了450余件劳动方面的规范性文件，其中由全国人民代表大会常务委员会、国务院颁布和批准的法规有14件之多。[①] 此后近20年间，国家在劳动就业、劳动合同、职业培训、工作时间与休息时间、劳动报酬、社会保险与生活福利、劳动安全与卫生、女职工与未成年工的劳动保护、职工奖惩、工会和企业民主管理、劳动争议处理等方面制定和颁布了大量重要的劳动法律法规。在劳动合同制度方面，1983年2月，劳动人事部发布《关于积极试行劳动合同制的通知》；1986年7月，国务院发布改革劳动制度的四个暂行规定，即《国营企业实行劳动合同制暂行规定》《国营企业招用工人暂行规定》《国营企业辞退违纪职工暂行规定》《国营企业职工待业保险暂行规定》。在劳动关系履行制度方面，1980年4月，国务院发布《关于试行国营企业计件工资暂行办法（草案）》；1982年3月，国务院发布《矿山安全条例》《矿山安全监督条例》，同年4月发布《企业职工奖惩条例》；1988年6月，国务院发布《女职工劳动保护规定》；1989年9月，劳动部发布《私营企业劳动管理暂行规定》；1990年1月，劳动部发布《女职工禁忌劳动的规定》；1990年7月，劳动部发布《工人考核条例》；1991年1月，国务院通过《禁止使用童工规定》等。在劳动关系民主化与救济方面，1986年9月，中共中央与国务院联合发布《全民所有制工业企业职工

① 关怀．六十年来我国劳动法的发展与展望．法学杂志，2009（12）

代表大会条例》；1987 年 7 月，国务院发布《国营企业劳动争议处理暂行规定》等。

尽管这些劳动法规规章的颁布实施从某些方面提出了解决矛盾、协调劳动关系的途径方法，但它们毕竟不是法典式的《劳动法》，立法层次低，有的还存在着一些冲突。对此，邓小平同志早在 1978 年 12 月便提出明确号召，要求尽快制定具有法典性质的《劳动法》。为了建立较为完备的劳动法律体系，1979 年 11 月，劳动部及相关部门着手起草《劳动法（草案)》，随后上报国务院，由国务院提请全国人大审议。但是，由于劳动制度改革刚刚起步不久，对很多问题难以取得统一认识，《劳动法（草案)》未曾在全国人大常委会进行审议，起草工作暂时中断。在这期间，我国还批准了 17 个国际劳工公约，主要有：《工业企业中实行每周休息公约》《制订最低工资确定办法公约》《各种矿场井下劳动使用妇女公约》《男女工人同工同酬公约》《三方协商促进实施国际劳工标准公约》《残疾人职业康复和就业公约》等。

伴随改革开放的不断深入，在 1992 年党的十四大明确提出建立社会主义市场经济体制以来，外资经济、私营经济的大量出现，劳动关系领域发生着剧烈而深刻的变化，加强对外商投资企业和私营企业劳动关系的法律调整，加快劳动法律制度改革步伐显得越发紧迫。在这一背景下，《劳动法》的起草工作受到了社会各界人士空前的关注。1992 年，国务院成立了由劳动部、国务院法治局、全国总工会、国家体制改革委员会、人事部、卫生部等多方代表组成的劳动法起草领导小组，《劳动法》起草工作随之步入快车道，工作开展得比较顺利，其间经过多次研究、论证、修正和补充，《劳动法（草案)》

逐步完善。不仅如此，《工会法》（1992 年）、《妇女权益保护法》（1992 年）及《企业劳动争议处理条例》（1993 年）等法律法规也相继修订或出台。

（三）快速发展阶段（1994—2007 年）

1994 年 7 月 5 日，全国人大常委会通过《劳动法》，这一基本法律的颁布标志着我国劳动关系法治化步入新的更快的发展阶段，加速了我国社会主义劳动法律体系的形成与发展。可以说，作为新中国第一部以维护劳动者合法权益为宗旨、全面规范调整市场化劳动关系的基本法律，《劳动法》的颁布施行是我国劳动法制建设的一件大事，在我国劳动关系法治化进程中具有里程碑意义。其不仅奠定了劳动法律体系的基础框架，使我国有了调整劳动关系的基本法，而且从此将劳动法制导入系统化、精细化、规范化的轨道，为实现劳动力配置市场化，推动劳动关系公正和谐，促进劳动法律制度建立健全创造了条件、提供了保障、奠定了基础，从法律层面开启了我国社会主义市场经济条件下劳动关系的法治新时代。从 1994 年 9 月至 1994 年底，为配合《劳动法》的实施，劳动部先后发布了 17 部配套规章，其中较为重要的有：《关于实施最低工资保障制度的通知》《集体合同规定》《工资支付暂行规定》《违反和解除劳动合同的经济补偿办法》《关于企业实行不定时工作制和综合计算工时工作制的审批办法》《企业职工生育保险试行办法》和《劳动监察员管理办法》等。以《劳动法》为主体、多层级的劳动法律法规为补充的劳动法律制度，成为中国特色社会主义法律体系不可或缺的重要组成部分。

在实施《劳动法》的过程中，相关执行性或补充性劳动法律法规先后被制定，我国劳动立法趋向全面发展。在工资支付方面，《工资集体协商试行办法》（2000 年）第一次明确规定了工资集体协商程序，《最低工资规定》（2004 年）对最低工资的标准与形式以及产生途径和监督办法予以建立。在集体合同方面，2004 年 5 月 1 日开始施行新的《集体合同规定》，对协商内容、协商代表、协商程序以及集体合同的订立、变更、解除与终止和集体合同的审查均作出了较为详细的规定。在社会保险方面，国家先后发布了《关于深化企业职工养老保险制度改革的通知》（1995 年）、《关于建立统一的企业职工基本养老保险制度的决定》（1997 年）、《失业保险条例》（1999 年）、《工伤保险条例》（2004 年）以及相关配套法律文件，社会保险制度体系逐步得到健全。在劳动争议处理方面，最高人民法院结合《劳动法》和《民事诉讼法》，出台了关于审理劳动争议案件适用法律若干问题的两个司法解释（2001 年、2006 年），对实践中关于劳动争议的处理进行了有针对性的规定。

此外，这一阶段的另一突出特点是，地方性劳动立法在中央立法的影响带动下起步并得到快速发展，劳动关系法治化自上而下逐步铺展开来。在劳动合同方面，几乎所有的省区市都制定了相应规定；在工资集体协商方面，截至 2014 年 10 月，全国已有 28 个省区市出台了集体合同地方法律法规或政府规章；在工资支付方面，相应的地方性工资支付规定也在陆续出台。同时，涉及企业民主管理、社会保险、特殊群体保护及劳动争议处理等相关地方性法律法规均在逐渐建立健全之中。

（四）健全完善阶段（2007 年以来）

为了进一步健全劳动法治，构建完备的劳动法律体系，

2007年2月，全国人大常委会发布2007年立法规划，有关劳动立法的项目有四项之多，分别是《就业促进法》《劳动合同法》《劳动争议调解仲裁法》和《社会保险法》，因此有人称2007年为“劳动立法年”。[①]

值得一说的是，《劳动合同法》是在地方立法有关劳动合同制度日趋成熟的基础上形成的，历经了由地方性法规规章到部门规章，最终上升为全国统一的法律，规范层级不断提升，效力范围和影响也逐渐扩大。作为一部规范劳动关系的基础性法律，它扩大了劳动合同的实施范围，提高了劳动合同签订率，严格规定了试用期，纠正了劳动合同的短期化和企业拖欠工资的行为，并对劳务派遣、非全日制用工等作出了规范，弥补了《劳动法》的不足。在倾斜保护劳动者合法权益的同时，该法律通过保密协议、竞业限制条款、用人单位规章的建立完善等制度设计，明确对用人单位的商业秘密、自主经营权等予以保障。因此，这部法律从具体明确劳动关系双方当事人权利与义务的角度着手，为构建和谐劳动关系提供了必备的法律保障。

《就业促进法》是我国第一部针对劳动就业问题的专门立法。这部法律不仅加强了对劳动就业的管理，而且对我国就业与失业问题作出了较为明确的法律规范，有力地促进了就业工作的发展。它具体规范了政府对劳动就业工作应承担的责任，要求政府对劳动就业予以财政支持，为劳动者提供平等就业的机会和公平就业的条件；反对就业歧视，要求为农村富余劳动力有序向城市异地转移就业创造条件；要求加强劳动就业的管

---

① 关怀．六十年来我国劳动法的发展与展望．法学杂志，2009（12）

理与服务，加强对就业中介机构的管理，坚决纠正职业中介机构的违法行为，并要求依法发展职业教育，鼓励开展职业培训，为加强和改善劳动者就业工作发挥了积极作用。

《劳动争议调解仲裁法》的颁布进一步健全了劳动争议处理制度，为推动劳动关系法治化进程、构建和谐劳动关系起到了重要作用。该法对原有的劳动争议调解仲裁制度作了修改与补充，针对劳动争议的处理原则、基本程序、协调劳动关系三方机制及劳动争议的受案范围等作出了系统性规定。尤其是加强了劳动争议的调解工作，进一步规范了劳动争议的调解机构和调解程序，改进了劳动争议的仲裁程序，对仲裁的申请时效及仲裁时效的中止和中断作出了新的规定。2010 年 9 月，最高人民法院出台《关于审理劳动争议案件适用法律若干问题的解释（三）》，对劳动争议处理过程中的具体问题给予进一步细化明确。不久后，新修改的《工伤保险条例》对工伤认定、劳动能力鉴定、工伤保险基金与工伤保险待遇等进行了具体规定。2018 年 12 月 29 日，第十三届全国人民代表大会常务委员会第七次会议通过了对《劳动法》的第二次修订。

二、我国劳动关系法治化的特点与问题

中华人民共和国成立以来，尤其自 1978 年以来，我国劳动立法始终面向劳动关系的变革和发展，历经 40 余年的风雨沧桑和蜕变进步，逐步探索走出了一条从基本立法到单行立法、从地方立法到中央立法、从粗放立法到精细立法的路径，形成了循序渐进、日趋成熟的发展态势。在这期间，既呈现出较为鲜明的自身特点，也暴露出一些缺陷问题。

（一）劳动关系法治化的主要特点

1. 重视对劳动者权益的维护和保障始终是劳动关系法治化的一条主线

在《宪法》的规范和统领下，以劳动群众为主体的人民成为国家的主人，确认和保护劳动者合法权益理所当然地成为劳动立法的使命与宗旨。特别是自改革开放以来，市场经济体制不断建立和完善，劳动关系主体、内容及形式发生着剧变，劳动关系法治化是一个顺应劳动者群体逐步多样、利益诉求日益多元、劳动民主化程度愈来愈高的演进过程。当前，我国正处于经济社会转型时期，劳动关系矛盾进入凸显期和多发期，劳动争议案件居高不下，有的地方拖欠农民工工资等损害职工利益的现象仍较突出，构建和谐劳动关系的任务艰巨繁重。对此，中共中央、国务院2015年3月发布的《关于构建和谐劳动关系的意见》明确指出，劳动关系是否和谐，事关广大职工的切身利益，要坚持以人为本，把解决广大职工最关心、最直接、最现实的利益问题，切实维护其根本权益，作为构建和谐劳动关系的根本出发点和落脚点。突出强调要加强构建和谐劳动关系的法治保障，进一步完善《劳动法》《劳动合同法》《劳动争议调解仲裁法》《社会保险法》《职业病防治法》等法律的配套法规、规章和政策，加快完善基本劳动标准、集体协商和集体合同、企业工资、劳动保障监察、企业民主管理、协调劳动关系三方机制等方面的制度，逐步健全劳动保障法律法规体系。

2. 紧随经济社会发展步伐、适时回应劳动关系现状是劳动关系法治化的基本主题

美国联邦最高法院霍姆斯大法官在其著作《普通法》中，

曾说过一句为后世广为流传的名言，“法律的生命从来不是逻辑，而是经验”。自新中国成立以来，特别是改革开放40多年来，伴随市场经济体制的建立，市场与劳动力主体地位的逐步确立，劳动者诉求的日益增加和多样化，劳动者权益保护越发受到关注和重视，我国的劳动立法在适应经济社会发展和回应现实需求中不断调整、不断更新，在推动构建和谐劳动关系实践中获得长足发展，逐步走向成熟和完善。1993年11月19日，深圳致丽玩具厂特大火灾事故的发生，在很大程度上催生了我国《劳动法》的适时出台。2007年5月，山西省一些地方存在“黑砖窑”的现象被媒体披露后，引起了社会舆论的强烈关注，对立法机关产生了很大触动，不仅直接影响了当时《劳动合同法（草案）》第九十三条、第九十四条和第九十五条等涉及劳动者权益保障内容的制定，还直接引起了对原第三十八条第二款内容的增加，更推动了《劳动合同法》在2007年6月29日全国人大常委会上全票表决通过。2009年夏季，河南农民工张海超被迫采用“开胸验肺”的方式，证明自己的确患有职业病，最终获得60万元赔偿。这一引起广泛关注的“开胸验肺”事件，暴露出我国《职业病防治法》的诸多漏洞，修改完善相关法律法规的呼声日渐高涨。随后不久，《职业病防治法》诊断鉴定制度条文的修订程序正式启动。可见，个案性社会事件催化了我国劳动关系法治化进程，劳动立法也正是在回应新问题、新诉求中不断前行。

3. 由以政策为主到以法律先行成为劳动关系法治化的重大转变

通观劳动关系法治化整个开端阶段，从制定主体上看，由国家行政机关发布的较多，而由立法机关制定颁布的较少，劳动关系的地方立法几乎没有；从法律规范的形式上看，各种规定、条例、办法几乎占据绝大部分，而真正意义上的法律却少之又少；从整个内容体系上看，对劳动关系内容虽都有涉及，但较为原则、零散，且多为暂时性规定，缺乏系统性、规范性、稳定性及可操作性。然而，随着我国经济社会转型对法律制度需求的日益强烈，制定和出台劳动法律法规逐步成为规范市场行为、保障劳动者权利的必然要求。我国随之建立起劳动合同制度、工时制度、职业病及医疗制度、劳动安全卫生保护制度、最低工资制度、集体协商和集体合同制度、企业民主管理制度、女职工与未成年工特殊保护制度、社会保险制度、劳动保障监察制度、劳动争议调解仲裁制度等基本规范。我国劳动关系规置实现了以政策为主到以法律先行的重大转变。

4. 自下而上的立法进程与自上而下的立法体系构成劳动关系法治化的基本规律

我国的地方劳动立法一直在影响和推动着中央立法，突出表现在劳动合同制度、集体协商制度、民主管理制度等诸多方面。地方立法在法律规范设计的针对性、可操作性、实效性等方面具有显著优势和经验，为中央立法起到了示范作用，奠定了良好基础。与此相反，劳动法律体系的形成则是自上而下的过程，即先有基本法，后有单行法。《劳动法》作为劳动法律体系的基本法，对劳动法的立法目的、适用范围、基本原则和相关各项制度逐一作出体系性规定和设置，为日后建立完备的劳动法律体系作了应有的铺垫与规划。

（二）劳动关系法治化过程中存在的问题

1. 统一的法律规范尚未全面形成

如前所述，在涉及劳动关系各项内容的法律法规方面，现阶段只能将《劳动法》《劳动合同法》视为统一的基础性法律规范，而其他大量的内容均由部门规章、地方性法律法规、政策性文件等加以规定。根据1994年《劳动法》颁布时提出的建立劳动法律体系的要求，《集体合同法》《工资法》《企业民主管理法》《劳动保护法》《职业技术开发法》《劳动监察法》《劳动争议处理法》等，仍需要通过统一立法加以制定，使我国的劳动法律制度体系得以完备。

2. 关于劳动关系民主化的立法滞后

劳动关系民主化问题贯穿劳动关系始终。当前，在劳动关系民主化立法方面，虽然相应的中央立法与地方立法在一定程度上均有所涉及，但是仍未得到足够的重视。其一，由于单个劳动者力量的薄弱，无法对抗强大的资方，工会组织的建立成为劳动关系民主化进程的基础性问题，必须加以重视；其二，集体合同制度是在劳动关系建立层面，赋予劳动者团结一致以获取与用人单位平等协商订立劳动合同途径，必须尽快建立；其三，由于劳资关系中劳动报酬的支付处于核心地位，在集体合同制度之外应当另行制定工资集体协商制度，以保证劳动者在劳动合同期限内继续对自身权益进行保护；其四，劳动者对本企业涉及其切身利益的事项享有知情、表达、参与、协商、监督的权利，因此企业的民主管理制度也应当逐步完善。因此，亟待研究起草《集体合同法》和《企业民主管理法》，并尽早颁布实施。

3. 庞杂的劳动法律规范体系需要加以协调

纵观我国劳动法律规范体系，内容丰富，体系庞杂，规范多样，层级交错，如何对这些法律规范进行理顺和规整，使之既并行不悖，又能发挥应有的作用，需要进行深入研究。从现状看，就内容而言，劳动关系的建立、履行、解除、救济以及民主化问题应成为核心，应当围绕这些具体内容来展开法律体系的建构与完善；就中央立法与地方立法而言，有些地方立法是对中央立法的进一步细化与补充，而有些地方立法只是对某些制度进行的“试水”，最终仍需中央立法加以统一；就法律规范的效力层级而言，大量规章制度和政策性文件的存在，容易引发效力冲突；就立法发展模式而言，由于劳动关系的政策性和地域性较强，工资标准、福利待遇等差别化较为明显。因此，劳动关系法治化必须注重地方性经验的总结，如何有效协调中央立法统一规范作用和地方立法特殊保护作用之间的关系，显得至关重要。

4. 民主立法、科学立法的原则仍需进一步坚持

劳动关系法治化能否最终实现，不单取决于立法条件、立法技术的成熟，更决定于立法理念、立法原则的完善。客观地讲，《劳动合同法》的制定过程在一定程度上体现了民主立法、科学立法的原则。这部法律经历了长期的起草工作，全国人大常委会对草案进行了四次审议。2006 年 3 月 20 日，全国人大常委会向社会公布草案征求各方面的意见，仅仅一个月，就收到来自职工群众的意见 191848 条，创造了群众参与立法的纪录。应当看到，如果没有民主立法、科学立法原则的贯彻，立法很难达到更完善的境地，甚至难以真正回应现实。因此，在劳动关系法治化的未来之路上，必须确保民主立法、科学立法原则的落实，让劳动法治更加深入人心、深得民意、深解民困。

三、构建和谐劳动关系视角下我国劳动关系法治化的完善路径

党的十八大作出了到2020年全面落实依法治国基本方略的重大决策，十八届三中全会作出了全面深化改革的战略部署，十八届四中全会作出了《中共中央关于全面推进依法治国若干重大问题的决定》，提出了坚持和拓展中国特色社会主义法治道路这条红线，建设中国特色社会主义法治体系、建设社会主义法治国家的总目标，形成完备的法律规范体系、高效的法治实施体系、严密的法治监督体系、有力的法治保障体系，实现科学立法、严格执法、公正司法、全民守法的要求。中共中央、国务院《关于构建和谐劳动关系的意见》紧紧围绕构建和谐劳动关系这一现实重大课题，开宗明义提出“坚持依法构建”原则，把劳动关系的建立、运行、监督、调处的全过程纳入法治化轨道，提出“加快健全党委领导、政府负责、社会协同、企业和职工参与、法治保障的工作体制”，详尽阐明“依法保障职工基本权益”的举措办法，具体勾勒“加强构建和谐劳动关系的法治保障”的基本图景，为完善劳动关系法治化提供了更加明确的方向和具体的思路。因此，应着眼于协调推进“四个全面”战略布局，立足于全面依法治国的新任务新要求，积极适应经济新常态，以法治思维、法治方式推进劳动关系法治化建设，促进劳动关系和谐稳定。

（一）建立健全以《劳动法》《劳动合同法》《集体合同法》为支撑的基本劳动法律制度

发达市场经济国家的历史实践证明，由于法律只能规定最

低标准，劳动合同更多体现为用人单位的单方意志，因而，集体合同制度无疑成为协调劳动关系举足轻重的法律制度。例如，以美国、英国为代表的英美法系国家和以德国、日本为代表的大陆法系国家，均构建了以劳动基准法、劳动关系调整法或劳资关系法为基石的劳动法典，这对我国加强和完善劳动立法具有启示和借鉴意义。鉴于我国现有的《集体合同规定》（2004 年）和《工资集体协商试行办法》（2000 年）等相关规章层级和效力较低、可操作性较差，而《劳动合同法》中有关集体协商范围的规定具有局限性，缺乏违法责任条款，存在明显不足。因此，国家应及时总结地方立法经验，并对地方立法的实施情况进行调查和评价，以在拟定中央立法草案时提出具体明确的设计方案，适时推动集体合同法的制定出台。

（二）构筑以《就业促进法》《劳动派遣法》《职业介绍法》《职业培训法》等为主体的劳动力市场服务法律制度（就业服务法律制度）

随着市场经济体制的日益完善，亟待建立和完善与市场体制相适应的就业服务法律制度。德国、日本、韩国等国均有系统完善的劳动力市场服务法，如德国的《规范经营性雇员转让法》《职业培训法》，日本的《劳工派遣法》《职业安定法》《中小企业劳动力确保法》《高龄人雇佣安定法》《残疾人雇佣促进法》《男女雇佣机会均等法》，韩国的《雇佣政策基本法》《劳动派遣保护法》《劳动者职业训练促进法》等。今后，我国在修改《就业促进法》时，需要进一步加强对妇女、残疾人、军人、非全日制雇员及某些特殊行业（如建筑业）工人就业权利的特殊保护，促进就业并配套出台相应的专门性法律。同时，为有效规范劳动力市场秩序，保护典型劳动关系，保障劳动者合法权益，应尽早制定出台规制劳务派遣用工方式的《劳动派遣法》。此外，还需加大力度规制职业介绍和职业培训，为大量劳动力进入就业岗位提供必要、规范和有序的途径。

（三）形成以《最低工资法》《工资支付保障法》等为主的劳动报酬保障法律制度

国家保障劳动者的最低工资被视为国家尊重和保护劳动者劳动报酬权的集中体现。早在20世纪70年代末至80年代，日本为实现劳动报酬权、提高劳动者生活质量，先后制定出台了《最低工资法》《确保工资支付法》等一系列法律。日本于2008年7月1日起实施新修订后的《最低工资法》，新法重新规范了最低工资的基本形式和最低工资标准调整因素。鉴于此，我国应继续推动《最低工资法》等相关法律的出台，从源头上维护职工收入分配权益。与此同时，还应推动建立和完善工资支付保障制度，加快推动《工资支付保障法》的制定出台，力求从制度机制上保障职工工资的依法及时支付。

（四）建立以《职业安全卫生法》为主的预防控制职业病、职业危害以及职业伤害等一体化法律法规标准体系

从劳动关系的自身特点和职业安全卫生的本质来看，《职业安全卫生法》应定位于《劳动法》的子法，属于劳动法律体系的一部分，其立法宗旨是“维护劳动者的基本权利——生命与健康权”。从这个意义上说，虽然目前我国

已经颁布了《安全卫生法》《职业病防治法》等一系列法律、法规，对促进我国职业安全卫生事业起到了一定的促进作用，但是，安全生产与职业安全卫生分属经济、劳动两个不同领域，前者追求“以生产为本”，后者则追求“以人为本”，不同理念所带来的制度设计的悬殊，意味着我国尚无一部真正意义上的职业安全卫生法。纵观发达国家职业安全卫生法律的历史沿革，美国、日本、德国等国家都有统一的职业安全卫生法，并且在相关法规标准体系建设方面积累了许多成功经验。我国已于 2007 年 1 月 25 日批准了国际劳工公约 155 号《职业安全卫生公约》，因此，应尽快制定统一的《职业安全卫生法》，使职业安全卫生保障回归劳动法律体系，并立足于确保和维护劳动者职业安全卫生这一宗旨进行精细的法律规范设计。

（五）通过修订完善《劳动争议调解仲裁法》，构建以协商、调解和仲裁为主的劳动争议处理体制

世界主要国家均对劳动争议类型进行区分，从而选择不同的劳动争议解决途径。通常将劳动争议区分为个别争议和集体争议、权利争议和利益争议，我国《劳动争议调解仲裁法》将集体争议的人数标准确定为 10 人以上，但集体争议中另一要素——因签订、履行集体合同发生的争议，却没有体现在《劳动争议调解仲裁法》中。因此，需要明确区分劳动争议的不同性质，从而寻求不同的争议解决模式。

不仅如此，几乎所有国家和地区的劳动争议处理体制中都有协商这一基本程序，无论是注重司法解决的德国抑或是以独立仲裁为主的美国，都坚持一个基本的理念：努力促成当事人

及时、平和的化解纠纷，并且都将调解作为处理争议的最优手段，以减少对抗和冲突。从实际处理结果看，调解结案是所有国家个别劳动争议处理的主要方式。据美国FMCS底特律市办公室介绍，95%的劳动争议案件可以通过调解解决，只有5%的案件进入仲裁程序。更值得一提的是，“替代性纷争解决机制”（ADR）的广泛应用，可以简化劳动争议调解程序，针对劳动争议案件的特点设计更为灵活的方式，促进劳动争议案件的快速处理。这些在劳动争议处理体制、处理机构构成原则、处理程序等方面的经验，值得今后我国修订《劳动争议调解仲裁法》时加以借鉴。

（六）进一步强化和完善劳动执法监察，不断丰富和创新执法监督方式

要加强和改进劳动法律法规的执法检查工作，强化对劳动法律法规实施情况的监督，形成人大执法检查、政府劳动监察、政协调研视察、工会代表职工开展群众性劳动法律监督的工作机制，及时发现问题，督促整改。严格依法查处各类侵犯职工合法权益的违法行为，各级司法机关要高度重视劳动法律法规的贯彻实施情况，依法及时受理、公正审理劳动争议案件，依法追究违法者的法律责任。探索推行重大劳动违法案件曝光制度、公开谴责制度，加大对违法用工行为的震慑力度。加强和创新社会治理，充分发挥工会组织、雇主组织等社会组织的作用，通过劳动关系三方协商会议、劳动争议仲裁委员会等机制，共同推进劳动法律法规的贯彻实施。

第三节 促进就业与构建和谐劳动关系

一、促进就业与构建和谐劳动关系的关系

（一）促进就业对构建和谐劳动关系的重要意义

促进就业是构建和谐劳动关系的首要和核心问题，关系着广大职工的生存与生活，关系着经济平稳健康发展和社会稳定。目前，我国既存在着就业数量方面的问题，也存在着就业质量方面的问题。就业数量方面的问题主要指就业总量矛盾严重、就业结构性矛盾突出，这是造成失业问题的根本原因。进一步扩大就业规模，让越来越多的劳动者获得就业岗位，对就业问题的解决起着决定性作用，是解决劳动关系矛盾的基础工作，也是解决就业质量问题的关键所在。

（二）我国政府就业政策的演变

在研究政府促进就业的历史变迁文献中，阶段划分依据各不相同，总结起来，按照经济体制改革和就业制度改革的进程为划分节点逻辑明晰，据此，我们将新中国成立以来我国政府促进就业的做法划分为三个阶段。

第一阶段是计划经济体制下促进就业的统包统配政策和制度（1949—1978 年）。这一阶段，国家在城市实行统包统配的就业政策，即对劳动力实行统一计划、实行统包就业，在地区间和部门间统一分配劳动力，对单位用人实行统一招收，对部门、地区、单位之间的劳动力平衡实行统一调配。在这种制度

下，劳动者就业由政府包揽，劳动力配置靠行政调配，企业无用工自主权，只能执行国家招工计划，工资、福利、保障与就业制度相适应，全部由国家承担，劳动力无法流动。中国隔绝城乡的户籍制度是统包统配就业得以实现的重要制度基础，严禁农村劳动力向城市流动，以实现城市劳动力的统一计划调配。在农村，户籍制度及相关文件规定限制或者劝阻农民流动，城市的用人单位没有劳动部门的许可和介绍，不得擅自到农村招工，农民只能留在农村，大量的农村劳动力以隐性失业的形式存在。

第二阶段是计划经济体制向社会主义市场经济体制转型过程中的双轨制就业政策和制度（1978—2001 年）。按照市场在就业中所起作用的主次，又可以分为两个小的阶段：1978—1991 年的 14 年间，计划就业是配置就业的主要形式，1992—2001 年的 10 年间，双轨制中市场决定就业逐渐占主导。20 世纪 80 年代中后期，经济体制出现计划经济和市场经济的双轨制，促进就业的制度也相应出现两套思路：在体制内保持现状，在体制外采取市场化措施，即国有企业不能自由解雇在传统体制下所雇佣的劳动者，但是新的劳动力需求逐渐从统包统配的用工制度向更加灵活与具有契约性质的劳动合同转化。国有企业已经拥有招聘和解雇新职工的自由权，其他类型的企业基本上按照市场化原则聘用所需要的劳动力，市场在劳动力资源配置上发挥着越来越重要的作用，为以后确立市场化促进就业制度奠定了基础。1992 年，建立社会主义市场经济体制的目标要求对国有企业进行以构建现代企业制度为目标的改革，国有企业下岗失业人员再就业成为促进就业的突出问题，与此相适应，促进就业的措施以再就业工程为核心展开。

这一期间促进就业的主要政策和制度：一是1980年出台了“三结合”就业方针，即“在国家统筹规划和指导下，实行劳动部门介绍就业、自愿组织起来就业和自谋职业相结合”，解决改革开放之初城镇积累的大量待业人员和“文革”结束后大量知识青年回城就业问题。二是20世纪80年代末90年代初，为推进国有企业改革、提高国有经济效率，进行了一系列劳动人事制度改革，主要指在国有企业由固定工制度转变为劳动合同制度，旨在打破国有企业职工终身雇佣制度、废除干部职务终身制的企业劳动制度改革，允许企业公开招考和公开招聘的企业人事制度改革三项制度改革。至1991年底，全国合同制职工达到1972万人，占职工总数13.6%[①]。三是20世纪90年代中后期，为了实现国有企业改革攻坚，解决下岗失业人员的再就业问题，政府实施再就业工程，以劳动部门为主，通过一定的资金投入，综合使用政策扶持和各种就业服务手段，实行企业安置、个人自谋职业和社会帮助安置相结合，为失业六个月以上的长期失业者和生活困难的企业下岗职工提供就业指导、职业介绍、转岗培训、生产自救等服务和手段，促使他们尽快实现再就业。政府通过推进社会保障体制改革的配套措施，逐步将隐性失业转化为下岗人员，通过再就业工程促使下岗人员中的一部分再就业，难以再就业的部分成为公开失业人员，由社会保障机制解决生活保障问题。四是限制劳动力流动的户籍制度开始逐步松动。改革开放以来，农村劳动力流动政策经历了从限制流动到允许流动、从控制盲目流动到引导有序流动，随着农村改革的深入以及农村剩余劳动力的转

---

① 刘社建．中国促进就业研究．北京：中国社会科学出版社，2012

移，农村劳动力流动逐步成为输入地经济社会发展不可少的一部分。自1984年发布《关于1984年农村工作的通知》开始，我国允许农民在自筹资金、自理口粮的条件下，进入城镇务工经商，破除了农村劳动力流动的政策限制，直到2000年下发的《关于印发做好农村富余劳动力流动就业工作意见的通知》，按照形成市场导向就业机制的要求，积极引导农村富余劳动力合理有序流动，逐步开展城乡统筹就业工作。从2000年下半年起，各地开始逐步取消对农民进城就业的不合理限制，积极推进涉及农村劳动力流动的就业、保障、户籍、教育、住房、小城镇建设等多方面的配套改革，农村劳动力转移和流动进入一个新的发展时期。五是大力培育劳动力市场。国有企业改革、农村剩余劳动力外出就业以及私营企业、外资企业等非公企业的发展，在客观上促进了劳动力市场的形成。1993年11月，党的十四届三中全会通过了《关于建立社会主义市场经济体制若干问题的决定》，正式使用了“劳动力市场”的概念。1999年，劳动和社会保障部下发《关于开展劳动力市场“三化”建设试点工作的通知》，要求推进劳动力市场科学化、规范化、现代化建设，强调初步建成城市劳动力市场信息网，建立起统一的劳动力市场管理、服务制度和业务规范，形成较好的劳动力市场秩序，加快建立适应社会主义市场经济体制要求的就业机制。相关规定的出台为不断培育完善劳动力市场产生了积极作用。

第三阶段是社会主义市场经济体制下的市场化就业政策和制度（2002年至今）。2002年以来，大量国有企业下岗人员再就业、农村剩余劳动力涌入城市以及大量新进入劳动力市场的劳动者这三股力量相互交织，就业问题不断严峻。国家根据不断变化的经济发展与就业形势，及时出台了以积极就业政策为核心的促进就业政策，通过发挥政府、劳动力市场、劳动者与企业的合力，努力扩大就业。2002 年下发的《关于进一步做好下岗失业人员再就业工作的通知》，标志着积极就业政策正式出台，积极就业政策框架基本确立。2003 年下发《中共中央关于完善社会主义市场经济体制若干问题的决定》，首次将实施积极的就业政策写进党的文件，提出把扩大就业放在经济社会发展更加突出的位置。2005 年下发《关于进一步加强就业再就业工作的通知》，进一步充实和完善积极就业政策。2006 年先后发布《关于解决农民工问题的若干意见》和《关于切实做好 2006 年普通高等学校毕业生就业工作的通知》。2007 年党的十七大提出了推进城乡统筹就业和平等就业的新要求。为有效应对金融危机的影响，2008 年底至 2009 年初，国家及时出台了包括《关于做好当前经济形势下就业工作的通知》在内的一系列政策，进一步丰富完善了积极就业政策①。党的十九大报告指出，要坚持就业优先战略和积极就业政策，实现更高质量和更充分就业。总体上，积极就业政策的内容包括：把就业放到更为突出的位置，不断探索就业新机制；消除地区和城乡分割，全面统筹就业；减少就业歧视，促进公平就业；完善制度和法律体系，促进劳动力市场建设；做好大学毕业生和农民工等重点群体的就业工作。积极就业政策的健全与完善具有清晰的发展轨迹与重点转变，从主要注重政府作用到政府与市场并重，从关注再就业人员到所有就业人员，从较为狭窄的促进就业手段向多渠道、多方式促进就业

---

① 刘社建．中国促进就业研究．北京：中国社会科学出版社，2012：48

手段，从对经济增长作用重视不足到强调实现经济发展与扩大就业良性互动，从政府促进就业到充分发挥劳动密集型产业、服务业与中小企业的作用，从自谋职业向鼓励自主创业与灵活就业，同时尤其强调发挥财税金融政策促进就业的重大作用，也对零就业家庭与大学生就业等特殊就业群体以及构建和谐劳动关系予以了特别的关注。

表 8.1　我国政府不同阶段的促进就业政策

年　　份	经济发展阶段	促进就业的政策导向
1949—1978 年	计划经济体制	劳动力计划配置、统包就业、行政调配、就业在城乡之间实行严格分割
1978—2001 年	计划经济向社会主义市场经济转型时期	提高微观用人主体的效率，不断解放劳动生产力，通过培育劳动力市场的供需主体和建立劳动力市场体制，提高劳动力配置效率
2002 年至今	社会主义市场经济时期	提高就业质量，改变原来只强调效率的改革取向，转向注重提高劳动者的经济社会地位、消除就业歧视、提高就业质量、改善劳动关系

资料来源：根据赖德胜等著作资料整理

（三）我国工会促进就业的做法

工会积极参与《就业促进法》《劳动合同法》等国家相关立法和政策的制定与实施，推动国家实施积极的就业政策，努力促进充分就业、稳定就业岗位。根据自身的特点和优势，工会大力推进就业再就业工作。一是依托工会就业服务机构和再就业基地，开展职工技能培训。发挥全国工会“农民工技能培训示范基地”和“职工就业培训基地”的作用，帮扶就业困难人员提升技能水平，缓解就业的结构性矛盾。二是开展创业指导，实施小额贷款项目，鼓励下岗失业人员、新毕业的大中专学生和其他各类人员自主创业，以创业促就业。三是提供就业服务。以工会困难职工帮扶中心为载体，建立动态管理制度，为就业困难人员长期提供免费政策咨询和职业介绍等就业帮扶。加强省际城际间对口劳务协作，推动劳务输出地和输入地之间建立用工信息交流、农民工就业培训指导、帮扶维权服务的协作制度，积极促进就业。四是积极维护就业人员的权益。工会配合政府规范企业用工行为，改善就业环境、提高就业质量，推动企业建立稳定就业的激励机制，遏制企业劳动用工短期化现象，根据《劳动合同法》，敦促和监督企业与职工签订劳动合同，从而在劳动关系建立伊始，在源头上把对劳动者权益的保护纳入规范的法律架构之中，以使职工的劳动权益得到更好的保护①。2016 年至 2019 年初，全国各级工会主动围绕党和国家就业工作大局，推动落实积极就业政策和就业优先战略，以农民工、下岗职工、困难职工家庭高校毕业生等群体为重点，做好职工就业服务和劳动权益维护工作。2016 年至 2019 年初，各级工会共开展职业技能培训 799.42 万人次；举办各类招聘活动 2.44 万场，成功介绍就业 269.71 万人次；提供小额贷款 20.6 万笔，累计 122.75 亿元，创业带动就业 47.97 万人；筹集使用促进就业资金 9.96 亿元。

---

① 中华全国总工会．工会基础知识读本．北京：中国工人出版社，2010：123

二、就业形势对劳动关系和谐的影响

（一）我国出现经济增速放缓与就业增长扩大的反向变动现象，就业形势总体平稳

近年来，我国出现了经济增速放缓、就业增长扩大的反向变动现象。造成这种格局主要有三方面原因：一是随着经济总量的快速扩大，GDP 基数增大，每一个百分点的 GDP 规模较以往扩大很多，因而能吸纳更多就业；二是服务业加速发展，带动产业结构不断优化，形成了有利于创造就业的经济结构；三是简政放权激发了市场活力①。目前我国城镇新增就业人数持续增长，从 2013 年的 1310 万人增长到 2017 年的 1351 万人。城镇登记失业率维持在 3.8% 的较低水平。高校毕业生、农村转移劳动力、城镇就业困难人员等重点群体就业保持基本稳定。就业的地区格局也发生了积极变化，东部地区城镇新增就业企稳回升，西部地区持续快速上涨；农村富余劳动力就近就地转移就业人数进一步增加，2018 年全国农民工总数约为 2.88 亿人，比上年增长 0.6%，在省内就业的农民工 9672 万人，比上年增加 162 万人，增长 1.7%②，显示就近就地转移加快。就业的产业结构正在逐步改善，第一产业就业比重从 2008 年开始下降到 40% 以下，第二产业就业比重 2012 年首次突破 30%，第三产业就业比重在 2011 年首次超过第一产业就业比重，第一、第二、第三产业就业比重从 2010 年的 36.7∶28.7∶34.6 转变为 2017 年的 27∶28.1∶44.9。就业形势的积

---

① 余竹．影响就业的基本因素已发生重大变化．上海证券报，2014.9.5

② 2018 年农民工监测调查报告

极变化说明，在产业结构、人口结构等多种因素影响就业因素变动的相互作用下，劳动供求关系出现一些新变化，使得城镇新增就业逐渐开始摆脱对高速经济增长的依赖[①]。

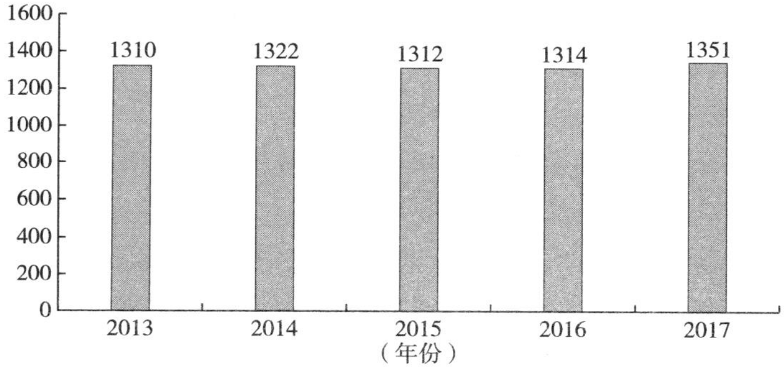

图 8.1　2013—2017 年城镇新增就业人数（单位：万人）

数据来源：2017 年度人力资源和社会保障事业发展统计公报

（二）劳动力供求总量矛盾将长期存在

从供给看，虽然近年来我国 16—59 周岁的劳动年龄人口总量有所下降，但这毕竟是在劳动力供给峰值上的减少，现阶段劳动力，特别是新成长劳动力供给仍处于高峰期。2017 年，我国劳动年龄人口为 9.02 亿人。另外，随着城镇化进程加快，还将有大量农村富余劳动力转移就业。从需求看，尽管我国经济继续保持平稳增长，但企稳回升的基础还不牢固，部分行业产能严重过剩，稳定现有岗位和进一步扩大就业面临较大压力，就业总量矛盾将长期存在，不仅城镇新增就业人口压力

① 李爽，谭永生，王阳．当前就业形势及 2014 年展望．宏观经济管理，2014（1）

大，还要考虑为农村富余劳动力转移就业留出空间。

部分行业稳定岗位的压力仍然存在。在供给侧改革中，部分行业就业压力加大。钢铁、煤炭等行业亏损严重，部分企业停产或半停产。这种情况在纺织服装行业的中小企业中也时有出现，虽未形成规模性裁员，但存在就业不充分或隐性失业问题①。

（三）就业结构性矛盾更加突出

当前劳动力市场既面临一线普通工人招工难和技术工人的严重短缺，也面临高校毕业生和城镇就业困难人员的就业难。这种两难并存的结构性矛盾十分突出，特别是随着转型升级的加快，受到产业需求变化和劳动力供给变化的共同作用，这一矛盾将更加突出。一方面，转型升级可以创造管理密集型、智力密集型、技术密集型就业岗位，在一定程度上可以为高校毕业生提供更多就业机会，并整体提升就业质量。另一方面，转型升级也要求产品质量和服务质量进一步提升，必然会对劳动者素质和技术技能水平提出更高要求，技术技能型人才短缺的矛盾将进一步加剧。目前我国劳动者总体素质不高，同时随着劳动年龄人口逐步减少和受教育年限延长，青年劳动力供给将进一步下降，高校毕业生将占到新成长劳动力的半数以上，劳动力供给结构若不积极调整，则难以满足市场对技术技能型人才的需求。此外，随着转型升级加快，资源、环境等约束进一步增强，一些落后产能面临淘汰，一些过剩产能需要化解，部

---

① 李爽，谭永生，王阳．当前就业形势及2014年展望．宏观经济管理，2014（1）

分劳动者需要面对转岗再就业的问题，如果处理不好，可能带来局部地区的失业风险。

以2018年第四季度数据分析，我国在地区、行业、群体、技能层次上都存在就业结构性矛盾。在不同地区，分区域看，东、中、西三大区域市场需求均略大于供给，劳动力处于供不应求状态，与上季度相比，东、中、西三大区域市场供求人数均有所减少。从行业需求看，与去年同期相比，制造业用人需求稳中有升，租赁和商务服务业、批发和零售业、房地产业、科学研究技术服务和地质勘查业、居民服务和其他服务业等行业用人需求保持增长。与上季度相比，除文化、体育和娱乐业和公共管理与社会组织等行业外，其他各行业的用人需求均有所下降。在不同群体上，应届高校毕业生始终是进入市场求职的重要来源，失业人员是进入劳动力市场求职的主要群体。在所有求职人员中，失业人员所占比重为52.1%。其中，新成长失业青年占23.9%（应届高校毕业生又占其中的47.7%）。在求职者的不同技术技能水平上，中、高级技能人才和专业技术人才的用人需求均有所增长，技师、高级技师、高级工程师、高级技能人员的缺口最大①。

（四）人力资本投入不足、劳动者素质不适应经济结构调整要求，无法满足和谐劳动关系对高技能、熟练工人的需要

总体上说，我国的劳动生产率稳步提高。以2015年不变

① 技术等级指以国家职业资格证书为凭证的职业技能水平，职称指以国家认可的专业技术职务证书为凭证的专业技术水平。在调查中，技术等级和职称相互独立，以招聘要求或个人具有的最高等级或水平为准进行统计。

价格计算，2018 年全年国内生产总值与全部就业人员的比率为 107327 元/人，比上年提高 6.6%[①]。

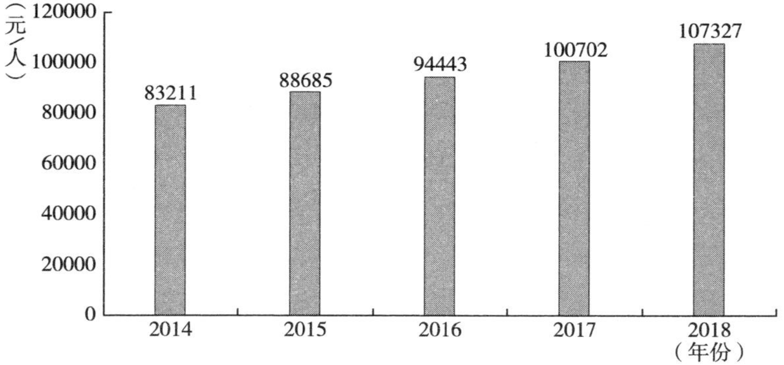

图 8.2　2014—2018 年国内生产总值与全部就业人员比率

数据来源：2018 年国民经济和社会发展公报

人力资本与产业发展不匹配，这是导致我国劳动力就业市场结构性矛盾的主要原因，这主要体现在以下方面：第一，高等教育体系错位导致人力资本与市场需求缺乏对接。大学本科阶段教育质量总体不高，既缺乏对学生洞察力、视野等素质的培养，又缺乏实务操作能力的培训，课程设置也与市场需求严重脱节。国家财政性教育经费支出占国内生产总值 4% 的指标，这是世界衡量教育水平的基础线。1993 年，中共中央、国务院发布的《中国教育改革和发展纲要》提出，国家财政性教育经费支出占 GDP 比例要达到 4%。但由于我国 GDP 增长迅速、财政收入占 GDP 较低等多种原因，这一目标经过长期努力才得以实现。2012 年，我国财政性教育经费支出 2.2

① 2018 年国民经济和社会发展公报

万亿，占当年国内生产总值比例达到4.28%①。人力资本投资不足，直接导致劳动者素质不高。第二，产业结构升级速度相对滞缓，尚未创造出足够吸纳大规模高端人才的空间。大学生是国家宝贵的人才资源，然而，由于我国产业结构长期以劳动密集型产业为主，吸纳的人口以初级劳动力居多，对于大学生的需求相对不足。以往，大学生毕业往往进入公务员或事业单位，但随着市场化改革的推进，这部分就业需求岗位日益减少，再加上高校连续多年的扩招，导致毕业大学生规模也大幅度提高，就业市场形成了较大的缺口，高端及技术含量较高岗位的创造速度落后于毕业生数量的增加速度，适合大学毕业生的有效岗位相对不足。此外，由于市场化改革相对滞后，社会上缺乏鼓励创业创新的环境，导致大学生创业门槛过高，这也成为导致大学生就业难的一个重要原因。第三，职业教育发展严重滞后，技能型人才严重不足，难以适应技术进步和生产方式变革的挑战，难以支撑世界制造业中心大国地位。我国的产业结构是在劳动密集型产业的基础上不断升级的，因此，产业结构升级对劳动力的需求，也由以初级劳动力为主逐步转为以高技术劳动力为主。然而，职业教育发展长期严重滞后，职业培训的针对性和有效性不足，社会上普遍存在的对于职业院校毕业生的歧视、技术工人福利待遇的不公平、劳动者社会地位不高等问题，导致了技能型人才严重不足。这与我国作为世界制造业大国的地位严重不匹配，更加难以使我国保持这一地位并逐步提升为世界制造业强国②。

---

① 董洪亮．我国教育事业迈上新台阶．人民日报，2015 年 10 月 13

② 余竹．影响就业的基本因素已发生重大变化．上海证券报，2014 年 9 月 5 日。

三、就业质量对劳动关系和谐的影响

（一）就业质量的内涵及衡量

党的十八大报告首次提出，“推动实现更高质量的就业”。党的十九大报告重申，要“坚持就业优先战略和积极就业政策，实现更高质量和更充分就业”。对就业质量的定义，国内外认识各不相同。国外对就业质量的研究集中于1999年国际劳工组织提出体面劳动概念以后。研究特点主要表现在两个方面：一是关注工作质量，侧重于工作特征、就业人员特点、劳动者与工作的匹配程度以及劳动者的主管评价等，具体指标除了涵盖劳动报酬、就业稳定性、就业安全、工作时间之外，更关注工作与生活之间的平衡、职业发展、谈判机制及员工关系等；二是关注对一个经济体就业质量进行整体性评价。国外不同的机构研究就业质量使用不同指标，比较典型的有国际劳工组织的“体面劳动”指标衡量就业质量，欧盟委员会的“工作质量”指标，欧洲基金会的“工作和就业质量”指标。

衡量就业质量有很多维度，学界也从不同角度进行了研究，比较权威的是北京师范大学劳动力市场研究中心提出的观点，认为就业质量较高至少包括以下几个方面：一是劳动者的就业机会不断增加，就业结构不断优化；二是劳动资源得到充分利用；三是劳动者通过就业能够改善家庭生活；四是劳动者通过就业能够提高自身能力、体现自身社会价值；五是劳动者失业后能及时处于就业准备状态、及时就业；六是劳动者的就业权益能够得到充分有效的保障。基于以上理解，构建了六个维度的就业指标体系，包括就业环境、就业能力、就业状况、劳动报酬、社会保护和劳动关系①。

就业质量是反映劳动者社会生产过程中，其劳动权利和利益实现状况之优劣程度的综合性范畴。劳动报酬是就业质量的核心内容。对就业质量的理解可以分为微观、中观和宏观三个层面：从微观的劳动者角度看，就业质量包括了一切与劳动者个人工作状况相关的要素，如工资报酬、工作时间、工作环境、社会保障等；从中观层面看，要针对特定就业群体，如农民工、大学毕业生、灵活就业人员、退伍军人等来考虑就业质量问题；从宏观层面看，评判某一国家、地区或行业范围内劳动者整体的工作状况优劣程度，一般用劳动者工作状况各要素的统计数据，如社会保险参保率、劳动合同签约率、平均工资等来表示。

（二）劳动者就业稳定性差

就业稳定性是衡量就业质量的重要指标。根据怡安翰威特调查结果，中国员工平均流动率为15.9%，在全球处于高位。流动率较高的行业，大多为劳动密集型企业，其基层员工流动性较大。我国农民工就业呈现出“短工化”趋势，表现为工作持续时间短、工作流动性高。签订劳动合同是保证工作稳定的重要前提。

（三）劳动经济权益得不到有效保障

劳动经济权益得不到保障的主要是农民工、劳务派遣工及

---

① 赖德胜等.2011中国劳动力市场报告——包容性增长背景下的就业质量.北京：北京师范大学出版社，2011

灵活就业群体。农民工特别是新生代农民工的利益诉求，主要集中在工资、社保和公共服务等方面。一是整体收入偏低。2018年末，外出农民工人月均收入水平为4107元，增加额比上年同期减少118元，增幅回落9.4个百分点。二是社会保障水平偏低。农民工养老、医疗、失业、工伤、生育保险的参保率，分别比城镇职工低23.7、14.6、29.1、9.1和30.8个百分点。农民工参加职工基本养老保险的仅为59.1%，加上参加新型农村养老保险的16.1%，农民工参加基本医疗保险的仅为62.2%，参加工伤保险仅为67.4%，参加失业保险的仅为46.5%。三是难以享受与城镇职工同等的基本公共服务。特别表现在住房和子女教育等问题上，为农民工缴纳住房公积金的单位仅有22.9%。与劳务派遣工过度使用相伴随的是“同工不同酬”和“同工不同权”问题逐渐突出。

劳务派遣工与正式职工工资福利往往差距明显，有的只相当于正式工的一半，导致其对单位缺乏归属感，影响了劳动关系的和谐稳定。首先，工资收入水平低于正式工。劳务派遣工的基础工资约为正式工81%。与单位发生劳动争议，73.3%的原因是劳动报酬。其次，社会保险待遇较差。劳务派遣工在养老、医疗、工伤、生育、失业等保险费用缴纳方面，分别低于正式工16.3%、18.4%、16.4%、11.7%和5.2%。再次，民主参与程度较低。劳务派遣工作为职工代表只有2.1%，比例不及正式工的一半。最后，职业发展空间较窄。劳务派遣工的职业技能培训权利被忽视甚至剥夺，通过培训提高就业竞争力的人数比正式工低13个百分点。一线操作人员长期使用大量劳务派遣工，而非仅限于短期可替代岗位，自身权益实现难、自我救济能力差，群体内部相对封闭。普通职工中的灵活就业人员通常是指非全时工、季节工、劳务承包工、家庭小时工、临时工等，所从事的往往是低技能、低收入、高强度的工作，劳动关系不稳定、流动性大。

（四）劳动条件仍有待提升

据《2016 年全国农民工监测调查报告》，农民工年从业时间平均为 10 个月，月从业时间平均为 24. 9 天，日从业时间平均为 8. 5 个小时，均与上年持平。日从业时间超过 8 小时的农民工占 64. 4%，周从业时间超过 44 小时的农民工占 78. 4%，分别比上年下降 0. 4 和 1 个百分点。

表 8. 2　外出农民工从业时间和强度

	2015 年	2016 年
全年外出从业时间（月）	10. 1	10. 0
平均每月工作时间（天）	25. 2	25. 2
平均每天工作时间（小时）	8. 7	8. 7
日工作超过 8 小时的比重（%）	39. 1	37. 3
周工作超过 44 小时的比重（%）	85. 0	84. 4

数据来源：国家统计局，《2016 年全国农民工监测调查报告》

四、劳动力市场分割对劳动关系和谐的影响

我国劳动力市场分割主要是城乡和地区间的劳动力市场分割和保护主义，同时也在不同劳动者之间体现为身份差异性，分别是正规就业与非正规就业，非正规就业劳动者主要有农民工、劳务派遣工、灵活就业者等，在性别上体现为不

同性别劳动者在劳动力市场上的地位不同，在企业上体现为劳动者到垄断企业就业的隐性障碍等“玻璃门”现象。以上劳动力市场分割现象，尤其是城乡和地区间的劳动力市场没有实现统筹，导致劳动力市场不统一，在劳动者进入劳动力市场之前就隐藏了导致劳动关系不和谐的因素。

（一）劳动力市场分割的特点

劳动力市场分割主要表现为行政分割，呈现出三个明显的特点：第一，劳动力市场的城乡分割现象明显。城乡之间的分割是始终存在的现象，这根源于新中国成立初期重点发展重工业的国家发展战略，并被政府一系列城市倾向的政策措施所强化。改革开放之后，这种城乡分割不但没有减弱，反而一直在加强，城乡之间的收入差距有扩大的趋势。在以传统经济部门为主的农村和以现代经济部门为主的城市之间，劳动者的收入差距不但没有缩小，反而扩大了，这就从一个侧面说明了劳动力的流动受到各种因素的限制，城乡居民被分割在不同的劳动力市场上。第二，城市劳动力市场内部还存在着二次分割的现象。在市场化改革的初期，不同的城市居民进入不同的就业体制，一部分人幸运地在“体制内”就业，获得高工资和稳定的保障，而另一些人则在“体制外”进行就业竞争，只能拿着低工资。随着市场化改革的不断深入，城市劳动力市场中又开始形成内部劳动力市场，进而产生了一种类似西方市场经济国家的双元结构劳动力市场分割。第三，在导致分割的众多因素中，制度因素是造成中国劳动力市场分割的主导力量。我国劳动力市场分割从一开始就是政府行为的结果。伴随市场化改革的进程，原来完全限制流动的劳动力市场分割逐渐被新的分割形式所取代，这也是制度变迁的结果。正是由于制度对于劳动力流动限制的放开，使原来分割的基础被打破，一系列的城市经济改革和对企业管制的放松，又使流动成为可能。而改革的不彻底性造成了诸如体制分割等新的分割形式，与此同时，市场经济的不断深化，使内生于市场的分割产生了，内部劳动力市场就是在这样的背景下出现的。

（二）劳动力市场分割的发展趋势

劳动力市场面对的两个基本事实是劳动力供给量巨大，和劳动力市场分割状态持续存在。依据这两个判断，我国劳动力市场分割可能呈现以下几个趋势：第一，城乡分割依然是劳动力市场分割的主要现象。在劳动力供给的结构中，农村劳动力在其中占有的比例是巨大的，同时从动态来看，农村人口的增长要快于城市人口的增长。然而囿于经济增长速度的限制和教育资源不平衡的情况将长期存在，城市经济部门吸纳劳动力的能力是有限的。同时，由于一些地方政府代表和维护本地居民利益的观念也在日益加强，农村劳动力进入城市就业也会面临更多的困难。第二，农村劳动力市场内部的分割现象会进一步加强。由于经济的不断发展，农业生产力的日益提高，农村经济中的非农产业将在未来取得极大的进步，这就给农村劳动力在农村非农产业中就业提供了机会；加上政府在解决农村问题时开始形成农村就地城镇化的思路，农村劳动力就地转移将成为主流。但是，这种就业方式也会受到歧视、社会习惯、制度等因素的影响，进而加深农村劳动力市场分割的程度。第三，制度因素对城市劳动力市场分割的作用进一步下降，内部劳动力市场将在城市劳动力市场中发挥更大的作用。随着市场化改革的推进，市场机制将越来越完善。与之相适应的，各种类型的用人单位所采用的就业机制将越来越趋于统一，劳动力市场中的制度因素将被削弱，内部劳动市场和外部劳动力市场并存的分割状态将处于主导地位。

五、进一步扩大就业规模、提升就业质量，构建和谐稳定劳动关系

通过促进就业来促进劳动关系和谐，是使发展成果惠及全体人民、构建社会主义和谐社会的必由之路，也是维护劳动者合法权益的关键。从宏观层面而言，要立足当前着眼长远，围绕深入实施就业优先战略、全面深化就业领域改革；从微观角度而言，要大力发展职业教育和职业培训，有针对性地提高大学生和农民工的就业质量，提出政策建议。

（一）继续实施就业优先国家战略，进一步扩大就业规模

1. 各级政府要切实把稳定和扩大就业作为经济社会发展的优先目标

各级政府要把稳增长、保就业作为经济运行合理区间的下限，建立经济发展与扩大就业的联动机制。在保持经济稳定持续增长的同时，合理调整产业布局和经济结构。既要助推转型升级，创造更多适合高素质劳动者的管理型、智力型、技术型就业岗位；也要利用我国地域辽阔，地区间资源禀赋差异和发展差距较大的特点，发挥“雁阵模型”作用，推进产业区域间梯度转移，鼓励发展服务业、劳动密集型产业，创造更加充分的就业机会；积极推动以人为中心的新型城镇化建设，以市

民化促进城镇化，以城镇化促进农村转移劳动力稳定就业。努力使经济结构调整的力度、产业转型升级的速度与扩大就业规模、提升就业质量的步伐相适应。密切关注产业结构调整与就业形势变动的关系。从经济形势和就业形势变动的大趋势来看，产业结构变动将越发成为影响未来就业形势的主导性因素，要高度关注产业转型中的隐性失业问题。产业结构调整对就业的影响是双向的，既有积极促进作用，也有消极作用，其中带来的部分行业和企业的显性失业、隐性失业等问题将伴随整个转型过程。而在产业转型初期，对就业的负面影响会表现得更加突出。对此，各级政府和相关部门应有足够重视，积极研究适度疏导、释放及救助等方式，为企业排忧解难，提高劳动者就业质量，确保就业形势持续稳定。

2. 以发展服务业为重点完善政策措施和经营环境、促进就业

随着制造业转型升级、劳动生产率继续提高，相对而言，工业对劳动力的需求减弱，扩大就业必须从服务业上找更多出路。而服务业大多属于劳动密集型行业、中小微企业，是交通、流通、通信等城市功能的载体。做大做强服务业，能够增加就业，也有利于推进城镇化、扩大内需。同时，工业与服务业融合发展是现代产业发展的新趋势。工业分工协作越深化，对服务业需求就越大。深化企业主辅分离，把一些企业内部研发、设计、营销等环节剥离出去，成为效率更高的服务业主体，这有利于促进企业结构由“橄榄型”向“哑铃型”升级。要完善政策措施和经营环境，推动生产性服务业和生活性服务业加快发展，促进服务业比重和水平大幅度提高。服务业加快发展、持续繁荣，将成为我国经济增长的重要动力。

从趋势上来说，文化产业和绿色产业的就业人口将不断增加。十八届三中全会作出的《关于全面深化改革若干问题的决定》（以下简称《决定》），对于服务业发展，尤其是文化产业发展和建设美丽中国进行了论述，要求在快速发展经济的同时，要建设社会主义文化强国，增强国家文化软实力，更好地满足人民群众日益增长的文化需求。为此，鼓励各类市场主体公平竞争、优胜劣汰，促进文化资源在全国范围内流动。继续推进国有经营性文化单位转企改制，加快公司制、股份制改造。鼓励非公有制文化企业发展，降低社会资本进入门槛。可以预见，我国文化创意产业未来几年将会有跨越式发展。英美等发达国家以及我国最近几年的发展情况表明，文化创意产业是典型的人脑加电脑产业，对于受过较多教育的劳动者具有很强的就业吸纳力，是个非常有潜力的就业领域。因此，随着文化体制改革的全面深入，文化创意产业的就业人口比例会不断提高。除了文化产业，绿色就业也将大有作为。《决定》提出要紧紧围绕建设美丽中国深化生态文明体制改革，健全国土空间开发、资源节约利用、生态环境保护的体制机制，推动形成人与自然和谐发展现代化建设新格局。同时，绿色产业、环保产业、低碳经济、循环经济的发展，会创造出大量工作岗位，即可称为绿色就业。根据有关专家估计，美丽中国的建设，特别是绿色低碳发展将会新增就业岗位 1600 万个。此外，美丽中国的建设也将提供大量创业机会。

3. 继续加大对中小企业的扶持力度

我国中小企业对就业的支撑作用日益显现，但部分中小企业前景亦不乐观。应采取更加有效的措施，激励中小企业有新的发展，认真落实针对中小企业的税收优惠政策，清理不合理收费，切实减轻企业负担。加大金融体制改革步伐，加快形成有利于中小企业发展的金融制度环境，增强企业发展后劲和吸纳就业的能力，拓宽新的就业空间。

（二）提升就业质量，实现体面劳动

1. 实现劳动力市场灵活性与稳定性的结合，使市场在提高就业质量上发挥基础性作用

我国劳动力市场是分割的，一般说来，可分为主要市场和次要市场。现实情况是，次要劳动力市场灵活性有余稳定性不足，而主要劳动力市场则是稳定性有余灵活性不足。而且，在就业质量的各项指标上，次要劳动力市场的就业者，明显要低于主要劳动力市场的就业者。因此，为实现高质量就业，要适当提高次要劳动力市场的稳定性，增加主要劳动力市场的灵活性，从而达到灵活性和稳定性的平衡，或者说实现劳动力市场的灵活稳定性。完善劳动力市场有利于改变当前我国劳动力市场存在的市场分割、劳动力价格信号存在偏差、就业服务不完善、劳动力相关制度不完善等问题，让劳动力得到更优化的配置，实现更多更好的就业，使接受教育有更高的经济回报，使人才能更充分的流动，从而使高等教育、职业培训与劳动力市场更有效地匹配。

2. 保护劳动者权益，把惠民生作为促进就业的落脚点

经济发展的成果要让全体人民共享，社会要真正有利于改善民生，而就业正是最大的民生、最大的福利。要确保经济增速与劳动者报酬增速同步提高，劳动收入水平与劳动生产率同步提升，切实把经济增长的收益惠及所有劳动者。着力提升就业质量，提高失业保险覆盖率。强化工会组织在保护劳动者权益方面的职能，在工资谈判中更照顾劳方的利益，为劳动力流向更高收益的领域创造良好环境。不断优化提升就业服务，完善劳动争议调解仲裁机制，切实保护劳动者合法权益。

（三）加强职业技能培训，提升劳动者就业创业能力

1. 大力发展职业教育和职业培训，培养适应产业发展技能人才

全面提高劳动者文化素质和技能水平，是促进就业特别是解决就业结构性矛盾的有效手段。要以国务院作出的《关于加快发展现代职业教育的决定》为契机，巩固提高中等职业教育发展水平、创新发展高等职业教育、引导普通本科高等学校转型发展、完善职业教育人才多样化成长渠道、积极发展多种形式的继续教育，建立以就业为导向的现代职业教育体系。要加快构建劳动者终身职业培训体系，充分运用职业培训补贴和高技能人才补贴政策，鼓励行业企业、职业院校和培训机构广泛开展各类职业培训，创新培训方式，提升培训质量，重点实施好农民工职业技能提升计划，使新生代农民工都能享有免费培训机会，为他们成为稳定就业的新市民创造条件。要尊重劳动、尊重技能，完善有利于技术技能型人才成长的引导机制、培养机制、评价机制和激励机制，营造全社会关心和支持技术技能型人才成长的良好氛围。要大力加强高技能人才队伍建设，培养造就一支数量充足、结构合理、技艺精湛的高技能人才队伍，并带动中、初级技能劳动者队伍建设。高等教育要与就业需求更加紧密地结合起来，加快由注重招生规模扩张向注重人才培养质量和就业市场需要转变，创新人才培养体制、

办学体制、教育管理体制，加强就业指导，加大实习实训力度，更好地适应就业市场需求和经济社会发展需要。

2. 大力推进技工院校改革

技工院校是职业院校的重要组成部分，以培养生产和服务一线的技术工人为目标，是我国培养技术工人的主阵地。要大力推动多元办学，拓展技工院校发展空间。围绕构建劳动者终身职业培训体系建设，制定支持技工院校多元办学的政策措施，建立有利于劳动者接受技工教育和职业培训的灵活学习制度，指导和推动技工院校积极开展非全日制学制教育和职业培训，由注重学制教育向职业教育与职业培训并重转移，进一步扩大企业在职职工学制教育和各类职业培训规模，使技工院校成为融职业教育、职业培训、公共实训、技师研修、技能竞赛、人才评价等多功能为一体的技能人才综合培养基地。要深化校企合作，推动集团化发展。通过推广技工院校集团化办学，加大技工教育资源优化整合力度，提升办学实力。人社部门要将管理就业、职业培训等工作与管理技工院校有机结合，及时将就业需求传导到技工院校，通过高端带动和典型引路，指导技工院校把加强专业建设作为立校之本，形成适应需求、特色鲜明的专业体系。同时要坚持工学一体，深化一体化课程教学改革。

3. 增强职业培训的针对性

调整大学生及其家庭的就业期望值，改变在就业区域、行业、职业上的偏好。着力提高农村富余劳动力进入非农产业的就业能力和技能水平，专业设置要适应劳动力市场需要和职业特点，教学内容要增加与生产实践和技术攻关相结合的内容。对文化素质较高的新生代农民工要重点加强技能培训，对老一代农民工要加强县域农产品加工、手工业培训等就业技能培训。对失业人员开展适用性强的职业技能培训，增强转换职业的能力。对在职劳动者开展普遍岗位培训，加强培训激励。

4. 加快建立与就业能力建设紧密联结的教育培训体系

加快教育体制改革，把建设与就业能力紧密联结的教育培训体系作为一项战略性任务来抓，建立起国家、企业、社会和个人互补共担、有机衔接、短期与长期兼顾的全民教育培训体系。加强职业培训和就业培训的针对性和有效性，尤其是要加强对高校毕业生和新生代农民工的培训，使其在城市、在现代经济社会发展中找到自己合适的岗位，实现个人素质与岗位需求相匹配。加快国家和用人单位人才选拔任用体制改革，推进科学的人才测评方法的使用，公平公正地选择和考评人才及员工，从制度终端上解决用人的公平公正问题，为有效缓解就业结构性矛盾打造良好的制度环境。

（四）有针对性地做好特殊群体的就业工作，打牢社会底线

1. 切实发挥高校毕业生在转型升级中的人才引领作用

经济转型升级的关键是技术升级、人才引领，高校毕业生最具有创新创业活力，是新兴产业发展的骨干力量，是经济转型升级的生力军。因此要把高校毕业生就业摆在就业工作的首位，多管齐下、综合施策。要大力发展战略性新兴产业、现代服务业等科技含量高、最能发挥大学生知识技术专长的产业，使产业增长点与就业增长点有效融合。要采取更具有针对性的激励政策，鼓励高校毕业生到中西部地区、中小企业、基层生产服务一线施展才华。要充分发挥大学生的聪明才智，实施大

学生创业引领计划，放宽准入门槛，加大扶持力度，让更多的毕业生实现创业梦想，带动更多劳动者就业。要精心组织实施大学生就业促进计划，把更多离校未就业毕业生纳入服务范围，确保对离校毕业生的服务不断线。同时，也要推动高等教育改革，完善就业与招生计划、人才培养、专业设置等的联动机制，从源头上解决毕业生就业难题。

2. 结合产业升级开发更多适合高校毕业生的就业岗位

政府购买基层公共管理和社会服务岗位更多用于吸纳高校毕业生就业。健全鼓励高校毕业生到基层工作的服务保障机制，提高公务员定向招录和事业单位优先招聘比例。实行激励高校毕业生自主创业政策，整合发展国家和省级高校毕业生就业创业基金。实施离校未就业高校毕业生就业促进计划，把未就业的纳入就业见习、技能培训等就业准备活动之中，对有特殊困难的实行全程就业服务。

3. 注重经济社会发展对高教育水平劳动力的吸纳能力

劳动力需求作为派生需求，受产业、技术等因素影响。转变经济发展方式，使经济结构、产业结构更优化，客观上有利于增强就业弹性，使同样的经济增速拉动更多的就业，特别是高教育水平劳动力就业；加快科技进步和创新，发展战略性新兴产业，会创造大量适合高校毕业生就业的岗位；发展第三产业、服务业，同样也有利于拉动就业增长，提高就业质量。因此，要在转变经济发展方式和推动经济结构调整中扩大就业，更加注重发展实体经济，鼓励发展就业容量大的劳动密集型产业、服务业，大力发展知识密集型、技术密集型的战略性新兴产业。要在统筹城乡发展、积极稳妥推进工业化、城镇化、信息化和农业现代化中扩大就业，创造更多城乡就业机会。

4. 多措并举促进农民工就业

要加快建设小城镇，发展县域经济、乡镇企业和非农产业，促进农业富余劳动力就地就近就业。进一步完善职业培训、就业服务、劳动维权“三位一体”的工作机制，落实《国务院办公厅关于积极稳妥推进户籍管理制度改革的通知》要求，引导非农产业和农村人口有序向中小城市和建制镇转移，逐步满足符合条件的农村人口落户需求。要进一步从城乡隔离的户籍制向城乡一体化的户口登记制改变，尽快从目前的户籍管理向身份证管理过渡，为居民异地就业创造条件，简化就业手续、降低就业门槛，以减少就业成本。

第四节　收入分配改革与构建和谐劳动关系

收入分配不仅是一个经济问题，还是一个劳动关系问题、社会问题，甚至是政治问题。改革开放以来，随着收入分配制度的不断健全和完善，我国居民的收入分配状况发生了巨大变化：一方面，城乡居民生活水平得到显著提高；另一方面，利润侵蚀工资、部分垄断行业不合理的超高收入、城乡和居民之间收入差距较大、灰（黑）色收入等问题越来越明显，已经成为影响劳动关系和谐和职工队伍稳定的重要隐患。

一、国内外收入分配研究现状

（一）国外收入分配研究

西方经济学关于收入分配理论自产生至今大致经历了古典主义、新古典主义以及当代收入分配理论三个阶段，主要表现为古典经济学、马克思主义、新古典经济学、福利经济学、凯恩斯经济学，及当代新自由主义经济学等几大学派。

古典经济学派侧重于讨论土地、劳动和资本三种生产要素之间的收入分配。威廉·配第最早提出了劳动价值论的基本命题。此后，亚当·斯密将前者的理论作为研究社会财富创造和分配等问题的出发点，他认为一国土地和劳动的全部年产物的全部价格自然分解为土地地租、劳动工资和资本利润三部分。大卫·李嘉图继承斯密的观点，认为工资、利润和地租是基本收入，并从劳动价值论出发把全部产品价值视为是由劳动创造的，是社会上一切阶级收入的源泉。萨伊继承并庸俗化了斯密和李嘉图的理论，提出了萨伊法则（市场法则），即劳动、资本和土地在创造价值的过程中都提供了生产性服务，都创造了产品的价值，因而都应获得相应的报酬，即劳动所有者获得工资，资本所有者获得利息，土地所有者获得地租，这就是萨伊的三位一体分配论。

马克思对资本主义生产方式及其生产过程作了深入细致的研究，揭示了经济发展中的制度和体制变化同收入分配状况和趋势的内在关联。他认为，商品具有二重性，是使用价值和价值的统一体。商品价值量由生产这种商品的社会必要劳动时间决定。商品的价值量与生产该商品的社会必要时间成正比，与劳动生产率成反比。收入分配制度是由生产关系的性质所决定。马克思对经济发展和收入分配关联研究作出了重要贡献。

新古典经济学家把收入分配看作一般价格形成问题中的一个方面。克拉克以边际生产力为核心研究收入分配，认为边际生产力决定生产要素之间的收入分配。马歇尔以均衡价格理论为核心研究收入分配，认为工资是劳动的需求价格和供给价格均衡时的价格，他把萨伊的生产三要素扩充为生产四要素，即劳动、资本、土地和组织。他虽然在分配理论上运用了马克思关于分配论的思想方法，但掩盖了资本主义生产关系中的剥削性质。道格拉斯在研究1899年至1922年美国制造业的生产函数时发现，劳动份额在这一时期一直相对稳定，提出了著名的柯布—道格拉斯生产函数。新古典的边际主义解释，尤其是柯布—道格拉斯函数关于劳动收入份额的稳定性，大大降低了经济学家对功能性收入分配的研究兴趣，使西方经济学家对收入分配问题的研究更多地转向规模性收入分配。

当代西方经济学对收入分配问题的研究，大致分为福利经济学和发展经济学两种分配理论。福利经济学兴起于第二次世界大战以后，主张社会改革必须注重解决收入分配不公问题，假定收入分配是既定的，研究重点在于对帕累托最优进行推敲与发展。旧福利经济学的代表人物——庇古的分配理论建立在基数效用论基础上。在他看来，社会经济福利的增减同收入分配合理与否紧密相连，如果分配与再分配的结果增进了社会经济福利，这种分配就合理，反之就不合理。新福利经济学主张序数效用论反对基数效用论，代表人物有卡尔多、希克斯和萨缪尔森等，他们认为只有资源配置效率才是最大的福利，如果要提高资源配置效率就需要对利益关系进行重新调整与改革。保罗·萨缪尔森认为要素的边际生产率决定要素的价格，市场经济的收入以工资、利润、租金和利息等形式分配给生产要素的所有者，另外，各级政府以转移支付的形式向社会提供收入。社会保险是转移支付的最大一项，此外还包括津贴、补贴和福利支出。再分配是政府的一个重要经济职能。

发展经济学主要对经济社会发展阶段与收入分配状况的关系进行实证分析。西蒙·库兹涅茨在1955年发表的《经济发展与收入不平等》一文中，通过对一些发达国家和发展中国家“二战”后收入分配状况的实证分析，提出库兹涅茨假说，即收入分配的演变趋势遵循倒U型曲线规律，在传统农业文明向现代工业文明快速转变的经济增长早期，不平等扩大，经历一个时期的稳定后，到达经济充分发展的阶段，不平等将缩小。倒U型假说提出以来，西方经济学家对其进行了广泛的验证，但并未得出一致见解。

最近几十年来，由于20世纪中后期劳动收入份额出现全球性下降，有关功能性收入分配的研究再度成为热门主题。ILO的研究表明，无论是发达国家还是发展中国家，最近几十年的劳动份额均在下降①。理查德·威尔金森和凯特·皮克特在对比世界上最富裕的23个国家和美国50个州的人们在相互信任、预期寿命、青少年怀孕、精神疾病、犯罪率、社会流动性、教育等方面的大量数据后，提出“不平等是各种社会问题的根源，那些最健康最快乐的社会一个共同点就是社会成员之间较为平等。”② 法国巴黎经济学院教授托马斯·皮凯蒂在《21世纪资本论》一书中认为，没有证据表明劳动收入占国民收入的比重在很长一段时间内有显著增加，非人力资本在21世纪看起来与在18或19世纪一样不可或缺，并且没有任何理由表明它为何不会变得更加不可缺少，在21世纪初期，继承

① ILO. 2012/13全球工资报告：工资和公平增长，2013

② 理查德·威尔金森、凯特·皮克特著，安鹏译．不平等的痛苦．北京：新华出版社，2010

财产将起到近乎决定性的作用。[①] 同时，阿马蒂亚·森、罗尔斯、诺齐克等社会学家、政治学家、哲学家也对分配问题进行了卓有成效的研究。

西方收入分配理论研究的发展，及其表现出的对收入因素和对社会最底层成员关注的新特征，对客观认识中国收入分配的历史与现实和制定相关政策都具有一定的借鉴意义。

（二）国内收入分配研究

近年来，我国收入分配问题不断凸显，对社会和谐的影响越来越突出，使其成为社会各界密切关注和大量研究的焦点。通过相关文献分析，可以总结出以下主要特征：第一，从研究内容上看，主要集中在我国收入分配政策变迁及影响，收入分配中存在的问题、产生根源、造成的影响，及对策建议等方面。第二，从研究范围看，既有专门对功能性收入分配的研究，也有专门对规模性收入分配的研究，还有对两者的综合研究，以及对具体领域的细分研究。如人力资源和社会保障部劳动工资研究所最近几年持续对功能性收入分配和劳动工资领域的诸多问题进行了研究[②]；王弟海考察了我国收入分配格局的变迁，指出我国城乡基尼系数均在0.4以内，这是其对社会稳定影响减弱的重要基础[③]；张东生等从规模性收入分配和工资收入等方面对收入分配进行了综合研究[④]。高明华、杜雯翠连

---

① 托马斯·皮凯蒂著，巴曙松等译．21世纪资本论，北京：中信出版社，2014（23）

② 刘学民．中国薪酬发展报告．北京：中国劳动社会保障出版社，2012、2013、2014

③ 王弟海．我国收入分配的格局变迁和现状．社会科学辑刊，2012（3）

④ 张东生．中国居民收入分配年度报告．北京：中国财政经济出版社，2013

续几年对中国上市公司高管薪酬发布了指数报告①。第三，从研究方法看，既有理论性研究，也有实证性分析。总体上看，我国前期的收入分配相关研究丰富多样。但是主要就收入分配本身进行研究，鲜见从劳动关系和政府干预角度对收入分配进行的分析。这就为从政府干预促进和谐劳动关系角度进行研究提供了空间。

二、我国收入分配中存在的突出问题及其对劳动关系和谐的影响

我国收入分配不公问题，既表现为功能性收入分配②差距又表现为规模性收入分配③差距，即数量性问题和规范性问题，已经成为制约我国劳动关系和谐的重要因素。

（一）“大、低、乱、差”是我国收入分配中影响劳动关系和谐的突出问题

1. 居民收入差距较“大”

改革开放以来，我国基尼系数一路攀升，在改革开放初期

---

① 高明华、杜雯翠．中国上市公司高管薪酬指数报告．北京：经济科学出版社，2009、2013

② 功能收入分配也被称为要素收入分配，它探讨各种生产要素与其收入所得的关系，是从收入来源的角度研究收入分配，关注的是资本和劳动的相对收入份额，涉及的主要是初次分配，主要衡量指标是劳动份额，又称为分配率。

③ 规模收入分配也被称为个人收入分配或家户收入分配，它探讨不同个人和家庭的收入总额，关注的是不同阶层的人口或家庭得到的相对收入份额，主要关注国民收入的最终分配，不仅涉及收入的初次分配，还涉及再分配，主要衡量指标是基尼系数、阿鲁瓦利亚指数、库兹涅茨指数、收入不良指数、泰尔指数、相对差距测度指标、恩格尔系数等。在我国，衡量收入分配差距的主要指标是恩格尔系数、基尼系数、劳动份额和相对差距测度指标等。

为“比较平均”的状态，进入21世纪已经发展为“收入差距较大”阶段，并在2008年国际金融危机爆发时达到顶峰0.491，此后虽经过一系列分配政策的调整有所下降，2017年仍然处于0.467的高位，不仅超过0.4的国际警戒线，而且超过了全球平均水平。

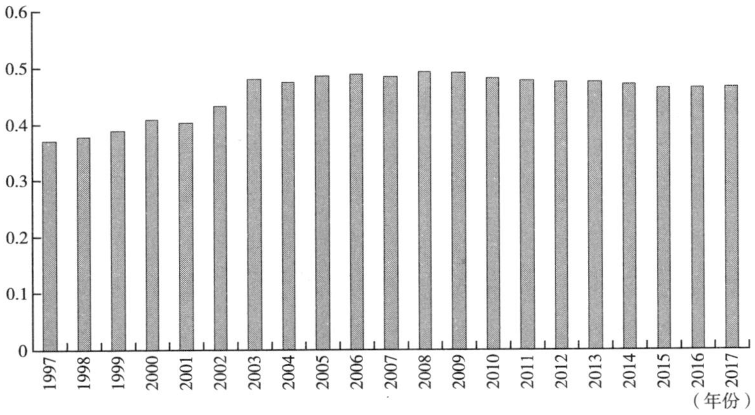

图8.3　我国城乡居民基尼系数变化图

数据来源：国家统计局公布数据

我国居民收入差距过大不仅表现为规模性收入差距较大，还表现为城乡、行业、不同身份群体之间的结构性收入差距较大。改革开放以来，我国城镇居民家庭人均可支配收入与农村居民家庭人均纯收入的相对差距（前者是后者的倍数）由1978年的2.57倍上升到2009年的历史高点3.33倍，尽管2009年以来，城乡居民收入差距有所减小，但是仍高达2倍多（2014年为2.75倍）。如果考虑到在住房、福利待遇、社会保障等方面的收入差距，城乡居民之间的收入分配差距将更大。

行业工资差距较大。据国家统计局统计，2017 年我国各行业城镇单位就业人员的平均工资为 74318 元，其中，信息传输、计算机服务和软件业最高为 133150 元，农林牧渔业最低为 36504 元，信息传输、计算机服务和软件业从业人员的平均工资是全行业平均值的 1.79 倍，是农林牧渔业的 3.65 倍。

农民工、普通职工等劳动报酬与其他职工差距很大。据国家统计局数据，2018 年，农民工月均收入 3721 元，占城镇单位就业人员平均工资的 60%，考虑到农民工日工作时间更长，农民工与城镇职工的工资差距将更大；农民工参与单位缴纳的养老保险、医疗保险、失业保险、工伤保险、生育保险和住房公积金的比例均远低于城镇职工，其中，住房公积金、养老保险、失业保险和医疗保险最为严重。

2. 劳动份额较“低”且下降较快

劳动份额一直较低且出现不断下降状态。据国家统计局公布的资金流量表推算，2000 年，劳动者报酬占国民初次分配收入总额的 53.3%，此后持续下降，2009 年虽受国际金融危机的冲击略有回升，但仍然不改下降的趋势，2011 年已经下降到 21 世纪以来的低点 47.5%，下降了 5.8 个百分点。与之相对，政府部门生产税所占份额由 2000 年的 37.1% 不断上升，2011 年达到 44.2%，仅低于 2008 年的 46%，几乎占国民初次分配收入的半壁江山。与居民和政府初次分配收入相较，企业部门（非金融机构企业和金融机构）所占份额相对稳定，基本上稳定在 13% 左右，2000 年为 12.1%，2011 年为 13.2%，微升了 1.1 个百分点。

3. 部分群体的劳动收入保障相对较“差”

第一，部分领域和群体的工资拖欠问题仍旧较为严重。

尽管随着我国治理欠薪工作力度的加大，拖欠农民工工资行为越来越少，但是，问题仍十分突出。根据全国总工会第七次职工状况调查，2012 年，有 3.6% 的职工工资被拖欠；从行业类别看，建筑业最高为 6.9%，其次是采矿业为 5.8%。从所有制类型看，集体企业最高为 6.1%，其次是国有企业为 4.5%。2018 年完成的《第八次中国职工状况调查》显示，当年，被拖欠工资的农民工人数为 236.9 万人，所占比重为 0.84%。

第二，职工社会保险覆盖面较窄且保险费少缴欠缴问题突出。职工社会保险覆盖面仍有待提高。《中国社会保险发展年度报告 2014》显示，2014 年，我国城镇就业人员参加职工基本社会保险中，职工养老保险参保率最高，为 64.95%，医疗保险和工伤保险刚过一半，依次为 53.52% 和 52.5%，而参加失业保险和生育保险的还不到一半，依次为 43.36% 和 43.35%。如果说，因为在城镇就业人员中参加城镇居民养老保险、医疗保险或农村居民养老保险、新型农村合作医疗保险的相对较多，数据不能涵盖整体情况的话，失业保险、工伤保险、生育保险中仅有五成的覆盖率，则充分说明了我国城镇就业人员社会保险覆盖面确实较低的问题。农民工的社会保险覆盖面更加不容乐观。农民工未能与城镇职工享受同样的社会保险待遇，绝大部分只能参加农村社会保险，参加城镇职工社会保险的相对较少。据统计，2014 年我国农民工参加城镇职工社会保险覆盖面最高的是工伤保险为 27%，其他均不足 20%，分别为城镇职工养老保险 19.97%、城镇职工医疗保险 19.09%、城镇职工失业保险 14.86%，生育保险更少，甚至仍没有完整的统计数据，见图 8.4。

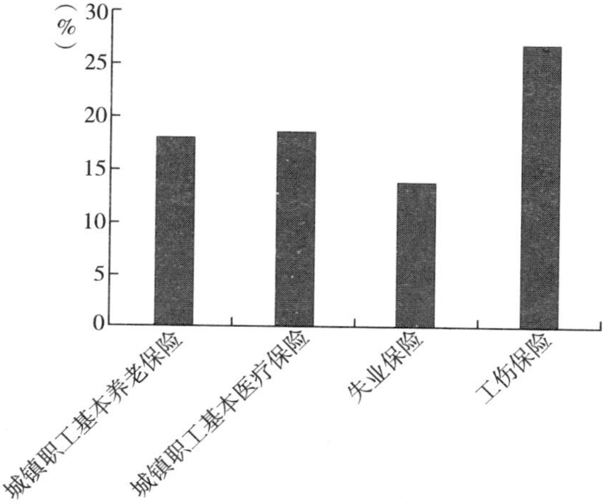

图 8.4　2014 年农民工参加城镇职工社会保险的覆盖面

数据来源：国家人力资源和社会保障部网站

职工社会保险费少缴欠缴、断缴问题突出。按照法律规定，基本社会保险缴费基数应该以国家统计部门对员工实际工资收入的统计为依据，基本养老金应该根据包括当地职工平均工资在内的一系列标准来确定。但是部分企业尤其是中小企业，长期以来要么不给普通员工缴纳社会保险，要么仅仅缴纳养老保险和医疗保险，即使缴纳保险也不是按照国家规定标准，而是假借“职工不愿多缴社会保险费”的名义，按当地最低工资标准或最低缴费基数来缴纳社保，导致职工社会保险权益难以实现。

第三，职工加班和带薪休假权益实现较差。据全国总工会第八次职工状况调查，只有 47.1% 的职工每周工作时间在 40 小时以内，31.3% 的在 41—48 小时，48 小时以上的占 21.6%，被调查职工表示加班加点按劳动法规足额拿到加班费，或者按加班时间安排相当时间的仅仅占44%。

第四，劳务派遣工遭遇同工不同酬的问题突出。据全国总工会2011年关于劳务派遣用工问题的调研，劳务派遣工2011年5月从本单位获得的全部货币收入平均为2508.06元，相当于正式工工资的96%，其中基础工资（底薪）平均为1369.87元，只有正式工基础工资的81%。同时，与正式工相比，劳务派遣工无论是在社会保险还是企业年金、住房补贴、年终奖或绩效奖及其他福利待遇享有方面均相距较远。就养老保险、医疗保险、失业保险、工伤保险、生育保险的覆盖面而言，劳务派遣工比合同工依次低出16.3、18.4、5.1、16.4和11.7个百分点；就住房公积金、补充养老保险、企业年金、其他商业补充保险的覆盖面而言，劳务派遣工比正式工依次低出8.6、8、11.5和7.6个百分点。

（二）收入分配不公对我国劳动关系和谐的影响

1. 收入差距过大、劳动份额过低已成为影响我国劳动关系稳定的突出因素

收入差距过大对劳动关系的影响突出。据全国总工会第七次职工队伍状况调查，被调查1000家企业工会主席认为，在“本单位劳动关系存在的主要问题”中，“单位内部收入差距太大”位居第二（12.9%）；所调查职工认为影响社会和谐稳定的最突出因素，收入分配差距大仅次于“就业难”，也位居第二（为36.9%）①。另据中国青年报社会调查中心对全国11000多

① 中华全国总工会研究室．第七次中国职工状况调查．北京：中国工人出版社，2013.157

名网友实施的在线即时调查[①]，他们认为最有可能阻碍中国未来十年发展的前三大问题依次为："贫富分化严重"（75.4%）、"权力不受制约"（59.4%）和"利益集团坐大"（52.8%）。

劳动份额过低在企业层面的直接表现就是工资增长相对缓慢、职工与企业高层管理人员收入差距过大。其对劳动关系的影响主要表现为影响劳动者生产积极性和敬业度，带来职工稳定性的下降。"效率工资理论"认为，劳动者的工资水平和工作效率之间存在着很强的正相关性。如果工资差距过大，劳动者的工资水平太低，他们的敬业程度就会下降，并容易频繁跳槽。一项调查显示，中国员工的敬业度仅有51%，比全球平均水平低15个百分点，而且1/3左右的上班族考虑跳槽[②]。

2. 劳动报酬保障问题成为直接引发劳动争议的主要因素

劳动收入保障不佳已经成为直接引发劳动争议的主要因素。据人力资源和社会保障部统计，仅2009年，全国因工资分配问题而引发的劳动争议就达51.9万件[③]。另据国家统计局数据，2013年因劳动报酬和社会保险引发的劳动争议占当期受理劳动争议的58.43%。不容忽视的是，社会保险权益追溯已经成为引发集体劳动争议的新苗头。

3. 收入分配失范诱发的"仇富"心理，已成为催化劳动纠纷的助燃剂

在一个收入分配两极分化的社会中，人们进行正常的市场

---

① 扬州网．未来十年公众最焦虑什么？．http：//www.yznews.com.cn/yzwb/html/2012－11/07/content_449668.htm

② 李长安．收入分配差距过大扭曲和谐劳动关系．劳动者报2012年10月19日

③ 大洋网．工资集体协商不是新名词．http：//www.dayoo.com/roll/201008/23/10000307_103341794.htm

或者政治渠道之外的寻租活动，会引起社会不稳定。在计量检验方面，社会稳定性机制方面的文献一般构造两类度量“政治不稳定”：一类根据抗议、停工等事件的数量构成社会不稳定指标；另一类指标反映产权保护的力度，它一般用一些国际投资中介机构提供的各种“国家风险指标”衡量。计量研究表明“政治不稳定”“社会不安定”与收入分配不平等呈显著的正相关关系①。近年来，随着收入分配差距的不断加大，民众对一些奸商暴力致富、非法经营致富等不公正收入越来越难以容忍，导致社会上出现一些“仇富”现象，并可能成为引发群体性劳动纠纷的“助燃剂”。

三、导致收入分配问题突出的原因分析

对于导致收入分配问题突出的原因，国内外学者从政治、经济、社会、技术、贸易全球化、劳动力市场以及集体谈判力量等方面进行了研究，结合我国实际，我们认为主要原因集中在以下方面。

（一）市场原因：我国劳动力市场长期供大于求的格局，不利于劳动份额的提高

在市场经济中，决定劳动报酬高低和增减的关键性因素之一在于劳动力市场供求状况。长期以来，我国劳动力充裕，农村劳动力处于过剩状态，劳动力市场处于供过于求状态，这导致劳资博弈中劳动者长期处于弱势地位，工资增长缓慢，劳动份额不断降低。据统计，新中国成立以来，我国劳动年龄人口

---

① 崔丹、孙佳怡．收入分配理论研究综述．金融时报，2011年7月11日

和占比一直处于快速增长过程中，劳动年龄总量直到 2012 年才达到顶峰，2013 年开始出现绝对数量的下降；劳动年龄人口占比则在 2011 年达到顶峰（74.53%），2012 年之后开始持续下降。劳动力的丰裕，尤其是农村外出就业人员每年平均 500 多万人的增长，导致城市劳动力市场上劳动力供求长期处于供过于求状态。据人力资源和社会保障部的调查统计，自 21 世纪初，城市劳动力市场 10 多年一直保持供过于求状态（求人倍率小于 1），直到 2010 年才开始出现供求基本平衡的状态（求人倍率略大于 1）。劳动力供过于求，使资方处于强势状态，劳动者面对资本在劳动报酬方面的讨价还价可行性低，也为企业长期采用低劳动报酬发展战略提供了可能性，这是阻碍政府在初次分配领域发挥作用的关键性因素。

（二）历史发展的阶段性因素：长期以来的重资本、重积累倾向，导致劳动份额持续下降

根据库兹涅茨倒 U 型假说：在经济未充分发展的阶段，收入分配将随同经济发展而趋于不平等；其后，经历收入分配暂时无大变化的时期，到达经济充分发展的阶段，收入分配将趋于平等。中国改革开放后的收入分配差距似乎正经历这一历程。在改革开放初期，由于经济社会发展相对落后，物资相对紧缺，为了加快经济增长的步伐，更快地满足人民快速增长的物质文化需要，中央制定了“积累”优先于“消费”的经济发展战略。1990 年通过的“八五”计划建议指出，要“正确处理积累和消费的关系，使实际工资总额的增长不高于国民收入的增长，实际平均工资的提高不超过劳动生产率的提高”。1992 年通过的《全民所有制工业企业转换经营机制条例》又规定了“两低于”

原则，即“企业必须坚持工资总额增长幅度低于本企业经济效益（依据实现利税计算）增长幅度、职工实际平均工资增长幅度低于本企业劳动生产率（依据净产值计算）增长幅度的原则”。正是在上述思想引导下，相关政策实施的结果导致了各经济单位在初次分配中向资本倾斜。据统计，在1996年至2007年这11年间，我国城乡单位就业人员人均劳动报酬的年均增长率低于人均劳动生产率的增速1.01个百分点。在非公企业，资本的相对稀缺，使各地在招商引资过程中相对劳动明显倾向资本，其最典型的例证就是我国农民工月工资在金融危机以前不足1000元，低于城镇职工，且至今难以与城镇职工享有相同的社会保障待遇。其结果，自然导致劳动份额不断下降且处于劣势地位。

（三）制度因素：制度不健全是收入分配问题长期不能有效解决的重要因素

1. 工资集体协商制度不健全，劳资共决的局面远未形成

尽管，我国有关集体协商和集体合同的制度已经初步建立，但是由于立法不够完备，劳资双方协商主体缺位，加上在劳动力供过于求条件下劳资双方地位悬殊，导致工资集体合同常常流于形式，其结果就是工资集体协商难以真正发挥作用，工资仍处于企业单方决定状态。据中华全国总工会第七次职工状况调查显示，超过30%的企业单方面制定劳动定额，44.4%的职工需要加班才能完成工作，其中有15.5%的职工是因为完不成劳动定额而加班[①]。2012年，被调查职工中，认

① 中华全国总工会研究室．第七次中国职工状况调查．北京：中国工人出版社，2013：81

为企业“没有”或“不知道”企业是否开展了工资集体协商的占47.1%，“不知道”工资协商与本企业工资增减是否有关的占29.9%，认为工资协商与本企业工资增减无关的占15%[①]。

2. 最低工资制度不够完善

最低工资制度是用来调节初次分配关系的重要制度安排。确定最低工资标准一般考虑城镇居民家庭最低生活费、职工个人缴纳社会保险费、住房公积金、社会平均工资、失业率、经济发展水平等因素，国际上一般月最低工资标准相当于月平均工资的40%—60%。尽管我国早在1993年就由劳动部颁布了《企业最低工资规定》，2003年由劳动和社会保障部通过了《最低工资规定》，但是由于规定过粗，加上监督不力，导致当前我国各地最低工资标准实际过低、部分省市调整过慢。据对各省（市）政府部门公布的最低工资标准测算，2012年31个省（区市）最低工资占平均工资的比重处于17.8%到35.5%之间，其中最高档平均为28.8%，最低档平均为21.7%。这不仅远远低于国际平均水平，也低于发展中国家的平均水平。据国际劳工组织研究，2004年至2007年间，全球最低工资占平均工资的比重平均为39%，其中，发达国家为39%，发展中国家为40%，见表8.4。在我国劳动力严重供过于求的状况下，较低的最低工资水平为一些不良企业为职工提供“地板工资”制造了便利。

---

① 资料来源：当前企业职工收入分配中存在的突出问题及对策建议（全国总工会内部报告）

表 8.4　全球最低工资比较（%）

	2004—2007 年最低工资占平均工资的比重
发达国家	39
发展中国家	40
中国（2012 年）	21. 7—28. 8

资料来源：《全球工资报告 2008/2009》，中国数据由各省市公布数据推算。

3. 财政税收调节制度体系有待完善

税收是政府调节收入分配的有力工具。目前，我国的财税制度在收入分配调节方面，存在税制结构不合理、税种设计不科学、财政支出不合理等问题。首先，在税种结构中，间接税比重过大，具有更大调节作用的直接税比重较少。2017 年，最具调节收入分配功能的个人所得税占我国税收收入比重的 6. 9%。而据世界银行统计，高收入国家个人所得税在其财政收入中的比重大多在 40% 以上，中等收入国家一般在 10%—20% 之间，低收入国家一般在 6%—10% 之间。按照这一标准，我国勉强接近低收入国家的“最低及格线”①。同时，由于个人所得税的主要来源是工资薪金所得税，税收征收点较低且累进性较弱，导致个人所得税所能发挥的作用极为有限。其次，财产税制不健全。遗产税和赠与税缺位，房产税和车船税改革滞后，社会保障税缺位。最后，在政府财政支出中，公共服务支出占财政支出的比重过低。IMF 研究表明，全球人均 GDP 处于 6000 美元至 10000 美元的国家，由医疗、教育和社会保障构成的公共服务支出占财政比重平均达到 55. 7%。据统计，2018 年，我国三项公共服务支出占财政支出的比重只有 34%，

① 杨钟馗. 中国收入分配变迁解读. 重庆：重庆大学出版社，2014：192

分项看除了教育支出占比较大外，医疗卫生支出仅到全球平均水平的一半，社会保障支出大幅低于全球平均水平。政府公共服务支出的不足，使其在收入再分配方面的调节作用大大降低。

四、对策建议

从进一步完善三次分配[①]、促进劳动关系和谐，我们提出以下相关对策建议。

（一）纠正"重积累、轻消费"的思想，提高对"两提高、两同步"的认识

历史经验和国际研究表明，当经济发展到一定阶段，依靠廉价劳动力的"比较优势"来推动经济发展便难以继续，想要进一步推动经济和社会发展，不能再依靠低劳动成本投入、高能耗、高投入的粗放型经济发展模式，必须着力于转变经济发展方式，在提高产品附加值、提高劳动生产率上下功夫。各级党委和政府应深入贯彻《关于深化收入分配制度改革的若干意见》的精神，把思想和行动统一到科学发展观的要求上来，充分认识收入分配问题对经济发展和社会稳定的影响，转变重经济发展轻收入分配、重积累轻消费、重市场调节轻政府职能发挥等方面的思想认识问题，高度重视职工收入分配问题，制订阶段性和年度计划，保障收入分配目标实现。可以建

---

① 第一次分配是市场行为，主要由市场机制进行分配；第二次分配是政府行为，主要由国家通过税收和社会福利政策进行强制性分配；第三次分配是社会行为，主要通过一些非政府组织和非营利机构的社会活动，组织人们以自愿为基础通过捐赠等形式扶贫济困。如果说第二次分配是第一次分配的补充，即政府弥补市场之不足，那么第三次分配则是第二次分配的补充，即民间捐赠弥补政府之不足。

立全国统一的薪酬调查和信息发布制度，地方各级党政机关要将居民和职工收入提高纳入业绩考核指标体系，努力实现“居民收入增长和经济增长同步、劳动报酬提高和劳动生产率提高同步，持续增加城乡居民收入”。

（二）在初次分配领域，加大宏观调控，为劳动关系和谐奠定坚实的物质基础

加紧出台《工资条例》。《工资条例》应对工资制定、保障、共决、增长等作出具体规定，明确国家在工资分配宏观调控方面的职责；明确最低工资标准水平、计算方法、制定流程和调整机制；积极推行工资集体协商，依据科学标准，建立工资制定的劳资共决机制；细化工资指导线制度；规范市场条件下企业的工资支付行为，建立欠薪处罚机制和工资保障机制；加强监管队伍建设和监管职责。

完善和落实《最低工资规定》。由各地劳动保障行政部门会同同级工会、企业联合会/企业家协会共同研究，保障每两年至少调整一次最低工资标准，逐步将最低工资标准提高到当地社会平均工资的40%以上。探索建立行业最低工资标准，使最低工资制度的作用得到更好的发挥。

进一步完善、细化工资指导线制度。坚持三方协商制度，提高其科学性、准确性、动态性，积极发挥产业工会和行业协会的作用，尽快制定和发布行业工资指导线，使地区性工资指导线和行业工资指导线相结合，引导企业合理确定职工的工资水平和增长幅度。

进一步健全劳资共决的工资集体协商制度。加强《集体合同法》的立法可行性研究，并适时提请全国人大制定专门

的法律。法律中应加强劳动定额标准制定和管理工作，加强培育劳资双方协商主体，对企业方不响应协商要约、拒绝开展集体协商的行为进行规范和制约，明确规定企业方响应要约的期限、不响应要约应当承担的责任以及追究责任的具体措施等，从而进一步增强工资集体协商的约束力。地方党委政府应把工资集体协商机制建设纳入地方经济社会发展总体部署；各省（区、市）人大或政府应制定“集体合同规定”“集体合同条例”或出台工资集体协商专项地方法规；各省级协调劳动关系三方应围绕工资集体协商工作下发文件，加大指导力度。

建立健全工资支付保障机制，包括监控、支付保障和支付信用制度。建立企业工资支付台账，健全企业工资支付报告制度或欠薪报告制度，对于欠薪企业，可以根据欠薪程度定为红、黄、绿等不同等级，并采取定期公示制度。与银行信用制度相结合，建立工资支付信用档案和“黑名单”，多方约束企业工资支付行为。在全国性的《工资条例》没有出台以前，各地应积极探索、依法治定地方性工资支付保障机制，明确规定工资支付保障制度的法律地位、运行机制、管理机构和操作方法，尤其是对工资支付保证金的收缴、管理和支付以及适用范围作出明确规定，使之有法可依。研究探索欠薪保障基金制度，用于企业濒临破产、雇主无力支付工资或欠薪逃匿时，向职工垫付工资。

完善《关于进一步规范中央企业负责人薪酬管理的指导意见》，切实发挥其对国有企业高管人员薪酬的限制性作用；强化高管薪酬与企业中长期业绩、风险控制的联系；扩大国有企业高管薪酬披露范围，在全社会范围披露，提高信息透明度。在由政府控制工资总额的垄断性国有企业，政府主管部门应合理确定企业“红利”上缴比例，完善工资总量包干办法，将包括劳务派遣工工资在内的所有企业劳动者报酬纳入工资范畴，将工资收入情况纳入企业监管考核范围，缩小工资差距。

（三）在二次分配环节，进一步完善财税、社会保障和公共服务均等化等制度，为劳动关系和谐编织安全网

强化财税在收入分配调节中的作用发挥。进一步建立健全以个人所得税为主，遗产税、财产赠与税、房产税、物业税、奢侈品消费税等为补充的个人收入税收调节体系。修改《个人所得税法》，推进综合为主的个人所得税制度，提高个人所得税起征点，提高累计税率，增加个人所得税对收入差距的调节作用。通过拓宽遗产税、财产赠与税、房产税、奢侈消费品等税种，制定合理的税率和建立有效的征管机制来调低过高的收入。进一步减免中小企业税费，为扩大就业、提高劳动者报酬创造条件。优化财政收支结构，在提高公共服务支出占财政支出比重的基础上，建立稳定的公共服务支出增长机制，实现财政资金进一步向基本公共服务领域倾斜，尤其是保障财政支出更多地向普通居民、中低收入群体、农村居民、老少边穷地区居民倾斜，向教育、医疗卫生、就业和社会保障、保障性住房、文化体育等方面倾斜，向强农惠农方面倾斜。要加大审计和监督力度，防止各种方式的偷税漏税和财政权力寻租，充分发挥税收对收入分配的调节作用。

完善社会保障制度，提高社会保障对收入分配的调节作用。深化社会保障制度改革，加快推进城乡居民社会养老保险

一体化建设，研究制定机关事业单位和企业职工养老保险一体化方案，采取有效措施，扩大社会保险的覆盖面，确保所有企业按时、足额为所有职工缴纳各项社会保险金。政府要通过变现部分国有资产、提高国有企业上缴利润比重、提高国有预算中社会保障支出比重等方式，充实社会保障基金，加大财政向社会保障基金的支持力度；逐步完善社会救助制度，建立综合性的社会救助项目，提高城乡最低生活保障标准，确保低收入群体能享受到相应的社会保障。建立多层次的住房保障体系，特别是增加对城镇廉租房和棚户区改造的资金投入，将常住农民工纳入城镇公共廉租房保障体系，完善城镇经济适用房、限价房、廉价房、廉租房制度，重点解决城镇低收入家庭和农民工的住房困难。

以教育、医疗卫生、就业和住房保障为重点，加快完善基本公共服务均等化体系。落实各级政府在基本公共服务中的主体责任，建立基本公共服务评价体系，将基本公共服务绩效评估作为政府绩效评估的重要指标。尽快研究制定今后一段时期内基本公共服务均等化规划，把国民平均受教育年限、调查失业率、城乡居民社会保险覆盖面作为约束性指标。鼓励有条件的地区率先将普通高中教育、中等职业教育和学前教育纳入义务教育范围，以公益性为核心目标加快公益医院改革，研究制定国家统筹城乡的劳动就业优先发展行动纲要，实施就业优先国家发展战略，加大住房保障领域建设。

（四）在三次分配环节，进一步完善促进慈善、捐赠事业发展的机制，为劳动关系和谐营造良好环境

完善有利于三次分配的法律法规。加快推进慈善专门立

法，明确慈善组织的性质、地位，登记、组织、管理与运行方式，慈善事业的进入、评估、监管、退出等，给予慈善捐赠企业和个人灵活、宽松的政策优惠，建立慈善激励机制，给予真诚投身公益事业、对慈善事业作出突出贡献的人纳入劳动模范、人大代表、政协委员等各类评优评先的范围。加强慈善组织的自身建设，提高透明度，增强公信力。

深化税制改革，鼓励企业和个人投入慈善事业。扩大享受税收优惠的慈善组织范围，将从事公益事业的宗教团体、孤儿院和养老院等民间慈善组织也纳入税收优惠的范围，并取消对慈善组织人数和资金规模上的限制，使更多小规模的民间慈善组织能够享受税收优惠。提高企业和个人慈善捐助税前免税水平，使其与国际接轨，简化捐赠退税程序，运用优惠政策引导和激励人们捐赠。通过开征遗产税、赠与税和提高奢侈品消费税税率等，引导富裕阶层的资金流向慈善事业。

大力培育慈善文化。应将慈善文化作为当前文化建设的重要内容，纳入精神文明建设的总体规划，列入文明城区、文明单位的考核内容。通过加大媒体宣传，开展慈善教育进学校、进企业、进社区等活动，培育我国的捐赠文化与捐赠市场，积极引导企业、富人和普通公众向慈善机构捐赠，形成全民慈善理念。

（五）充分发挥工会在保障职工收入分配权利中的重要作用

各级党委政府应重视、支持工会组织建设和作用发挥。各级工会要积极推进自身改革，增强基层工会组织的代表性、活力和凝聚力；把保障职工劳动经济权益、提高职工收入水平作为一项重要任务，列入工作考核目标；探索建立职工工资收入调查监控体系，及时掌握职工工资收入状况，为参与研究、制定收入分配政策提供参考依据；培养工资分配方面的专家，提高在工资政策咨询和工资集体谈判方面的水平。

参考文献

1. Acemoglu, D. , 2002, "Directed Technical Change", Review of Economic Studies, 69 (4): 781 - 809.

2. Akorsu, A. D. and F. L. Cooke, 2011, "Labour Standards Application among Chinese and Indian Firms in Ghana: Typical or Atypical?", The International Journal of Human Resource Management, 22 (13): 2730 - 2748.

3. Arthur, J. , 1993, "The Link between Business Strategy and Industrial Relations System in American Steel Minimills", Industrial and Labor Relations Review, 45 (3): 488 - 506.

4. Ashenfelter, O. and D. Hyslop, 2001, "Measuring the Effect of Arbitration on Wage Levels: The Case of Police Officers," Industrial and Labor Relations Review, 54 (2): 316 - 328.

5. Ashenfelter, O. and G. E. Johnson, 1969, "Bargaining Theory, Trade Unions, and Industrial Strike Activity", American Economic Review, 59 (1): 35 - 49.

6. Baah, A. Y. and H. Jauch, 2009, "Chinese Investments in Africa: A Labour Perspective", African Labour Research Network.

7. Blanchflower, D. G. and R. B. Freeman, 1992, "Union-

ism in the United States and Other Advanced OECD Countries", Industrial Relations: A Journal of Economy and Society, 31 (1): 56 - 79.

8. Brandl, B. and F. Traxler, 2010, "Labour Conflicts: A Cross - national Analysis of Economic and Institutional Determinants, 1971 - 2002", European Sociological Review, 26 (5): 519 - 540.

9. Brooks, A., 2010, "Spinning and Weaving Discontent: Labour Relations and the Production of Meaning at Zambia - China Mulungushi Textiles", Journal of Southern African Studies, 36 (1): 113 - 132.

10. Buchele, R. and C. Jens, 1999, "Labor Relations and Productivity Growth in Advanced Capitalist Economies", Review of Radical Political Economies, 31 (1): 87 - 110.

11. Burawoy, M., 1985, The Politics of Production, London: Verso.

12. Carroll, A. B., 1991, "The Pyramid of Corporate Social Responsibility: Toward the Moral Management of Organizational Stakeholders", Business Horizons, 34 (4): 39 - 48.

13. Clawson, D., 2003, The Next Upsurge Labor and the New Social Movement, Ithaca: ILR Press.

14. Clegg, H. A., 1975, "Pluralism in Industrial Relations," British Journal of Industrial Relations, 13 (3): 309 - 316.

15. Cronin, J. E., 1978, "Theories of Strikes: Why Can't They Explain the British Experience?", Journal of Social History, 12 (2): 194 - 220.

16. Cutcher - Gershenfeld, J., T. Kochan and J. C. Wells, 2001, "In Whose Interest? A First Look at National Survey Data on Interest - Based Bargaining in Labor Relations", Industrial Relations, 40 (1): 1 - 21.

17. Devereux, P. J. and R. A. Hart, 2011, "A Good Time to Stay Out? Strikes and the Business Cycle", British Journal of Industrial Relations, 49: 70 - 92.

18. Dunlop, J. T., 1958, Industrial RelationsSystems, New York, Holt.

19. Edwards, P. K., 1981, Strikes in the United States, 1881 - 1974, Oxford: Basil Blackwell.

20. Frederick, W. C., 1960, "The Growing Concern over Business Responsibility", California Management Review, 2 (4): 54 - 61.

21. Gittell, J. H., A. Von Nordenflycht and T. A. Kochan, 2004, "Mutual Gains or Zero Sum? Labor Relations and Firm Performance in the Airline Industry", Industrial and Labor Relations Review, 35 (2): 163 - 180.

22. Harvey, D., 1990, The Condition of Postmodernity: An Enquiry into the Origins of Cultural Change, Cambridge: Blackwell Publishers.

23. Hyman, R., 1975, Industrial Relations: A Marxist Introduction, London: MacMillan Publishing Company.

24. Kerr, C., et al., 1955, "The Labour Problem in Economic Development - A Framework for a Reappraisal", International Labour Review, 71: 223 - 235.

25. Korpi, W. and M. Shalev, 1979, "Strikes, Industrial Relations and Class Conflict in Capitalist Societies", British Journal of Sociology, 30: 164 - 187.

26. Lee, C. K., 2009, "Raw Encounters: Chinese Managers, African Workers and the Politics of Casualization in Africa´s ChineseEnclaves", The China Quarterly, 199: 647 - 666.

27. Lockwood, D., 1966, "Sources of Variation in Working Class Images of Society", Sociological Review, 14 (3): 249 - 267.

28. Martin, A. W. and M. Dixon, 2010, "Changing to Win? Threat, Resistance, and the Role of Unions in Strikes, 1984 - 2002," American Journal of Sociology, 116 (1): 93 - 129.

29. McGuire, J. W., 1963, Business andSociety, New York: McGraw - Hill.

30. Morikawa, M., 2010, "Labor Unions and Productivity: An Empirical Analysis Using Japanese Firm - level Data," Labour Economics, 17 (6): 1030 - 1037.

31. Polanyi, K., 2001, The Great Transformation: The Political and Economic Origins of Our Time, Boston, MA: Beacon Press.

32. Rimlinger, G. V., 1959, "International Differences in the Strike Propensity of Coal Miners: Experience in Four Countries," Industrial and Labor Relations Review, 12 (3): 389 - 405.

33. Shorter, E. and C. Tilly, 1974, Strikes in France, 1830 - 1968, London: Cambridge University Press.

34. Snyder, D., 1975, "Institutional Setting and Industrial

Conflict: Comparative Analyses of France, Italy and the United States," American Sociological Review, 40 (3): 259 - 278.

35. 白重恩，钱震杰．谁在挤占居民的收入——中国国民收入分配格局分析．中国社会科学，2009（5）

36. 白重恩，钱震杰．我国资本收入份额影响因素及变化原因分析——基于省际面板数据的研究．清华大学学报（哲学社会科学版），2009（4）

37. 曾湘泉，唐鑛．战略劳动关系管理：内容、挑战及展望．中国劳动关系学院学报，2011（4）

38. 常凯．中国劳动关系报告——当代中国劳动关系的特点和趋向．北京：中国劳动社会保障出版社，2009

39. 陈晓云．劳动关系的和谐发展观——三方协调的体制与机制创新．社会主义研究，2007（6）

40. 戴园晨，黎汉明．工资侵蚀利润——中国经济体制改革中的潜在危险．经济研究，1988（6）

41. 董克用．中国经济体制改革以来劳动关系的变化与调节机制．经济理论与经济管理，2001（4）

42. 郭庆松．论劳动关系博弈中的政府角色．中国行政管理，2009（7）

43. 胡磊．我国劳动争议案件发生率的特点与启示——基于1991—2011年面板数据的分析．武汉理工大学学报（社科版），2014（5）

44. 黄河涛，赵健杰．经济全球化与中国劳动关系重建．北京：社会科学文献出版社，2007

45. 柯姗姗．中国企业在非洲的劳资纠纷问题研究．浙江师范大学学报（社会科学版），2011（4）

46. 赖德胜等．2011 中国劳动力市场报告——包容性增长背景下的就业质量．北京：北京师范大学出版社，2011

47. 赖德胜等．2014 中国劳动力市场发展报告——迈向高收入国家进程中的工作时间．北京：北京师范大学出版社，2014

48. 赖德胜等．中国各地区就业质量测算与评价．经济理论与经济管理，2011（11）

49. 李滨生，阎宇平，蔡毅德．对当前我国劳动关系状况的对策与建议．经济研究参考，1996（1）

50. 李丽林，袁青川．国际比较视野下的中国劳动关系三方协商机制：现状与问题．中国人民大学学报，2011（5）

51. 李培林，陈光金，张翼．社会蓝皮书：2015 年中国社会形势分析与预测．北京：社科文献出版社，2014

52. 李琪，周畅．集体谈判中利益争议的处理——加拿大模式的借鉴与讨论．中国人力资源开发，2011（4）

53. 李文臣．国际劳工权益保护及其对中国企业的影响．中国工业经济，2005（4）

54. 李雪梦．“走出去”人力资源管理战略的本土化用工研究——以中国有色集团为例．中国人力资源开发，2015（15）

55. 林毅夫，苏剑．论我国经济增长方式的转换．管理世界，2007（11）

56. 刘社建．中国促进就业研究．北京：中国社会科学出版社，2012

57. 罗长远，张军．劳动收入占比下降的经济学解释——基于中国省级面板数据的分析．管理世界，2009（5）

58. 祁毓，李祥云．财政分权、劳动保护与劳动收入．南

方经济，2011（11）

59. 乔健．略论我国劳动关系的转型及当前特征．中国劳动关系学院学报，2007（2）

60. 瞿宛文．赶超共识监督下的中国产业模式——以汽车产业为例．经济学（季刊），2009（2）

61. 沈琴琴，刘文军．中国境外企业劳动关系调处机制研究．中国青年政治学院学报，2013（2）

62. 沈琴琴．全球化下的劳动关系调整路径变化及其启示．中国劳动关系学院学报，2011（3）

63. 石美遐．市场中的劳资关系：德、美的集体谈判．北京：人民出版社，1993

64. 宋磊等．富士康现象的起源、类型与演进．开放时代，2013（4）

65. 苏海南，胡宗万．我国劳动密集型小企业劳动关系问题研究．华中师范大学学报（人文社会科学版），2012（2）

66. 文魁等．走向和谐——市场型社会主义劳动关系新探．北京：经济科学出版社，2012

67. 徐小燕，卢明华．北京市汽车产业价值链地域分工研究．经济地理，2014（2）

68. 徐政辉．社会主义市场经济条件下的劳动关系探讨．经济研究参考，1993（6）

69. 杨河清，陈天学．基于决策树的劳动关系和谐度评判．中国劳动关系学院学报，2011（1）

70. 袁凌，许丹．中国企业劳动关系评价指标体系的改进．统计与决策，2012（4）

71. 杨其静．分权、增长与不公平．世界经济，2010（4）

72. 杨伟国，代懋．中国就业管制的变迁与测量——基于1978－2011年国家层面数据．中国人民大学学报，2012（1）

73. 姚先国，郭东杰．改制企业劳动关系的实证分析．管理世界，2004（5）

74. 姚先国．民营经济发展与劳资关系调整．浙江社会科学，2005（2）

75. 于桂兰，宋冬林．我国劳动力价值实现程度与劳动争议关系的实证研究．马克思主义研究，2009（6）

76. 张炳雷．国有企业海外投资的困境分析：一个社会责任的视角．经济体制改革，2011（4）

77. 张车伟．《劳动合同法》将开启劳动关系的新时代．经济管理，2009（9）

78. 张时明，封开许．充分发挥工会在构建和谐劳动关系中的作用——兼谈广西的实践．红旗文稿，2008（3）

79. 赵炜，郑桥．全球化视域下的劳动关系研究．当代世界与社会主义，2009（5）

80. 中国工运研究所课题组．“十二五”时期我国劳动关系发展走势与应对之策．现代财经，2012（10）

后　记

去京西宾馆参加国家社科基金重大项目“构建和谐劳动关系研究”的申请答辩的情景仍历历在目，转眼间我主持的重大项目最终成果《和谐劳动关系论》马上就要出版了，时间过得真快啊。

我们对劳动关系的关注，始于对就业质量的研究，事实上，我们构建的六维度就业质量指数，与劳动关系有着非常密切的关系，这也促使我们团队开始思考劳动关系问题。因此，当全国哲学社会科学工作办公室公布的2012年度社科基金重大项目选题有“构建和谐劳动关系研究”这个题目时，我们就组织团队进行了申报，并最终获批。这是我们主持承担的第二个国家社科基金重大项目，研究团队算是有一定的经验了，但面对劳动关系这样一个重大理论和现实问题，我们仍然感到压力很大。令人高兴的是，研究进程相当顺利，项目如期完成，其间收获颇多。

在此，我首先要表达对各子课题负责人和相关成员的感谢。北京师范大学劳动力市场研究中心副主任孟大虎编审和李长安教授全程参与了课题的论证、调查、研究和报告撰写，并协助我作了很多组织协调沟通工作，没有他们的无私奉献和杰出贡献，我们团队很难顺利走到今天。全国总工会研究室主任吕国泉同志当时是全国总工会中国工运研究所所长、劳动关系研究中心主任，他的加盟，使我们团队如虎添翼。他对劳动关系有系统深入的研究，因此，当他陪我去京西宾馆答辩时，我就等于有了定心丸。在后续的研究过程中，他的认真和平易近人给我们团队其他成员留下了深刻印象，我们也从他身上学到不少。李宝元教授、赵炜教授、佘晓敏副教授、陈建伟副教授等不仅很好地完成了预设的课题任务，甚至还有所超越。他们的敬业和创新精神，是课题组的宝贵财富。课题组其他成员，虽各有主业，但怀着对劳动关系问题的关切和热忱，为本课题的完成倾注了大量心血，作出了重要贡献。

参与本书写作的作者分工如下。导论：赖德胜、孟大虎；第一章：陈建伟、高春雷；第二章：李宝元、蔡宏波、王文周、蒯鹏州、曾亚楠、田国远、李然、董青、张静、康凯恒、韩天慧、姜通、张丽丽；第三章：佘晓敏；第四章：赵炜；第五章：孟大虎、苏丽锋、李璐、欧阳任飞；第六章：孙志军、李长安、田永坡、石丹淅、刘娜、解婷、闫琦、孟大虎；第七章：李长安、李嘉禾；第八章：吕国泉、徐璐、汪雁、刘蕾、李嘉娜、朱勋克。

课题的顺利开展，得到了业内诸多领导、专家的指导、支持和帮助。在 2012 年 10 月 13 日举行的课题开题会上，当时的中国劳动关系学院副院长沈琴琴、人社部劳动保障科学研究院院长田小宝、国务院研究室社会发展司司长乔尚奎、中国劳动学会副会长杨河清、北京师范大学中国收入分配研究院执行院长李实等高度肯定了课题的研究思路、研究重点和研究方法等，并对如何更好地开展课题研究，提出了富有建设性的意见。在课题研究过程中，人社部劳动关系司司长聂生奎和副司长茹英杰，人社部就业促进司司长张莹和副司长尹建堃，中国社会科学院人口与劳动经济研究所所长张车伟，中国农林水利气象工会主席、分党组书记蔡毅德，人社部劳动保障科学研究院研究员何平和王文珍，中国人民大学劳动人事学院教授曾湘泉和常凯，首都经济贸易大学劳动经济学院院长冯喜良，中山大学社会保障研究中心主任申曙光，北京市总工会党组成员、经审委主任何广亮等，给予了无私的帮助。对他们的指导、支持和帮助，我们表示诚挚的谢意。

感谢全国哲学社会科学工作办公室的信任。感谢北京师范大学有关领导和职能部处的大力支持。董奇校长和陈丽副校长多次出席我们的课题研讨会并给予高屋建瓴的指导，社会科学处长范立双和副处长田晓刚对我们的课题研究有求必应。经济与工商管理学院党委书记孙志军不仅对课题研究给予经常的关心和支持，还时不时参与课题的研讨。朱敏、王琦、纪雯雯、韩丽丽、张爱芹、瞿思典、高曼、常欣扬、李欣怡、刘亚楠、周建亮等在课题资料收集和整理过程中做了大量耐心细致的工作。

在图书编辑过程中，中国工人出版社又将本书列入“构建和谐劳动关系理论研究丛书”并成功申请国家出版基金，能够得到国家社科基金和国家出版基金这两大国家级基金的认可，这也充分说明了本书的价值，感谢中国工人出版社对本书的付出，正是他们的付出使本书增色不少。是为后记。

赖德胜

2019 年 5 月 8 日